Zeitfragen

Politische Bildung für berufliche Schulen

Herausgeber:
Peter Nabholz, Eningen
Herbert Uhl, Kandern

Autoren:
Jürgen Feick, Köln
Jan Jochum, Schwäbisch Gmünd
Peter Nabholz, Eningen
Herbert Uhl, Kandern
Karl-Heinz Wagner, Tiefenbronn

Ernst Klett Verlag
Stuttgart · Leipzig

So arbeiten Sie mit „Zeitfragen"

Alles Wesentliche auf einen Blick: Jede Doppelseite von „Zeitfragen" behandelt ein Thema, das in sich abgeschlossen ist.

Jedes Kapitel wird durch eine **Auftaktseite** eingeleitet.

Der Inhalt der Doppelseite kann auf unterschiedliche Weise erschlossen werden:
- Ausgehend vom Infotext. Auf dieser Grundlage können die Materialien (komplett oder in Auswahl) einbezogen werden – als Vertiefung, Erweiterung und Überprüfung.
- Ausgehend von den Materialien und den Aufgaben. Dieser Weg führt zu eigenständigen Lösungen, die auf den Infotext bezogen werden können und ihn hinterfragen.

Die nummerierten **Materialien** vertiefen und erweitern den Informationstext. Sie werden durch Aufgaben erschlossen und sind hellblau unterlegt.

Der **Online-Code** führt Sie direkt zu Zusatzinformationen und Links ins Internet. Geben Sie einfach den jeweiligen Code in das Suchfeld auf www.klett.de ein.

Randspalte mit Hinweisen auf andere Abschnitte, Erläuterungen zum Infotext und anderen Zusatzinformationen.

Der **Infotext** enthält das Grundwissen zum Thema der Doppelseite. Er hilft beim Verständnis der Materialien. Wichtige Begriffe sind hervorgehoben.

Am Ende des Infotextes stehen **Aufgaben** zur Wiederholung und Weiterführung. Bei besonders umfangreichen Aufgaben, die z. B. eigene Recherche nötig machen, sind die Aufgabenziffern blau unterlegt.

2 So arbeiten Sie mit „Zeitfragen"

Einige Doppelseiten sind als **HOT** (handlungsorientierte Themen) gestaltet und sollen zu selbst organisiertem Lernen anregen.
Sie stellen eine Methode dar (z. B. Rollenspiel, Streitlinie, Umfrage) und wenden sie anschließend auf das Thema des Unterkapitels an.

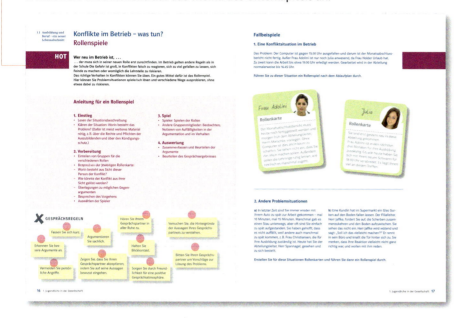

Am Ende jedes Kapitels finden Sie Hilfen für Ihre Vorbereitung auf Klassenarbeiten und Prüfungen:

Wiederholungsseite, die den Stoff des Kapitels im Überblick zeigt.

Prüfungsaufgaben aus den Abschlussprüfungen der Berufsschule.

So arbeiten Sie mit „Zeitfragen" 3

Auswahl wichtiger Internetadressen ... 8

1 Jugendliche in der Gesellschaft

1.1 Ausbildung und Beruf – ein neuer Lebensabschnitt ... 10
Angekommen in der Arbeitswelt: Wo stehe ich? ... 10
Betrieb und Berufsschule: Was wird erwartet? ... 12
Zufrieden mit der Ausbildung? ... 14
HOT Konflikte im Betrieb – was tun? Rollenspiele ... 16
Was muss ich für den Beruf mitbringen? ... 18
Die Ausbildung – mein Zukunftskapital? ... 20
Frauen – gleichberechtigt im Beruf? ... 22
Frauen fördern – aber wie? ... 24

1.2 Zusammenleben mit anderen ... 26
HOT Wie will ich leben? Ziele entwickeln ... 26
Wie gehen wir miteinander um? ... 28
Wie hat sich die Familie verändert? ... 30
Die Familie: Wie wichtig ist sie heute? ... 32
Familienpolitik: Was tut der Staat? ... 34
Eheschließung: Worauf kommt es an? ... 36
Scheidung: Ist jetzt alles zu Ende? ... 38

1.3 Freizeit ... 40
HOT Was macht ihr in eurer Freizeit? Eine Umfrage ... 40
Freizeit – freie Zeit? ... 42
Fankulturen, Ideale und Idole: Was ist mir wichtig? ... 44
Sucht: Worin besteht die Gefahr? ... 46
Sich engagieren – warum und wie? ... 48

Auf einen Blick ... 50
Prüfungsaufgaben ... 51

2 Gesellschaft im Wandel

2.1 Auf dem Weg in die Informationsgesellschaft ... 54
Was ist anders in der Informationsgesellschaft? ... 54
Berufe gestern, heute – und morgen? ... 56
Neue Techniken in der Arbeitswelt – was ändert sich? ... 58
Der Online-Mensch: verfügbar – durchschaubar – verletzbar? ... 60
Wie können wir uns schützen? Kritischer Umgang mit Daten ... 62

2.2 Technischer Wandel: Triebkraft und Widerstände ... 64
Immer schneller, immer weiter? ... 64
Wie verändert der technische Fortschritt Wirtschaft und Gesellschaft? ... 66
Warum sind neue Technologien oft umstritten? ... 68
Arbeit für alle? Auf der Suche nach Rezepten ... 70

2.3 Umweltpolitik für ökologisches Wirtschaften ... 72
Wie nutzen und belasten wir die Umwelt? ... 72
Klimawandel – die schleichende Katastrophe? ... 74
Umweltpolitik – was soll, was kann der Staat tun? ... 76
Was kann der Einzelne tun? ... 78

Nach Fukushima – wieso die schnelle Wende? 80
Hat ökologisches Wirtschaften eine Chance? 82

2.4 Soziale Sicherheit 84
Sozialpolitik – warum? 84
Wie viel Sozialstaat soll es sein? 86
Warum stößt unsere Sozialversicherung an ihre Grenzen? 88
Massenarbeitslosigkeit – was folgt daraus für den Sozialstaat? 90
Welchen Sozialstaat wollen wir in Zukunft? 92
HOT Lässt sich der Sozialstaat reformieren? Mind-Mapping 94
Privat vorsorgen – warum ist das nötig? 96

Auf einen Blick 98
Prüfungsaufgaben 99

3 Parlamentarische Demokratie in Deutschland – Wahl, Entscheidung, Kontrolle

3.1 Der politische Entscheidungsprozess 102
HOT Bürger, Parteien, Politiker. Eine Karikaturen-Rallye 102
Was wird in der Gemeinde entschieden? 104
Bund und Länder – wer hat welche Rechte? 106
Wie kommt ein Bundesgesetz zustande? 108
Wie sind die Länder an der Gesetzgebung des Bundes beteiligt? 110
Der Bundestag – welche Aufgaben hat das Parlament? 112
Bundeskanzler, Bundesregierung, Bundespräsident – wer regiert? 114
Das Bundesverfassungsgericht – wie wacht es über unsere Demokratie? 116

3.2 Repräsentation und Wahl 118
Repräsentative Demokratie – was heißt das? 118
Wahlen zum Bundestag – wie sehen sie aus? 120
Zur Wahl gehen – warum? 122
HOT Dem Wähler auf der Spur? Auswertung von Statistiken 124
Die Programme der Parteien – wichtig für die Wahlentscheidung? 126
Welche Rolle spielen die Parteien in der Politik? 128
Was arbeiten die Abgeordneten? 130

Auf einen Blick 132

4 Demokratie heute – was können die Bürger bewegen?

4.1 Wege der politischen Willensbildung 134
Jugend heute – null Bock auf Politik? 134
Welchen Schutz bieten die Grundrechte? 136
Massenmedien – unentbehrlich in der Demokratie? 138
Bürgerinitiativen – Politik verhindern, anstoßen, selber tun? 140
HOT Wie werden politische Entscheidungen getroffen? Entscheidungsspiele 142
Welchen Einfluss haben Verbände in der Politik? 144

4.2 Gefährdungen der Demokratie — 146
Leben auf Kosten der Schwächeren? — 146
Sich durchsetzen mit Gewalt? — 148
Extremismus und Terrorismus – heute wieder eine Gefahr? — 150
HOT Aus Geschichte lernen? Referat und Facharbeit — 152

4.3 Unsere Demokratie auf dem Weg in die Zukunft — 154
Pluralismus – wie regeln wir Konflikte zwischen verschiedenen Interessen? — 154
Demokratie – nicht nur in der Politik? — 156
Welche Bedeutung haben die Tarifpartner? — 158
Bessere Politik durch mehr Beteiligung der Bürger? — 160

Auf einen Blick — 162
Prüfungsaufgaben — 163

5 Deutschland – besiegt, geteilt, vereint

5.1 Die Teilung Deutschlands — 166
HOT Spurensuche vor Ort. Präsentation einer Recherche — 166
Deutschland in Trümmern – wie geht es weiter? — 168
Was geschieht 1945 in Potsdam? — 170
Der Kalte Krieg – warum wird Deutschland geteilt? — 172
Eine Nation – in zwei Staaten? — 174

5.2 Vom Kalten Krieg zur Entspannungspolitik — 176
Deutschland West: Wirtschaftswunder und was noch? — 176
Deutschland Ost: Wie funktionierte der SED-Staat? — 178
Wie lebten die Menschen in der DDR? — 180
Entspannungspolitik – Zugeständnisse an die DDR? — 182

5.3 Das wiedervereinigte Deutschland — 184
Die DDR am Ende – wie kam es dazu? — 184
Welche Schritte führten zur Wiedervereinigung? — 186
Wie wächst zusammen, was zusammen gehört? — 188
Was hat die Wiedervereinigung gebracht? — 190
Finden West und Ost zusammen? — 192
Wie soll sich Deutschland weiterentwickeln? — 194
HOT Deutschland im 21. Jahrhundert. Einen Kalender gestalten — 196

Auf einen Blick — 198
Prüfungsaufgaben — 199

6 Leben und arbeiten in Europa

6.1 Wozu ein vereintes Europa? — 202
HOT Was bringt mir Europa? Eine Internet-Recherche — 202
Was wäre Deutschland ohne die EU? — 204
Ein Europa der Bürger – was gehört dazu? — 206

6.2 Wie Europa zusammenwächst — 208
Ein Blick zurück: Wie kam es zur Europäischen Union? — 208
Wer hat das Sagen in der Europäischen Union? — 210

Welche Rechte hat das Europäische Parlament?	212
Die EU: mehr als ein wirtschaftliches Zweckbündnis?	214
Wie viel Europa darf es sein?	216
Wie werden die schwächeren Regionen in der EU gefördert?	218
Was unternimmt die EU in der Umweltpolitik?	220

6.3 Europa gestalten – aber wie? 222
Nach der Schuldenkrise – ein stabiler Euro?	222
Ist eine gemeinsame Außen- und Sicherheitspolitik möglich?	224
Die EU der Zukunft – bürgernah und transparent?	226
HOT Europa im 21. Jahrhundert. Eine Zukunftswerkstatt	228

Auf einen Blick	230
Prüfungsaufgaben	231

7 Globalisierung und Friedenssicherung

7.1 Die globalisierte Welt 234
Welche Lebensbereiche erfasst die Globalisierung?	234
Konsum und Kommunikation – nach globalen Mustern?	236
Wirtschaft im Wettbewerb – weltweit?	238
Wie wirkt die Globalisierung auf die Arbeitswelt?	240
Warum sind internationale Finanzkrisen so gefährlich?	242
Welchen Einfluss hat die Politik auf die Globalisierung?	244

7.2 Globalisierung – Herausforderung für die internationale Politik 246
Welche Ziele und Aufgaben hat die UNO?	246
Wie fallen Entscheidungen in der UNO?	248
Umweltprobleme – eine globale Aufgabe?	250
Welche Rolle spielen globale Wirtschaftsorganisationen?	252

7.3 Globale Ungleichheit 254
Welthandel mit ungleichen Chancen?	254
Wie lässt sich Entwicklung messen?	256
Schwellenländer – neue Märkte, neue Mächte?	258
Hat die Erde genug Platz für alle?	260
Migration – eine Folge der Globalisierung?	262
Was bedeutet Armut in der Dritten Welt?	264
Entwicklung – auf welchen Wegen?	266
HOT Entwicklungshilfe – mehr oder weniger? Eine Streitlinie	268

7.4 Sicherheit und Frieden – Aufgaben der internationalen Politik 270
Menschenrechte – weltweit gültig?	270
Sicherheit – welche Aufgaben hat die NATO?	272
Wie verändert sich die Rolle der Bundeswehr?	274
Den Frieden dauerhaft machen – wie geht das?	276

Auf einen Blick	278
Prüfungsaufgaben	279

Sachwortverzeichnis	281
Karten (Deutschland, Europa, Welt)	284
Bildquellennachweis	287

Auswahl wichtiger Internetadressen

Bundeszentrale für politische Bildung
www.bpd.de

Regierung der Bundesrepublik Deutschland

www.bundesregierung.de, www.bundeskanzlerin.de

Bundesministerium für Wirtschaft und Technologie
www.bmwi.de

Bundesministerium für Gesundheit
www.bmg.bund.de

Bundesministerium der Verteidigung
www.bmvg.de, www.bundeswehr.de

Bundesministerium für Arbeit und Soziales
www.bmas.de

Bundesministerium für Familie, Senioren, Frauen und Jugend
www.bmfsfj.de

Bundesministerium für Umwelt, Naturschutz und Reaktorsicherheit
www.bmu.de

Bundesministerium für Bildung und Forschung
www.bmbf.de

Bundesministerium für wirtschaftliche Zusammenarbeit und Entwicklung
www.bmz.de

Bundespräsident
www.bundespraesident.de

Legislative (Bundestag, Bundesrat)

Der Deutsche Bundestag
www.bundestag.de

Bundesrat
www.bundesrat.de

Im Bundestag vertretene Parteien

www.parteien-online.de

Bündnis 90/Die Grünen
www.gruene.de

Christlich-Demokratische Union Deutschlands
www.cdu.de

Christlich-Soziale Union in Bayern
www.csu.de

Freie Demokratische Partei
www.fdp.de

Die Linke
www.die-linke.de

Sozialdemokratische Partei Deutschlands
www.spd.de

Weitere staatliche Einrichtungen

Bundesagentur für Arbeit
www.arbeitsagentur.de
berufenet.arbeitsagentur.de

Bundesinstitut für berufliche Bildung
www.bibb.de

Bundesverfassungsgericht
www.bundesverfassungsgericht.de

Bundeszentrale für gesundheitliche Aufklärung
www.bzga.de

Statistisches Bundesamt
www.destatis.de

Umweltbundesamt
www.umweltbundesamt.de

Portale zu politischen Fragen

www.bildungsserver.de

www.buergergesellschaft.de

www.deutschland.de

www.familienhandbuch.de

www.politik-digital.de

www.politische-bildung.de

www.sozialpolitik.com

www.sozialpolitik-aktuell.de

Gesetzestexte
www.gesetze-im-internet.de

Deutsche Geschichte
www.deutschegeschichten.de

www.hdg.de/lemo/home.html
(Haus der Geschichte)

germanhistorydocs.ghi-dc.org/about.cfm
(Deutsche Geschichte in Dokumenten und Bildern)

Tarifparteien

Bundesvereinigung der Deutschen Arbeitgeberverbände/BDA
www.bda-online.de

Bundesverband der deutschen Industrie/BDI
www.bdi.eu

Deutscher Gewerkschaftsbund/DGB
www.dgb.de

Deutscher Beamten-Bund
www.dbb.de

Europa

Internetportale
europa.eu/abouteuropa/index_de.htm
www.eu-info.de

Europäische Kommission
ec.europa.eu/index_de.htm

Europäisches Parlament
www.europarl.europa.eu/portal/de

Eurostat – Statistisches Amt der Europäischen Union
epp.eurostat.ec.europa.eu

Internationale Organisationen

NATO
www.nato.int (nicht auf deutsch)

Vereinte Nationen
www.unric.org/de, www.dgvn.de

UNHCR (Hoher Kommissar der UNO für Flüchtlinge)
www.unhcr.de

Deutsche UNESCO-Kommission
www.unesco.de

Portale zur Entwicklungszusammenarbeit
www.epo.de
www.one.org/de

Misereor
www.misereor.de

Brot für die Welt
www.brot-fuer-die-welt.de

Deutsches Rotes Kreuz – Generalsekretariat
www.drk.de

amnesty international
www.amnesty.de

Greenpeace
www.greenpeace.de

Transparency International
www.transparency.de

Länderinformationen

www.laenderdaten.de

www.cia.gov/library/publications/the-world-factbook/index.html

www.gapminder.org

Jugendliche in der Gesellschaft 1

Den Weg in den Beruf finden

Zusammenleben mit anderen

Beruf, Familie, Freizeit – getrennte Lebensbereiche?

1.1 Ausbildung und Beruf – ein neuer Lebensabschnitt
Angekommen in der Arbeitswelt: Wo stehe ich?

M1 Erfahrungen in der Ausbildung

Nermin G., Medizinische Fachangestellte:

„Als ich meine Ausbildung begonnen habe, war das überhaupt nicht mein Traumberuf. Aber ich habe keine Alternative gehabt. Es musste eine Lehrstelle in der Nähe sein, weil es meine Eltern sonst nicht erlaubt hätten. Am Anfang habe ich gedacht: ‚Besser ist es doch als gar nichts‘, und habe mich immer wieder gefragt, gerade in der Berufsschule, ob ich das wirklich später brauche. Jetzt habe ich den Job ein paar Jahre gemacht, und es ist viel besser gelaufen, als ich damals gedacht habe. Ich habe gemerkt, dass es immer gut ist, eine Ausbildung in der Hand zu haben, egal was man macht – als Sprungbrett für etwas Neues."

Benjamin K., Lehrabbrecher (Kfz-Mechatroniker):

„Nach der Hauptschule war ich einer der wenigen, die überhaupt eine Lehrstelle hatten. Ich habe in der Nissan-Werkstatt schon in der Schulzeit ein Praktikum gemacht, und bestimmt haben sie mich deswegen genommen. Die haben mich auch super beurteilt. – Am Anfang der Lehre lief eigentlich alles gut, und ich habe mich gut mit den anderen verstanden. Aber nach ein paar Monaten hat der Meister gewechselt. Mit dem neuen bin ich einfach nicht mehr klar gekommen. Nach einem Jahr habe ich dann gekündigt."

Jochen W., Bäcker:

„Immer wieder hat es Situationen gegeben, wo ich etwas nicht auf Anhieb konnte. Es ist nicht leicht, sich das einzugestehen. Man hat Angst gehabt sich zu blamieren – vor den Kollegen und vor dem Meister. Heute, wo ich schon einige Jahre im Beruf bin, denke ich, diese Angst war unbegründet, weil man als Azubi nicht schon alles können muss.
Manchmal neigt man als Azubi auch dazu, die Schuld bei anderen zu suchen: ‚Der Ausbilder ist blöd, der Lehrer ist blöd.‘ Man schiebt die Verantwortung weg, auf andere. Gut ist, wenn man Freunde und Kollegen hat, die diese Sorgen kennen und mit denen man darüber sprechen kann."

1. Was sind Ihre eigenen Erwartungen, Hoffnungen und Befürchtungen für die Ausbildungszeit? Vergleichen Sie mit den drei Erfahrungsberichten.
2. Führen Sie zu diesem Thema Partnerinterviews mit Ihren Mitschülerinnen und Mitschülern durch. Vergleichen Sie die Ergebnisse in der Klasse.

 96mb7n
- Berufliche Bildung
- Einstiegsqualifizierung
- Freiwilliges Soziales Jahr

Wege von der Schule in den Beruf

Zwischen Schule und Beruf steht heute in aller Regel eine *Ausbildung* – eine betriebliche Ausbildung im dualen System (→ S. 12–13), eine schulische Ausbildung (z. B. in einem Assistentenberuf) oder ein Studium. Eine Berufsausbildung, egal welche, ist heute eine wesentliche Bedingung, um überhaupt von einem Betrieb eingestellt zu werden. Unter den Arbeitslosen und den Menschen, die sich mit Gelegenheitsarbeiten über Wasser halten, finden sich besonders viele Ungelernte.

Überbrückungsmöglichkeiten und Hilfen

Wer nach der Schule nicht in einem Betrieb unterkommt oder noch nicht weiß, welcher Beruf der richtige ist, hat mehrere Möglichkeiten:
- Er kann weiter zur Schule gehen, z. B. einen höheren Schulabschluss wie die mittlere Reife oder das Abitur erwerben, oder er kann eine

schulische Fördermaßnahme zur Berufsvorbereitung besuchen.
- Auch die Arbeitsagentur bietet Fördermaßnahmen an, z. B. eine *Einstiegsqualifizierung* im Betrieb (EQ) mit der anschließenden Chance auf einen Lehrvertrag. Bei der Suche nach einer EQ-Stelle helfen die Handwerkskammer, die Industrie- und Handelskammer und andere Kammern.
- Ein ganz anderer Weg ist ein *Freiwilliges Soziales Jahr* (FSJ) oder der Bundesfreiwilligendienst. Dort kann man in einer sozialen Tätigkeit, z. B. in einem Pflegeheim oder einem Krankenhaus, praktische Erfahrungen sammeln und sich in seiner Berufswahl sicherer werden.

Während junge Menschen früher oft mit 14 oder 15 Jahren eine Ausbildung begonnen haben, liegt das Durchschnittsalter zu Beginn einer Ausbildung heute schon bei 19 Jahren. Ein Grund: Immer mehr Auszubildende haben mittlere Reife oder Abitur.

3. Stellen Sie verschiedene berufliche Wege nach der Schulzeit als Grafik dar.

EQ, EQJ (in Sachsen), Einstiegsqualifizierung für Jugendliche, die noch keinen Ausbildungsplatz gefunden haben. Dauer 6–12 Monate.

M2 Traumberufe und Lehrberufe

Traumberufe für Männer
1. Kfz-Mechatroniker
2. Kaufmann/Bankkaufmann
3. handwerklicher Beruf
4. Polizist
5. Fußballprofi
6. Ingenieur

Traumberufe für Frauen
1. Designerin
2. Ärztin
3. Journalistin
4. Stewardess
5. Architektin
6. Sozialarbeiterin

Die häufigsten Lehrberufe für männliche Auszubildende
1. Kfz-Mechatroniker
2. Einzelhandelskaufmann
3. Industriemechaniker
4. Koch
5. Verkäufer
6. Elektroniker

Die häufigsten Lehrberufe für weibliche Auszubildende
1. Einzelhandelskauffrau
2. Verkäuferin
3. Bürokauffrau
4. Medizinische Fachangestellte
5. Friseurin
6. Industriekauffrau

Neue Lehrberufe mit über 8000 Ausbildungsverträgen
- Fachinformatiker
- Mechatroniker
- Mediengestalter Digital und Print
- Automobilkaufmann
- Maschinen- und Anlagenführer
- Fachmann für Systemgastronomie
- Fahrzeuglackierer

2007–2009, Rangfolge nach Zahl der Verträge. Datenreport zum Berufsbildungsbericht 2011, S. 142–143

Statistisches Bundesamt, Globus

4. Vergleichen Sie die Traumberufe und die häufigsten Lehrberufe. Wie erklären Sie sich die Unterschiede?

5. Welche Unterschiede in der Berufswahl von jungen Männern und Frauen fallen Ihnen auf?

1.1 Ausbildung und Beruf – ein neuer Lebensabschnitt

Betrieb und Berufsschule: Was wird erwartet?

k57sw6
- Berufe allgemein
- Ausbildungsberufe

M1 Ein Anforderungsprofil
Fachverkäuferin im Nahrungsmittelhandwerk

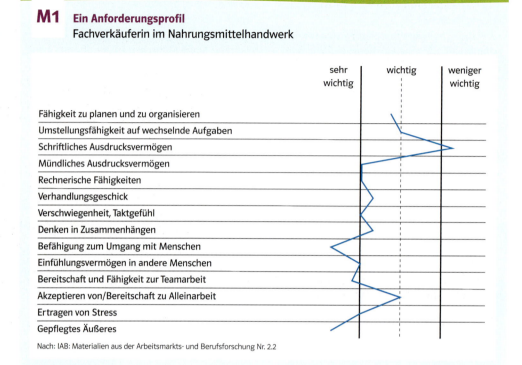

Nach: IAB: Materialien aus der Arbeitsmarkts- und Berufsforschung Nr. 2.2

1. Wie sieht das Anforderungsprofil in Ihrem Beruf aus? Vergleichen Sie mit der Fachverkäuferin im Nahrungsmittelhandwerk.

Erwartungen der Betriebe
In attraktiven Lehrberufen können die Betriebe heute zwischen vielen Bewerbern wählen. Je nach Beruf kommt es ihnen dabei auf ganz unterschiedliche Fähigkeiten an. Ein Beispiel finden Sie in **M1**. Wie die Betriebe die Fähigkeiten der Bewerber einschätzen, erkennen Sie in der Umfrage **M2**.

Betrieb und Schule – die beiden Säulen der dualen Ausbildung
Jährlich beginnen mehr als eine halbe Million Jugendliche eine *duale Ausbildung*, das heißt eine Ausbildung, in der sich Betrieb und Schule die Aufgaben teilen. Die Schule soll theoretische Grundlagen und Arbeitstechniken vermitteln und die Allgemeinbildung vertiefen. Der Betrieb vermittelt die theoretischen und praktischen Kenntnisse für den Ausbildungsberuf. Was gelernt werden muss, ist in der Ausbildungsordnung festgelegt. Am Ende der Ausbildung, die – je nach Ausbildungsordnung – zwei bis dreieinhalb Jahre dauert, steht eine Abschlussprüfung (z. B. zum Gesellen oder Facharbeiter).

Was regeln Ausbildungsordnungen?
Die Anforderungen werden bundesweit für jeden der über 340 Ausbildungsberufe in der Ausbildungsordnung festgelegt. Sie enthält
- die Bezeichnung des Ausbildungsberufs,
- die Ausbildungsdauer,
- die Fertigkeiten und Kenntnisse, die erworben werden müssen,
- Regelungen über die inhaltliche Gliederung und zeitliche Abfolge der Fertigkeiten und Kenntnisse (*Ausbildungsrahmenplan*),
- die Prüfungsanforderungen.

Nach diesen Ausbildungsordnungen müssen sich Betrieb und Berufsschule richten. Die Ordnungen werden immer wieder den veränderten Bedingungen der Arbeitswelt (technischer Fortschritt, neue Arbeitsformen) angepasst und regelmäßig überarbeitet.

Vor- und Nachteile der dualen Ausbildung
Das duale System führt zu einer praxisnahen Berufsausbildung und versorgt die Wirtschaft mit qualifizierten Arbeitskräften. Die Ausbildungsordnung und der Unterricht in der Schule

M2 Mängel in der Ausbildungsreife von Schulabgängern
Eine Umfrage in Betrieben

- 54 % Mündliches und schriftliches Ausdrucksvermögen
- 50 % Elementare Rechenfertigkeiten
- 46 % Disziplin
- 44 % Belastbarkeit
- 38 % Umgangsformen
- 28 % Interesse und Aufgeschlossenheit

Ausbildung 2010 – Ergebnisse einer IHK-Online-Unternehmensbefragung, S. 31–32

Lesebeispiel
46 Prozent der Betriebe sagen, dass es bei den Auszubildenden an Disziplin fehlt.

2. Stellen Sie eine Rangordnung auf, wie wichtig die genannten Fähigkeiten in Ihrer Ausbildung sind. Begründen Sie.

sorgen dafür, dass die Betriebe nicht einseitig nach ihrem speziellen Bedarf ausbilden. Allerdings funktioniert dieses System nur, wenn viele Betriebe bereit sind auszubilden – auch über ihren eigenen Bedarf hinaus. Ein Gleichgewicht zwischen dem Angebot und der Nachfrage nach Lehrstellen ist jedoch nur schwer herzustellen. Die Betriebe sind besonders dann bereit auszubilden, wenn sie später Verwendung für die Azubis haben (**M 3**).

3. Was wissen Sie über die Ausbildungsordnung und den Ausbildungsrahmenplan Ihres Berufs? Wo können Sie genauere Informationen einholen?

4. Gegenwärtig gibt es einen stetigen Rückgang der Bewerberzahlen und ein wachsendes Angebot an Lehrstellen. Stellen Sie dar, was diese Situation für Betriebe und Bewerber bedeutet.

M3 Lehrlinge – Kosten und Nutzen für den Betrieb

Kosten
- Personalkosten für den Auszubildenden
- Personalkosten für den Ausbilder
- Lehr- und Lernmittel, Prüfungsgebühren, Kosten von Lehrgängen
- Betriebliche Sachkosten (Miete, Heizung, Instandhaltung …)

Nutzen
- Ertrag durch die Arbeitsleistung des Auszubildenden
- Bei Übernahme nach dem Ende der Ausbildung ersparte Kosten für
  - Anwerbung und Einarbeitung neuer Arbeitskräfte
  - Fehlbesetzung von Jobs
- Weniger Personalwechsel durch Bindung an den Betrieb

5. Die Aufstellung zeigt die Kosten-Nutzen-Rechnung für den Betrieb. Wie sieht es mit dem Nutzen für den Auszubildenden aus?

1. Jugendliche in der Gesellschaft **13**

1.1 Ausbildung und Beruf – ein neuer Lebensabschnitt

ya4fq8
• Berufsbildungsgesetz

Zufrieden mit der Ausbildung?

M1 Vorzeitig gelöste Lehrverträge

- 20 % Industrie und Handel
- 28 % Handwerk
- 18 % Landwirtschaft
- 5 % Öffentlicher Dienst
- 21 % Freie Berufe
- 23 % Hauswirtschaft
- 22 % insgesamt

Datenreport 2011

Lesebeispiel
28 Prozent der im Handwerk geschlossenen Lehrverträge wurden vorzeitig gelöst.

1. Welche Gründe können dazu führen, dass ein Lehrvertrag vorzeitig gelöst wird? Lesen Sie dazu auch den Infotext.

Probezeit bei Auszubildenden
In der Probezeit (1–4 Monate) kann der Lehrvertrag von Betrieb und Auszubildendem jederzeit und ohne Angabe von Gründen gekündigt werden.

Die Lehre abbrechen?

Jeder fünfte Auszubildende bricht die Lehre ab. Die Gründe sind unterschiedlich:
Einige erfüllen die *Erwartungen* des Betriebs nicht, z. B. Pünktlichkeit am Arbeitsplatz, Verhalten gegenüber Vorgesetzten. Wer sich nicht an das hält, was der Betrieb erwartet, riskiert seine Kündigung in der Probezeit.
Andere erkennen erst nach ihrer Entscheidung für einen Beruf, dass sie sich *falsche Vorstellungen* gemacht haben. Aus manchem Traumberuf wird im Alltag eine Tätigkeit ohne jede Abwechslung.
Viele merken, dass sie für den gewählten Beruf *nicht geeignet* sind. Wer z. B. Verkäufer lernen will, aber im Umgang mit Kunden Probleme hat, sollte sich rasch nach einem anderen Beruf umsehen.
Die meisten brechen jedoch ab, weil sie mit dem Ausbilder nicht zurechtkommen oder den Ausbildungsbetrieb für schlecht halten. Da gibt es etwa Streit über die Rechte und Pflichten während der Ausbildung (**M2**). Viele wollen den Betrieb wechseln, aber nicht den Beruf.

Wer gibt Rat? Wer hilft?

Ansprechpartner für Auszubildende in betrieblichen Konflikten:
- Die *zuständige Kammer* ist für die Qualität der Ausbildung mitverantwortlich und hat eigene Ausbildungsberater, die zwischen Auszubildenden und Ausbildenden vermitteln können.
- Die *Gewerkschaft* vertritt die Interessen der Arbeitnehmer und Auszubildenden und weiß konkret, was das ausbildende Unternehmen darf und was es nicht darf.
- Der *Betriebsrat* ist die Interessenvertretung aller Arbeitnehmer im Betrieb. Dazu hat er Mitbestimmungsrechte (→ S. 156–157).
- Die *Jugend- und Auszubildendenvertretung (JAV)* vertritt besonders die Interessen der Jugendlichen und Auszubildenden gegenüber den Ausbildern und dem Betrieb.
- Die *Lehrkräfte der Berufsschule* kennen die Rechte und Pflichten beider Seiten und haben meist Erfahrung mit Konflikten und deren Schlichtung.
- Die *Berufsberatung* der Agentur für Arbeit gibt bei schlechten Schulleistungen Unterstützung durch ausbildungsbegleitende Hilfen (ABH). Zudem kennt die Berufsberatung berufliche Alternativen und ggf. andere Ausbildungsbetriebe.

Zufrieden oder unzufrieden – es hängt auch an mir

Dass ich rundum zufrieden bin mit meiner Ausbildungsstelle, und das drei Jahre lang, ist sicher die absolute Ausnahme. Trotzdem hängt meine Zufriedenheit auch ab von Faktoren, die ich beeinflussen kann:
- *Erwartungen an die Ausbildung:*
  – Welche Informationen über den Beruf, die Ausbildungs- und Prüfungsinhalte habe ich?
  – Welche Informationen habe ich über den Ausbildungsbetrieb?

14 1. Jugendliche in der Gesellschaft

- *Einstellung zur Ausbildung:*
  - Welche Bedeutung hat diese Ausbildung für meine Lebensplanung?
  - Was ist mir an diesem Beruf wichtig?
  - Kenne ich die Schattenseiten des Berufs? Wie gehe ich mit ihnen um?
- *Bereitschaft, sich an das anzupassen, was der Betrieb will:*
  - Wie gut halte ich Vereinbarungen ein?
  - Wie selbstständig kann ich arbeiten?
  - Wie verhalte ich mich, wenn ich etwas nicht verstehe?
  - Wie gehe ich mit unangenehmen Arbeiten um?
  - Habe ich Durchhaltevermögen?
  - Kenne ich meine Stärken und Schwächen?
- *Umgang mit Ausbildern, anderen Auszubildenden und den Lehrkräften in der Berufsschule:*
  - Wo suche ich die Schuld, wenn etwas nicht klappt?
  - Kann ich Kritik ertragen?
  - Kann ich meinen Standpunkt vertreten, ohne andere vor den Kopf zu stoßen?

Auf manche dieser Fragen habe ich zu Beginn der Ausbildung noch keine Antwort. In manchen Dingen mache ich mir sicher falsche Vorstellungen. Darum muss ich bereit sein, meine Erwartungen und Einstellungen zu korrigieren. Viele Situationen sind völlig neu. Ich muss erst lernen, mit ihnen umzugehen.
So lernt jeder in seiner Ausbildung auf zwei Ebenen: Er lernt das, was an Wissen und Fertigkeiten zum Beruf gehört. Und er lernt, sich im Betrieb durchzusetzen.

2. Erstellen Sie eine Liste, was Ihnen zu Ihrer Ausbildung einfällt. Markieren Sie die positiven Stichpunkte mit grüner Farbe, die negativen mit rot, die neutralen oder unklaren mit gelb. Prüfen Sie durch einen Vergleich in der Klasse, ob die aufgeführten Punkte nur Einzelne betreffen oder ob sie typisch für Ihre Ausbildung sind.

M2 Die wichtigsten Pflichten in der Ausbildung

Pflichten des Betriebs

- Ausbildungspflicht: Vermittlung der beruflichen Handlungsfähigkeit, d.h. der nötigen Fertigkeiten und Kenntnisse
- Pflicht zur Bezahlung der Ausbildungsvergütung
- Bereitstellung der Ausbildungsmittel
- Freistellung zum Besuch der Berufsschule
- Es dürfen nur Aufgaben angeordnet werden, die dem Ausbildungszweck dienen und den körperlichen Kräften angemessen sind.
- Fürsorgepflicht: Einhaltung der gesetzlichen Bestimmungen (z. B. Jugendarbeitsschutzgesetz, Arbeitszeitgesetz, Unfallschutzbestimmungen)
- Pflicht zur Ausstellung eines Zeugnisses

Pflichten des Auszubildenden

- Lernpflicht: Aneignung der beruflichen Handlungsfähigkeit, d.h. der nötigen Fertigkeiten und Kenntnisse
- Führen eines Berichtshefts
- Pflicht zum Besuch der Berufsschule
- Gehorsamspflicht: Die Weisungen des Ausbilders müssen befolgt werden. Die Betriebsordnung und die Bestimmungen des Unfallschutzes müssen eingehalten werden.
- Sorgfaltspflicht: Übertragene Aufgaben müssen sorgfältig erledigt, mit Werkzeug und Maschinen muss sorgfältig umgegangen werden.
- Schweigepflicht

Ausbildender
Das ausbildende Unternehmen

Ausbilder
Die Person, die mit der Ausbildung beauftragt ist

Zusammengestellt nach dem Berufsbildungsgesetz, §§ 13–19

3. Über welche Pflichten von Auszubildenden und Betrieb kann es leicht zum Streit kommen?

4. Wie können solche Konflikte gelöst werden?

1.1 Ausbildung und Beruf – ein neuer Lebensabschnitt

Konflikte im Betrieb – was tun?
Rollenspiele

HOT

Wer neu im Betrieb ist, …

… der muss sich in seiner neuen Rolle erst zurechtfinden. Im Betrieb gelten andere Regeln als in der Schule Die Gefahr ist groß, in Konflikten falsch zu reagieren, sich zu viel gefallen zu lassen, sich Feinde zu machen oder womöglich die Lehrstelle zu riskieren.
Das richtige Verhalten in Konflikten können Sie üben. Ein gutes Mittel dafür ist das Rollenspiel. Hier können Sie Problemsituationen spielerisch lösen und verschiedene Wege ausprobieren, ohne etwas dabei zu riskieren.

Anleitung für ein Rollenspiel

1. Einstieg
- Lesen der Situationsbeschreibung
- Klären der Situation: Worin besteht das Problem? (Dafür ist meist weiteres Material nötig, z. B. über die Rechte und Pflichten der Auszubildenden und über den Kündigungsschutz.)

2. Vorbereitung
- Einteilen von Gruppen für die verschiedenen Rollen
- Besprechen der jeweiligen Rollenkarte:
  – Worin besteht aus Sicht dieser Person der Konflikt?
  – Wie könnte der Konflikt aus ihrer Sicht gelöst werden?
  – Überlegungen zu möglichen Gegenargumenten
- Besprechen des Vorgehens
- Auswählen der Spieler

3. Spiel
- Spieler: Spielen der Rollen
- Andere Gruppenmitglieder: Beobachten; Notieren von Auffälligkeiten in der Argumentation und im Verhalten

4. Auswertung
- Zusammenfassen und Beurteilen der Argumente
- Beurteilen des Gesprächsergebnisses

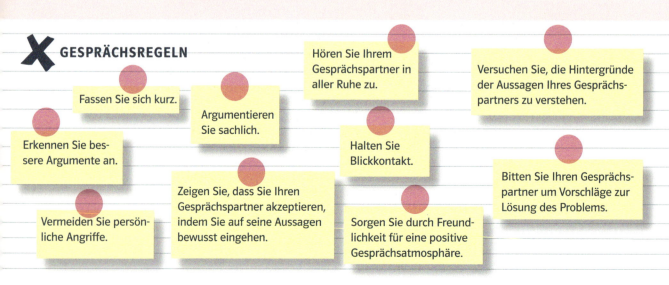

GESPRÄCHSREGELN

- Fassen Sie sich kurz.
- Argumentieren Sie sachlich.
- Hören Sie Ihrem Gesprächspartner in aller Ruhe zu.
- Versuchen Sie, die Hintergründe der Aussagen Ihres Gesprächspartners zu verstehen.
- Erkennen Sie bessere Argumente an.
- Halten Sie Blickkontakt.
- Bitten Sie Ihren Gesprächspartner um Vorschläge zur Lösung des Problems.
- Vermeiden Sie persönliche Angriffe.
- Zeigen Sie, dass Sie Ihren Gesprächspartner akzeptieren, indem Sie auf seine Aussagen bewusst eingehen.
- Sorgen Sie durch Freundlichkeit für eine positive Gesprächsatmosphäre.

Fallbeispiele

1. Eine Konfliktsituation im Betrieb

Das Problem: Der Computer ist gegen 15.00 Uhr ausgefallen und darum ist der Monatsabschlussbericht nicht fertig. Außer Frau Adolini ist nur noch Julia anwesend, da Frau Holder Urlaub hat. Zu zweit kann die Arbeit bis etwa 19.00 Uhr erledigt werden. Gearbeitet wird in der Abteilung normalerweise bis 16.45 Uhr.

Führen Sie zu dieser Situation ein Rollenspiel nach dem Ablaufplan durch.

Frau Adolini

Rollenkarte

Der Monatsabschlussbericht muss heute noch fertiggestellt werden und morgen früh dem Abteilungsleiter, Herrn Marschke, vorliegen. Ohne Computer ist dies allein kaum zu schaffen. Sie sehen nicht ein, dass Sie das allein machen sollen. Außerdem sollen die Lehrlinge ruhig lernen, wie hektisch es manchmal zugeht.

Julia

Rollenkarte

Sie sind erst gestern neu in diese Abteilung gekommen.
Frau Adolini ist in den nächsten drei Monaten für Ihre Ausbildung zuständig. Gerade heute haben Sie sich mit Ihrem neuen Schwarm für 18.00 Uhr verabredet. Es liegt Ihnen viel an diesem Treffen.

2. Andere Problemsituationen

a) In letzter Zeit sind Sie immer wieder mit Ihrem Auto zu spät zur Arbeit gekommen – mal 10 Minuten, mal 15 Minuten. Manchmal gab es einen Stau unterwegs, aber oft sind Sie einfach zu spät aufgestanden. Sie haben gehofft, dass es nicht auffällt, weil andere auch manchmal zu spät kommen, z. B. Frau Christiansen, die für Ihre Ausbildung zuständig ist. Heute hat Sie der Abteilungsleiter, Herr Spannagel, gesehen und zu sich bestellt.

b) Eine Kundin hat im Supermarkt ein Glas Gurken auf den Boden fallen lassen. Der Filialleiter, Herr Jaffke, fordert Sie auf, die Scherben zusammenzukehren und den Boden aufzuwischen. Sie sehen das nicht ein. Herr Jaffke wird wütend und sagt: „Soll ich das vielleicht machen?!" Er rennt in sein Büro und knallt die Tür hinter sich zu. Sie merken, dass Ihre Reaktion vielleicht nicht ganz richtig war, und wollen mit ihm reden.

Erstellen Sie für diese Situationen Rollenkarten und führen Sie dann ein Rollenspiel durch.

1. Jugendliche in der Gesellschaft **17**

1.1 Ausbildung und Beruf – ein neuer Lebensabschnitt

Was muss ich für den Beruf mitbringen?

n23s25
- Stellenangebote im Internet
- Handlungskompetenz

M1 Der ideale Mitarbeiter: Was in Stellenangeboten gefordert wird
In den meisten Stellenangeboten wurden mehrere Anforderungen genannt.

%	Anforderung
43 %	Leistung, Motivation
32 %	Teamfähigkeit, Kommunikation
25 %	Erfahrung, Professionalität
21 %	Kognitive Fähigkeiten, Problemlösungskompetenz
20 %	Mitwirkung, Gestaltung
15 %	Kunden-, Dienstleistungsorientierung
12 %	Innovation, Lernen
4 %	Unternehmerisches Denken
3 %	Persönlichkeit

Nach Globus 6094

1. Werten Sie Stellenangebote aus der örtlichen Tageszeitung oder aus dem Internet aus: Was wird von den Bewerbern jeweils verlangt? Vergleichen Sie mit **M1**.

Zwei Ebenen von Anforderungen: Fachwissen und Persönlichkeit
Wer schon einmal zu einem Vorstellungsgespräch eingeladen wurde, kennt diese Unsicherheit: Bringe ich wirklich mit, was der Betrieb verlangt? Bin ich besser als die anderen Bewerber?

Die Betriebe entscheiden über die Besetzung einer Stelle (und später über Beförderungen) nicht nur nach dem Fachwissen des Bewerbers, sondern auch nach seiner Persönlichkeit, nach Leistungsbereitschaft, Zuverlässigkeit, Teamfähigkeit, Offenheit u. Ä.

M2 Was gehört zur Handlungskompetenz?

Fachkompetenz
Fähigkeit, berufstypische Probleme sachgerecht und selbstständig zu lösen

z. B.
Kenntnis von Arbeitsmitteln, Arbeitstechniken u. Ä.

Methodenkompetenz
Fähigkeit, sinnvolle Wege bei der Lösung von Problemen zu gehen

z. B.
Logisches Denken
Entwickeln von Problemlösungen

Persönlichkeitskompetenz
Fähigkeit, sich selbst kritisch zu hinterfragen und eigene Lebenspläne zu entwickeln

z. B.
Selbstständigkeit
Selbstvertrauen

Sozialkompetenz
Fähigkeit, gemeinsam mit anderen zielorientiert zu handeln

z. B.
Teamfähigkeit
Übernahme sozialer Verantwortung

2. Ordnen Sie die in **M1** genannten Anforderungen den Bereichen der Handlungskompetenz zu.

3. Welche der genannten Kompetenzen sind in Ihrem Beruf besonders wichtig? Begründen Sie.

Als Bewerber muss ich den Betrieb von meinen Fähigkeiten in beiden Bereichen überzeugen. Grundlage der beruflichen Fähigkeiten sind die schulischen und beruflichen Abschlüsse, später erworbene Zusatzqualifikationen und dergleichen (→ S. 20 – 21). Die *berufsunabhängigen Fähigkeiten*, die ich mitbringen muss, werden meist als Schlüsselqualifikationen oder als Handlungskompetenz bezeichnet.
Handlungskompetenz bezeichnet die Fähigkeit, sich im Alltag so zu verhalten, wie es die Situation erfordert. Sie bezieht sich nicht nur auf den Beruf, sondern meint Eigenverantwortlichkeit in allen Lebensbereichen. Handlungskompetenz wird in verschiedene Bereiche untergliedert. Ein Beispiel finden Sie in **M 2**.

Handlungskompetenz

Handlungskompetenz wird im Beruf immer wichtiger. Zum einen, weil sich die Organisation der Arbeit verändert (→ S. 58–59), zum anderen, weil das Fachwissen immer rascher veraltet. Besonders deutlich sichtbar ist das in gewerblichen Berufen. So ist aus dem Kfz-Mechaniker der Kfz-Mechatroniker geworden, weil sich die Wartungs- und Reparaturarbeiten an Autos grundlegend verändert haben.

Die Fachkompetenz, das berufliche Wissen, ist die Grundlage der Handlungskompetenz. Darum kann Handlungskompetenz nicht in allen Berufen auf die gleiche Weise erworben werden. Ein Beispiel für die geänderten Anforderungen im gewerblich-technischen Bereich zeigt **M 3**.
In kaufmännischen Berufen werden oft *Übungsfirmen* eingerichtet; im Handwerk gibt es das *auftragsorientierte Lernen*. Damit ist die Beteiligung an der Erledigung eines Auftrags in allen Phasen gemeint: Auftragsannahme, Planung, Ausführung, Kontrolle/Inbetriebnahme. Die Auszubildenden müssen selbst entscheiden, welche Arbeitsweise richtig ist. – Auch die Berufsschule trägt zum Erwerb von Handlungskompetenz bei. Wie fit ich auf diesem Gebiet bin, hängt aber nicht allein vom Betrieb oder der Schule ab. Plötzlich sind Fähigkeiten aus dem Privatbereich entscheidend. Wenn ich zum Beispiel im Sportverein die E-Jugend trainiere oder am Computer zu Hause knifflige Probleme löse, habe ich einen Vorsprung vor anderen.

4. Beschreiben Sie, in welcher Weise Sie in Ihrer betrieblichen und schulischen Ausbildung Handlungskompetenz erwerben.

Schlüsselqualifikationen
Alle Fähigkeiten, die jemand braucht, um auf neuartige Anforderungen im Privatleben und im Beruf reagieren zu können.

M3 Aufgabenstellungen, die Handlungskompetenz erfordern

Traditionelle Aufgabe	Aufgabe unter Einbezug von Handlungskompetenz
Herstellung eines Gegenstands nach Zeichnung in Einzelarbeit	Planung und Herstellung eines Gegenstands, der bestimmte Anforderungen erfüllen soll, in Gruppenarbeit
Vorgabe: Zeichnung, Stückliste	Vorgabe: Problemdarstellung, Rahmenmaße nach Zeichnungen, Pflichtenheft
Ergebnis: Gegenstand nach Zeichnung in unterschiedlicher Qualität	Ergebnis: Unterschiedliche Gegenstände, die die geforderten Vorgaben auf verschiedene Weise erfüllen

5. Stellen Sie die grundsätzlichen Unterschiede zwischen den beiden Aufgaben fest. Vergleichen Sie den Zeitaufwand.

6. Warum gibt es bei der neuen Aufgabe unterschiedliche Lösungen? Wie unterscheiden sich die Bewertungsmaßstäbe bei der Bewertung der Lösungen?

1.1 Ausbildung und Beruf – ein neuer Lebensabschnitt

Die Ausbildung – mein Zukunftskapital?

 m2v5cm
- Weiterbildung
- Zusatzqualifikationen

Wo ist mein Platz in der Arbeitswelt?
Mehr als die Hälfte aller Arbeitnehmerinnen und Arbeitnehmer ist heute nicht mehr im erlernten Beruf tätig. Vor allem bei den unter 30-Jährigen gibt es neben Zeiten der Berufstätigkeit oft auch Zeiten der Fortbildung, Umschulung oder Arbeitslosigkeit (**M1**).

Manche suchen nach Alternativen zum erlernten Beruf, weil sie nicht zufrieden oder nicht untergekommen sind. Viele sehen ihre Ausbildung nur als erste Sprosse auf der Karriereleiter. Vor allem in der *Industrie*, bei den *Banken* und im *Handel* gibt es viele Aufstiegsmöglichkeiten innerhalb des Unternehmens (**M2**). Wer es zu etwas bringen will, muss dem Betrieb zeigen, wie wichtig ihm der Beruf ist. Viele dieser Lehrgänge, z. B. zum Handelsfachwirt oder zum Techniker, setzen neben der abgeschlossenen Ausbildung eine mehrjährige Berufserfahrung voraus.

Etwas anders verläuft der Aufstieg im *Handwerk*. Hier ist die Meisterprüfung oft das Sprungbrett in die Selbstständigkeit: die Gründung eines eigenen Betriebs oder die Übernahme eines bestehenden Handwerksbetriebs. Daneben gibt es Möglichkeiten der Spezialisierung, z. B. als Fachkraft für Solartechnik oder als technisch-kaufmännische Fachkraft. Diese speziellen Qualifikationen sind vor allem in größeren Betrieben gefragt.

Einige Weiterbildungsmaßnahmen werden durch die Arbeitsagentur oder den Staat gefördert, z. B. durch das Meister-BAföG (**M3**). Daneben gibt es in manchen Fällen bezahlten Bildungsurlaub. Außerdem bietet der „*Zweite Bildungsweg*" die Möglichkeit, versäumte Schulabschlüsse nachzuholen, und öffnet den Weg in ein Studium.

Welche Weiterbildungsangebote gibt es?
Lebenslanges Lernen ist heute in allen Berufen wichtig. Ein Teil der Weiterbildung findet *innerbetrieblich* statt oder in überbetrieblichen Einrichtungen. Auch die Kammern bieten Fortbildungen an, z. B. die Industrie- und Handelskammer (IHK), die Handwerkskammer oder die Innungen des Handwerks. Die Unternehmen geben vor allem Geld aus für die Weiterbildung der höher qualifizierten und der jüngeren Beschäftigten.

Viele Betriebe erwarten, dass die Arbeitnehmer einen Teil ihrer Freizeit dafür opfern, sich auf dem Laufenden zu halten. Die Beschäftigten müssen Eigeninitiative entwickeln und sich das nötige Wissen eigenverantwortlich aneignen. Bei der *außerbetrieblichen* Weiterbildung haben neben den Kammern die Volkshochschulen ein breit gefächertes Angebot.

M1

Lebenslauf

Persönliche Angaben:

Familienstand:	ledig
Staatsangehörigkeit:	deutsch
Geburtsdatum:	20.12.1982
Geburtsort:	Heilbronn

Schulabschluss:	2000	Mittlere Reife
Ausbildung:	2000 – 2003	Zentralheizungs- und Lüftungsbauer
Berufstätigkeit:	2003	Weiterarbeit im Ausbildungsbetrieb als Geselle
	2004	Wehrdienst
	2005 – 2007	Geselle in einem großen Betrieb
Berufliche Weiterbildung:	2007 – 2009	Ausbildung zum staatlich geprüften Techniker der Fachrichtung Heizung, Lüftung und Klimatechnik
	2009 – 2010	Ausbildung zum staatlich geprüften Techniker der Fachrichtung Sanitärtechnik
Berufstätigkeit:	seit 2010	Tätigkeit als Techniker, Bereich Lüftung, in einer Firma für Entsorgungstechnik

1. Welcher Zusammenhang besteht in diesem Lebenslauf zwischen der schulischen bzw. beruflichen Ausbildung und der Berufstätigkeit?
2. Würden Sie diesen Bewerber zu einem Vorstellungsgespräch einladen? Begründen Sie.

M2 Karriere: Was bietet der Einzelhandel?

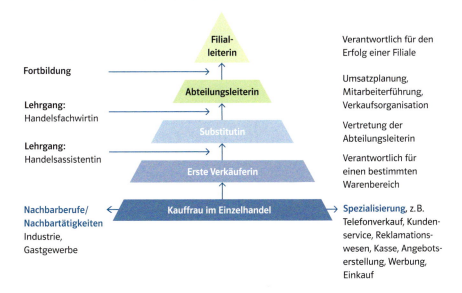

Formen der Weiterbildung
Fortbildung: Weiterbildung im erlernten Beruf.
Umschulung: Erlernen eines anderen Berufs.

3. Die Grafik zeigt drei Richtungen, in die die Weiterbildung im Einzelhandel gehen kann. Stellen Sie diese drei Möglichkeiten in Form eines Kurzvortrags dar.

4. Erstellen Sie eine Grafik mit den Weiterbildungsmöglichkeiten in Ihrem Beruf. Erkundigen Sie sich bei der zuständigen Kammer und recherchieren Sie im Internet.

M3

Mit Bafög zum Meistertitel
2009 erhielten 109 000 Männer und 49 000 Frauen Meister-Bafög

Förderzusage: 456 Mio. Euro
davon in Mio. Euro

Zuschüsse
für Lehrgangs- und Prüfungsgebühren: 75
für Lebensunterhalt* und Kinderbetreuung: 65

Darlehen
für Lehrgangs- und Prüfungsgebühren: 171
für Lebensunterhalt*: 144
für Anfertigung des Meisterstücks: 1

*einschl. Kindererhöhungsbetrag

Die Geförderten...
...waren in diesem Alter:
- 35 und älter: 17 %
- 30 bis 34: 15 %
- 25 bis 29: 35 %
- unter 25 Jahren: 33 %

...nahmen teil an einer Teilzeitfortbildung: 63 %
...nahmen teil an einer Vollzeitfortbildung: 37 %

Quelle: Stat. Bundesamt © Globus 3678

5. Berechnen Sie den durchschnittlichen Förderbetrag. Welcher Unterschied besteht dabei zwischen Zuschüssen und Darlehen?

6. Warum ist die staatliche Förderung durch das Meister-BAföG wichtig?

1.1 Ausbildung und Beruf – ein neuer Lebensabschnitt

Frauen – gleichberechtigt im Beruf?

n6i6gj
- Statistik zu Berufen
- Frauenförderung

M1 Frauensache?

1. Wie sollte Ihrer Ansicht nach der Weg geradeaus aussehen?

Frauen heute – mehr als Hausfrau und Mutter
Frauen sind heute nicht mehr auf die Rolle der Hausfrau und Mutter festgelegt. Ihre Berufstätigkeit ist selbstverständlich. Der eigene Beruf gibt ihnen *finanzielle Unabhängigkeit*. Um etwas zu gelten, muss eine Frau heute nicht mehr verheiratet sein.
Allerdings ist es nach wie vor so, dass Frauen im Durchschnitt weniger verdienen und seltener Karriere machen als Männer. Warum ist das so? Und was kann getan werden, um dies zu ändern?

Kinder oder Karriere?
- Die *Berufswahl* der jungen Frauen verläuft anders als die der jungen Männer. Sie wählen andere Berufe und haben andere Berufsvorstellungen (→ S. 11, M 2). Ein großer Teil der typischen Frauenberufe ist schlecht bezahlt. Weiblichen Jugendlichen sind bei der Berufswahl andere Dinge wichtiger als das Geld, das sie später verdienen werden.
- *Beruflicher Aufstieg:* In Umfragen erklären Männer wie Frauen, dass beruflicher Aufstieg für beide Partner gleich wichtig sein sollte.

M2 Berufe mit hohem Frauenanteil (Auswahl)

Beruf	Frauenanteil	Anteil der Teilzeitbeschäftigten
Medizinische/Zahnmedizinische Fachangestellte	99 %	26 %
Erzieherin, Kinderpflegerin	96 %	54 %
Friseurin	93 %	19 %
Sozialarbeiterin, Altenpflegerin	80 %	44 %
Grund- und Hauptschullehrerin, Realschullehrerin	78 %	54 %
Verkäuferin	76 %	43 %
Reinigungsberufe	74 %	57 %
Sozialversicherungspflichtig Beschäftigte – insgesamt	46 %	20 %

Zahlen gerundet, Stand 2009 – Nur sozialversicherungspflichtig Beschäftigte.
Berufe im Spiegel der Statistik: bisds.infosys.iab.de

2. Welche der genannten Berufe sind in Ihren Augen typische Frauenberufe? Wie sieht es jeweils mit der Möglichkeit der Teilzeitbeschäftigung aus?

22 1. Jugendliche in der Gesellschaft

In der Praxis machen aber vor allem die Männer und die kinderlosen Frauen Karriere (**M 3**). In einer Partnerschaft ist es offenbar eher die Frau, die zurückstecken muss. Auch bei Paaren ohne Kinder ist das Einkommen der Frau deutlich niedriger als das des Mannes.

Eine Folge: Vor allem gut ausgebildete Frauen entscheiden sich für den Beruf und schieben den Wunsch nach Kindern auf oder sie verzichten ganz auf Kinder. Sie befürchten, dass Kinder und Karriere sich gegenseitig ausschließen.

- Die Möglichkeit einer Schwangerschaft ist aus Sicht der *Arbeitgeber* ein Risiko bei der Beschäftigung von Frauen. Sie fallen dann eine Zeit lang als Arbeitskraft aus und sind während des Mutterschutzes praktisch unkündbar. Trotzdem gibt es ganze Wirtschaftszweige, in denen fast nur Frauen arbeiten und in denen es mehr Teilzeit- als Vollzeit-Stellen gibt (**M 2**).
- Viele Frauen mit Kindern sind interessiert an *Teilzeitarbeit* und an regelmäßigen Arbeitszeiten. Das führt dazu, dass Frauen vor allem in Betrieben arbeiten, die Teilzeitarbeit anbieten. Manchmal kommen sie deshalb in ihrem alten Beruf nicht mehr unter. Dies gilt vor allem in Westdeutschland. In den neuen Bundesländern ist die Babypause kürzer, arbeiten mehr Mütter in Vollzeit, sind mehr Frauen in Führungspositionen. Vielleicht ist hier der Osten ein Vorbild für den Westen?
- Zwar sind heute mehr Frauen berufstätig als noch vor 30 Jahren; aber die Summe der von Frauen insgesamt geleisteten Arbeitsstunden ist kaum gestiegen. Das heißt: Frauenarbeit ist in vielen Familien mit Kindern nur ein *Zuverdienst* zum Familieneinkommen.
- Die *Qualifikation verliert an Wert*, wenn Menschen die Berufstätigkeit unterbrechen. Das gilt für Arbeitslose genauso wie für Mütter. Die Arbeit im Betrieb verändert sich rasch oder sie wird anders organisiert. Der Wiedereinstieg in den alten Beruf muss darum erkämpft werden, selbst wenn der Arbeitgeber zur Weiterbeschäftigung verpflichtet ist. Erschwerend kommt hinzu: Diese Rückkehr findet in einer Zeit statt, in der die Frauen in der Familie stark gefordert sind.

Kinder und Karriere?
In manchen Nachbarländern, z. B. in Frankreich und in Skandinavien, sieht es anders aus als bei uns: Mehr Frauen sind berufstätig, mehr Frauen arbeiten in Berufen, die in Deutschland typische Männerberufe sind, mehr (verheiratete) Frauen sind in Führungspositionen. Dies zeigt, dass Veränderungen möglich sind, wenn Staat und Gesellschaft sie wollen. Von diesen Veränderungen handelt der nächste Abschnitt.

4. Frauen in Männerberufen, Männer in Frauenberufen – welche Schwierigkeiten gibt es für sie? Am besten gehen Sie von Beispielen aus, z. B. einer Maurerin auf dem Bau, einem Erzieher im Kindergarten.

5. Welche Entscheidungen und Ereignisse entscheiden über den weiteren beruflichen und privaten Lebensweg von Frauen? Gehen Sie vom Infotext aus.

6. Die durchschnittliche Altersrente von Frauen ist niedriger als die von Männern. Erläutern Sie, warum das so ist.

M3 Karriere – immer noch Männersache?

- 46 % der Beschäftigten sind weiblich
- 40 % aller Doktorarbeiten werden von Frauen geschrieben
- 31 % der Selbstständigen sind weiblich
- 23 % der Beschäftigten in der 1. Führungsebene sind weiblich
- 15 % der Professuren werden von Frauen besetzt
- 9 % der Beschäftigten in der 1. Führungsebene von Großbetrieben (über 500 Beschäftigte) sind weiblich
- 1 % der Vorstandsmitglieder in den 100 größten deutschen Unternehmen sind weiblich
- **43 % der Frauen in Führungspositionen haben Kinder**

Daten aus: Bundesregierung (Hrsg.), 3. Bilanz Chancengleichheit – Frauen in Führungspositionen, 2008; IAB Betriebspanel

3. Zeigen Sie, dass Frauen seltener Karriere machen.

Mutterschutz in Deutschland
- Keine schwere körperliche Arbeit
- Keine Akkordarbeit
- Keine gesundheitsgefährdende Arbeit
- Arbeitsverbot 6 Wochen vor und 8 Wochen nach der Entbindung
- Kündigungsschutz bis 4 Monate nach der Entbindung

1. Jugendliche in der Gesellschaft **23**

1.1 Ausbildung und Beruf – ein neuer Lebensabschnitt

Frauen fördern – aber wie?

g9u5me
- Frauenförderung
- Netzwerke für Frauen

M1

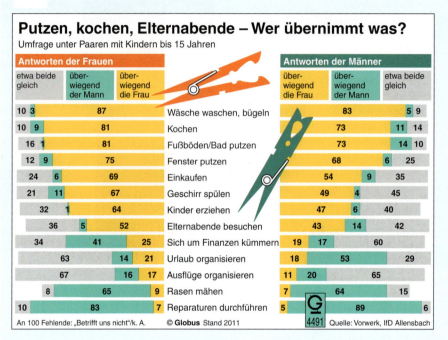

Putzen, kochen, Elternabende – Wer übernimmt was?
Umfrage unter Paaren mit Kindern bis 15 Jahren

1. Stellen Sie fest, wie bei Ihnen zu Hause die Arbeit zwischen den Partnern aufgeteilt ist. Schätzen Sie den jeweiligen Zeitaufwand pro Woche.
2. Wie stark sollten auch die heranwachsenden Kinder in die Hausarbeit einbezogen werden?

→ Mutterschutz
S. 23, Randspalte

Antidiskriminierungsgesetz
Das Allgemeine Gleichbehandlungsgesetz (AGG) soll ungerechtfertigte Benachteiligung v. a. wegen Rasse, Herkunft, Geschlecht, Religion oder Alter verhindern. Wer dagegen verstößt, z. B. als Arbeitgeber, kann von den Betroffenen verklagt werden.

Frauenförderung beginnt in der Familie

Wenn von Frauenarbeit die Rede ist, denken die meisten an Berufstätigkeit. Arbeit für die eigene Familie oder für Angehörige ist unbezahlte Arbeit. Sie wird meistens von den Frauen erledigt, egal ob sie berufstätig sind oder nicht (**M1**, **M2**). Nach wie vor ist die Frauenerwerbsquote in Deutschland niedrig. Auch die Geburtenrate liegt in den meisten EU-Staaten höher.
Es fehlt in Deutschland an Unterstützung und Entlastung der Frauen bei den Aufgaben in der Familie. Kinderkrippen und Kindertagesstätten, Ganztagsunterricht und Betreuungsangeboten für Schulkinder werden zwar ausgebaut. Der Bedarf ist aber längst nicht gedeckt. Vor allem in Westdeutschland lässt das Angebot zu wünschen übrig. Öffnungszeiten der Kindergärten und Arbeitszeit im Betrieb passen oft nicht zueinander. Besonders schwierig ist die Situation für Alleinerziehende oder bei längerer Krankheit des Kindes.

Was der Staat tut

Der Staat versucht mit einer Reihe von Maßnahmen, die Benachteiligung der Frauen am Arbeitsplatz auszugleichen. Einige Beispiele:
- **Mutterschutz, Elternzeit und Elterngeld** sichern Frau und Familie beruflich ab, wenn die Kinder klein sind, und gleichen finanzielle Nachteile aus.
- **Gleichbehandlung am Arbeitsplatz:** Frauen dürfen für dieselbe Arbeit nicht schlechter bezahlt werden als Männer. Freie Stellen müssen Frauen und Männern angeboten werden. Wer wegen seines Geschlechts nicht zum Zug kommt, hat Anspruch auf Schadenersatz nach dem Antidiskriminierungsgesetz (→ S. 217, **M3**).
- Wo der Staat Arbeitgeber ist, gibt es **Gleichstellungsbeauftragte**. Sie achten darauf, dass bei der Besetzung von Stellen, in den Dienstplänen, bei Überstunden usw. die Interessen der Frauen berücksichtigt werden. Einige private Arbeitgeber machen das auch.

24   1. Jugendliche in der Gesellschaft

M2 Wer macht den Beruf?
Teilzeitarbeit im internationalen Vergleich

Von jeweils 100 Beschäftigten sind Teilzeitarbeitskräfte

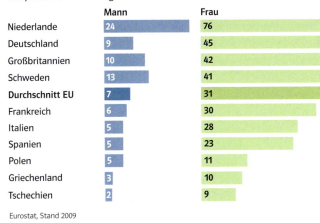

	Mann	Frau
Niederlande	24	76
Deutschland	9	45
Großbritannien	10	42
Schweden	13	41
Durchschnitt EU	7	31
Frankreich	6	30
Italien	5	28
Spanien	5	23
Polen	5	11
Griechenland	3	10
Tschechien	2	9

Eurostat, Stand 2009

3. Welche Unterschiede zwischen den EU-Staaten zeigt die Tabelle?
4. Teilzeitarbeit für Männer – warum ist sie Ihrer Meinung nach in allen Staaten selten?

- Ein weiteres Mittel sind *Frauenförderpläne*. Sie sollen gezielt die weiblichen Beschäftigten weiterbilden und auf Leitungsaufgaben vorbereiten. Bei der Besetzung von Führungspositionen sollen Frauen besonders berücksichtigt werden. Das geht hin bis zu Quotenregelungen, die heftig umstritten sind.

Angebote der Wirtschaft
Spezielle Angebote für Frauen gibt es nicht nur beim Staat, sondern auch in manchen Unternehmen. So gibt es z. B.
- Kurse zur Wiedereinarbeitung
- mehr Teilzeitstellen und Angebote für Job-Sharing;
- mehr Flexibilität bei den Arbeitszeiten.

5. Diskutieren Sie, ob eine Quotenregelung für weibliche Beschäftigte mit Art. 3 (3) des Grundgesetzes vereinbar ist.
6. Untersuchen Sie in Ihrem Betrieb (bzw. in Ihrer Abteilung), welche Aufgaben von Männern und welche von Frauen übernommen werden. Suchen Sie nach Gründen für diese Aufteilung.

→ Familienpolitik und staatliche Leistungen S. 34–35

M3 Familienpolitik in Schweden

In Restaurants und Hotels sind Kinderstühle, Kinderbetten und Kinderessen selbstverständlich, in den Kaufhäusern und am Arbeitsplatz gibt es Spielzimmer mit Betreuern und Wickelräume auf beiden Toiletten, bei Frauen und Männern.

Elterngeld gibt es 18 Monate (davon 2 Monate nur für Väter). 80 Prozent des Lohns werden weiterbezahlt. Bei Krankheit eines Kindes ist eine vom Staat finanzierte Freistellung zur Pflege möglich. 80 Prozent des Lohns werden für 60 Tage im Jahr bezahlt.

Der Staat finanziert vor allem die Schule und die Ganztagsbetreuung der Kinder. Die Öffnungszeiten der Kindergärten sind an die Arbeitszeiten der Eltern angepasst. Wenn die Eltern berufstätig sind oder studieren, haben Kinder bis 12 ein Anrecht auf Ganztagsbetreuung.

80 Prozent der schwedischen Frauen sind berufstätig. Es gibt in Schweden keine Steuerermäßigungen für Familien mit Kindern. Außerdem sind die Lebenshaltungskosten sehr hoch. Das Einkommen eines Elternteils würde nicht ausreichen, eine Familie zu ernähren, schon gar nicht in den Großstädten.

7. Stellen Sie die Situation in Schweden der in Deutschland als Tabelle gegenüber. Worin liegen jeweils die Vor- und Nachteile? Ist das schwedische Modell wirklich kinderfreundlicher?

1. Jugendliche in der Gesellschaft **25**

1.2 Zusammenleben mit anderen
Wie will ich leben?
Ziele entwickeln

HOT

Wie sieht meine Zukunft aus?
Erwachsen werden heißt: Selbst seine Ziele im Leben zu bestimmen, selbst die Weichen für die Zukunft zu stellen. Wie soll Ihre Zukunft aussehen? Das ist gar nicht so einfach zu beantworten. Soll man sich treiben lassen oder strikt nach Kompass segeln? Sehen, was kommt, oder alles im Voraus planen? Auf jeden Fall sollte man herausfinden, was einem wichtig ist.

Ziele entwickeln

Bauen Sie aus den Bausteinen auf dieser Seite eine Pyramide:

1. Ganz oben soll das Ziel stehen, das Ihnen besonders wichtig ist, unten, was Ihnen weniger wichtig ist.

2. Oben steht nur ein Ziel; nach unten wird die Pyramide breiter.

3. Die Joker können Sie für Ziele verwenden, die Ihnen wichtig sind, die Sie aber unter den Bausteinen nicht finden. Am einfachsten ist, Sie schreiben sich jeden Baustein auf einen Zettel.

Ziele kommunizieren

1. Wenn Sie Ihre Ziele entwickelt haben, führen Sie auf der Grundlage Ihrer Pyramide mit einer Mitschülerin oder einem Mitschüler ein Partnerinterview zu folgenden Fragen:
   - Wie will ich in zehn Jahren leben?
   - Welche Schwierigkeiten muss ich überwinden, um so leben zu können?

2. Notieren Sie in Stichworten die Hauptaussagen des Interviewpartners. Vergleichen Sie gegenseitig Ihre Vorstellungen von der eigenen Zukunft.

Hannah (19 Jahre)

Mein größter Traum ist, nach der Ausbildung ins Ausland zu gehen. England oder die USA kann ich mir gut vorstellen, weil mein Englisch ganz okay ist. Aber ich habe noch niemand davon erzählt. Meine Eltern trauen mir das nicht zu, und mein Freund wäre bestimmt beleidigt, wenn ich das plane ohne ihn. Da ist ja auch was dran: Wenn er mir so wichtig wäre, würde ich sicher hier bleiben. Aber meine Unabhängigkeit geht vor – sie steht drum auch in meiner Pyramide ganz oben.

Jan (18 Jahre)

Nach der Lehre will ich in jedem Fall weiterkommen. Ich weiß noch nicht wie; meine Noten sind im Moment nicht so gut. Aber den Techniker oder den Meister schaffe ich bestimmt. So lange muss ich mich eben noch krumm machen. Aber dann bist du wer, dann kann kann dir keiner an den Karren fahren und genügend Kohle hast du auch. Drum stehen „Karriere" und „finanzielle Sicherheit" bei mir oben. Ich will aber auch Verantwortung übernehmen. Ich weiß: Das klingt jetzt eine Nummer zu groß. Aber mein Vater, der hat nie Verantwortung übernommen. Der hat sich in die Büsche geschlagen, als ihm der Stress mit der Familie zu viel war. Das würde ich nie machen.

1. Jugendliche in der Gesellschaft **27**

1.2 Zusammenleben mit anderen

Wie gehen wir miteinander um?

22c86a
- Erziehungsfragen

M1 Wann ist man wirklich erwachsen?

- Wenn man 18 Jahre alt ist?
- Wenn man weggehen und heimkommen kann, wann man will?
- Wenn man von Zuhause auszieht?
- Wenn man genug Geld verdient, um für sich selbst sorgen zu können?
- Wenn man die Berufsausbildung abgeschlossen hat?
- Wenn man heiratet?
- Wenn man zum ersten Mal auf eigene Faust eine Urlaubsreise macht?
- Wenn die Leute zu einem Sie sagen?
- Wenn man mit einem Partner oder einer Partnerin zusammenlebt?
- Wenn man zum ersten Mal Mutter oder Vater wird?
- Wenn man zum ersten Mal sehr verliebt ist?

1. Diskutieren Sie die Aussagen in der Gruppe.
2. Stellen Sie das Ergebnis Ihrer Diskussion in Form eines Sketches zwischen Eltern und ihren Kindern dar.

Jung und Alt – ein Zusammenleben mit Spannungen

Aus dem Zusammenleben von Jung und Alt ergeben sich Spannungen. Viele Eltern sehen in ihren 15- bis 20-jährigen Sprösslingen noch das Kind, das sie einmal waren, während die Jugendlichen mehr Freiheiten, mehr Rechte und mehr Verantwortung wollen. Sie lösen sich von ihrer Herkunftsfamilie, machen eigene Erfahrungen und bauen eigene, von der Familie unabhängige Beziehungen auf. Sie setzen sich eigene Lebensziele. Das ist gut und nicht schlecht. Streit gibt es häufig darüber, „was sich gehört". Unterschiedliche Vorstellungen von der eigenen *Rolle* als Vater, Mutter, Erziehungsberechtigte, Auszubildende, Schüler und unterschiedliche Erwartungen an die Rolle des anderen prallen hier aufeinander. Erwartungen gibt es auch von außen, von Freunden, Nachbarn, Lehrern oder dem Meister. Die Frage ist, wie die Familienmitglieder mit diesen unvermeidlichen Spannungen umgehen.

Erziehen – aber wie?

Den meisten Eltern ist die richtige Erziehung ihrer Kinder wichtig. Erziehungsratgeber sind Bestseller. Eltern sind vor allem über das Wie der Erziehung unsicher, über die *Erziehungsstile*. Drei Erziehungsstile werden heute meist unterschieden:

- Der *autoritäre Erziehungsstil*: dahinter steht die Überzeugung, dass ein Kind gar nicht wissen kann, was gut für es ist. In erster Linie geht es um den Gehorsam des Kindes, der durch Drohungen und Strafen durchgesetzt wird. Autoritär erzogene Kinder sind als Erwachsene oft ängstlich oder unselbstständig.
- *Laissez Faire*, d.h. Gleichgültigkeit der Eltern gegenüber dem Verhalten des Kindes. Oft kennen solche Kinder ihre Grenzen nicht, weil

die Eltern nicht in das Handeln des Kindes eingreifen wollen oder mit der Erziehungsaufgabe überfordert sind.
- Der *demokratische Erziehungsstil* sieht das Kind – abhängig vom Alter – als Partner mit eigenem Willen und eigenen Rechten. Das Kind soll den Sinn der Regeln der Erwachsenenwelt einsehen und sie nicht blind übernehmen. Es soll verschiedene Möglichkeiten ausprobieren, Verantwortung übernehmen und seinen eigenen Weg finden.

Der demokratische Erziehungsstil wird dem Kind am ehesten gerecht. Aber er ist schwer zu verwirklichen. Er fordert nämlich ein dauerndes Abwägen durch die Eltern, zu welchen Entscheidungen und Einsichten ein Kind schon in der Lage ist. Es müssen Kompromisse geschlossen und Bedingungen ausgehandelt werden, wo früher befohlen wurde.

3. Stellen Sie die drei Erziehungsstile einander als Tabelle gegenüber.

4. Das deutsche Recht orientiert sich am demokratischen Erziehungsstil (→ S. 35, M 2a). Welche Gründe kann es dafür geben?

M2 Erziehungsziele von A bis Z

Wenn du willst, schaue ich deine Hausaufgaben durch.

Du musst den Teller nicht leer essen, wenn es dir nicht schmeckt.

In deinem Zimmer sieht es aus wie im Schweinestall!

Das hast du toll gemacht.

Hast du dich schon bedankt?

Kinder in deinem Alter gehören um acht ins Bett.

- Anpassungsfähigkeit
- Christliche Lebensweise
- Ehrgeiz
- Einsatzbereitschaft
- Fleiß
- Gehorsam
- Gutes Benehmen
- Hilfsbereitschaft
- Höflichkeit
- Kreativität
- Kritikfähigkeit
- Offenheit
- Pünktlichkeit
- Sauberkeit
- Selbstständigkeit
- Sparsamkeit
- Toleranz
- Umweltbewusstsein
- Verantwortung
- Zuverlässigkeit

Natürlich liebe ich meine Mutter und meinen Vater und alles, aber sie gehen mir auf die Nerven …

5. Welche der genannten Erziehungsziele sind Ihnen besonders wichtig?

6. Vergleichen Sie Ihre Erziehungsziele mit denen Ihrer Mitschülerinnen und Mitschüler.

7. Ordnen Sie die Sprechblasen den verschiedenen Erziehungsstilen zu.

1. Jugendliche in der Gesellschaft

1.2 Zusammenleben mit anderen

Wie hat sich die Familie verändert?

hc36dz
- Statistische Daten
- Demografischer Wandel

→ Altersaufbau der Bevölkerung S. 88

M1 Lebensverhältnisse im Wandel

	1960	2010
Bevölkerung	55,8 Mio.	81,8 Mio.
Eheschließungen	521 000	382 000
Ehescheidungen	49 000	187 000
Heiratsalter in Jahren (männlich/weiblich)	26/24	33/30
Geburtenüberschuss (+), Sterbeüberschuss (−)	+ 326 000	− 181 000
Erwerbsquote*	48 %	59 %
– Männer	63 %	66 %
– Frauen	34 %	53 %
davon: Frauen zwischen 30 und 35 Jahren	45 %	78 %
Arbeitslose (1962 bzw. Jan. 2010, saisonbereinigt)	155 000	2 920 000
Offene Stellen (1962 bzw. Jan. 2010, saisonbereinigt)	575 000	478 000
Ausländeranteil (1961)	1,2 %	8,3 %
Schulbesuch der 13-Jährigen		
– Hauptschule	70 %	18 %
– Realschule	11 %	26 %
– Gymnasium	15 %	35 %
– Gesamtschulen, Schulen mit mehreren Bildungsgängen	–	16 %
– Sonstige (z. B. Förderschulen)	4 %	5 %
Neu abgeschlossene Ausbildungsverträge	ca. 510 000	558 000
Studienanfänger	54 000	445 000
Ausgaben für den privaten Konsum (Auswahl)		
– Nahrungsmittel, Getränke, Tabak	37 %	14 %
– Bekleidung; Schuhe	12 %	5 %
– Wohnen, Energie	16 %	34 %
– Verkehr (Kosten privater und öff. Verkehrsmittel)	7 %	15 %
– Freizeit, Unterhaltung, Kultur	7 %	11 %

1960: Nur alte Bundesländer. 2010: Ganz Deutschland. – Alle Zahlen gerundet. * Erwerbsquote bezeichnet den Anteil der Berufstätigen (einschließlich Arbeitslose) an der erwachsenen Bevölkerung. Ursprungsdaten: Statistisches Bundesamt, BiBB, Bundesagentur für Arbeit

1. Welche drei Veränderungen zwischen 1960 und heute sind Ihrer Ansicht nach am wichtigsten? Begründen Sie Ihre Entscheidung.
2. Welche Entwicklungen sehen Sie positiv, welche negativ?
3. Die Fotos zeigen den Alltag vor fünfzig Jahren. Stellen Sie diesen Bildern aktuelle Fotos gegenüber und vergleichen Sie.

M2 Entwicklung der Geburtenzahlen in Deutschland
Durchschnittliche Geburtenzahl je Frau von 15–45 Jahren

Statistisches Bundesamt

Alltag vor fünfzig Jahren und heute
Noch vor fünfzig Jahren war die Ehe die einzig allgemein anerkannte Form des Zusammenlebens. Über 90 Prozent der Bevölkerung haben damals geheiratet. Kinderlose Ehen waren die Ausnahme. Viele Ehen waren sogenannte *Versorgerehen*, in denen der Mann arbeitete und die Frau sich um den Haushalt und den Nachwuchs kümmerte.

Aber nicht nur die Familie war anders, sondern auch ihr Umfeld: Die meisten Kinder besuchten die Hauptschule. Mit 14 begannen sie eine Lehre oder arbeiteten als ungelernte Arbeiter. Arbeitskräfte waren gesucht. Berufswechsel oder beruflich bedingte Ortswechsel waren selten. Die Zugezogenen – das waren hauptsächlich „Gastarbeiter" oder Flüchtlinge aus der damaligen DDR. Die Löhne stiegen, und man sparte auf das Häuschen und das Auto. Die Wohnungen waren kleiner. Man lebte enger aufeinander. Im Fernsehen gab es nur zwei Programme, schwarzweiß und erst ab dem Nachmittag. Außerhalb der Städte war das Freizeitangebot mager.

Heute sieht das Umfeld der Familie anders aus. Die Anforderungen an die berufliche Qualifikation sind hoch. Darum kommt es auf einen möglichst hohen und guten Schulabschluss an. Die Berufsausbildung ist heute nicht mit 17 oder 18 Jahren zu Ende, sondern mit 24 oder 25. Entsprechend später stehen die Kinder finanziell auf eigenen Füßen. Sie ziehen später in eine eigene Wohnung, heiraten später und gründen später eine Familie.

Andere Lebensziele und andere Erwartungen an das eigene Leben und an den Partner verändern das Zusammenleben ebenso. Heiraten und Familie gründen sind heute kein Muss mehr.

4. Nicht alle in **M1** genannten Veränderungen sind Veränderungen der Familie. Aber alle diese Veränderungen wirken sich auf die Familie aus. Stellen Sie an Beispielen solche Auswirkungen dar (z. B. als Plakat).
5. Beschreiben Sie ausgehend von den Informationen auf dieser Doppelseite verschiedene Formen des Zusammenlebens heute.
6. Befragen Sie Ihre Eltern und Großeltern nach ihren Jugenderinnerungen. Was war nach deren Ansicht damals anders?

1. Jugendliche in der Gesellschaft

1.2 Zusammenleben mit anderen

Die Familie: Wie wichtig ist sie heute?

M1 Was bedeutet mir Familie?

Katharina (19):

Für mich ist Karriere machen wichtig, weil ich gerne unabhängig sein möchte. Das ist auch später, wenn man eine längere Beziehung hat, ziemlich wichtig. Wenn man eine Familie gründen möchte, dass man nicht unbedingt so abhängig ist vom Partner, damit man freiwillig beieinander bleibt.

Matthias (19):

Wichtig ist für mich, dass ich es schaffe, ein Leben zu führen, wo vor allem für mich Familie zählt, wo ich natürlich auch einen guten Job habe. Wobei für mich auch wirklich zählt, dass ich mitkriege, z. B. wie meine Kinder aufwachsen, wie sie sich entwickeln.

Shell-Jugendstudie 2006, S. 321, 426

1. Formulieren Sie in drei Sätzen, was Ihnen persönlich Familie bedeutet.

c3ng97
- Statistische Daten
- Lebensformen
- Lebenspartnerschaft

Mehr Staat – weniger Familie

Typische Aufgaben der Familie sind:
- Sie ist Lebens- und Wirtschaftsgemeinschaft.
- Sie ist Raum des Schutzes und der Geborgenheit. Sie gibt Rückhalt in schwierigen Lebenslagen.
- Sie sorgt für die Erziehung der Kinder. Sie vermittelt ihnen die Werte der Gesellschaft.
- Sie gibt soziale Sicherheit im Alter und bei Krankheit. Nach wie vor werden die meisten Pflegeleistungen durch die Familie erbracht.

Wenn Familien kleiner werden, verlieren sie ein Stück ihrer Eigenständigkeit. Statt der Verwandten übernehmen staatliche Einrichtungen einen Teil ihrer Aufgaben.

Formen des Zusammenlebens

Heute bestehen vor oder neben der „Normalfamilie" andere Formen des Zusammenlebens, die nicht mehr als unmoralisch empfunden werden (M2). Die Bereitschaft, sich ganz auf die Ehe zu verlassen, ist geringer geworden. Manche denken: Wenn ein Drittel der Ehen ohnehin geschieden wird – wozu dann noch heiraten? Auch der Staat trägt diesem Wandel Rechnung. Die Rechte nicht-ehelicher Kinder und der Partner in nicht-ehelichen Gemeinschaften wurden erweitert. Gleichgeschlechtliche Lebenspartnerschaften werden vom Staat anerkannt und weitgehend der Ehe gleichgestellt.

Viele junge Menschen ziehen gar nicht mit ihrem Partner zusammen. Sie wollen ihre eigene Wohnung nicht aufgeben, wollen ihre Freiheit haben, einen Ort behalten, an den sie sich zurückziehen können. Ein anderer Grund für das Leben als Single ist der Beruf. Wer in einer anderen Stadt eine Arbeitsstelle annimmt, kann sich

M2 Formen des Zusammenlebens

40 % Einpersonen-Haushalte
   davon 20 % Ledige
   davon 21 % Getrennt Lebende, Verwitwete, Geschiedene
5 % Lebensgemeinschaften ohne Kinder
2 % Lebensgemeinschaften mit Kindern
7 % Alleinerziehende
21 % Haushalte mit Kindern
24 % Haushalte ohne Kinder im Haushalt

Ursprungsdaten: Statistisches Jahrbuch 2011

2. Stellen Sie die Aussagen der Tabelle als Grafik dar.

3. Berechnen Sie, in wie viel Prozent der Haushalte Kinder leben.

nicht mehr darauf verlassen, dass der Partner (oder die Partnerin) mit umzieht.
Andere junge Paare ziehen in eine gemeinsame Wohnung ohne den Gedanken an Heirat und rechtliche Verpflichtungen. Oft unterscheidet sich ihre Form des Zusammenlebens nicht wesentlich von einer Ehe: Sie leben miteinander, sind sich treu, finanzieren den gemeinsamen Haushalt und teilen sich die Hausarbeit. Ob daraus irgendwann eine Ehe entsteht oder sich die beiden wieder trennen, ist offen. Manchmal ist erst eine Schwangerschaft der Grund dafür, doch zu heiraten.

Immer weniger Kinder – warum?
Kinder sind ein Reichtum – trotz durchwachter Nächte, zermürbender Debatten, Streit um Hausaufgaben und Fernsehen. Wer beobachtet hat, wie sich das Leben durch Kinder verändert, weiß das. Kinder bedeuten aber auch mehr Ausgaben, bedeuten Verzicht und Opfer für die Eltern. Gibt es deswegen weniger Kinder?
Die sinkende Geburtenzahl weist auf die freie Entscheidung hin, Kinder haben zu wollen oder nicht. Es ist nicht nur das Geld, weswegen Paare auf Kinder verzichten. Der Wunsch nach Kindern konkurriert heute mit anderen Lebenszielen.
15 bis 20 Prozent der Paare haben ein ganz anderes Problem: Sie bleiben ungewollt kinderlos. Einen Überblick über Gründe für Kinder und für Kinderlosigkeit finden Sie in **M3**.
Die niedrige Geburtenrate und der wachsende Prozentsatz an alten Menschen ist eine der großen Herausforderungen, vor denen unsere Gesellschaft steht. Sie wird das Zusammenleben der Generationen, die Arbeitswelt und das Wohnen verändern und macht schon heute Eingriffe in die Sozialversicherungen nötig (→ S. 88–89).

4. Welche Aufgaben der Familie hat der Staat ganz oder teilweise übernommen?

5. Stellen Sie positive und negative Folgen des Wandels der Familie einander als Tabelle gegenüber.

6. Der Rückgang der Eheschließungen und der Kinderzahl gilt oft als Zeichen fehlender Bereitschaft, Bindungen und Verpflichtungen einzugehen. Wie sehen Sie das?

M3

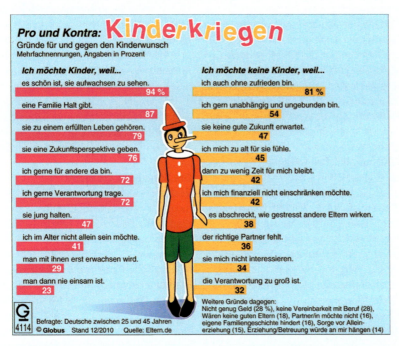

7. Die hier genannten Gründe haben zu tun a) mit den Lebenszielen der Befragten, b) mit ihren äußeren Lebensumständen, c) mit ihrer Persönlichkeit. Ordnen Sie die Gründe diesen drei Gruppen zu.

8. Welchen der genannten Gründe können Sie zustimmen, welchen nicht? Begründen Sie.

1. Jugendliche in der Gesellschaft **33**

1.2 Zusammenleben mit anderen

Familienpolitik: Was tut der Staat?

wt3nc2
- Familienpolitik
- Staatliche Hilfen

M1 Staatliche Hilfen für Familien

Finanzielle Hilfen
- Kindergeld, Steuerfreibeträge für Kinder
- Elterngeld
- Ausbildungsförderung
- Wohngeld
- Sozialhilfe

Beratungsangebote
- Schwangerschaftsberatung
- Erziehungs-/Familienberatung
- Schuldnerberatung

Unterstützende Einrichtungen
- Kindergarten/Hort
- Ganztagsschulen
- soziale Dienste/Sozialstationen

Hilfen für Mütter
- Mutterschutz/Mutterschaftsgeld
- Elternzeit
- Anerkennung von Erziehungszeiten bei der Rente

1. Welche dieser Leistungen kennen Sie? Welche halten Sie für besonders wichtig? Begründen Sie.

Was kostet ein Kindergartenplatz im Monat?

Personalkosten	406 €
Sachkosten	75 €
Verwaltung	20 €
Gebäudeunterhalt	7 €
Summe	**508 €**

Ganztagsplatz in gemeinnütziger Einrichtung ohne Mietkosten. – Financial Times Deutschland vom 24.02.2006

Tut der Staat genug für die Familie?
Wenn Familie Zukunft haben soll, dann ist sie auf die Unterstützung des Staates angewiesen, dann muss er ihr unter die Arme greifen: mit Geld, mit gesetzlichen Regelungen, mit Hilfsangeboten – kurz: dann muss er Familienpolitik betreiben. Im Grundgesetz und in den Landesverfassungen hat sich der Staat zum Schutz von Ehe und Familie verpflichtet (**M 2b**). Eine Übersicht der staatlichen Hilfen finden Sie in **M1**. In jedem Fall müssen die besonderen Belastungen durch Kinder wenigstens teilweise ausgeglichen werden.
Zwei Beispiele stellen wir genauer vor:
- Eltern haben ein Jahr lang Anspruch auf *Elterngeld*. Es beträgt etwa 2/3 des Nettogehalts des Ehepartners, der die Berufstätigkeit unterbricht. Zwei Monate länger gibt es Elterngeld, wenn der Vater mindestens zwei Monate die Betreuung übernimmt. Außerdem bestehen in den ersten drei Jahren Möglichkeiten zur Verringerung der wöchentlichen Arbeitszeit.
- *Betreuungsangebote:* Jedes Kind ab drei Jahre hat einen Anspruch auf einen Kindergartenplatz. Die Ganztagesangebote für Kleinere (Kinderkrippen) und für Grundschulkinder reichen derzeit noch nicht aus, sollen aber ausgebaut werden.

Diese und andere Hilfen sollen die Familien unterstützen und Männer wie Frauen wieder für Kinder begeistern.

Was ist Familienpolitik?
Für die meisten Menschen ist die Familie der Mittelpunkt des Privatlebens. In diesen Privatbereich greift der Staat ein, indem er Rechte und Pflichten der Familienmitglieder festlegt, Maßnahmen zum Schutz der Familie ergreift und ihr Hilfen bietet (**M1**, **M2**). Damit zeigt er sein Interesse an stabilen sozialen Beziehungen und trägt seinerseits dazu bei, dass die Familie als Gemeinschaft stark genug ist, die ihr übertragenen Aufgaben tatsächlich zu erfüllen.

Das Sorgerecht der Eltern
Rechte und Pflichten gegenüber Kindern gelten nicht nur innerhalb der Ehe. Der Vater eines Kindes muss auch dann zum Unterhalt für das Kind beitragen, wenn er mit der Mutter nicht verheiratet ist. Wenn die Eltern nicht verheiratet sind, hat nur die Mutter das Sorgerecht. Dann ist aber ein gemeinsames Sorgerecht auf Antrag möglich. Dadurch trägt der Staat der Tatsache Rechnung, dass immer mehr Kinder nur bei einem Elternteil aufwachsen. Auch im Erbrecht wurden die nichtehelichen Kinder den ehelichen gleichgestellt.
Außerdem wurden die Rechte der Kinder gegenüber ihren Eltern gestärkt, z. B. durch das *Züchtigungsverbot:* „Körperliche Bestrafungen, seelische Verletzungen und andere entwürdigende Maßnahmen sind unzulässig"

34 1. Jugendliche in der Gesellschaft

M2 Rechte von Eltern und Kindern

a) § 1626 BGB
Elterliche Sorge

(1) Die Eltern haben die Pflicht und das Recht, für das minderjährige Kind zu sorgen (elterliche Sorge). Die elterliche Sorge umfasst die Sorge für die Person des Kindes (Personensorge) und das Vermögen des Kindes (Vermögenssorge).
(2) Bei der Pflege und Erziehung berücksichtigen die Eltern die wachsende Fähigkeit und das wachsende Bedürfnis des Kindes zu selbstständigem verantwortungsbewusstem Handeln. Sie besprechen mit dem Kind, soweit es nach dessen Entwicklungsstand angezeigt ist, Fragen der elterlichen Sorge und streben Einvernehmen an.
(3) Zum Wohl des Kindes gehört in der Regel der Umgang mit beiden Elternteilen.

b) Artikel 6 Grundgesetz
Ehe, Familie, nichteheliche Kinder

(1) Ehe und Familie stehen unter dem besonderen Schutze der staatlichen Ordnung.
(2) Pflege und Erziehung der Kinder sind das natürliche Recht der Eltern und die zuvörderst ihnen obliegende Pflicht …
(3) Gegen den Willen der Erziehungsberechtigten dürfen Kinder nur auf Grund eines Gesetzes von der Familie getrennt werden, wenn die Erziehungsberechtigten versagen oder wenn die Kinder aus anderen Gründen zu verwahrlosen drohen.
(4) Jede Mutter hat Anspruch auf den Schutz und die Fürsorge der Gemeinschaft.
(5) Den unehelichen Kindern sind durch die Gesetzgebung die gleichen Bedingungen für ihre leibliche und seelische Entwicklung und ihre Stellung in der Gesellschaft zu schaffen wie den ehelichen Kindern.

Bürgerliches Gesetzbuch (BGB)
Regelt das alle Bürger betreffende Privatrecht, z. B. Schuldrecht, Familienrecht, Erbrecht.

2. Welche Verpflichtungen gegenüber der Familie übernimmt der Staat im Grundgesetz?
3. Welche Rechte von Eltern und Kindern ergeben sich aus dem Grundgesetz und aus dem BGB?

(§ 1631 BGB). Harte Strafen gibt es auch bei Kindesmissbrauch.
Wenn die Eltern ihren Pflichten gegenüber ihren Kindern nicht nachkommen, kann der Staat eingreifen. Er kann im äußersten Fall das Kind den Eltern auch gegen deren Willen entziehen.

4. Wie soll der Staat Ihrer Ansicht nach die Familie stärken: durch bessere Betreuungsangebote für Kinder oder durch finanzielle Leistungen für Mütter, die nicht berufstätig sind? Vergleichen Sie die beiden Ideen und beziehen Sie Stellung.
5. Vergleichen Sie die Aussagen der Parteien zur Familie. Hinweise finden Sie unter dem Online-Code dieser Doppelseite.
6. Wie können die Rechte der Kinder weiter gestärkt werden? Denken Sie dabei besonders an Eltern, die ihre Kinder vernachlässigen oder misshandeln.

In Konfliktfällen anonyme Hilfe für Eltern und Kinder unter www.internet-notruf.de

1.2 Zusammenleben mit anderen

Eheschließung: Worauf kommt es an?

- Eherecht

M1 Rechtliche Grundlagen der Ehe

**§ 1353 BGB
Eheliche Lebensgemeinschaft**

(1) Die Ehe wird auf Lebenszeit geschlossen. Die Ehegatten sind einander zur ehelichen Lebensgemeinschaft verpflichtet; sie tragen füreinander Verantwortung.

**§ 1356 BGB
Haushaltsführung und Erwerbstätigkeit**

(2) Beide Ehegatten sind berechtigt, erwerbstätig zu sein. Bei der Wahl und Ausübung einer Erwerbstätigkeit haben sie auf die Belange des anderen Ehegatten und der Familie die gebotene Rücksicht zu nehmen.

**§ 1369 BGB
Verpflichtung zum Familienunterhalt**

Die Ehegatten sind einander verpflichtet, durch ihre Arbeit und mit ihrem Vermögen die Familie angemessen zu unterhalten. Ist einem Ehegatten die Haushaltsführung überlassen, so erfüllt er seine Verpflichtung, durch Arbeit zum Unterhalt der Familie beizutragen, in der Regel durch die Führung des Haushalts.

1. Welche Aufgabenverteilung in der Familie kommt in der Karikatur zum Ausdruck? Welche Formulierungen des BGB beziehen sich auf diese Aufgabenverteilung?
2. Wie ändern sich die Rechte und Pflichten, wenn zur Familie Kinder gehören?

Lebenspartnerschaft
Paare des gleichen Geschlechts können durch eine Lebenspartnerschaft ihrer Beziehung einen rechtlichen Rahmen vergleichbar einer Ehe geben.

Eherecht
Nach wie vor ist die Ehe die einzige vom Staat geschützte Gemeinschaft von Mann und Frau. Sie ist darum an besondere Regelungen gebunden. Der Grundsatz des Grundgesetzes „Männer und Frauen sind gleichberechtigt" gilt auch für die Stellung der Ehepartner zueinander. Mann und Frau haben in der Ehe dieselben Rechte und Pflichten. Das Gesetz gibt nur den Rahmen vor, innerhalb dessen die Ehepartner ihre gegenseitigen Pflichten und ihre Pflichten gegenüber den Kindern regeln. Wie sie sich das aufteilen, ist ihre Sache (M1).

Standesamtliche Trauung – ein Muss
„Ehen werden im Himmel geschlossen", heißt es in einem Sprichwort. Gültig sind sie in Deutschland erst mit der Trauung im Standesamt. Der Standesbeamte prüft, ob die Brautleute ehemündig (das heißt volljährig) sind. In Ausnahmefällen kann eine Ehe auch geschlossen werden, wenn ein Partner volljährig und der andere mindestens 16 Jahre alt ist. Bei der standesamtlichen Trauung wird auch der *Familienname* festgelegt. Hier haben die Ehepartner heute viele Freiheiten. Auch ein gemeinsamer Familienname ist nicht mehr vorgeschrieben.

Heirat – mit und ohne Ehevertrag
Das *eheliche Güterrecht* schützt vor allem den wirtschaftlich Schwächeren in der Ehe. Es sorgt dafür, dass im Falle einer Scheidung nicht ein Partner leer ausgeht, sondern das während der Ehe hinzugekommene Vermögen und die Rentenansprüche aufgeteilt werden.

M2 Eheliche Güterstände

Gesetzlicher Güterstand
(gilt automatisch, wenn nichts anderes vereinbart ist)

Vereinbarte Güterstände
(durch Ehevertrag vor dem Notar)

Zugewinngemeinschaft
Jeder Ehepartner hat eigenes Vermögen. Einspruchsrecht des Ehepartners bei wichtigen Vermögensentscheidungen.

Gütertrennung
Jeder Ehepartner hat eigenes Vermögen. Kein Einspruchsrecht des Ehegatten

Gütergemeinschaft
Nur gemeinsame Verfügung über das Vermögen.

Das während der Ehe hinzugekommene Vermögen heißt Zugewinn. Dieser wird bei einer Scheidung zwischen den Ehepartnern geteilt.

Bei Scheidung kein Ausgleich des Zugewinns, keine Aufteilung des Vermögens.

Bei Scheidung Aufteilung des Vermögens. Die Gütergemeinschaft ist heute selten.

3. Ähnelt die Zugewinngemeinschaft eher der Gütertrennung oder der Gütergemeinschaft? Begründen Sie.

In Familien mit Kindern wirkt sich dieser Ausgleich meist zu Gunsten der Frau aus. Durch einen Vertrag können in einer Ehe oder Lebenspartnerschaft andere Regelungen vereinbart werden, z. B. was den Güterstand (**M 2**) oder Unterhaltszahlungen angeht. Der Vertrag muss vor einem Notar geschlossen werden und darf nicht einseitig zu Lasten eines Partners gehen. Dies wäre z. B. der Fall, wenn der Vertrag den Unterhalt für die nicht berufstätige Ehefrau ausschließen würde.

Unterhaltspflicht
Die Unterhaltspflicht innerhalb einer Familie endet nicht mit der Volljährigkeit oder mit der wirtschaftlichen Selbstständigkeit der Kinder. Ehegatten, Eltern und Kinder bleiben (soweit es ihre finanziellen Verhältnisse zulassen) einander immer zum Unterhalt verpflichtet – zum Beispiel wenn die Eltern zum Pflegefall werden oder wenn die Kinder nicht selbst für ihren Unterhalt sorgen können.

Ehe mit ausländischem Partner
Bereits bei jeder fünften Heirat in Deutschland hat einer der beiden Partner eine andere Staatsangehörigkeit. In solchen Ehen gelten manchmal andere Rechte und Pflichten, und sie haben auch Folgen für die Staatsangehörigkeit der Kinder und für das Erbrecht. In vielen Fällen ist eine solche Ehe „schwieriger" – im Blick auf das Verhältnis der Partner untereinander und in der Gesellschaft. Probleme kann es auch bei der religiösen Erziehung der Kinder geben. Über solche Folgen sollte man sich vorher gut informieren.

4. Wann ist ein Ehevertrag sinnvoll?

5. Wie würden Ihre Eltern und Ihr Freundeskreis reagieren, wenn Sie einen ausländischen Partner heiraten wollten? Welche Bedeutung hätte dabei das Herkunftsland?

1. Jugendliche in der Gesellschaft **37**

1.2 Zusammenleben mit anderen

Scheidung: Ist jetzt alles zu Ende?

f24ga3
- Eherecht/ Scheidungsrecht

M1 Rechtliche Folgen einer Scheidung

Unterhalt: Wenn nicht genügend Geld zur Verfügung steht, haben immer die Kinder Vorrang, mindestens bis zu ihrer Volljährigkeit. An zweiter Stelle stehen die Väter und Mütter, die die Kinder betreuen. Sie bekommen Unterhalt, solange die Kinder unter drei Jahre alt sind, wenn ihr eigenes Einkommen oder Vermögen nicht ausreicht. Ein längerer Unterhalt wegen der Betreuung von Kindern hängt vom Einzelfall ab. Geschiedene Ehepartner sind grundsätzlich verpflichtet, selbst für ihren Lebensunterhalt zu sorgen.

Sorgerecht für die Kinder: Gemeinsames Sorgerecht für beide Ehepartner. Nur bei Konflikten greift das Familiengericht ein.

Umgangsrecht: Das Kind hat ein Recht auf Kontakt zu beiden Elternteilen. Beide sind zum Umgang mit dem Kind verpflichtet.

Versorgungsausgleich: Die während der Ehe erworbenen Anrechte auf Versorgung im Alter und bei Arbeitsunfähigkeit werden zu gleichen Teilen auf die Ehepartner verteilt.

1. In welcher Weise wird durch diese Regelungen ein Ausgleich zwischen den Familienmitgliedern hergestellt? Welche Probleme kann es dabei geben?
2. Überlegen Sie, warum Kinder unter einer Scheidung oft besonders leiden. Beziehen Sie die Karikatur und M2 ein.

Ehescheidung

Jede dritte Ehe wird geschieden. Ein Grund für Scheidungen ist, dass Männer und Frauen hohe Erwartungen aneinander haben und bei Krisen schneller als früher bereit sind, den Partner – ob mit oder ohne Kinder – zu verlassen. Für eine Scheidung muss mindestens ein Ehepartner einen Scheidungsantrag beim Amtsgericht stellen. Der Familienrichter prüft dann, ob die Ehe gescheitert ist. Das Scheitern wird durch das Führen getrennter Haushalte nachgewiesen (Mindestdauer 1 Jahr). Kein Partner kann die Scheidung auf Dauer verhindern.
Die *finanziellen Folgen* einer Scheidung sind erheblich. Im Scheidungsverfahren wird auch über die Höhe der Unterhaltszahlungen für die Kinder und für den schwächeren Ehepartner entschieden (**M1**). Wenn die Ehepartner in Zugewinngemeinschaft gelebt haben, wird der Vermögenszuwachs aufgeteilt.

Und was ist mit den Kindern?

Die Scheidung ist das Ende der Ehe, nicht der Familie. Am schwersten verkraften meist die Kinder die Folgen. Sie geraten leicht zwischen die Fronten – zwischen einem „Werktags-Elternteil" und einem „Wochenend-Elternteil" (**M2**). Manchmal bewegen sie sich wie zwischen feindlichen Lagern. Im Streitfall kann das Gericht entscheiden, wo die Kinder leben dürfen.
Der Elternteil, bei dem die Kinder leben (meist ist es die Mutter), muss den Alltag neu organisieren. Berufstätigkeit und Versorgung der Kinder sind noch schwerer unter einen Hut zu bringen als in der Ehe. Die finanzielle Situation verschlechtert sich drastisch. Häufig steht auch ein Wohnungswechsel an. Es verwundert nicht, dass alleinerziehende Mütter und Väter oft Hartz-IV-Leistungen beziehen und dann lange davon abhängig bleiben.

M2 Ehe auf dem Rückzug

	Heiraten	Scheidungen
1950	750 000	135 000
1960	690 000	75 000
1970	575 000	105 000
1980	495 000	140 000
1990	515 000	155 000
2000	420 000	195 000
2010	378 000	187 000

Statistisches Bundesamt

Oliver war fünf, als die Eltern sich trennten. Seine kleine Schwester war erst zwei und bekam von der Scheidung nicht viel mit. Die Kinder leben beim Vater. Die Mutter wohnt im gleichen Ort, hat inzwischen wieder geheiratet und aus der zweiten Ehe zwei Kinder. Oliver musste in den Hort, damit der Vater zur Arbeit gehen konnte. Manchmal am Wochenende und wenn der Vater beruflich über Nacht weg ist, sind die Kinder bei der Mutter, aber das klappt nicht immer. Der Vater ist mit seinen Kräften ziemlich am Ende. Auch finanziell kommt er kaum über die Runden, weil er nicht voll arbeiten kann.

Oliver hat auf die Scheidung mit einem völligen Rückzug und mit Misstrauen und Aggressionen gegenüber anderen Menschen reagiert. Seine Unsicherheit war unübersehbar. Als er sechs war, kam er zunächst in eine Förderklasse. Nur langsam fasste er in der Schule Fuß und wurde ausgeglichener. Jetzt ist er elf und in der 4. Klasse der Grundschule. Seine Schulleistungen sind nach wie vor nicht gut. Er traut sich nichts zu und gibt schnell auf. Auch findet er schwer Anschluss und hat kaum Freunde.

3. Beschreiben Sie die Folgen einer Scheidung für die Ehepartner und die Kinder. Unterscheiden Sie dabei nach rechtlichen Folgen, finanziellen und emotionalen Folgen.

M3 Warum gibt es so viele Scheidungen?

„Weil es leicht ist, sich scheiden zu lassen, gehen viele Paare diesen Weg."

„Leider ist die moralische Kraft der Familie verloren gegangen. Darum wird die Ehe nicht mehr als lebenslange Bindung angesehen."

„Die Familien sind überlastet und zerbrechen an den Herausforderungen der Gesellschaft."

„Scheidungen sind ein Zeichen für die gewandelten Rollen von Mann und Frau."

4. Vier-Ecken-Methode: Jeder der vier Standpunkte in den Sprechblasen wird in eine Ecke des Klassenzimmers gehängt. Dort treffen sich alle, die ihm am ehesten zustimmen können, zu einer Gruppe. Jede Gruppe begründet ihren Standpunkt möglichst genau und bereitet ein Streitgespräch in der Klasse vor.

1.3 Freizeit
Was macht ihr in eurer Freizeit?
Eine Umfrage

HOT

h6yf6r
- Umfrage/ Interview
- Auswertung von Umfragen

Sie wollten immer schon wissen, …

… was Ihre Mitschülerinnen und Mitschüler am Wochenende alles so treiben? Einige geben damit an, ohne dass man sie fragen muss. Aber wenn Sie sich wirklich einen Überblick verschaffen wollen, ist der beste Weg eine Umfrage.
Was wollen Sie herausbekommen? Geht es darum, wer in welche Disco geht? Wollen Sie feststellen, welche Unterschiede es bei den Freizeitaktivitäten zwischen Jungen und Mädchen gibt? Wollen Sie wissen, wie viel Geld für die Freizeit auf der Strecke bleibt? Je nach dem Ziel sind die Fragen ganz unterschiedlich, die Sie stellen müssen. Am besten, Sie probieren es aus.

→ **Eine Umfrage durchführen und auswerten**

1. Bei wem wollen Sie die Umfrage machen?

Eine Umfrage in der eigenen Schulklasse ist sinnvoll, wenn Sie einen Überblick bekommen wollen, was es alles an Hobbys und Freizeitaktivitäten gibt.
Aber sobald Sie Einzelheiten wissen wollen, wird es schwierig. Wer erzählt schon gern, dass er am Wochenende jobben muss, um finanziell über die Runden zu kommen? Darum ist es manchmal leichter, von fremden Menschen eine ehrliche Antwort zu bekommen, als von Leuten, die Sie gut kennen.

Es kann auch interessant sein, eine Umfrage gerade in einer Klasse oder Gruppe zu machen, die ganz anders ist als die Leute, die Sie kennen.

- Spielhalle
- Fitness-Studio
- Disco/Jugendhaus
- Sonnenstudio
- Szene-Kneipe

40 1. Jugendliche in der Gesellschaft

2. Welche Methode wollen Sie einsetzen?

Die beiden gängigen Methoden sind Fragebögen und offene Interviews. Mit einem Fragebogen können Sie eine große Gruppe, z. B. alle Klassen Ihrer Schule, zu ihren Freizeitaktivitäten befragen. Durch offene Interviews, womöglich mit der Videokamera, erfahren Sie viel über die Freizeitaktivitäten einzelner Personen. Allerdings sind manche Leute nicht ohne Weiteres bereit, sich vor laufender Kamera befragen zu lassen.

3. Wie wollen Sie die Ergebnisse auswerten und präsentieren?

Wie genau wollen Sie die Ergebnisse auswerten? Soll es nur um einen groben Überblick zu den Freizeitaktivitäten gehen oder interessieren die Einzelergebnisse? Wollen Sie die Ergebnisse bewerten?
Zum Beispiel könnten Sie mit den Umfrageergebnissen den Gemeinderat Ihres Schulorts davon überzeugen, dass ein Jugendzentrum nötig ist.
Wollen Sie das Ergebnis vor einem Publikum präsentieren? Oder geht es um eine schriftliche Dokumentation, die womöglich nur der Fachlehrer liest?
Soll am Ende ein Videoclip stehen, eine Power-Point-Präsentation oder eine Wandzeitung, mit der die ganze Schule informiert wird?

Folgende gesetzliche Regelungen müssen beachtet werden:

- Fotos oder Videos der Interview-Partner dürfen Sie nicht ohne deren Einwilligung verwenden.

- Die Daten in Fragebögen unterliegen dem Datenschutz und müssen anonymisiert werden, d. h. die Identität der Personen muss unkenntlich gemacht werden.

- Umfragen in Schulen müssen von der Schulleitung genehmigt werden.

1. Jugendliche in der Gesellschaft 41

1.3 Freizeit

Freizeit – freie Zeit?

u4cd5j
- Freizeit
- Freizeitaktivitäten
- Freizeitstress

M1 Freizeithits der Jugend

59 %	Im Internet surfen
59 %	Sich mit Leuten treffen
56 %	Musik hören
54 %	Fernsehen
30 %	Disco, Partys, Feten
29 %	Vereinssport
28 %	Freizeitsport
27 %	Bücher lesen
21 %	Computerspiele
20 %	Unternehmungen mit der Familie
20 %	Videos, DVDs

Shell-Jugendstudie 2010, S. 96–97

1. Vergleichen Sie Ihr Freizeitverhalten mit den Aussagen der Tabelle. Welche Gemeinsamkeiten und Unterschiede fallen Ihnen auf?

Freizeitaktivitäten

„Endlich Feierabend!" Wer gearbeitet hat, will jetzt etwas anderes machen, braucht einen *Ausgleich:* die Beine hochlegen und entspannen; eine Runde joggen, um den Kopf frei zu bekommen; sich im Chat über die Ereignisse des Tages austauschen und soziale Kontakte pflegen … Die Freizeit ist der Ort für Geselligkeit, für Engagement im Verein, für politische und gesellschaftliche Aktivitäten, vor allem am Wochenende.

In der Freizeit kann ich mich *selbst verwirklichen*. Hier macht mir keiner Vorschriften, was ich zu tun und zu lassen habe. Für jedes Interesse, für jede Altersgruppe und für jeden Geldbeutel gibt es die passenden Angebote der Freizeitindustrie: Gastronomie, Tourismus, Unterhaltung, Events, Sport, Wellness, Hobbys. Am meisten Zeit verbringen junge Menschen mit der Mediennutzung (**M1**), d. h. im Internet und vor dem Fernseher.

Die Freizeit ist auch wichtig und nötig, um *neue Kraft zu sammeln*, damit am Arbeitsplatz die geforderte Leistung erbracht werden kann. Wer nicht aufhören kann zu arbeiten oder immer nur an die Arbeit denkt, wird krank. Wer sich in der Freizeit zu sehr verausgabt, erholt sich nicht und hängt bei der Arbeit durch.

Regeneration
Wiederherstellung, Erneuerung

Mehr Freizeit – mehr Freiheit?

Die Menschen arbeiten heute weniger lang als früher und haben mehr Urlaub. Trotzdem haben viele den Eindruck, dass es ihnen an Freizeit fehlt. Das hat mehrere Gründe:

- Die Grenze zwischen Arbeit und Freizeit ist in vielen Berufen durch die *Flexibilisierung der Arbeitsformen* fließend geworden. In vielen Unternehmen gibt es Arbeitszeitkonten. Die Arbeitsdauer und die Uhrzeit richten sich nach den betrieblichen Erfordernissen und werden oft erst kurzfristig festgelegt. Nacht- und Wochenendarbeit nehmen zu. Viele Unternehmen erwarten, dass die Beschäftigten außerhalb ihrer Arbeitszeit über das Handy erreichbar sind. Auch die Weiterbildung für den Beruf findet oft in der Freizeit statt.
- Ein wachsender Teil der Freizeit ist *verplant* und steht uns nicht zur freien Verfügung (**M2**).
- Manche Menschen setzen sich in der Freizeit unter Druck. Sie verplanen ihre Freizeit so, wie sie den Arbeitstag planen. Das Gefühl, etwas zu verpassen, ist oft Auslöser für *Freizeitstress*.
- *Nebenjobs* engen den Spielraum weiter ein.
- Vielen, besonders jungen Erwachsenen, ist gar nicht klar, wie viel Zeit sie mit den neuen Medien verbringen.

M2 Wo bleibt die Zeit?

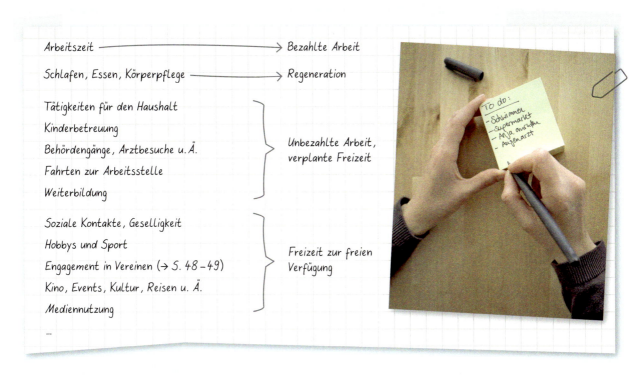

Arbeitszeit ⟶ Bezahlte Arbeit

Schlafen, Essen, Körperpflege ⟶ Regeneration

Tätigkeiten für den Haushalt
Kinderbetreuung
Behördengänge, Arztbesuche u. Ä. } Unbezahlte Arbeit, verplante Freizeit
Fahrten zur Arbeitsstelle
Weiterbildung

Soziale Kontakte, Geselligkeit
Hobbys und Sport
Engagement in Vereinen (→ S. 48–49) } Freizeit zur freien Verfügung
Kino, Events, Kultur, Reisen u. Ä.
Mediennutzung
…

2. Stellen Sie anhand einer Zeitleiste fest, wie viel Zeit Sie selbst für die verschiedenen Tätigkeiten verwenden. Unterscheiden Sie zwischen Arbeitstagen und arbeitsfreien Tagen. Bewerten Sie das Ergebnis.

Freizeit als Geschäft

Etwa 4 Mio. Arbeitsplätze in Deutschland gehören zur Freizeitindustrie: Tourismus, Unterhaltung, Sport, Hobby… Die Branche wächst stetig. Zum Beispiel im Sportbereich gibt es viele Jobs: vom Physiotherapeuten mit Erfahrung in Fitness, über den Tauchlehrer bis zum Fachverkäufer für Reit-Equipment. Jeder neunte Euro wird für Freizeitaktivitäten ausgegeben. Der größte Posten sind die Kosten für Urlaubsreisen.

Die Freizeit ist zugleich der Ort, wo wir für Werbebotschaften am leichtesten erreichbar sind. Vor allem junge Leute bis 25, konsumfreudige Singles und Paare ohne Kinder sind als Zielgruppen interessant.

Die wichtigste Plattform für Werbung ist nach wie vor das Fernsehen. Die Privatsender (z. B. SAT.1, RTL, Pro7) finanzieren sich aus den Werbeeinnahmen. Darum kommt es für sie darauf an, Quote zu machen, d. h. für eine Sendung möglichst viele Zuschauer zu gewinnen. Die Werbung präsentiert Produkte. Die Sendungen im Umfeld der Werbung zeigen den passenden Lebensstil und neue Freizeittrends. Der Zuschauer erfährt, was in und was out ist.

Zunehmend wichtiger werden aber auch die Werbeangebote im Internet.

3. Erstellen Sie eine Liste von verschiedenen Funktionen der Freizeit.

4. Ordnen Sie die in **M1** genannten Aktivitäten den verschiedenen Funktionen zu.

5. Stellen Sie an Beispielen dar, wie Freizeitstress entsteht und woran Sie ihn erkennen. Wie können Sie Freizeitstress vermeiden?

6. Stellen Sie Ihre Freizeitausgaben für einen Monat zusammen. Ordnen Sie sie nach Gruppen. Auf welche dieser Ausgaben könnten Sie leicht verzichten, auf welche nicht?

1.3 Freizeit

Fankulturen, Ideale und Idole: Was ist mir wichtig?

su4gx8
- Shell-Jugendstudie
- Sekten

M1 Worauf es mir ankommt

a) 17-Jähriger:

„Freunde sind mit das Wichtigste in meinem Leben. Und Geld. Aber Geld kommt erst nach Freunden. Es ist immer gut, wenn du Leute hast, die hinter dir stehen und auf dich aufpassen, die dir den Rücken stärken, die dir Backup geben."

b) 23-Jährige:

„Man sollte eigentlich im ganzen Leben versuchen, Spaß zu haben. Und Phantasie gehört irgendwie dazu, um das Leben zu gestalten, damit man nicht immer das macht, was andere machen, sondern immer auch mal was anderes."

Shell-Jugendstudie 2006, S. 344, 391

1. In den Äußerungen werden verschiedene Ideale genannt. Welche davon halten Sie für besonders wichtig? Mit welchen sind Sie nicht einverstanden? Welche fehlen?

Fankultur
Gruppen, die sich über die gemeinsame Vorliebe für Sportvereine, Filmstars, Fernsehserien, Popgruppen oder Popstars definieren.

Idol
1) Abgott, Götzenbild;
2) Gegenstand schwärmerischer und übertriebener Verehrung.

Ideal
1) Traumbild, vollkommenes Vorbild;
2) Idee, die man verwirklichen will.

Gemeinsame Ziele verbinden
Ein Fünftel aller Jugendlichen gehört aktiv und engagiert Jugendkulturen an, z. B. Emos, Punks, Techno, Skateboarder, Fußballfans. Die meisten anderen sympathisieren mit einer *Fankultur*. Besonders oft orientieren sich junge Menschen an der Musik. Sie ist für viele das Wichtigste auf der Welt: Melodie, Rhythmus, die Einstellung zur Gesellschaft, die Kleidung, die Rituale. Teil einer Fankultur zu sein heißt meist, *Idole* zu haben – seien die nun kommerziell vermarktet oder nicht.
Ein Traum vieler junger Menschen ist es aber, selbst berühmt zu werden, z. B. mit einer Modekollektion, als Künstler oder als Sportler. Das gelingt jedoch nur den wenigsten. Der Traum von der künstlerischen Karriere wird auch von Casting-Shows im Fernsehen aufgegriffen. Mit etwas Glück und der richtigen Figur kann ich Germany's next Topmodel werden. Wenn ich Pech habe, blamiere ich mich vor Millionen Zuschauern. Als Zuschauer kann ich an Glanz und Elend der Kandidatinnen teilhaben – ein Fernseh-Event, das über Monate hinweg immer neue und andere Seiten der Kandidatinnen beleuchtet und bei dem die Zuschauer ganz demokratisch am Ende die Siegerin bestimmen können.
Und wenn es mit dem Berühmtwerden nicht klappt? Bin ich dann mit einer Nummer kleiner zufrieden? Oder versuche ich, den Erfolg herbeizuzwingen, indem ich mehr von mir fordere, als ich geben kann? Kann ich von meinen Träumen Abstand nehmen? Der Weg von der Modeschönheit zur Magersucht ist nicht weit.
Aber auch wer nicht auf Idole abfährt, hat meistens *Ideale*, feste Maßstäbe im Leben, nach denen er sich richtet und deren Einhaltung er von anderen fordert. Gerechtigkeit ist solch ein Ideal. Jeder weiß, dass Gerechtigkeit nicht immer zu haben ist und einem auch nicht immer Vorteile bringt. Und was der eine für gerecht hält, hält der andere noch lange nicht für gerecht. Trotzdem ist Gerechtigkeit für viele junge Menschen ganz zentral. Manchmal werden Ideale auch nicht offen ausgesprochen. Erst in Konflikten werden sie zum Thema: „Ich hätte von dir mehr Ehrlichkeit erwartet."

M2 LEBENSWERT

1 mittags in der Sonne lesen 2 die Rampe 3 Lieder Leuten zuordnen
4 Gewitter ohne Regen 5 traumlos schlafen
6 Feuerzeugkreislauf 7 die Zeit, in der man nicht weiß, was man will
8 Janis Joplin 9 endlich mal mit dem Taschengeld auskommen
10 Nacktschwimmer 11 die andere Sichtweise erfahren
12 Zimmer 13 Äpfel rollen
14 mit Luftmatratzen Quallen überlisten 15 TOP
16 ein Fön auf dem Balkon

13
Ich war mit meiner Schwester im Freibad. Wir saßen auf einem Hügel, und einer unserer mitgebrachten Äpfel verselbstständigte sich und rollte den Hang hinunter – auf ein Baby zu, das er glücklicherweise verfehlte. Mir war das Ganze schon etwas peinlich, ich holte den Apfel und ging wieder zurück an meinen Platz. Dort stieß ich meine Schwester drei Minuten später aus Versehen wieder an, und diesmal rollte der Apfel auf einen Mann, der im Gras schlief. Den Apfel ließen wir diesmal lieber liegen.

NICOLA UND LEA GÜPFE, DARMSTADT

Lebenswert-Liste von Jetzt, Jugendmagazin der Süddeutschen Zeitung (Auszug). Diese Liste erschien jede Woche.

2. Wie sieht Ihre persönliche Lebenswert-Liste aus?

Die Realität bleibt immer hinter dem Ideal zurück. Das spricht nicht gegen Ideale. Als Ziel, Richtungsangabe und Orientierungshilfe bleiben sie dennoch gültig.

Sekten – die falsche Gewissheit
Viele Menschen suchen Gemeinschaft, Geborgenheit, Wahrheit, Sinn und sind unzufrieden mit dem Leben, das sie führen. Schon immer waren Religionen und andere Weltbilder in dieser Situation für viele eine Hilfe. Heute haben alle möglichen religiösen Vereinigungen, Sekten und Psychogruppen Antworten parat. Gefährlich werden sie für den Einzelnen, wenn sie ihren Mitgliedern die Vision einer heilen, „idealen" Welt vorspiegeln, die durch Selbstaufgabe und Unterordnung erreicht werden kann. Die geschlossene Gemeinschaft der Sekte mit ihren Idealen und Moralmaßstäben verspricht ihnen Halt. Dieser Halt ist trügerisch und schadet, statt zu nützen. Denn er hält der Wirklichkeit nicht stand (**M3**).

3. Wann sind Ihrer Ansicht nach Ideale gut, wann nicht?

4. Worin sehen Sie den Unterschied zwischen Idealen und Idolen? Nennen Sie für beides Beispiele.

M3 Woran man Sekten erkennen kann ...

Checkliste für unbekannte Gruppen – Vorsicht bei einem Ja!

- ☑ Das Weltbild der Gruppe ist verblüffend einfach und erklärt jedes Problem.
- ☑ Es ist schwer, sich ein genaues Bild von der Gruppe zu machen. Du sollst nicht nachdenken und prüfen. Deine neuen Freunde sagen: „Das kann man nicht erklären, das musst du erleben – komm doch gleich mit in unser Zentrum."
- ☑ Die Gruppe hat einen Meister, ein Medium, einen Führer oder Guru, der allein im Besitz der Wahrheit ist.
- ☑ Die Welt treibt auf eine Katastrophe zu, und nur die Gruppe weiß, wie man die Welt retten kann.
- ☑ Deine Gruppe ist die Elite und die übrige Menschheit ist krank und verloren – solange sie nicht mitmacht beziehungsweise sich retten lässt.
- ☑ Die Gruppe will, dass du alle „alten" Beziehungen abbrichst, weil sie deine Entwicklung behindern.

5. Wann können Fankulturen oder Sekten für den Einzelnen gefährlich werden?

1.3 Freizeit

Sucht: Worin besteht die Gefahr?

zp73j7
- Hilfe bei Suchtproblemen

M1 Suchtmittel

Suchtentwicklung

Einleitungsphase:
Genuss

Kritische Phase:
Missbrauch, Gewöhnung, Flucht

Chronische Phase:
Gewöhnung, Abhängigkeit, Wesensveränderung

1. Welche Suchtmittel kennen Sie? Was macht diese Suchtmittel interessant für Jugendliche?
2. Beurteilen Sie jeweils, worin die Gefahr besteht.

Drogen
Rauschmittel/Rauschgifte, die durch ihre Wirkung auf das Zentralnervensystem einen Erregungs-, Rausch- oder ähnlichen Ausnahmezustand herbeiführen. Dessen Kennzeichen sind z.B. gehobene Stimmung, körperliches Wohlgefühl und Vergessen der Realität.

Sucht ist alltäglich
Sucht gibt es in allen Altersgruppen und allen Gesellschaftsschichten. Manchmal ist sie gesellschaftlich anerkannt und wird gar nicht mehr als Sucht erlebt. Nicht nur Drogen führen zu Sucht. Man kann verschiedene Formen von Sucht unterscheiden:
- *illegale Drogen*: verbotene Drogen, z.B. die harten Drogen Heroin, Kokain oder Designerdrogen wie Ecstasy;
- *Alltagsdrogen*: erlaubte Drogen, z.B. Alkohol, Tabak, Medikamente;
- *Suchttätigkeiten*: Essstörungen, Arbeitssucht, Spielsucht, Computerspielsucht u.Ä.

Der Weg in die Sucht
„Ein Glas Bier hat noch keinem geschadet." – „Ich rauche gern." An Einladungen zum Konsum von Alltagsdrogen fehlt es nicht. Bei bestimmten Gelegenheiten scheinen sie dazu zu gehören und heben die Stimmung.
Am Anfang der Sucht steht oft die Sehnsucht nach einer besseren Welt oder der Wunsch, aus den Alltagsproblemen zu fliehen. Wir möchten die glückliche Stimmung wieder erleben, in der wir unter dem Einfluss der Droge waren.
Die Gefahr liegt darin, dass keiner erkennt, wann er die Grenze zwischen harmlosem Genuss und Sucht überschreitet. Wir bilden uns ein, dass wir jederzeit aufhören können (**M 3**). Deutlich sichtbar wird die Sucht meist erst, wenn eine Abhängigkeit besteht, d.h. wenn die Umkehr auf Schwierigkeiten stößt.
- *Körperliche Abhängigkeit* bedeutet, dass Entzugserscheinungen auftreten, wenn der Konsum der Droge verringert oder ganz eingestellt wird:

Einem Alkoholiker zittern die Hände, ein Heroinabhängiger bekommt Durchfall, Erbrechen, Rückenschmerzen, Hitze- oder Kälteschauer.
- *Seelische Abhängigkeit* bedeutet, dass wir abhängig sind von den Stimmungen, in die uns die Sucht versetzt. Der Bezug zur Wirklichkeit ist gestört; der Suchtkranke hält die Realität nicht mehr aus.

Am Ende steht oft der körperliche Verfall und der gesellschaftliche Abstieg. Die Süchtigen zerstören ihr wirkliches Leben, um ihre Scheinwelt zu erhalten. Häufig leben sie ohne soziale Kontakte zu anderen Menschen, ohne Arbeit, ohne geregeltes Einkommen.
Bei illegalen Drogen ist die Sucht verbunden mit dem Abgleiten in das Drogenmilieu. Drogenabhängige haben die Brücken hinter sich abgebrochen. Ihr ganzes Leben dreht sich um die Beschaffung von Stoff. Und weil der teuer ist, kommt zur Sucht oft die sogenannte Beschaffungskriminalität oder die Prostitution.

Politische Maßnahmen – das Beispiel Rauchverbote
In vielen Lebensbereichen, z.B. am Arbeitsplatz, in öffentlichen Verkehrsmitteln und in Gaststätten, gilt heute ein Rauchverbot. Wer unter 18 ist, darf in der Öffentlichkeit nicht rauchen. Diese Maßnahmen dienen zum einen dem Schutz der Nichtraucher, die bisher durch den Rauch gesundheitlichen Gefahren ausgesetzt waren. Sie sollen zum anderen aber auch das Rauchen unattraktiver machen und dadurch die Zahl der Todesfälle durch Rauchen senken.
Darüber hinaus müssen Zigaretten in allen EU-Staaten Warnhinweise tragen; für Tabakwaren

46 1. Jugendliche in der Gesellschaft

M2

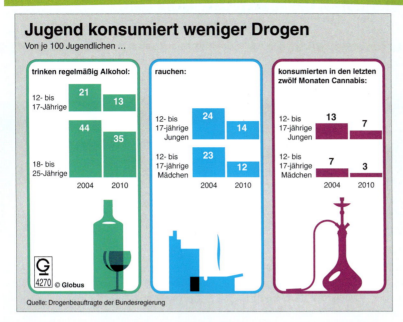

Werbeausgaben der Tabakindustrie in Deutschland: 222 Mrd. Euro (2009)

Drogen- und Suchtbericht 2011, S. 44

3. Stellen Sie in eigenen Worten dar, wie verbreitet Drogenkonsum unter jungen Menschen ist.

gilt ein Werbeverbot im Fernsehen, in Zeitungen und Zeitschriften. Der Zugang zu Zigaretten für Jugendliche wurde erschwert. Außerdem ist das Rauchen überall teurer gemacht worden. Erste Erfolge sind bereits sichtbar. Die Zahl der Raucher ist in allen beteiligten Staaten deutlich gesunken. Weniger junge Menschen fangen mit dem Rauchen an (M2). Darum gibt es Überlegungen, auch gegen den Alkoholkonsum stärker vorzugehen. Fahren unter Alkoholeinfluss wird bereits härter bestraft; in einigen Staaten gibt es ein absolutes Alkoholverbot am Steuer (in Deutschland nur für Fahranfänger).

4. Welche der im Infotext genannten Maßnahmen dienen eher dem Nichtraucherschutz? Welche richten sich in erster Linie an die Raucher?

M3 „Nur rechtzeitig aufhören" – Bericht eines Alkoholabhängigen

Jahrelang habe ich bei jeder Entgiftung nach dem Punkt gesucht, an dem ich hätte „rechtzeitig aufhören" müssen. Jahrelang war ich auf der Suche nach der Schwelle, von der an „normales Trinken" gefährlich wird. Vor dieser Schwelle, so dachte ich, würde man sich hüten können wie vor einem Felsabsturz neben einem Gebirgswanderweg: Man braucht ja nur nicht weiterzugehen. … Und genau deswegen habe ich immer wieder mit dem Trinken angefangen – in der festen Überzeugung, es diesmal kontrolliert zu tun. Ganz abgesehen davon, dass es nach einer Entgiftung Anlässe genug gibt, um sich zu besaufen. … Die Beziehung ist zumindest angeknackst, wenn schon nicht ganz am Ende, die Arbeit ist nicht mehr 100-prozentig sicher und das Ansehen schwer lädiert. All das erfährt man nun Stück für Stück. …
Es ist ja nicht so, dass so ein soziales Netz, das Netz der Beziehungen, nur hält. Es schränkt auch ein, fesselt, lähmt. Viele haben ja aus irgendwelchen Zwängen heraus angefangen, sich nach einem Trostmittel umzusehen.

Jonathan Hömes, Das Gift des Scheiterns, in: Süddeutsche Zeitung vom 23.03.1996, gekürzt

5. Zeigen Sie an diesem Bericht, warum der Weg aus der Sucht schwer ist.

1.3 Freizeit

Sich engagieren – warum und wie?

6yc6ir
- Ehrenamt
- Jugendverbände

M1 Ehrenamtliches Engagement – vier Beispiele

Melanie:

Ich spiele Hockey in der A-Jugend des TSV und bin schon seit ewigen Zeiten im Verein dabei. Seit 2 Jahren trainiere ich mit einer Freundin, die den Trainerschein hat, die E-Jugend – das sind die ganz Kleinen. Das macht mir am meisten Spaß. Auch mit meinen Freunden treffe ich mich oft im TSV.

Jürgen:

Ich bin vor 7 Jahren in die IG-Metall eingetreten, damals wegen dem Rechtsschutz. Inzwischen bin ich auch im Betriebsrat und Vertrauensmann der Gewerkschaft in unserer Firma. Wenn man sich im Betrieb nicht an die Wand drücken lassen will, braucht man eine starke Gewerkschaft.

Männer und Frauen im Ehrenamt
Männer engagieren sich vor allem in den Bereichen Sport, Jugendarbeit und Erwachsenenbildung.
Frauen engagieren sich vor allem in den Bereichen Schule/Kindergarten, im sozialen und kirchlichen Bereich und im Bereich Gesundheit.

Rita:

Mein Engagement in der Gemeinde hat mit der Vesperkirche angefangen. Jedes Jahr in der Fastenzeit gibt es für Bedürftige ein Essen in unserer Kirche. Außerdem organisiere ich den Bazar. Ich bin schon gefragt worden, ob ich für den Kirchengemeinderat kandidiere, aber Sitzungen sind nicht so meine Sache.

Daniel:

Es ist eher Zufall, dass ich gerade bei PETA gelandet bin. Wir kämpfen aktiv für die Rechte der Tiere. Ich bin durch mein Engagement auch Vegetarier geworden. Bei PETA kann ich wirklich noch was bewegen. Da geht es nicht so verschnarcht zu wie in diesen Vereinen, die organisiert sind wie eine Behörde.

PETA
People for the Ethical Treatment of Animals

1. In welchen Bereichen sind diese Menschen aktiv? Was sind ihre Motive?
2. Wo sind Sie selbst aktiv? Warum? Wenn Sie nicht aktiv sind: Wo könnten Sie sich am ehesten ein Engagement vorstellen?

M2 Wo sind junge Menschen aktiv?

Befragt wurden Jugendliche von 12 bis 25 Jahren

%	
47 %	Vereine (z. B. Sport- oder Musikverein)
22 %	Schulen oder Hochschulen
16 %	Kirchengemeinden
15 %	Selbst organisierte Projekte
12 %	Jugendorganisationen
7 %	Rettungsdienste, Feuerwehr
5 %	Umweltschutz- oder Menschenrechtsorganisationen
3 %	Bürgerinitiativen
3 %	Gewerkschaften
2 %	Parteien
37 %	Persönliche Aktivität außerhalb eines Vereins

Shell-Jugendstudie 2010, S. 126

3. Wo liegen die Schwerpunkte des Engagements von jungen Menschen?
4. Welche dieser Möglichkeiten des freiwilligen Engagements gibt es in Ihrem Wohnort?

Wie will ich mich engagieren?

Jüngere Menschen engagieren sich heute in anderer Weise als ältere. Nicht mehr die Jahrzehnte lange Treue zu einem Verein oder einer Partei ist die Regel, sondern ein Nebeneinander verschiedener Aktivitäten und das spontane Mitmachen bei Aktionen und in Gruppen, deren Ziele man hier und heute für richtig hält. In ein paar Jahren kann das schon ganz anders aussehen. Die Vereine müssen ihre Mitglieder immer wieder neu von ihrem Angebot überzeugen.

Manche Organisationen, z. B. Greenpeace, haben sich darauf eingestellt. Ihre Tätigkeit besteht zu einem großen Teil in spektakulären Aktionen, die im Fernsehen berichtet werden. Diese Organisationen bauen auf einen schnellen Erfolg und können große Massen, gerade auch jüngere Menschen, in kurzer Zeit mobilisieren.

Engagement lässt sich nicht befehlen

Einsatz für andere und eigenes Vergnügen sind keine Gegensätze. Wenn ich etwas für richtig halte, dann soll es mir auch Spaß machen und dann investiere ich gern Zeit dafür. Das heißt nicht, dass es mein einziger Lebensinhalt ist und dass ich mir die Form vorschreiben lassen will, in der ich mitmache.

Engagement hat seinen Ausgangspunkt meist in der Umgebung, in der ich lebe und in der ich gern besser leben möchte. Das geht oft nur zusammen mit anderen: Ich will erreichen, dass das eigene Wohngebiet zu einer verkehrsberuhigten Zone gemacht wird. Dazu brauche ich Ideen, Mitstreiter, Verbindungen zum Gemeinderat – und am Ende muss ich bereit sein, die Geschwindigkeitsbegrenzung auch selbst einzuhalten. Es gibt kein besseres Leben zum Nulltarif oder mit dem Hinweis darauf, dass dafür andere Leute zuständig wären.

M3 Wo sind ältere Menschen aktiv?

5. Neben jungen Menschen sind es oft Senioren, die sich freiwillig engagieren. Informieren Sie sich auf der Internet-Seite www.senioren-initiativen.de über deren Tätigkeiten.

Auf einen Blick

1.1 Ausbildung und Beruf – ein neuer Lebensabschnitt

Duale Ausbildung
- Ausbildungsordnung legt Inhalte fest
- Zwei Lernorte: Betrieb und Schule
- Rechte und Pflichten:
  - Betrieb: Ausbildungspflicht, Bezahlung der Ausbildungsvergütung, Fürsorgepflicht u. a.
  - Auszubildender: Lernpflicht, Gehorsamspflicht, Sorgfaltspflicht u. a.

Handlungskompetenz (berufsunabhängige Fähigkeiten)
- Fachkompetenz
- Methodenkompetenz (z. B. systematisches Vorgehen)
- Sozialkompetenz (z. B. Umgangsformen, Teamfähigkeit)
- Persönlichkeitskompetenz
- Lernen lernen: neue Lernformen, auftragsorientiertes Lernen, Übungsfirmen
- Sich einstellen auf veränderte Abläufe der Arbeit, Veränderungen im Beruf, Aufstieg im Beruf, neue Berufe.

Weiterbildung
- Berufsbegleitend oder als Unterbrechung der Berufstätigkeit
- Fortbildung, Umschulung
- Meister-BAföG.

Benachteiligung von Frauen im Beruf
- Geschlechtsspezifische Berufswahl
- Frauen als Kostenrisiko des Betriebs
- Vereinbarkeit von Kindern und Karriere
- Problem der Teilzeitarbeit.

Staatliche Fördermaßnahmen für Frauen und Familien
- Mutterschutz, Elternzeit, Elterngeld
- Betreuungsangebote
- Frauenförderpläne
- Gleichstellung am Arbeitsplatz.

1.2 Zusammenleben mit anderen

Formen des Zusammenlebens
- Paare mit oder ohne Kinder, nicht-eheliche Lebensgemeinschaften, Lebenspartnerschaften, Singles, Alleinerziehende, Witwen und Witwer
- Kinderlosigkeit: Ursachen und Folgen für die Gesellschaft
- Gründe für die Unterschiede; praktische Folgen
- Unterschiedliche Rollen je nach Art des Zusammenlebens: Rangordnung in der Familie, Alter u. a.

Zusammenleben in der Familie
- Wandel der Lebensverhältnisse in der Kleinfamilie: Heiraten, Scheidungen, Kinderzahl, Ausbildungsniveau, Berufstätigkeit, Einkommen, Wohnen, Freizeit
- Wandel der Erziehungsziele
- Erziehungsstile: autoritär, Laissez Faire, demokratisch
- Rollenwandel der Familienmitglieder (Berufstätigkeit der Frau; Erziehung außerhalb der Familie)

Staatlicher Schutz der Familie
- Besonderer Schutz durch Art. 6 GG
- Finanzielle Hilfe, unterstützende Einrichtungen, Beratungsangebote.

Rechte und Pflichten der Familienmitglieder
- Eherecht: Güterstände (gesetzlicher Güterstand, vereinbarte Güterstände)
- Sorgerecht
- Scheidungsrecht und Scheidungsfolgen:
  - unterschiedliche finanzielle Folgen je nach Güterstand
  - Unterhalt für den wirtschaftlich schwächeren Ehepartner und für Kinder
  - Situation der Scheidungskinder
  - Kinder: Rechte der Kinder.

1.3 Freizeit

Umfang der Freizeit
- Arbeitszeit und Verteilung der Arbeit
- Funktionen der Freizeit: Ausgleich, Selbstverwirklichung, Regeneration
- Verplante Freizeit: Nebenjobs, unbezahlte Arbeit, Fortbildung
- Freizeitstress

Möglichkeiten der Freizeitgestaltung
- Freizeitgestaltung mit anderen (Vereine, Parteien, politisches und soziales Engagement)
- Massenmedien als Freizeitfaktor
- Konsum; Freizeitindustrie.

Gefahren
- Stress: Überlastung durch Freizeitaktivitäten
- Suchtverhalten (Alkohol, Rauchen, illegale Drogen)
- Politische Maßnahmen gegen Sucht
- Sekten.

Prüfungsaufgaben

Neue Anforderungen in Beruf und Privatleben

1. Im Grundgesetz heißt es: „Ehe und Familie stehen unter dem besonderen Schutz der staatlichen Ordnung" (Art. 6 GG).
Nennen Sie vier Beispiele, wie der Staat Ehe und Familie schützt.

2.1 Formulieren Sie drei Kernaussagen des Schaubildes (**M1**).

2.2 Nennen Sie drei Gründe für das Scheitern vieler Ehen.

3.1 Beschreiben Sie die gesetzliche Form des ehelichen Güterstandes.

3.2 Erläutern Sie, was bei einer Scheidung familienrechtlich geregelt werden muss (drei Aspekte).

4. Seit dem 01.01.2008 gilt ein neues Unterhaltsrecht, das die traditionelle Rolle der Ehefrau und Mutter in Frage stellt (**M2**).
Erläutern Sie je eine wesentliche Auswirkung des neuen Unterhaltsrechts für Frauen, Kinder und Männer.

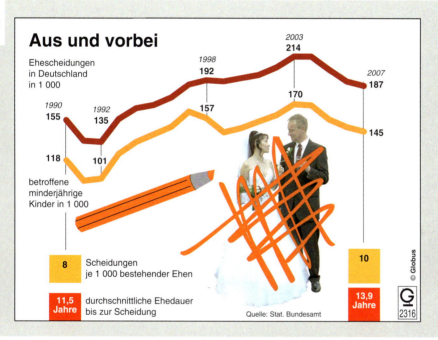

M1

M2 Neues Unterhaltsrecht

Seit dem 1. Januar 2008 heißt es: „Nach der Scheidung obliegt es jedem Ehegatten, selbst für seinen Unterhalt zu sorgen." Kinder werden beim Unterhalt fortan bevorzugt. Sie stehen, wenn nicht genügend Geld für alle Beteiligten zur Verfügung steht, an erster Stelle des Unterhaltsanspruchs. Ob sie ehelich oder nichtehelich geboren wurden, spielt dabei keine Rolle. Es spielt auch keine Rolle mehr, ob die Eltern verheiratet waren oder nicht – und in welcher Reihenfolge. Unterhalt erhält derjenige Partner, der das Kind oder die Kinder betreut, allerdings künftig nur noch für drei Jahre – in Ausnahmefällen ist eine Verlängerung möglich.

Prüfungsaufgabe Winter 2009/2010, kaufmännische Berufsschule (Fachlagerist, Fachkraft für Kurier- und Postdienstleistungen u.a.)
(leicht abgewandelt) © 2012 Regierungspräsidium Stuttgart, Schule und Bildung

Prüfungsaufgaben

Leben in der Gesellschaft

1. Beschreiben Sie die zentralen Aussagen der Grafik (**M1**).

2. Nennen Sie vier mögliche Gründe für die in **M1** angeführte Problematik.

3. Erläutern Sie vier Maßnahmen, mit deren Hilfe der Lohnungleichheit entgegengewirkt werden könnte.

4. Beruf und Familie zu vereinbaren stellt für viele Frauen ein Problem dar. Zeigen Sie anhand von zwei Beispielen, welche gesellschaftlichen Veränderungen diese Doppelbelastung reduzieren könnten.

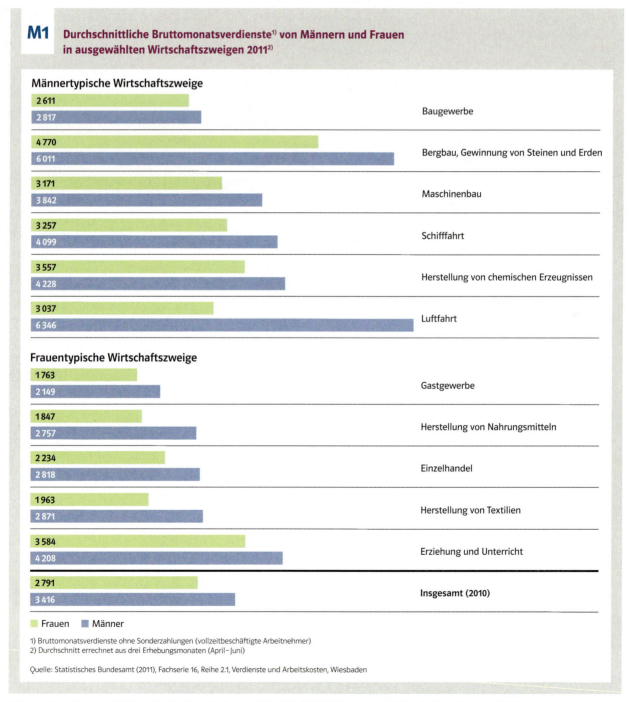

M1 Durchschnittliche Bruttomonatsverdienste[1] von Männern und Frauen in ausgewählten Wirtschaftszweigen 2011[2]

1) Bruttomonatsverdienste ohne Sonderzahlungen (vollzeitbeschäftigte Arbeitnehmer)
2) Durchschnitt errechnet aus drei Erhebungsmonaten (April–Juni)

Quelle: Statistisches Bundesamt (2011), Fachserie 16, Reihe 2.1, Verdienste und Arbeitskosten, Wiesbaden

Prüfungsaufgabe Sommer 2011, hauswirtschaftliche Berufsschule (aktualisiert) © 2012 Regierungspräsidium Stuttgart, Schule und Bildung

Gesellschaft im Wandel 2

Wie verändert sich die Arbeitswelt?

Für eine bessere Zukunft sorgen – Umwelt aktiv gestalten?

Soziale Risiken absichern: Sozialstaat

2.1 Auf dem Weg in die Informationsgesellschaft
Was ist anders in der Informationsgesellschaft?

- a9w33b
- Informations-
  technik

→ Mehr zur globalen
Informationsgesellschaft
S. 234–245

M1 Arbeiten in der Informationsgesellschaft

1. Beschreiben Sie ähnliche Situationen in Deutschland, die zu der abgebildeten Szene passen.

Mikroelektronik
Entwicklung und Einsatz elektronischer Schaltungen. Der technische Fortschritt machte den Bau immer kleinerer, leistungsfähigerer und billigerer Schaltungen (Mikrochips) möglich. Heute sind Mikrochips nicht nur in Computern, sondern in fast allen technischen Geräten zu finden – z. B. in Telefonen, Autos, Waschmaschinen, Heizungen, Kinderspielzeug.

Die Wirtschaft – mit der Welt verbunden
Computer und Handy gehören zum Alltag, zu Hause und im Beruf. In fast jeder Berufsausbildung spielt die Einweisung in berufsbezogene Computerprogramme eine wichtige Rolle. Überall wird Vertrautheit mit moderner *Informations- und Kommunikationstechnik* erwartet.
Zur Datenverarbeitung kommt der direkte, zeitgleiche Daten- und Informationsaustausch. Die *Vernetzung* von Computern über das Internet schafft Netzwerke in den Unternehmen, zwischen Unternehmen, aber auch zwischen Unternehmen und Konsumenten. Das verändert die Organisation der ganzen Wirtschaft – der Produktion von Waren und Dienstleistungen und deren Verkauf. Neue Formen der Arbeitsteilung werden über weite Entfernungen hinweg möglich, neue Vertriebsformen (Internet) und Absatzmärkte werden erschlossen.

Informationstechnologien – auch im Privatbereich
Im häuslich-privaten Bereich verläuft die Entwicklung ähnlich wie in der Wirtschaft. Computer, Telefon, Fernsehen, Film- und Musikverlage sowie die Presse wachsen zu multimedialen Systemen zusammen. Im Hintergrund steht das Internet. Im Web 2.0 werden normale Nutzer zu Produzenten von Inhalten (z. B. You Tube, Blogs) und bilden Internetgemeinschaften, Communitys (z. B. Facebook).
Heute ist es selbstverständlich, Daten, Texte, Bilder, Musik oder Filme sekundenschnell um die Welt zu schicken bzw. weltweit zur Verfügung zu stellen oder zu empfangen. Wer will, kann praktisch fast überall und immer erreichbar sein – über Telefon, Telefax, Internet oder E-Mail. Handy, Computer und Internet wachsen dabei zusammen.
Damit das möglich wurde, war eine technische Entwicklung notwendig, die nicht nur die Technik als solche bereitstellte und ständig verbesserte, sondern sie auch immer preiswerter machte.

Buchdruck	Erste Zeitung	Erste elektrische Telegrafen-Linie (System Morse)	Gründung der ersten Nachrichten-Agenturen	Erstes Seekabel zwischen Europa und Nordamerika für die Telegrafie	Telefon	Drahtlose Telegrafie (Funk)	Rundfunk
1450	1609	1839	1849	1858	1859	1897	1906

54 2. Gesellschaft im Wandel

Zwei Beispiele:
- Vor Jahren hatte ein durchschnittlicher PC eine Festplatte mit einem Speichervolumen von etwa 20 Megabytes (MB), heute ist es mehr als das 25 000-fache – und das zu einem niedrigeren Preis.
- 1950 kostete ein 3 Minuten langes Telefongespräch von New York nach London ca. 53 US-$, 2004 noch 0,44 US-$, heute weniger als 0,05 US-$ oder so gut wie nichts, wenn man über das Internet telefoniert.

Die *Globalisierung*, das Zusammenwachsen von Märkten, das Näher-Aneinanderrücken von Gesellschaften und Menschen, ist nicht zuletzt das Ergebnis einer technischen Entwicklung, die Räume schneller und kostengünstiger überwinden hilft – für Menschen, Waren, Geld und Informationen.

Die Mittel und Möglichkeiten, an dieser globalisierten Informationsgesellschaft teilzuhaben, sind zwischen den Menschen und zwischen Gesellschaften aber nicht gleich verteilt (**M 2**). Nicht alle können sich die technischen Mittel leisten oder haben die Fähigkeiten, sie zu nutzen. Für die jedoch, die dazu in der Lage sind, gibt es andere Probleme: Wie soll man sich in der möglichen Informationsflut zurecht finden? Wie entscheiden, was wichtig und was richtig ist? Wann sich in die globalisierte Informationsgesellschaft einklinken, und wann sollte man besser abschalten?

2. Welche technischen Entwicklungen haben besonders zur Vernetzung von Menschen und Organisationen beigetragen und Globalisierungstendenzen verstärkt?

3. Beschreiben Sie, wo Sie in Ihrem Beruf auf Datenverarbeitung, auf das Internet, E-Mail oder das Handy angewiesen sind und wie Sie diese Techniken nutzen.

4. Interviewen Sie ältere Kolleginnen und Kollegen, wie die Arbeit vor Einführung der Datenverarbeitung organisiert war und welche technischen Hilfsmittel es stattdessen gab. Stellen Sie alte und neue Arbeitsorganisation bzw. technische Verfahren in einer Tabelle einander gegenüber.

M2

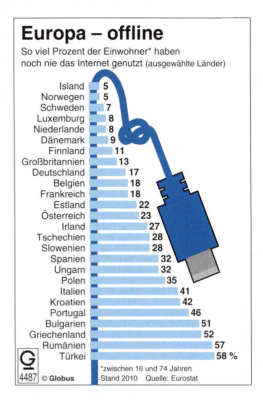

5. Welche Gründe könnte es für die unterschiedlich schnelle Verbreitung des Internet geben? Wie sieht es wohl in anderen Weltregionen aus (→ S. 237)?

Welche Probleme und Konflikte gab es bei der Umstellung und wie wurden sie gelöst?

6. Definieren Sie abschließend den Begriff Informationsgesellschaft.

1936	1946	1962	1981	1984	1990	1995	2010
Fernsehen	Erste Computergeneration	Satelitenübertragung von Telefongesprächen	PC (Personal Computer)	Internet wird öffentlich zugänglich	Digitaler Mobilfunk	Multimedia	Integration von Mobilfunk, TV und Internet

2.1 Auf dem Weg in die Informationsgesellschaft

657d93
• Berufe heute

Berufe gestern, heute – und morgen?

M1 **a) Auszug aus dem Reutlinger Adressbuch von 1890**

Metzgerstraße
1 Bertsch, August, Bäcker
   Bertsch, Magdalene, ledig
   Hauser, Gottlob, Tuchmacher
   Raff, Gottlieb, Maurers-Witwe
   Wucherer, Jakob, Schmied
   Walz, Johann Georg, Malers-Witwe
   Spanagel, Erhard, Schreiner
   Vollmer, Ulrike Friedrike, Näherin
   Honold, Max, Dienstknecht
3 Becker, Philipp, Schirmfabrikanten-Witwe
   Schauwecker, Lene, ledig
4 Röhm, Wilhelm, Weingärtner
   Kohberger, Philipp Jakob, Gärtner
5 Braun, Robert, Flaschner
   Braun, Georg, Schmied
   Eitel, Michael, Weingärtner
   Walz, Johannes, Schuhmachers-Witwe
   Walz, Julie, Spulerin
   Hecht, Louise, Näherin
   Bauer, Otto, Goldarbeiter
   Butterstein, Marie, Näherin
   Schwaigerer, Katharina, Näherin

   Mack, Johannes, Zimmermann
7 Klein, Karl, Landwirt
   Klein, Martin, Messerschmieds-Witwe
   Hohloch, Christian Gottlob, Weingärtner
8 Buck, Conrad, Fuhrmann
   Gneiting, Karl Friedrich,
          Fabrikarbeiters-Witwe
9 Bihler, Johannes, Metzger
   Steinlen, Johannes, Fabrikwächter
   Huber, Heinrich, Modellschreiner
   Klein, Josef, Schuhmacher
   Wurst, Johann Martin, Bahnhof-Taglöhner
   Geiger, Wilhelm, Strumpfweber
   Kromer, Christian, Bleicher
   Wurst, Sofie, Fabrikarbeiterin
10 Hecht, Christian Gottlob, Tuchmacher
   Jäger, Albert, Gießer
   Kopeczek, Alois, Schreiner
11 Vogel, Johannes, Schmied
   Fallmann, Bernhard, Schneider
   Schneider, Bernhard, Musikers-Witwe
   Häring, Samuel, Taglöhner

Frauen wurden nur aufgeführt, wenn sie berufstätig oder unverheiratet (ledig) waren.
Witwen wurden mit dem Vornamen und dem früheren Beruf ihres Mannes aufgenommen.

Taglöhner: ungelernte Arbeiter, die nur für wenige Tage eingestellt und täglich bezahlt wurden.

Weingärtner: Winzer

Flaschner: Klempner

Spulerin: Faden- oder Schnurherstellerin

b) Neue Ausbildungsberufe

- Luftverkehrskauffrau
- Mediengestalterin für Digital- und Printmedien
- Kauffrau für Dialogmarketing
- IT-Systemelektronikerin
- Fachfrau für Systemgastronomie

- Fachinformatikerin
- Fachkraft für Kurier-, Express- und Postdienstleistungen
- Informations- und Telekommunikationssystem-Kauffrau

- Fachkraft für Lebensmitteltechnik
- Fachangestellte für Medien- und Informationsdienste
- Kraftfahrzeugmechatronikerin
- Fachkraft für Kreislauf- und Abfallwirtschaft

1. Welche Berufe waren in der Metzgerstraße besonders häufig vertreten? Welche von ihnen gibt es noch, welche selten, welche nicht mehr oder in anderer Form?
2. Vergleichen Sie die alten und die neuen Berufsbezeichnungen – was fällt auf?
3. Informieren Sie sich im Internet über die neuen Ausbildungsberufe.

56 2. Gesellschaft im Wandel

Berufswelt früher und heute
Arbeits- und Berufswelt befinden sich in ständigem Wandel, weil sich Bedingungen in der Wirtschaft verändern: neue Produkte, neue Produktionstechniken und neue Formen der Arbeitsorganisation stellen neue Anforderungen an die Qualifikation der Beschäftigten. Berufe und Tätigkeiten werden vielfältiger und spezialisierter, ganz neue Berufe entstehen.
Der Wandel von Berufsinhalten lässt sich insbesondere mit *drei Entwicklungen* in Verbindung bringen:
- dem *technischen Fortschritt*, der neue Produkte und neue Produktionsverfahren ermöglicht;
- dem wachsenden *Bedarf an persönlichen Dienstleistungen und informierenden Tätigkeiten*, ohne die eine moderne Gesellschaft nicht mehr funktionieren kann – z. B. in den Bereichen Ausbildung, Informationsvermittlung, Beratung, Hilfe bei Krankheit oder im Alter;
- der *Abhängigkeit moderner Gesellschaften von Infrastruktur-Leistungen* wie z. B. Verkehr und Kommunikation, Energie- und Wasserversorgung, Entsorgung von Abwasser und Abfällen.

Trends in diesem Jahrhundert
Die industrielle Produktion hat vor mehr als 100 Jahren die Landwirtschaft als Schwerpunkt der Wirtschaft abgelöst. Dann bestimmten zunehmend Dienstleistungen die Wirtschafts- und Arbeitswelt – z. B. im Handels- und Finanzwesen, im Gesundheits- und Bildungsbereich. Heute sind es zunehmend Informationen verarbeitende und informierende Tätigkeiten, die unser wirtschaftliches Handeln und die Berufswelt bestimmen. Rund um die neuen Informations- und Kommunikationsmedien wie Rundfunk/Fernsehen, Telefon/Mobiltelefon, Computer/Internet sind neue Produkte, Produktions- und Dienstleistungsbereiche entstanden – und mit ihnen neue Berufe.
Die neuen Techniken der Information und Kommunikation finden zugleich Eingang in traditionelle Wirtschaftsbereiche und Berufsfelder. Landwirte z. B. setzen heute PCs ein – nicht nur für die Buchhaltung, sondern auch um die Betriebsabläufe zu planen oder Fütterung und Düngung zu optimieren. Paketzusteller lassen sich auf einer Art Handybildschirm den Empfang mit einem Digitalstift bestätigen.

M2 Phasen der gesellschaftlichen Entwicklung

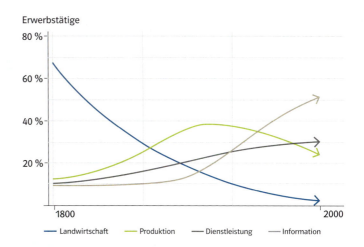

Dienstleistung: Transport, Handel, Finanzdienste, Reparatur- und Wartungsarbeiten, Gesundheits- und Pflegedienste, etc.
Information: Beschaffung, Verarbeitung und Verbreitung von Informationen

4. Charakterisieren Sie jede der drei Phasen mit einem der Begriffe Agrar-, Industrie- und Dienstleistungsgesellschaft (→ S. 66)
5. An welcher Stelle der Kurve könnte man vom Übergang der Dienstleistungs- zur Informationsgesellschaft sprechen?
6. Vergleichen Sie die Bilder in der Fotoleiste und beschreiben Sie mit Hilfe des Infotextes, was diese über den Wandel von Berufen aussagen.

→ Technischer Fortschritt, Wirtschaftssektoren
S. 66–67

2. Gesellschaft im Wandel 57

2.1 Auf dem Weg in die Informationsgesellschaft

Neue Techniken in der Arbeitswelt – was ändert sich?

pw73iw
- Weiterbildung
- Handlungskompetenz

M1 „Modern Times"

1. In dem Film „Modern Times" hat Charlie Chaplin um 1930 Arbeitnehmer in der Industrie als Anhängsel der Maschine dargestellt. Sind sie das auch heute? Oder sind sie die Herren der Technik?

Technik und Arbeitsprozess

Zur Geschichte des Menschen gehört, dass er sich immer wirksamere Werkzeuge geschaffen hat. Zunächst lernte er, das zu benutzen, was er vorfand: Steine und Hölzer zum Beispiel. Dann begann er, das Material zu bearbeiten: Aus einem Stein wurde ein Faustkeil, aus einem Stock ein Speer. Damit ließ sich leichter jagen, Tiere ließen sich einfacher ausnehmen oder Behausungen errichten. Ein Jahrtausende langer Lern- und Entwicklungsprozess führte zu Baukränen und Baggern, zur Erfindung von Glas, Stahl und Stahlbeton; zu Maschinen, die von Computerprogrammen gesteuert werden; zu Bürocomputern, Telefon und Internet, mit deren Hilfe heute Büroarbeiten bewältigt, Produktionsprozesse organisiert und Geschäfte abgewickelt werden. Diese technischen Veränderungen, deren Ergebnisse uns heute so selbstverständlich erscheinen, haben ständig die Art und Weise verändert, wie gearbeitet wird.

Die wichtigsten Auswirkungen auf den Arbeitsprozess sind:
- *Rationalisierung*: Die Produktivität der Arbeitskraft wird erhöht. Mit immer weniger Arbeitseinsatz kann immer mehr produziert werden. Noch allgemeiner ausgedrückt: Die Produktion wird effizienter, mit weniger Einsatz wird mehr erreicht, die Stückkosten sinken.
- *Qualitätssteigerung*: Metalle und Kunststoffe werden durch bessere chemische und physikalische Produktionsverfahren haltbarer. Computergesteuerte Maschinen arbeiten präziser als die menschliche Hand. Sie kennen nicht die Schwankungen menschlicher Konzentration, ermüden nicht wie der menschliche Organismus.
- *Arbeitserleichterung*: Wenn Maschinen menschliche Arbeitskraft unterstützen oder ersetzen, dann kann das der Arbeitserleichterung und dem gesundheitlichen Schutz der Arbeitskräfte dienen. Schwere Lasten werden mit Lkws und Gabelstaplern befördert. Autos werden von Robotern lackiert und Arbeitnehmer nicht mehr den schädlichen Dämpfen

ausgesetzt. Der Computer macht das Überarbeiten oder Korrigieren von Texten einfacher.
- *Flexibilität*: Maschinen erlauben, zusammen mit modernen Informations- und Kommunikationstechnologien (IKT), in vielen Bereichen nicht nur automatisierte Produktionsverfahren. IKT gestatten es auch, Arbeiten besser zwischen Beschäftigten und Arbeitsgruppen aufzuteilen oder direkte Zusammenarbeit in Gruppen zu ermöglichen. Diese Techniken erleichtern die Planung und Koordination. So behält man auch bei komplizierten Arbeitsabläufen den Überblick.
- *Orts- und Zeitunabhängigkeit*: Arbeitsteilung und Koordination der Arbeit zwischen weit voneinander entfernten Orten werden durch schnelle Transport- und Kommunikationsverbindungen möglich. In immer mehr Bereichen ist eine Arbeitsorganisation ohne starre Arbeitszeiten möglich; Arbeitsaufträge können auch zeitlich flexibel erledigt werden. Ein Beispiel dafür finden Sie in **M2**.

Lebenslanges Lernen als Notwendigkeit
Neue Techniken stellen neue Herausforderungen an die Beschäftigten: in der Produktion und bei der Zusammenarbeit im Arbeitsprozess. Dabei spielt auch eine Rolle, dass der internationale Wirtschaftsaustausch zugenommen hat.
- Das notwendige berufliche Fachwissen nimmt zu.
- Die Beschäftigten müssen immer kompliziertere Aufgabenstellungen verstehen und Arbeitsschritte sowie Zusammenarbeit planen können.
- Eigeninitiative bei der Auftragserledigung ist nötig, ebenso schnelles, eigenverantwortliches Reagieren auf neue Probleme.
- Damit die Zusammenarbeit in den Firmen, zwischen Firmen sowie zwischen Firmen und Kunden gelingt, sind soziale Kompetenzen gefragt – zunehmend auch Fremdsprachenkenntnisse.
- Ohne Kenntnisse der gängigen Computerprogramme geht es nicht mehr.
- Da viele Arbeiten zunehmend nicht in starren Zeitfenstern oder immer am gleichen Ort geleistet werden müssen, wird von vielen Beschäftigten zeitliche Flexibilität und räumliche Mobilität erwartet.

Das alles gilt nicht für sämtliche Berufe und Tätigkeiten in gleichem Maße. Die beruflichen Wissensanforderungen verändern sich schneller beim Programmierer für computergesteuerte Werkbänke als beim Maurer oder Bäcker. Trotzdem: Die Bereitschaft zu lebenslangem Lernen ist inzwischen in allen Berufen eine Notwendigkeit.

M2 Telearbeit zu Hause: Vor- und Nachteile

2. Wägen Sie Vor- und Nachteile von Telearbeit für Arbeitgeber und Arbeitnehmer – auch im Blick auf die Kosten – gegeneinander ab.

3. Arbeitsforscher haben bei Kassierern im Supermarkt festgestellt, dass sich die langsameren an den schnelleren orientieren, wenn sie sich gegenseitig beobachten können und wissen, dass sie auch in Zukunft zusammenarbeiten werden. Welche Erklärung haben Sie dafür? Sehen Sie einen Widerspruch zu den Aussagen von **M2**?

Für Arbeitnehmer
+ Mehr Eigenverantwortlichkeit
+ Flexiblere Zeiteinteilung
+ Bessere Vereinbarkeit mit Pflichten in der Familie
− Hohe Arbeitsbelastung, lange Arbeitszeiten
− Schlechter Einbezug in den Informationsfluss im Betrieb
− Fehlende Kontakte zu Kollegen

Für Arbeitgeber
+ Höhere Arbeitsproduktivität
+ Geringere Ausfallzeiten
+ Flexibleres Arbeiten
− Schwierige Überwachung der Mitarbeiter
− Mangelhafte Sicherheit der Daten
− Zusätzliche Kosten für Technik und Logistik

4. Welche Zusammenhänge bestehen zwischen den fünf Wirkungen von technischen Veränderungen auf den Arbeitsprozess?

5. Welche Veränderungen liegen eher im Interesse des Unternehmens, welche eher im Interesse der Beschäftigten? Wo kann man beides nicht so genau unterscheiden?

6. Untersuchen Sie eine technische Veränderung in Ihrem Betrieb auf ihre Wirkungen im Arbeitsprozess und auf die notwendige Qualifikation der Beschäftigten. (→ S. 55, A4)

→ Mehr zu lebenslangem Lernen und Handlungskompetenz
S. 18 – 19

2. Gesellschaft im Wandel **59**

2.1 Auf dem Weg in die Informationsgesellschaft

Der Online-Mensch: verfügbar – durchschaubar – verletzbar?

M1 „Hallo Chef, was gibt's?"

Nicht wenige Berufstätige sind auch außerhalb der Arbeitszeiten für Kunden, Kollegen oder Vorgesetzte per Internet oder Handy erreichbar.

1. Bei welchen beruflichen Tätigkeiten könnte es sinnvoll sein, dass solche ständigen Kontakte möglich sind? Welche Absprachen zwischen Arbeitnehmern und Unternehmen könnten Sie sich vorstellen, damit solche Kontakte seltener würden?

Ständig präsent, ständig verfügbar?

Viele von uns sind inzwischen fast rund um die Uhr „online" – manche geradezu süchtig danach, ständig präsent zu sein. Das Mobiltelefon ist stets auf Empfang, laufend wird überprüft, ob neue Nachrichten angekommen und zu bearbeiten sind. Auf der Straße ist der Blick ständig nach unten gerichtet, auf das Mobiltelefon oder das Smartphone: Die Umgebung wird kaum wahrgenommen. Für jede Kleinigkeit werden andere angerufen, wird eine SMS oder eine E-Mail geschickt. Es wird getwittert, was das Zeug hält. Zuhause angekommen, gilt die erste Aufmerksamkeit dann häufig nicht den Familienmitgliedern, sondern der Mailbox auf dem PC. Neue Informations- und Kommunikationstechniken verändern unser alltägliches Verhalten – und damit auch, was wir mit unserer Zeit anfangen, wohin wir unsere Aufmerksamkeit richten. Diese Verhaltensänderungen entsprechen zum Teil unseren eigenen Wünschen; zum Teil reagieren wir damit aber auch auf die Erwartungen der anderen.

Persönlichkeits- und Bewegungsprofile

Wir hinterlassen Spuren, wann immer wir uns im Internet bewegen, E-Mails empfangen und versenden oder das Festnetz- bzw. Mobiltelefon benutzen. Daten von und über uns können gespeichert, zusammengeführt und analysiert werden. Daraus können Persönlichkeitsprofile erstellt, Kontakt- und Bewegungsmuster sichtbar gemacht werden.

Geschieht das durch den *Staat*, dann kann das auf der einen Seite die Ermittlungsarbeit der Polizei erleichtern oder der Verhinderung von Straftaten dienen – zum Beispiel von terroristischen Anschlägen. Auf der anderen Seite wird die Gefahr des *Überwachungsstaats* und die Einschränkung bürgerlicher Freiheiten befürchtet. In Deutschland dürfen die Inhalte von Kommunikation nur dann staatlich überwacht werden, wenn ein konkreter Tatverdacht bei besonders schweren Straftaten vorliegt. Bereits die Speicherung von Verbindungsdaten – wer stand mit wem wann in Verbindung? – unterliegt strengen gesetzlichen Vorgaben. Politisch umstritten ist z.B. die Dauer einer solchen Vorratsdatenspeicherung – sechs Wochen, sechs oder gar neun Monate? – oder auch der Einsatz von Spionagesoftware (‚Staatstrojaner') auf privaten PCs. Wenn persönliche Daten durch private *Unternehmen* gesammelt, ausgewertet und weiterverwendet werden, geschieht das meist mit unserer Einwilligung, weil wir

- Geschäftsbedingungen akzeptieren müssen,
- bei einem sozialen Netzwerk Mitglied werden,
- online einkaufen wollen
- oder weil wir einfach nicht achtgeben.

Viele Internetdienste leben von Werbung, stellen *Persönlichkeitsprofile* her und nutzen bzw. verkaufen diese für gezielte, persönlich zugeschnittene Werbung. Über satellitengesteuerte Ortungssysteme (GPS) werden Kontakte zu „Freunden" vermittelt, ortsbezogene Informationen angeboten, Freizeitbeschäftigungen und Einkaufsmöglichkeiten vorgeschlagen. Datenschutzbeauftragte sollen die Neugier des Staates und privater Datensammler kontrollieren und zügeln.

Facebook am Pranger

„Der Hamburger Datenschutzbeauftragte leitete vergangene Woche ein förmliches Bußgeldverfahren gegen Facebook ein. Hintergrund ist die Praxis des Netzwerks, mittels Einladungs- und Synchronisierungsfunktionen die E-Mail- und Handy-Adressbücher seiner Nutzer auszuwerten. Dabei würden auch Daten von Nicht-Nutzern ohne deren Einwilligung erhoben, langfristig gespeichert und zu Vermarktungszwecken genutzt."

Oliver Bilger, Ins Schwitzen geraten, in: Süddeutsche Zeitung vom 15.07.2010, S.18

---

60 2. Gesellschaft im Wandel

Vorsicht: Verletzungsgefahr!
Viele geben viel von sich preis – zum Beispiel in sozialen Netzwerken, in Chatrooms, Foren, Foto- und Videoportalen (→ S. 62). Kontakte mit virtuellen Personen werden aufgenommen, von denen man nicht weiß, ob sie sind, wer sie vorgeben zu sein. Andere stellen leichtfertig fast alles von sich ins Netz. Das kann sich rächen.

- Was einmal im Internet steht, ist kaum noch zu entfernen: Personalabteilungen von Firmen suchen zunehmend nach Informationen über Bewerber im Internet. Dann ist es nicht so günstig, wenn da „coole", aber nicht besonders vorteilhafte Bilder zu finden sind oder Meinungsäußerungen, die nur die engste Freundin lesen sollte.
- Internet und Mobilfunk können brutale Mobbingzonen sein, in denen häufig nicht direkt identifizierbare Mitglieder von Communitys versuchen, andere fertig zu machen. Dagegen sucht man am besten sofort Hilfe – bei Eltern, Vertrauenslehrern und auch bei der Polizei.
- Hinter der virtuellen Chat-Freundin, mit der man wochenlang diskutiert, Bilder ausgetauscht hat und mit der man sich schließlich im echten Leben verabredet, kann im schlimmsten Falle unerwartet jemand stehen, der ein Opfer gesucht und nun gefunden hat. Die modernen Informations- und Kommunikationsmedien können große Hilfen sein, das Leben erleichtern und bereichern. Diese neuen Medien können uns aber auch überwältigen und „gefangen nehmen". Und in den neuen virtuellen Räumen, die sie eröffnen, sind auch Fallen und Gefahren verborgen.

2. Sascha Lobo, dem „Autor, Blogger, Microblogger und Strategieberater" kann man in seinem Blog hinterherlaufen. Auf 60 Meter genau gibt er dort seinen jeweiligen Standort auf einer Karte an. Ist das cool oder leichtsinnig? Warum und für wen?

3. Stellen Sie sich vor, der Staat hätte Zugriff auf alles, was sich auf Ihrem Computer abspielt. Wie würden Sie reagieren?

M2

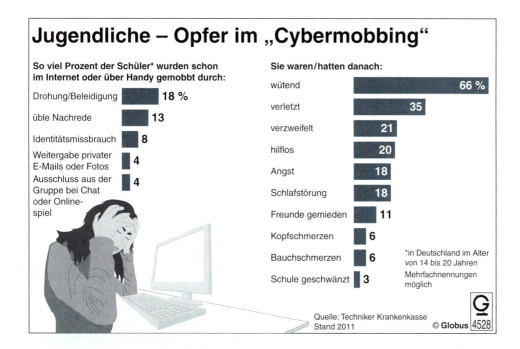

Jugendliche – Opfer im „Cybermobbing"
Quelle: Techniker Krankenkasse, Stand 2011

4. Stellen Sie gemeinsam eine Tabelle zusammen: Listen Sie auf der einen Seite die positiven Möglichkeiten auf, die Internet, E-Mail und Mobiltelefone bieten – auf der anderen Seite die Gefahren, die mit ihnen verbunden sind.

2.1 Auf dem Weg in die Informationsgesellschaft

Wie können wir uns schützen? Kritischer Umgang mit Daten

he4z4c
- Internetseite des Bundesbeauftragten für den Datenschutz; Musteranfragen (Download)

M1 Welche persönlichen Daten geben Nutzer in Online-Communitys preis?
Jugendliche in Deutschland von 10 bis 18 Jahren – in Prozent

	Altersgruppen		
	10 bis 12	13 bis 15	16 bis 18
Alter	57	69	85
spezieller Benutzername	69	81	68
Hobbys	73	71	69
Porträtfoto	36	52	71
Beziehung (Single/feste Beziehung)	34	49	58
richtiger Vor- und Nachname	26	39	56
E-Mail-Adresse	44	34	46
Wohnort	18	28	43
Party-/Urlaubsfotos	10	18	32
vollständige Anschrift	4	5	3
Telefonnummer	3	4	4

Hinweis: Aktive Community-Nutzer; Befragung im November 2010; Mehrfachnennungen möglich.
Nach: BITKOM (Hg) Jugend 2.0. Repräsentative Untersuchung zum Internetverhalten von 10- bis 18-Jährigen, Berlin 2011, Abb. 7

Etwa 74 Prozent der 10–18-Jährigen sind aktive Nutzer mindestens einer Online-Community, von den 10–12-Jährigen sind es 42 Prozent, den 13–15-Jährigen bereits 82 und den 16–18-Jährigen 93 Prozent.
BITCOM (Hrsg.) 2011

1. Schauen Sie sich in der Tabelle an, welche persönlichen Informationen die unterschiedlichen Altersgruppen in Sozialen Netzwerken angeben. Welche würden Sie als unbedenklich einschätzen, welche eher kritisch sehen? Und warum?

Schöne neue Welt?
Die „schöne neue Welt" der modernen Informations- und Kommunikationstechniken – allen voran das Internet und die Handynetze mit den dahinter stehenden Speicher- und Verknüpfungsmöglichkeiten – bietet große Chancen. Doch wie immer gibt es auch hier eine Kehrseite der Medaille.
Zunächst einmal muss man sich darüber klar werden, wo Gefahren lauern und wo deshalb Aufmerksamkeit und Vorsicht angebracht sind. Dann gilt es, sich gegen mögliche Gefahren so gut es geht zu schützen. Das fängt an
- mit Firewalls und Schutzprogrammen für Hardware und Software,
- schließt Vorsicht bei der Nutzung von Programmen und bei der Weitergabe persönlicher Daten ein
- und endet bei der Überprüfung dessen, was mit unseren Daten geschieht.

Ganz besonders sollte man auch das Kleingedruckte im Blick haben. Geschäfts- und Nutzerbedingungen sollten einfach, klar verständlich und knapp gehalten sein.

Informationelle Selbstbestimmung
Das Bundesverfassungsgericht hat ein Grundrecht auf *informationelle Selbstbestimmung* festgeschrieben. Gemeint ist damit, dass jeder das Recht hat, grundsätzlich selbst über die Preisgabe und die Verwendung seiner personenbezogenen Daten zu bestimmen. Dieses ist in verschiedenen rechtlichen Grundlagen konkretisiert: z. B. im Datenschutzrecht und im Verbraucherschutzrecht Dazu gehört auch die Verpflichtung von Behörden, Unternehmen und anderen Organisationen in Deutschland, Auskunft über die Speicherung und Verwendung persönlicher Daten zu geben.

M2 Persönliche Daten fälschen?

„Was ich davon halte, zu meinem persönlichen Schutz in Online-Communitys Daten zu fälschen?
Ich dachte immer, zum eigenen Schutz sollte man generell so wenig wie möglich von sich im Internet preisgeben. Aber heute ist das kaum noch möglich, denn irgendwo ist doch jeder in den verbundenen Netzwerken zu finden. Sei es durch die Mitgliedschaft in einem Sportverein oder in den Online-Adressbüchern. Also entweder rein – oder ganz raus. Das Verstecken hinter falschen Angaben bringt schon deshalb nichts, weil man ja mit anderen kommunizieren will, die einen kennen oder die einen finden sollen!"

Jessica, 18 Jahre

2. Teilen Sie Jessicas Meinung? Berichten Sie von Ihren eigenen Erfahrungen. Was empfehlen Sie?

3. Machen Sie die Probe aufs Exempel und untersuchen Sie die Nutzungs- und Geschäftsbedingungen z. B. von SchülerVZ, Facebook, Googlemail, Google+, Amazon und eBay:

- Welche persönlichen Daten müssen Sie zur Registrierung angeben?
- Welche Rechte nimmt sich das Unternehmen hinsichtlich der Speicherung und Nutzung Ihrer persönlichen Daten heraus?
- Wie leicht oder schwer es ist, sich ein klares Bild von diesen Bedingungen zu machen?
- Lassen sich die Voreinstellungen des Betreibers ändern, und wie kompliziert ist das?

M3 Die Datenfresser

Wie man sich schützen kann.
Gegen den Appetit der „Datenfresser" empfehlen die Autoren des Buches zum Beispiel:

- in Sozialen Netzwerken strikt die eigene Privatsphäre schützen
- genau prüfen, welche Informationen für die Nutzung einer Internet-Dienstleistung wirklich erforderlich sind
- bei Internet-Unternehmen Auskunft über die zur eigenen Person gespeicherten Daten beantragen
- Daten von Freunden nicht ohne deren Einverständnis weitergeben

4. Fragen Sie Ihre Schulverwaltung oder ein Unternehmen (wie Ihre Bank, Online-Versandhäuser, Internet-Dienstleister) oder eine andere Organisation (wie Ihren Sportverein) danach:

- welche Daten von Ihnen gespeichert werden,
- wie lange sie gespeichert werden,
- wozu sie verwendet werden,
- an wen und zu welchem Zweck sie weitergeleitet werden,
- auf welcher Rechtsgrundlage das alles geschieht.

Wenn Sie keine Antwort bekommen oder mit der Antwort nicht zufrieden sind, wenden Sie sich an den Datenschutzbeauftragten Ihres Bundeslandes.

Constanze Kurz/Frank Rieger, Die Datenfresser, Frankfurt a. M. 2011

2.2 Technischer Wandel: Triebkraft und Widerstände
Immer schneller, immer weiter?

• Geschichte der Technik
7pa443

M1 Zwei Fußgänger

Ötzi in den Alpen vor 5 000 Jahren

Neil Armstrong 1969 auf dem Mond.

1. Vergleichen Sie die Situationen auf den beiden Bildern:
- Wer von den beiden kann schneller Kontakt zu anderen Menschen aufnehmen und wie?
- Wem kann schneller geholfen werden, wenn ihm etwas zustößt?

Warum reisen?
Reisen, Ortswechsel oder Transporte werden aus vielfältigen Gründen unternommen. Ein heute häufiges Reisemotiv kam noch vor wenigen Jahrzehnten selten vor: die touristische Urlaubsreise. Nur wenige konnten sich das früher leisten. Und je weiter die Reise, umso beschwerlicher war und umso länger dauerte sie. Unbekannte und nicht selten unsichere Gebiete mussten durchquert werden. Noch vor 150 bis 200 Jahren waren Fernreisen selbst innerhalb Europas mit Abenteuern verbunden.

Techniken der Fortbewegung
Erfindungen vom Rad bis zur Rakete revolutionierten die Transportmittel und damit die Fortbewegungsmöglichkeiten. Die Zeitleiste unten zeigt Stationen dieser Entwicklung. Am stürmischsten waren die Veränderungen seit der Industriellen Revolution im 19. Jahrhundert.

Völlig neue *Transportsysteme* wurden erfunden, aber auch bestehende fortentwickelt. Der technische Wandel veränderte das Leben:
- Die Transportmittel wurden schneller.
- Ihre Reichweite nahm zu.
- Sie konnten größere Lasten transportieren.
- Sie wurden bequemer, sicherer und – gemessen an der Transportleistung – preiswerter.

Voraussetzungen und Folgen
Mit neuen Transporttechniken wurde Zug um Zug die Welt erschlossen. Wirtschaftsräume wurden miteinander verbunden oder „vernetzt". Ohne moderne Transportmittel wären weder das heutige Ausmaß des Welthandels noch die arbeitsteilige Produktion über Ländergrenzen hinweg oder der Massentourismus vorstellbar. Transport- und Informationstechniken (→ S. 54–55) haben die Orte auf dem Erdball näher aneinandergerückt.

Rad	Pferd als Zugtier	Beginn der phönizischen Handelsschifffahrt	Dampfschiff	Dampflokomotive	Fahrrad	Elektrische Lokomotive	Auto
5000–4000 v. Chr.	3000 v. Chr.	2000 v. Chr.	1807 n. Chr.	1814	1850	1879	1885

64 2. Gesellschaft im Wandel

Das Funktionieren der *Verkehrsnetze* ist an viele Voraussetzungen gebunden. Mit einem Schiff, einem Zug, einem Auto oder Flugzeug allein ist es noch nicht getan. Eine bestimmte *Infrastruktur* muss vorhanden sein, damit sie funktionieren können. So werden z. B. Straßen, Schienen- und Wasserwege benötigt. Flugrouten müssen vereinbart und überwacht werden. Bahnhöfe, Parkmöglichkeiten, Häfen und Flughäfen werden gebraucht, ebenso Zugangswege zu ihnen. Regeln für das gleichzeitige Benutzen der vielen Transportmittel sind zu entwerfen und durchzusetzen, nicht zuletzt um Sicherheit und Pünktlichkeit zu gewährleisten.

Die Benutzung dieser Transportmittel erfordert bestimmte Fähigkeiten und finanzielle Mittel. Man muss gelernt haben, sich in den verschiedenen Systemen zurechtzufinden und sie – wie das Auto – auch bedienen zu können. Außerdem kann sich nicht jeder die vielfältigen Angebote leisten, auch wenn sie in Reichweite sind. Und es gibt viele Gebiete auf der Erde – insbesondere in der Dritten Welt –, in denen Verkehrssysteme im modernen Sinn nur an wenigen Stellen zur Verfügung stehen.

2. Überlegen Sie, was alles vorhanden sein muss und was auch die Nutzer wissen müssen, damit Züge, Schiffe, Autos oder Flugzeuge als Transportmittel zuverlässig und flächendeckend funktionieren können.

3. Die Zeitleiste unten nennt einige Techniken und dazu gehörende Transportmittel. Stellen Sie Listen oder Bilder zusammen und unterscheiden Sie:
- Für welche Transportzwecke eignen sich die einzelnen Transportmittel besonders gut, wofür weniger?
- Was muss jeweils vorhanden sein, damit sie eingesetzt werden können?

4. Erklären Sie, warum moderne Transportmittel immer mehr Infrastruktur brauchen und immer mehr und andere Kenntnisse verlangen, damit sie benutzt werden können.

M2 Eine Reise nach Amerika im 18. Jahrhundert

Man rechnet aus dem Württembergischen bis nach Holland an die offene See gegen 200 Stunden, von da übers Meer nach Alt-England bis nach Kaupp, wo die Schiffe Anker werfen, ehe sie vollends die große Seereise antreten, 150 Stunden, von da an, bis man England ganz aus dem Gesicht verliert, über 100 Stunden und dann über das große Weltmeer, nämlich von Land zu Land, wie die Schiffleute sagen, 1200 Stunden, endlich von dem ersten Land in Pennsylvanien bis nach Philadelphia über 40 Stunden. Welches zusammen eine Reise von 1700 Stunden ausmacht.

Gottlieb Mittelberger, Reise nach Pennsylvanien im Jahre 1750 und Rückreise nach Deutschland im Jahr 1754, Sigmaringen 1997, S. 74

5. Wie viele Tage brauchte der Reisende im Jahr 1754 nach Philadelphia? Wie lange würden Sie heute von Ihrem Wohnort aus benötigen? Stellen Sie mithilfe des Internets einen möglichst zeitgünstigen Reiseplan zusammen.

Infrastruktur
Der Allgemeinheit dienende Einrichtungen für Verkehr, Kommunikation, Energieversorgung, Bildung, Kultur und Gesundheitswesen. Dazu gehört die Technik, gehören Gebäude, Straßen, Flüsse und Kanäle; und es braucht Organisationen und Menschen, die solche Infrastruktursysteme bedienen und betreuen.

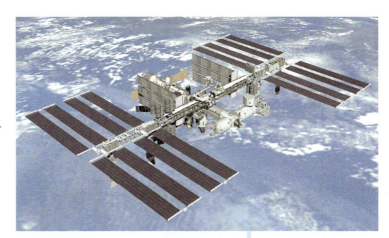

Gleitflug	Motorflugzeug	Düsenflugzeug, Fernrakete	bemannter Raumflug	Mondlandung	Containerschifffahrt	Raumstation ISS
1890	1903	1940	1961	1969	1976	2000

2. Gesellschaft im Wandel **65**

2.2 Technischer Wandel: Triebkraft und Widerstände

Wie verändert der technische Fortschritt Wirtschaft und Gesellschaft?

- Erfindungen

M1 Basisinnovationen und ihre Auswirkungen

	1800	1850	1900	1950	1990	2000
Basisinnovation	Dampfmaschine Baumwolle	Eisenbahn Stahl	Elektrotechnik Chemie Motoren	Petrochemie Atomenergie	Mikroelektronik Halbleitertechnik	Gentechnologie Nanotechnik
	↓	↓	↓	↓	↓	↓
Anwendung	Antriebskraft für industrielle Produktion • Schifffahrt • Eisenbahn Textilindustrie	Personen-/ Gütertransport Erschließung des Raums Baukonstruktionen	Elektromotor als Antriebskraft Elektrisches Licht Farbstoffe Düngemittel Arzneimittel	Mineralölwirtschaft Kunststoffe Kunstfasern Autos	Maschinensteuerung Buchhaltung Kalkulation PC Internet	Pflanzenzucht Arzneimittel
Beispiele	Mechanischer Webstuhl	Maschinenbau	Telefon Kühlschrank	Lkw Asphalt zum Straßenbau	PC-Spiele GPS-Navigation	Genmais Gen-Insulin

1. Beschreiben Sie an einem Beispiel aus der Tabelle die Auswirkungen von Basisinnovationen mit eigenen Worten.
2. Welche Produkt- und Prozessinnovationen gab es in Ihrem Beruf in den letzten zehn Jahren – und welche Erfindungen stehen dahinter? Sprechen Sie mit Ihrem Ausbilder.

Basisinnovationen
Technische Neuerungen, die umfassendes Neuland erschließen und einen Schub weiterer Neuerungen in vielen Wirtschaftsbereichen auslösen. Sie sind Motor von Wirtschaftswachstum und gesellschaftlichen Veränderungen.

Technische Innovationen
Technische Erfindungen sind eine wichtige Triebkraft für grundlegende Veränderungen in Wirtschaft und Gesellschaft. Sie tragen dazu bei,
- dass neue Produkte entwickelt und auf den Markt gebracht oder bereits vorhandene verändert werden (*Produktinnovation*);
- dass neue Produktionsverfahren möglich und Produktionsprozesse wirtschaftlicher gestaltet werden (*Prozessinnovation*).

Neue Produkte führen zu neuen Konsumgewohnheiten. Neue Produktionsverfahren verändern die Organisation der Arbeit und die Anforderungen an die Arbeitenden. Das alles wirkt sich auf das Verhalten der Menschen in der Wirtschaft, aber auch in der Gesellschaft aus.

Technische Basisinnovationen
Bahnbrechende Innovationen wie die Erfindung der Dampfmaschine (**M1**) prägen die weitere Entwicklung in vielen Bereichen. Sie können am Beginn langer Phasen wirtschaftlichen Aufschwungs stehen. Von der Basisinnovation bis zum marktfähigen Produkt vergehen allerdings häufig Jahrzehnte.
Volkswirtschaften mit innovativen Unternehmen können ihre Produktionsprozesse besonders wirtschaftlich gestalten. Das gibt ihnen einen

M2 Medizinische Operationstechnik

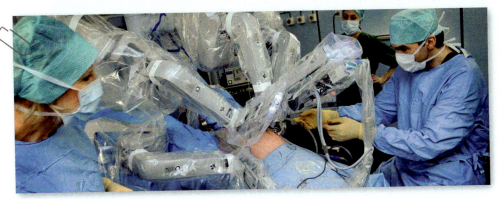

primärer Sektor
Landwirtschaft

sekundärer Sektor
verarbeitendes Gewerbe, Industrie

tertiärer Sektor
Dienstleistungen, Informationen

3. Wie verändert der technische Fortschritt Tätigkeit und Arbeitsplatz des Arztes? Welcher Spalte im Diagramm **M1** würden Sie das Bild zuordnen?

Vorsprung vor Konkurrenten und lässt sie neue Märkte im Welthandel erobern. Der heimischen Volkswirtschaft bringt das Wachstum und Arbeitsplätze. Sind Basisinnovationen ausgereizt, kann es zu wirtschaftlichen Abschwüngen kommen. Dann werden wieder Neuentwicklungen gebraucht.

Wirtschaftssektoren und ihre Bedeutung

Bis zum Anfang des 19. Jahrhunderts lebten die Menschen in Mitteleuropa in einer *Agrargesellschaft*, also in einer Gesellschaft, die durch die Landwirtschaft geprägt war. Basisinnovationen haben die Industrielle Revolution ausgelöst. Neue Formen der Energiegewinnung, neue Antriebs- und Produktionsmaschinen erlaubten die fabrikmäßige Herstellung von Gütern; es entstand die *Industriegesellschaft*.
Im 20. Jahrhundert bekamen Dienstleistungen eine immer größere Bedeutung; es entstand die *Dienstleistungsgesellschaft*. Inzwischen sind Unternehmen und Tätigkeiten im Dienstleistungsbereich, die für die Produktion, Verarbeitung, Verwaltung und Verbreitung von Informationen sorgen, immer wichtiger. Technisch und wirtschaftlich besonders entwickelte Gesellschaften werden deshalb inzwischen als *Informationsgesellschaft* bezeichnet. Es sind diese beiden Sektoren (Dienstleistungen und informationsbezogene Tätigkeiten), in denen inzwischen mehr als die Hälfte der Beschäftigten in Deutschland Arbeit findet (→ S. 57, **M2**).

4. Stellen Sie in einer Tabelle zusammen, in welchen Wirtschaftssektoren Sie selbst, Ihre Freunde und Verwandte beschäftigt sind.

M3 Innovationsfeld Nanotechnik

Anfang des 20. Jahrhunderts war es zum ersten Mal möglich, Teilchen von unter 10 Nanometer mit Hilfe von Ultramikroskopen zu messen (1 nm = 1 Millionstel Millimeter – also unvorstellbar klein). Seit den 1950er-Jahren begann dann die Arbeit mit diesen kleinsten Teilchen auf unterschiedlichsten Gebieten, aufbauend auf Vorarbeiten in der Chemie und in der Physik. Ziel ist es, kleinstmögliche Teilchen und Strukturen gezielt zu konstruieren und einzusetzen.

Anwendungsbereiche – Beispiele
- Oberflächen lassen sich so beschichten, dass z. B. selbstreinigende Flächen (Lotuseffekt für Lackierungen) oder neue Klebstoffe von unglaublicher Festigkeit entstehen.
- Neue Werkstoffe wie Nanoröhren aus Kohlenstoff erhöhen die Belastbarkeit von Materialien (z. B. für Gebäude, Maschinen, Flugzeuge oder auch medizinische Transplantate).
- Prozessoren und Speicher für Computer werden immer kleiner und gleichzeitig leistungsfähiger.
- In Kosmetika und Arzneimitteln werden Nanopartikel als Träger eingesetzt, um Wirkstoffe gezielter an die gewünschten Stellen im Körper zu bringen.

Nur Vorteile oder gibt es auch Risiken? Ein Beispiel: Bestehen Nanopartikel aus potenziell giftigen Substanzen, dann muss sichergestellt werden, dass diese Partikel sich nicht ‚selbstständig' machen. Überwinden sie z. B. aufgrund ihrer Winzigkeit die Luft-Blut-Schranke in der Lunge, können sie die Gesundheit gefährden.

5. In Deutschland wird die Erforschung der Nanotechnik vom Staat besonders gefördert. Welche Bereiche ziehen daraus Nutzen, welche Risiken könnten sich ergeben?

2. Gesellschaft im Wandel **67**

2.2 Technischer Wandel: Triebkraft und Widerstände

Warum sind neue Technologien oft umstritten?

98ep5y
- Gentechnik
- Verbraucherschutz

M1 Rationalisierung bei der Paketpost

1. Beschreiben Sie die zwei Seiten der Rationalisierung, wie sie in der Karikatur dargestellt werden. Was geschieht wohl mit den Beschäftigten auf dem hinteren Laufband?

Rationalisierung
Verringerung des Aufwands für Produktionsprozesse und Dienstleistungen

Arbeitsproduktivität
Die mit einem bestimmten Einsatz an Arbeit produzierte Gütermenge

Zwei Seiten der Rationalisierung
Innovationen sind meist umstritten. Sie bedeuten Veränderung, kennen Gewinner und Verlierer. Das gilt nicht nur für Produktinnovationen, sondern auch für Innovationen, die Arbeitsprozesse effizienter machen (Rationalisierung). Die Rationalisierungsmöglichkeiten durch Technik und veränderte Arbeitsorganisation sind je nach Arbeitsbereich unterschiedlich. Dienstleistungen und informierende Tätigkeiten, die vor Ort zu erbringen sind oder sogar persönlichen Kontakt erfordern, lassen sich nur wenig rationalisieren. Dazu gehören z.B. die Pflege von Kranken oder der Unterricht in der Schule. Wo Maschinen, Computer, Automaten und Roboter in großem Stil eingesetzt werden können, ist das Rationalisierungspotential dagegen erheblich – und damit der mögliche Zuwachs an Arbeitsproduktivität.

Preiswertere Produkte und höhere Kaufkraft
Die Rationalisierung von Arbeitsprozessen verringert die Produktionskosten, sie macht Produkte preiswerter und steigert dadurch wiederum die Nachfrage. Die Massenproduktion von Kühlschränken und Spülmaschinen, Autos, Telefonen und Computern hat diese Produkte für immer mehr Menschen erschwinglich gemacht. Gleichzeitig ermöglichen Produktivitätssteigerungen höhere Arbeitseinkommen.

Schaffung oder Vernichtung von Arbeitsplätzen?
Innovationen, die der Rationalisierung dienen, schaffen einerseits Arbeitsplätze – dort jedenfalls, wo diese Innovationen entwickelt, produziert, eingesetzt und gewartet werden. Das gilt für Baukräne wie für Industrieroboter, für den Aufbau von neuen Verkehrssystemen wie für Internet und Mobilfunk. Hier entstehen Arbeitsplätze für zum Teil hoch qualifizierte Fachkräfte.

68 2. Gesellschaft im Wandel

Auf der anderen Seite führen diese Innovationen häufig zum Abbau von Arbeitsplätzen an anderer Stelle – nämlich dann, wenn wegen der gestiegenen Arbeitsproduktivität Arbeitskräfte eingespart werden können. Der Schweißroboter in der Autoproduktion ersetzt mehrere Schweißer, die automatische Briefsortiermaschine menschliche Briefsortierer, und Online-Banking reduziert den Bedarf an Bankfilialen mit ihrem Personal.

Wenn Arbeitsplätze wegrationalisiert werden, um die Produktionskosten zu senken, dann führt das zu Arbeitslosigkeit. Anders ist es nur,
- wenn in anderen Wirtschaftsbereichen mehr Arbeitskräfte benötigt werden (z. B. im Gesundheitswesen oder im Tourismus);
- wenn die Arbeit auf mehr Schultern verteilt werden kann (z. B. durch einen Anstieg der Teilzeitarbeit);
- wenn die Rationalisierung zu einem hohen Umsatzwachstum führt, sodass sich Einstellungen und Entlassungen ausgleichen.

Innovationen brauchen Zustimmung
Wenn die Risiken neuer Techniken von vielen Menschen als zu hoch eingeschätzt werden, regt sich Widerstand. Die *Gentechnik* ist ein Beispiel. Sie verspricht die Entwicklung neuer Medikamente und medizinischer Therapien, aber auch die Veränderung landwirtschaftlicher Produkte. Während die sogenannte „rote Gentechnologie" (Arzneimittel) eher akzeptiert ist, gibt es gerade in Deutschland Widerstand gegen die „grüne Gentechnologie", d. h. gentechnisch veränderte Nutzpflanzen. Die Hersteller und deren Lobby versprechen höhere landwirtschaftliche Erträge. Kritiker betrachten den Anbau genmanipulierter Pflanzen als gefährlichen Eingriff in die Nahrungskette (M 2). Sie befürchten Auswirkungen auf die Vielfalt der Arten und gesundheitliche Langzeitschäden. Radikale Gegner zerstören Felder mit gentechnisch veränderten Pflanzen.

Verbraucherschutz
Für zugelassene gentechnisch veränderte Nahrungsmittel oder Zusatzstoffe fordern Verbraucherschützer zumindest Transparenz. Die Verbraucher sollen wissen, was sie kaufen. Eine EU-Verordnung sieht deshalb eine Kennzeichnungspflicht vor. Verbraucherschützer bemängeln an dieser, dass sie erst ab einem Anteil von 0,9 Prozent genveränderter Inhaltsstoffe in einem Nahrungsmittel greift. So muss ein Brot gekennzeichnet werden, wenn es z. B. 0,9 Prozent gentechnisch verändertes Getreide enthält.

M2 „Der Mais ist heiß"

2. In der Öffentlichkeit wird Gentechnik in der Medizin überwiegend befürwortet, in Nahrungsmitteln von den meisten abgelehnt. Suchen Sie nach Gründen.

Auch werde der Prozess der Nahrungsmittelentstehung nicht umfassend genug berücksichtigt. Werden z. B. in einem Kuchen Eier oder die Milch von Tieren verbacken, die gentechnisch verändertes Futter erhielten, dann muss das nicht angegeben werden.
Den meisten deutschen Landwirten widerstrebt der Anbau gentechnisch veränderter Nutzpflanzen – auch weil sie die ablehnende Haltung vieler Verbraucher fürchten.

3. Welche Veränderungen des Arbeitsprozesses nützen vor allem den Herstellern, welche vor allem den Beschäftigten, welche vor allem den Verbrauchern? Gehen Sie zur Beantwortung der Frage von Beispielen aus.

4. „Zu Rationalisierungen gibt es keine Alternative." Sammeln Sie Argumente für und gegen diese Aussage.

5. Weshalb ist es sinnvoll vorzuschreiben, dass Nahrungsmittel mit gentechnisch veränderten Inhaltsstoffen gekennzeichnet werden? Warum ließ sich die Kennzeichnungspflicht trotzdem nur schwer durchsetzen – wer ist dagegen und warum?

Gentechnik-Gesetz von 2008
Drei Ziele:
- Forschung fördern,
- Schutz von Mensch und Umwelt gewährleisten,
- Kennzeichnung der Lebensmittel „Ohne Gentechnik" ermöglichen.

2.2 Technischer Wandel: Triebkraft und Widerstände

Arbeit für alle? Auf der Suche nach Rezepten

 mr7ti6
- Arbeitskosten
- Arbeitslosigkeit

M1 Arbeitslosenquoten in Deutschland 2000 – 2010

Jahr	West	Ost	gesamt	BIP-Veränderung zum Vorjahr in Prozent (Differenz D)
2000	8,4	18,5	10,7	3,1
2001	8,0	18,8	10,3	1,5
2002	8,5	19,2	10,8	0,0
2003	9,3	20,1	11,6	−0,4
2004	9,4	20,1	11,7	1,2
2005	11,0	20,6	13,0	0,7
2006	10,2	19,2	12,0	3,7
2007	8,4	16,6	10,1	3,3
2008	7,2	14,6	8,7	1,1
2009	7,7	14,5	9,1	−5,1
2010	7,4	13,4	8,6	3,7

1. Beschreiben Sie die Entwicklung der Arbeitslosigkeit.

Bruttoinlandsprodukt (BIP)
Gesamte Wertschöpfung in Form von Waren und Dienstleistungen in einer Volkswirtschaft innerhalb eines Jahres

→ Neue Arbeitsformen S. 241

Leiharbeit
Eine Art Personal-Leasing, bei welchem der Arbeitnehmer von einer Zeitarbeitsfirma an einen anderen Arbeitgeber „entliehen" wird.

Zunahme unsicherer Beschäftigung
Von 1995 bis 2009 stiegen befristete Beschäftigung, Leiharbeit und Minijobs von 6,3 Prozent auf 12,2 Prozent der erwerbsfähigen Bevölkerung.

Nach: IZA, Bonn

Arbeitslosigkeit – weltweit
In den meisten Ländern der Welt gibt es Arbeitslosigkeit. Arbeitsplätze für alle, die Arbeit suchen, ist zu einer politischen Schicksalsfrage für Regierungen geworden – besonders da, wo viele junge Menschen keinen Zugang zum Arbeitsmarkt finden. Auch Deutschland ist von Vollbeschäftigung weit entfernt (**M1**). Im Laufe der Jahre ist die sogenannte *Sockelarbeitslosigkeit* gestiegen: Wachstumsphasen der Wirtschaft können die Arbeitsplätze, die in vorangegangenen Wirtschaftseinbrüchen (Rezessionen) verloren gegangen sind, in der Regel nicht vollständig wettmachen. Dafür sind tiefer liegende Strukturprobleme verantwortlich. Zu unterscheiden ist zwischen offener und verdeckter Arbeitslosigkeit. Die *offene Arbeitslosigkeit* erfasst die bei den Arbeitsagenturen offiziell gemeldeten Arbeitslosen; die *verdeckte Arbeitslosigkeit* betrifft Menschen, die ohne arbeitsmarktpolitische Hilfen des Staates arbeitslos wären. So waren 2010 rund 3,25 Mio. Menschen bei den Arbeitsagenturen als arbeitslos gemeldet, zusätzlich waren ca. 1,3 Mio. Menschen verdeckt arbeitslos. Die weltweite Finanz- und Wirtschaftskrise nach 2008 hat die Probleme am Arbeitsmarkt verschärft, auch wenn Deutschland davon weniger betroffen worden ist als andere Länder.

Politik für Arbeit und gegen Armut?
Mit unterschiedlichen Maßnahmen wird versucht, Arbeitsplätze zu erhalten oder neue Arbeitsplätze bzw. neue Beschäftigungsformen zu schaffen. Diese Maßnahmen setzen an unterschiedlichen Punkten an (**M3**). Im Vordergrund steht die Förderung der Wettbewerbsfähigkeit deutscher Unternehmen. Die Einführung von Leiharbeit (meist als Zeitarbeit) dient der Flexibilisierung.
Maßnahmen allerdings, die flexiblere Arbeitsverträge ermöglichen, sind für die Arbeitnehmer oft mit großen Risiken verbunden:
- Viele Arbeitseinkommen reichen nicht zum Leben und müssen durch staatliche Unterstützung ergänzt werden (*Arbeitsarmut*).
- Niedrige Arbeitseinkommen und unsichere Arbeitsverhältnisse erlauben keine oder nur geringe Ersparnisse und führen zu niedrigen Renten (*Altersarmut*).
- Eine längerfristige Lebens- oder Arbeitsperspektive kann nicht aufgebaut werden.

Deshalb wird darüber diskutiert, wie die soziale Sicherung der Arbeitnehmer in einer gewandelten Arbeitswelt grundsätzlich umgestaltet und vom Arbeitseinkommen abgekoppelt werden kann.

M2 Caritas gegen Sparpläne der Bundesregierung

Bundesweiter Aktionstag des Wohlfahrtsverbandes
Stuttgart/Freiburg – Mit der Aktion „Bin langzeitarbeitslos – will Arbeit" am heutigen Mittwoch macht die Caritas bundesweit auf die Sparpläne der Bundesregierung bei den Eingliederungshilfen für langzeitarbeitslose Menschen aufmerksam …
„Für viele von ihnen – vor allem gering qualifizierte oder gesundheitlich beeinträchtigte Personen sowie alleinerziehende Frauen, Jugendliche ohne Schulabschlüsse oder Migranten – gibt es auch in Zeiten einer guten Konjunktur auf dem Arbeitsmarkt keine Nachfrage", so Johannes Böcker, Caritasdirektor der Diözese Rottenburg-Stuttgart.

Meldung in www.katholisch.de vom 01.06.2011

2. Wer ist besonders von Langzeitarbeitslosigkeit bedroht? – und warum?

M3 Maßnahmen zur Bekämpfung der Arbeitslosigkeit

A Wirtschafts- und Finanzpolitik

Angebotsorientiert: Steuererleichterungen für Unternehmen; Förderung von Investitionen; Entlastung der Unternehmen von Sozialabgaben, dadurch Senkung der Arbeitskosten; weniger staatliche Reglementierung des Arbeitsmarktes.
Nachfrageorientiert: Einkommenssicherung für Arbeitnehmer und Verbraucher (Mindestlöhne, höhere Sozialleistungen, Steuersenkungen) mithilfe von staatlichen Investitions- und Ausgabenprogrammen zur Ankurbelung der Nachfrage.

C Tarifpolitik, Lohn- und Arbeitszeitpolitik

Unternehmer und **Gewerkschaften** im Konflikt: Die einen fordern niedrige Lohnabschlüsse und längere Arbeitszeiten, um die Arbeitskosten nicht zu erhöhen und Entlassungen zu vermeiden; die anderen höhere Löhne, um Arbeits- und Altersarmut zu vermeiden und die Nachfrage im Inland zu steigern. Außerdem fordern die Gewerkschaften eine gerechtere Verteilung der Arbeit auf mehrere Schultern.

B Arbeitsmarkt- und Arbeitskräftepolitik

Aktive Arbeitsmarktpolitik soll dafür sorgen, dass Arbeitslose beraten und vermittelt oder qualifiziert werden mit Hilfe von Weiterbildungs-, Trainings- und Beschäftigungsmaßnahmen. Die Zahlung von Kurzarbeitergeld soll Unternehmen helfen, qualifizierte Mitarbeiter auch in wirtschaftlich schwierigen Situationen zu halten.
Die **Flexibilisierung des Arbeitsmarktes** soll die Zahl der Beschäftigungsverhältnisse erhöhen – mit Hilfe von befristeten Arbeitsverträgen, untertariflicher Leiharbeit (Zeitarbeit) und Niedriglöhnen (400-Euro-Jobs, Mini-Jobs).

3. Gehen Sie alle genannten Maßnahmen durch und überlegen Sie, welche Lasten sich jeweils ergeben und wer diese zu tragen hat.

4. Welche Forderungen zur Bekämpfung der Arbeitslosigkeit könnten von Seiten der Arbeitgeber, von Seiten der Gewerkschaften und von Seiten der Politik erhoben werden?

2. Gesellschaft im Wandel 71

2.3 Umweltpolitik für ökologisches Wirtschaften
Wie nutzen und belasten wir die Umwelt?

2x7z9v
- Umweltprobleme
- Umweltpolitik

M1 Havarierter Atomreaktor in Fukushima, März 2011

1. Umweltprobleme und Umweltkatastrophen – stellen Sie zusammen, welche Themen in den Medien gerade aktuell sind.
2. Erstellen Sie in Gruppen Text- und Bildcollagen zu Natur- und Umweltbelastungen. Nehmen Sie die Materialien dieser Doppelseite als Anregung.

Aus dem Gleichgewicht
Mit fast allem, was wir tun, belasten wir Natur und Umwelt. Das geht so lange gut, wie die verbrauchte Natur schnell genug nachwachsen kann, und die belastete Umwelt sich zügig erholt (regeneriert). Doch wir sind nahe daran, den Punkt, an dem sich unser Verbrauch und die Regenerationskraft der Natur die Waage halten, zu überschreiten.
Kein Jahr ohne Umweltkatastrophen und Umweltskandale. Sie bewegen ein paar Wochen die Öffentlichkeit, werden vergessen und von der nächsten Katastrophe abgelöst. Diese Extremfälle zeigen, wie gründlich der Mensch die Natur zerstören kann. Genauso folgenschwer kann jedoch auch unser alltäglicher Umgang mit der Natur sein: der Raubbau an Rohstoffen, die Belastung von Luft, Wasser, Boden mit Schadstoffen, die Schädigung der Erdatmosphäre. Diese Belastungen sind für Mensch und Natur eine Gefahr. Woher kommen sie? Wie können wir sie verringern?

Wirtschaft und Umwelt
Wirtschaftliches Handeln – Produzieren und Konsumieren – ist nicht möglich, ohne die Umwelt zu benutzen und zu belasten.
Die Nutzung der Umwelt geschieht auf unterschiedliche Weise:
- Umwelt wird wie ein **Konsumgut** gebraucht oder verbraucht. Im Winter treiben z. B. die Skifahrer Sport, ohne zu bedenken, dass sie damit den Boden zerstören.
- Die Wirtschaft benötigt Platz, z. B. für Fabriken, Läden, Verkehrsverbindungen usw. Die Umwelt wird als **Standort** benutzt.
- Die Umwelt ist **Auffangbecken** für alle möglichen **Schadstoffe**, die bei der Produktion und beim Konsum anfallen. Der Hausmüll gehört hier ebenso dazu wie der Rauch aus den Schloten der Stahlwerke.
- Nicht zuletzt ist die Umwelt **Lieferant der Rohstoffe** für die Produktion und der **Energieträger**.

M2 Umweltbelastungen

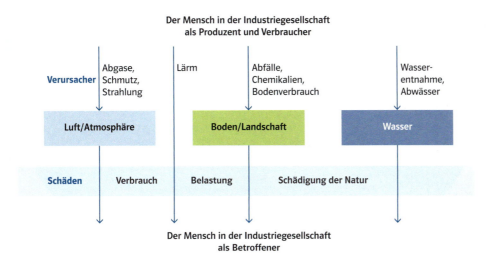

3. Überlegen Sie:
   - Was und wer sind die Hauptverursacher der jeweiligen Umweltschäden (z. B. Autoverkehr)?
   - Was sind die jeweils entstehenden Umweltschäden?
   - Was sind mögliche Gegenmaßnahmen?
4. Welche Gegenmaßnahmen halten Sie für besonders dringend, welche für besonders Erfolg versprechend?

Die Kosten von Umweltschäden

Solange die Umwelt kostenlos genutzt werden kann oder die Nutzung zumindest nicht teuer kommt, werden sich alle dieses billigen oder gar kostenlosen Produktionsfaktors im Übermaß bedienen. Das entspricht dem *Wirtschaftlichkeitsprinzip*:

Wenn es nichts kostet, ungereinigte Abgase einfach in die Luft zu blasen, dann werden in den Fabriken und in den Fahrzeugen keine Abgasfilter eingebaut. Dies ist für den Produzenten billiger. Die Folge: Die Umwelt wird belastet. Diese Umweltkosten trägt aber weder der Produzent noch der Verbraucher.

Umweltschäden verursachen Kosten. Ein Beispiel: Die Verwendung von Klärschlamm als Dünger in der Landwirtschaft belastet nicht nur den Boden und die auf ihm angebauten Pflanzen, sondern auch die Gewässer und das Grundwasser. Das Wasser muss, um als Trinkwasser genießbar zu sein, durch teure Reinigungsanlagen wieder aufbereitet werden.

Solche Kosten werden nach außen abgeschoben, auf andere oder auf die Allgemeinheit. Man spricht deshalb auch von *sozialen Kosten*. Damit ist gemeint, dass sie nicht von denen getragen werden, die sie verursacht haben – also nicht von den Produzenten und Verbrauchern, sondern von der Allgemeinheit.

Darum erlässt der Staat Vorschriften, die den Umgang mit der Umwelt regeln. Sie sollen die Schäden und Kosten begrenzen, die durch die Belastung der Natur entstehen. Wirtschaftliches Wachstum soll nicht mit wachsender Zerstörung der Natur erkauft werden.

5. Welche Möglichkeiten der Umweltnutzung werden im Text genannt? Ordnen Sie die Fotos diesen Möglichkeiten zu.
6. Suchen Sie weitere Beispiele für soziale Kosten. Beschreiben Sie jeweils, wer die Kosten verursacht hat und wer für den Schaden aufkommt.

2.3 Umweltpolitik für ökologisches Wirtschaften

Klimawandel – die schleichende Katastrophe?

p3ky3b
- Klimawandel
- Klimaschutz

M1 Rhône-Gletscher

um 1900

um 2004

1. Beschreiben Sie die Unterschiede zwischen den beiden Fotos. Kennen Sie in Ihrer Umgebung ebenfalls Beispiele für Folgen des Klimawandels?

M2 Globale Erwärmung – die bisherige Entwicklung

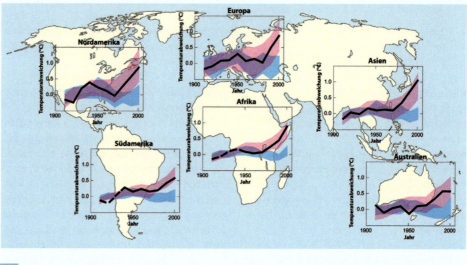

— Klimamodelle, die nur natürliche Faktoren berücksichtigen — beobachtete Werte
— Klimamodelle, die natürliche und menschengemachte Faktoren berücksichtigen

WMO/UNEP: Vierter Sachstandsbericht des IPCC. Klimaänderung 2007: Zusammenfassung für politische Entscheidungsträger, S. 11

2. Was zeigt die Grafik in Hinblick auf natürliche und menschengemachte Faktoren des Klimawandels?

3. Welche Gemeinsamkeiten und Unterschiede lassen sich zwischen den Kontinenten feststellen?

Mitten im Klimawandel: natürliche und vom Menschen verursachte Einflüsse

Klimaschwankungen hat es immer schon gegeben. Unter Klimaforschern gibt es heute keine ernsthaften Zweifel mehr, dass eine weltweite Erwärmung stattfindet. Alle Fakten sprechen dafür, dass der Mensch seit der Industriellen Revolution immer mehr zu dieser Veränderung beiträgt.

Auf das Klima wirken zunächst *natürliche Faktoren*, z. B. die sich verändernde Intensität der Sonnenstrahlung. Aber der *Einfluss des Menschen* nimmt zu. Sogenannte Treibhausgase, die sich Jahrzehnte bis Jahrhunderte in der Atmosphäre festsetzen, spielen dabei eine große Rolle, vor allem Kohlendioxid (CO_2), Methan (CH_4), Distickstoffmonoxid (N_2O; Lachgas) und Feinstäube. Diese Treibhausgase sammeln sich in der Atmosphäre und haben in einem Maße zugenommen, dass sie die von der Erdoberfläche reflektierte Wärme nicht mehr ausreichend in den Weltraum hinauslassen – der *Treibhauseffekt*. Damit bleibt mehr Wärmeenergie auf der Erde, als gebraucht wird, um die bisherige Temperatur aufrecht zu erhalten. Die Folge: Die jährliche Durchschnittstemperatur der Erde und der Ozeane steigt (M 2).

Was der Mensch dazu beiträgt

Der Mensch produziert Treibhausgase – so z. B. CO_2 durch die *Verbrennung von fossilen Energieträgern* (Kohle, Öl, Benzin, Gas, Holz). Das geschieht in der Industrie, speziell bei der Energieerzeugung, durch Verbrennungsmotoren in Autos und Flugzeugen oder z. B. durch Haushaltsheizungen. Auch in der Landwirtschaft werden Treibhausgase freigesetzt (M 3). Dort geschieht dies vor allem bei der Tierhaltung, durch Reisanbau und durch Düngung. Zugleich werden immer mehr Wälder abgeholzt. Wälder haben eine wichtige Funktion als „grüne Lunge"; denn Pflanzen nehmen CO_2 auf und wandeln es in Sauerstoff um.

Die Folgen

Der Weltklimarat der UNO beschreibt im Weltklimareport von 2007 die erwarteten Folgen der Erderwärmung folgendermaßen:

- Ansteigen des Meeresspiegels in diesem Jahrhundert um 18–59 cm (je nach ergriffenen Gegenmaßnahmen); langfristig Abschmelzen der Eisschilde Grönlands und der Antarktis, was zur Überschwemmung niedrig gelegener Regionen und zur Überflutung von Inseln führen wird.
- 20–30 Prozent der biologischen Arten sind bei einem Temperaturanstieg von 1,5 bis 2,5 Grad Celsius vom Aussterben bedroht.
- Verschiebung von Klimazonen, was zu Migration der Bevölkerung sowie zu sozialen und politischen Konflikten führen kann.
- Zunahme von extremen Wetterlagen.
- Zunehmende Dürren mit Trinkwassermangel und Hungersnöten in manchen Gegenden und Überschwemmungen in anderen.
- Großräumige und dauerhafte Veränderungen der Meeresströmungen, die z. B. zu Veränderungen des Fischbestands und auch der Pflanzenwelt auf dem Land führen.

Mögliche Gegenmaßnahmen

Was heute getan wird, wirkt sich nicht sofort aus. Gerade weil der „Bremsweg" lang ist, muss gehandelt werden, um die Folgen in 50 oder 100 Jahren zu begrenzen.

Im Zentrum der Diskussion steht die Forderung, möglichst wenig Treibhausgase zu erzeugen. Wie kann das geschehen? Am wichtigsten sind *Energiesparmaßnahmen*, z. B. durch bessere Isolierung von Gebäuden und den Verzicht auf Güter und Dienstleistungen, deren Produktion oder Nutzung besonders viel Energie verbrauchen. Ebenso wichtig ist es, Energie besser auszunutzen, also die *Energieeffizienz* zu steigern. Ergänzt werden kann eine solche Strategie

- durch *neue Technologien*, die z. B. den Energieverbrauch von Fahrzeugen verringern;
- durch *Produktionstechniken und Werkstoffe*, die weniger Energie benötigen;
- durch den *Ersatz fossiler Energieträger* (Kohle, Öl, Gas) durch erneuerbare Energieträger (Solarenergie, Windkraft, Wasserkraft, Geothermik).

→ Maßnahmen der EU in der Klimapolitik
S. 220–221

→ Weltweite Klimapolitik
S. 250–251

4. Welche Folgen des Klimawandels halten Sie für besonders schwerwiegend? Warum?

5. Nennen Sie Beispiele für Gegenmaßnahmen. Bei welchen Beispielen handelt es sich um neue Technologien, bei welchen um Sparmaßnahmen?

2.3 Umweltpolitik für ökologisches Wirtschaften

Umweltpolitik – was soll, was kann der Staat tun?

23g4ft
- Umweltpolitik
- Fördermaßnahmen

KfW
Kreditanstalt für Wiederaufbau

Maßnahmen im Klimaschutzprogramm der Bundesregierung (Beispiele)
- Energiemanagementsysteme
- Austausch der Nachtspeicherheizungen
- CO_2-Gebäudesanierungsprogramm
- Sanierung von Bundesgebäuden
- Biokraftstoffe

Fraunhofer Institut für System- und Innovationsforschung: Wirtschaftliche Bewertung von Maßnahmen des Integrierten Energie- und Klimaprogramms (Zusammenfassung des Zwischenberichts), S. 5

M1 Herkömmliche Kraftwerke und erneuerbare Energien

- Bei der Wärmedämmung von Gebäuden gelten immer strengere Vorschriften
- Linienbusse erhalten alle die Grüne Plakette
- **AUCH IN ZUKUNFT VERBILLIGTE KREDITE FÜR WÄRMEDÄMMUNG** Mittel der KfW werden aufgestockt
- CO_2-Steuer für Neuwagen kommt
- Gemeinden lassen Elektroschrott recyceln
- Industrie erbittet Vorschuss für Elektroautos und verspricht schnelle Entwicklung
- **BUNDESREGIERUNG: FÖRDERUNG REGENERATIVER ENERGIEN BLEIBT** Betreiber von Windkraftanlagen erleichtert / Aktien von Solarworld steigen

1. In welcher Weise versuchen diese Maßnahmen, den Ausstoß von Klimagasen und Schadstoffen zu verringern?
2. Welche Personengruppen sind von den einzelnen Maßnahmen jeweils betroffen? In welcher Weise?

Staatliche Maßnahmen
Es wäre naiv, den Schutz der Umwelt allein dem guten Willen des Einzelnen zu überlassen. Ohne gesetzliche Vorschriften oder wirtschaftliche Anreize geschieht zu wenig. Ein Beispiel soll dies verdeutlichen:
Der Hausbesitzer A weiß, dass seine Heizung nicht mehr dem Stand der Technik entspricht. Die jährlichen Prüfungen durch den Schornsteinfeger ergeben hohe Werte bei Ruß und CO_2. Experten sagen ihm, er könne mit einem neuen Brenner und einem modernen Kessel bis zu 20 Prozent Energie sparen. In seiner privaten Rechnung kommt er jedoch zu dem Ergebnis, dass ihn der Betrieb der alten Anlage billiger kommt. In ein paar Jahren wird er weiter sehen …
Der Staat kann hier in unterschiedlicher Weise eingreifen:
- Er kann *niedrigere Grenzwerte* für Ruß und CO_2 und einen höheren Wirkungsgrad der Heizung vorschreiben.

76 2. Gesellschaft im Wandel

M2 Umweltpolitische Maßnahmen – ausgewählte Beispiele

1	Staat übernimmt Aufgaben in eigener Regie	• Müllabfuhr, Wasserversorgung und -entsorgung durch Gemeinden oder staatlich kontrollierte Unternehmen
2	Verbote und Gebote	• Grenzwerte für die Emission von Abgasen, Ruß und Stäuben für Heizungen, Kraftwerke, Fabriken und Kraftfahrzeuge, • Genehmigung zum Bau und Betrieb von Industrieanlagen und Kraftwerken nach technischen Sicherheits- und Umweltverträglichkeitsprüfungen
3	Steuern, Abgaben und finanzielle Anreize	• Verteuerung von Kraftstoffen durch Zusatzsteuern • finanzielle Hilfen für den Einsatz erneuerbarer Energiequellen (wie Solaranlagen)
4	Freiwillige Verpflichtungen	• freiwillige Selbstverpflichtungen der Industrie zu Umweltschutzmaßnahmen
5	Informations- und Überzeugungspolitik	• Informationskampagnen über Umweltbelastungen und Naturzerstörung

Emissionen
Natur, Umwelt und Gesundheit belastende, durch Produktion und Konsum entstehende Abwässer, Abgase, Dünste, Stäube, Lärmerzeugung usw.

3. Ordnen Sie die in M1 genannten Maßnahmen den fünf Möglichkeiten staatlichen Eingreifens zu.

- Er kann eine *Abgabe* erheben, wenn Menge und Schädlichkeit der austretenden Abgase einen bestimmten Grenzwert überschreiten.
- Er kann *Steuererleichterungen* oder *Zuschüsse* für die Erneuerung alter Heizanlagen gewähren.
- Er kann die Energiekosten durch eine *Sondersteuer* wie die Ökosteuer verteuern.

Im ersten Fall ist unser Hausbesitzer gezwungen, seine Anlage zu ersetzen – auch wenn es sich für ihn nicht rechnet. In den anderen Fällen ändert sich seine Kalkulationsgrundlage. Wahrscheinlich ist es nun rentabel, die alte Heizung zu erneuern.

Das Verursacherprinzip und seine Grenzen
Auch in der Umweltpolitik gilt der Grundsatz, dass derjenige, der die Umwelt belastet, für den entstandenen Schaden aufkommen muss. Man nennt dies das *Verursacherprinzip*.
Die praktische Umsetzung dieses Grundsatzes stößt jedoch an Grenzen:
- Meist lässt sich der Schaden nicht genau beziffern und zurechnen. Umweltschäden entstehen über einen längeren Zeitraum, im Zusammenwirken mehrerer Verursacher, in einem größeren Gebiet.
- Manche Schadstoffe haben globale Auswirkungen, etwa die globale Erwärmung der Erde durch den Treibhauseffekt. Sie können nicht „repariert", sondern nur für die Zukunft vermieden werden.
- Längerfristig geht es darum, Schäden zu vermeiden und nicht die Kosten bereits entstandener Schäden zu verteilen. Darum kann es sinnvoller sein, mit dem Verursacher Maßnahmen für die Zukunft zu vereinbaren, als ihn für bisherige Schäden zur Kasse zu bitten.
- Manchmal steht der Verursacher fest, aber der Staat will ihn aus wirtschaftlichen Gründen mit den Kosten nicht oder nur teilweise belasten, z. B. wenn dadurch Konkurrenznachteile gegenüber ausländischen Unternehmen entstehen.
- In einer Reihe von Fällen ist der Verursacher nicht feststellbar oder nicht mehr greifbar, etwa wenn es sich um sogenannte Altlasten einer längst in Konkurs gegangenen Firma handelt oder der Verursacher im Ausland sitzt. Die Schäden müssen trotzdem beseitigt werden – auf Kosten der Allgemeinheit. In diesem Fall gilt das *Gemeinlastprinzip*.

4. Stellen Sie Verursacherprinzip und Gemeinlastprinzip einander gegenüber.

5. Wann ist freiwilliges Handeln der Beteiligten (oder eine Politik der finanziellen Anreize) eher angebracht als Verbote und Gebote? Wann ist es umgekehrt?

Ökosteuer
Sondersteuer auf nicht erneuerbare Energieträger. Sie soll Anreize schaffen, den Energieverbrauch zu senken und verstärkt auf erneuerbare Energieträger (z. B. Wasserkraft oder Windenergie) umzusteigen.

Grenzwert
Höchste erlaubte Konzentration eines Stoffes, die für Menschen, Tiere oder Pflanzen wahrscheinlich nicht schädlich ist.

2. Gesellschaft im Wandel 77

2.3 Umweltpolitik für ökologisches Wirtschaften

Was kann der Einzelne tun?

🌐 **74pu6m**
- Verkehr
- Umweltschutz

Abwrackprämie
Zeitlich befristete Prämie des Staates bei Kauf eines Neuwagens und Verschrottung eines mindestens neun Jahre alten Pkw.

→ **Autoproduktion** S. 221

Energieeffizienz
Reduzierung des Einsatzes von Energie, um das gleiche Ergebnis zu erreichen oder mit dem gleichen Einsatz an Energie mehr zu erzeugen.

M1 Mehr Pferdestärken gewünscht
PS-Zahl der neu gekauften Pkws in Deutschland

Daten: CAR-Institut an der Universität Duisburg-Essen

1. Je mehr PS, desto höher die Belastung für die Umwelt. Wie erklären Sie sich die hier skizzierte Entwicklung?

Einerseits …
Mehr als 90 Prozent der Menschen in Deutschland sind der Meinung, dass wir den nachkommenden Generationen keine ausgeplünderte Umwelt und Natur hinterlassen dürfen.

… andererseits
Von der Problemwahrnehmung bis zum tatsächlichen Handeln kann es ein weiter Weg sein (**M2**). Wer es gewohnt ist, Auto, Motorrad oder Moped für alles und jedes zu benutzen, mag es schwer finden, auf umweltverträglichere öffentliche Verkehrsmittel oder das Fahrrad umzusteigen oder zu Fuß zu gehen. Umweltschonendes oder gesundheitsförderndes Verhalten ist häufig mit höheren Ausgaben verbunden – etwa für ökologisch produzierte Kleidung, sogenannten Öko-Strom oder ökologisch hergestellte Nahrungsmittel aus der Region. Nicht alle wollen oder können sich das finanziell leisten. Umweltpolitisches Engagement in Gruppen mit dem Ziel, Öffentlichkeit, Politik und Wirtschaft zu beeinflussen oder eigene Projekte in Angriff zu nehmen, erfordert die Bereitschaft zur Zusammenarbeit, Zeit und Durchhaltevermögen.

Beispiele: Energieversorgung und Verkehr
Wichtiger Bestandteil einer Energiepolitik, die möglichst schnell aus der Nutzung der Kernkraft aussteigen möchte, ist das *Energiesparen* oder auch die *effiziente Nutzung* von Energie (z. B. Strom) bzw. von Energieträgern (Mineralöl, Kohle, Gas usw.). Das soll Versorgungssicherheit gewährleisten, die Energiekosten möglichst niedrig halten und Emissionen begrenzen. Ein für den Energieverbrauch sowie die Natur- und Umweltbelastung besonders wichtiger Bereich ist dabei das *Verkehrswesen*. Hier gibt es viele Möglichkeiten, Energie zu sparen und die Umwelt zu schonen – u. a. durch verbrauchs- und emissionsärmere Transportmittel, neue Antriebssysteme oder auch durch den Umstieg auf alternative Transport- und Fortbewegungsmittel. Solche Strategien des Energiesparens und der Natur- und Umweltschonung verlangen nicht nur *technische Neuerungen*, sondern auch *Verhaltensänderungen* – in Unternehmen, Verwaltungen, Haushalten, bei jedem Einzelnen.

M2 Umfrageergebnisse

a) *Frage: Inwiefern stimmen Sie der folgenden Aussage zu? Antworten: „voll und ganz" und „eher"*

Angaben in Prozent	2010
Die Bürgerinnen und Bürger können durch ein umweltbewusstes Alltagsverhalten wesentlich zum Klimaschutz beitragen.	88
Der Druck von Bürgerinnen und Bürgern auf die Politik kann wirksame Maßnahmen zum Klimaschutz herbeiführen.	75
Bürgerinnen und Bürger können durch ihr Engagement in Umwelt- und Naturschutzverbänden wesentlich zum Klimaschutz beitragen.	77

b) *Frage: Inwieweit sind Sie persönlich bereit, …*

Angaben in Prozent	sehr stark/ eher stärker	eher weniger/ gar nicht
… höhere Preise für Produkte zu bezahlen, die weniger umweltbelastend sind?	41	59
… höhere Preise für energiesparende Geräte zu bezahlen, wenn Sie dadurch Ihre Stromkosten langfristig senken können?	71	29

c) *Frage: Können Sie sich vorstellen, sich aktiv für den Umwelt- und Naturschutz zu engagieren, z.B. als ehrenamtlich Tätige(r) in einer Umwelt- oder Naturschutzgruppe oder auch durch Beteiligung an einzelnen Aktivitäten und Projekten?*

Angaben in Prozent	2006	2010
Mache ich bereits.	6	9
Ja, das kann ich mir vorstellen.	45	35
Nein, das kann ich mir nicht vorstellen.	49	56

Alle Daten aus: Bundesministerium für Umwelt, Naturschutz und Reaktorsicherheit/ Umweltbundesamt (Hrsg): Umweltbewusstsein in Deutschland. Ergebnisse einer repräsentativen Bevölkerungsumfrage, 2010, S. 84, S. 86, S. 89; eigene Auswahl

2. Untersuchen Sie die Umfragen:
- Wie erklären Sie sich die Kluft zwischen Handlungsmöglichkeiten (M2a) und Handlungsbereitschaft (M2b, M2c)?
- Warum unterscheidet sich die Zahlungsbereitschaft wohl so stark in M2b?
- Wie beurteilen Sie die Entwicklung von 2006 bis 2010 in M2c?

M3 Es gibt viel zu tun …

… in Haushalt und Freizeit:
- Energiesparende Lampen einsetzen.
- Energie-effiziente Haushaltsgeräte benutzen.
- Wasch- oder Spülmaschine erst einschalten, wenn sie voll sind.
- Längere Zeit nicht benutzte Geräte ganz abschalten auch Stand-by verbraucht Strom.
- Ein energiesparendes oder sogar ökologisches Heizungssystem einbauen.
- Ökostrom beziehen.
- Im Winter 1 Grad niedriger heizen.
- Fenster im Winter nicht auf Kipp stellen, sondern alle Stunde „stoßlüften".
- Statt eigenes Auto, Mietauto oder Carsharing.
- Vom Auto auf öffentliche Verkehrsmittel oder Fahrrad umsteigen oder zu Fuß gehen.
- Urlaub in der Region machen, statt weit zu fliegen.

… in Unternehmen, Verwaltungen, Schulen:
- Eine Gruppe fest einsetzen, die alle Abläufe daraufhin untersucht, ob energie-effizienter und umweltfreundlicher produziert und gearbeitet werden könnte.
- Offene Besprechung der Ergebnisse, Entscheidung und Durchsetzung von Maßnahmen.

3. Lesen Sie die Maßnahmenliste genau durch und legen Sie eine Tabelle an:
- Kreuzen Sie für sich an, welche der Maßnahmen Sie bereits durchführen, vorhaben oder nicht in Erwägung ziehen.
- Begründen und besprechen Sie Ihre unterschiedlichen Positionen.

4. Was geschieht in Ihrer Schule/in Ihrem Betrieb im Hinblick auf Energieeffizienz und umweltverträgliches Verhalten? Befragen Sie die Schulverwaltung/ die Geschäftsführung und Personal- bzw. Betriebsrat und machen Sie selbst Vorschläge.

2.3 Umweltpolitik für ökologisches Wirtschaften

Nach Fukushima – wieso die schnelle Wende?

• as98pk
• Energiepolitik

Atomkraftwerke weltweit
in Betrieb 443
im Bau 62
in Planung 103
Deutsches Atomforum e.V. Stand 31.12.2010

Atom-Aussteiger in Europa

Österreich
• **1978** Volksentscheid gegen AKW; gebautes AKW wird nie in Betrieb genommen.

Deutschland
• **2002** rot-grüne Bundesregierung setzt Atomausstieg durch
• **2010** schwarz-gelbe Regierung verlängert Laufzeiten
• **2011** Kehrtwende der Regierung (Ausstieg bis 2022)

Schweiz
• **2011** Schweizer Parlament stimmt gegen neue AKWs; für bestehende AKWs Laufzeiten bis 2034

Italien
• **1987** Referendum gegen Atomkraft
• **2011** Volksentscheid gegen Wiedereinstieg in Atomwirtschaft

M1 Der Ausstieg aus der Atomenergie

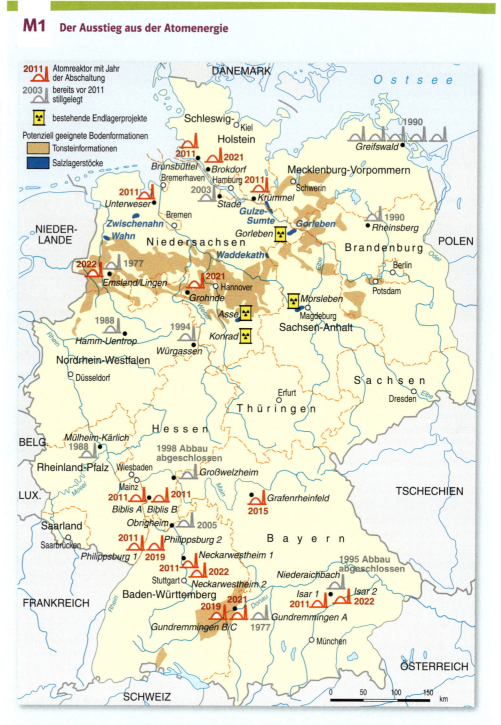

1. Untersuchen Sie die Deutschlandkarte:
    • In welchen Bundesländern gab/gibt es die meisten AKW bzw. Reaktoren?
    • In welcher Reihenfolge werden die AKW bzw. Reaktoren abgeschaltet?
    • Welche geologisch möglichen Endlagerstätten für radioaktiven Abfall lassen sich erkennen? In welchem Bundesland werden bislang dazu Erkundungen vorgenommen?

80 2. Gesellschaft im Wandel

Energiewende in Deutschland

In der Bundesrepublik war die Nutzung der Kernenergie immer politisch stark umstritten. 2002 leitete eine rot-grüne Bundesregierung (SPD, Grüne) den **Atomausstieg** ein. Mit den Energiekonzernen einigte man sich auf eine maximale Laufzeit der Reaktoren von 32 Jahren nach Betriebsbeginn. 2010 nahm eine schwarz-gelbe Regierung (CDU/CSU, FDP) das wieder zurück und verlängerte die AKW-Laufzeiten um durchschnittlich weitere zwölf Jahre. Nach der Katastrophe in Fukushima 2011 folgte überraschend die Kehrtwende: Die schwarz-gelbe Regierung unter Bundeskanzlerin Angela Merkel verfügte sofort ein dreimonatiges Moratorium und das Abschalten von sieben Atomkraftwerken. Mit Zustimmung fast aller Bundestagsfraktionen wurde der endgültige Atomausstieg bis zum Jahr 2022 beschlossen (→ **M 1**).

Gründe für den Ausstieg

Die Energiewende in Deutschland hat lang- und kurzfristige Gründe:
- die lange Tradition der Anti-Atom- und Umweltbewegung in Deutschland und ihre Verankerung in großen Teilen der Bevölkerung,
- eine aus der Umweltbewegung heraus entstandene Partei, die zum ernsthaften Konkurrenten um Wählerstimmen geworden ist (Bündnis 90/Die Grünen),
- die starke Position deutscher Unternehmen in der Entwicklung alternativer Energiegewinnungstechniken – auch im Blick auf Exporte,
- die geschwächte politische Position der vier großen Energie-Konzerne und der Atomlobby nach der Fukushima-Katastrophe,
- die Furcht der Regierungsparteien CDU/CSU und FDP vor dem Verlust von Wählerstimmen angesichts der Stimmung in der Bevölkerung,
- das weltweit nach wie vor ungelöste Problem einer sicheren Verwahrung von radioaktiven Abfällen, von denen die gefährlichsten bis zu etwa einer Million Jahre sicher gelagert werden müssen,
- die Möglichkeit von schweren Unfällen, die Tod, Krankheit und genetische Veränderungen bei Mensch und Tier bringen können.

2. Stellen Sie die Gründe zusammen, die aus Ihrer Sicht für die friedliche Nutzung der Atomenergie sprechen und die, welche dagegen sprechen.

3. Erklären Sie, aus welchen Gründen es gerade in Deutschland zu einer radikalen Wende in der Energiepolitik kam.

M2 Der Standpunkt der AKW-Betreiber

4. Schauen Sie sich die Karikatur an: Welche Argumente bringen die Interessenvertreter der Atomenergie vor?

M3 Besonders schwere Unfälle in Kernkraftwerken

Dezember 1952 Explosion, Kernschmelze im AKW Chalk River (CAN)
September 1957: Explosion in der Plutoniumfabrik Majak (UdSSR)
Oktober 1957 Feuer in der Anlage Windscale (Sellafield, GB)
März 1979 teilweise Kernschmelze im AKW Three Mile Island (Pennsylvania, USA)
April 1986 Kernschmelze im AKW Tschernobyl (UdSSR)
September 1997 Unfall im AKW Tokaimura (Japan)
12. März 2011 Explosionen, Kernschmelzen in Fukushima (Japan)

5. Bereiten Sie eine Diskussion zu folgender Frage vor: Sollte man das sehr kleine Risiko von sehr schweren AKW-Unfällen eingehen, um eine vergleichsweise preiswerte und relativ wenig klimaschädliche Stromversorgung zu haben?

2.3 Umweltpolitik für ökologisches Wirtschaften

ss3d5p
- Umweltpolitik
- Fördermaßnahmen

Hat ökologisches Wirtschaften eine Chance?

M1 Nahrungskette

Ökologie
Lehre von den Beziehungen zwischen den Lebewesen und ihrer Umwelt.

Ökonomie
Wirtschaft; besonders Herstellung, Verteilung und Verbrauch von Gütern.

1. Wie verstehen Sie die Karikatur? Frisst die Ökonomie die Ökologie oder wird die Ökonomie ökologisch?

Lebensqualität oder Standortqualität?
Strenge Umweltvorschriften bedeuten für die Bürger ein Stück Lebensqualität. Dieses Stück Lebensqualität ist nicht zum Nulltarif zu bekommen. Der vergleichsweise hohe Standard Deutschlands im Umweltschutz verursacht hohe Kosten. Die Verteilung dieser Lasten innerhalb der Gesellschaft ist zu einem Streitpunkt geworden. Vor allem die Unternehmen klagen über eine Belastung, die sie im Vergleich zu ihren ausländischen Konkurrenten benachteilige.
Sie führen z. B. an:
- hohe Kosten für die Umrüstung alter Anlagen; manchmal sogar Notwendigkeit von Stilllegungen;
- komplizierte Verfahren bei der Genehmigung neuer Anlagen, die den Bau verzögern und verteuern (z. B. Umweltverträglichkeitsprüfung);
- schwer erreichbare Grenzwerte für Schadstoffe;
- hohe Kosten für die Abfallbeseitigung;
- strenge Vorschriften für solche Betriebe, von denen – besonders bei Störfällen – erhebliche Gefahren ausgehen können, z. B. in der chemischen Industrie, der Gentechnik, bei Atomkraftwerken.

Umweltschutz schafft auch Arbeitsplätze
Der Streit „Umweltschutz oder Arbeitsplätze?" muss jedoch nicht zwangsläufig zu Lasten der Umwelt entschieden werden:
- Umweltschutz kostet Arbeitsplätze, wenn Betriebe oder Teile davon wegen Umweltschutz-Auflagen geschlossen werden.
- Umweltschutz führt nicht in jedem Fall zur Erhöhung der Produktionskosten.
- Härtere Umweltauflagen können der Motor für technologische Neuerungen sein.
- Umweltschutz schafft auch Arbeitsplätze, z. B. in der Herstellung von Umweltschutz-Gütern und im Dienstleistungsbereich, z. B. bei Entsorgungsunternehmen (→ M3), in der Beratung von Firmen usw. Insgesamt arbeiten in Deutschland immer mehr Menschen in diesem Bereich.

Internationale Zusammenarbeit ist gefragt
Umweltzerstörungen machen nicht an Ländergrenzen Halt. Klimaschutz, Gewässerschutz und Luftreinhaltung erfordern ein gemeinsames Vorgehen der Staaten. Kosten müssen geteilt, Absprachen müssen getroffen werden.

Grüne Vorreiter
Rangfolge von OECD-Ländern in Prozent

	1993	2006
Deutschland	15,8	16,1
USA	17,8	14,9
Japan	11,6	9,2
Italien	8,3	6,1
UK	6,8	5,1
Frankreich	6,2	4,6

Internationaler Handel mit potenziellen Umweltschutzgütern
Daten: OECD, Comtrade Datenbank; Berechnungen: NIW, Hannover

82 2. Gesellschaft im Wandel

Antriebskräfte

Der Versuch, Produktion und Konsum in Einklang mit Natur und Umwelt und mit menschlicher Gesundheit zu bringen, kann als eine Art schöpferische Zerstörung verstanden werden. Alte Produkte, Produktionsanlagen und -stätten werden ausgemustert, dafür wird in neue investiert, die Wachstum und neue Arbeitsplätze versprechen. Dieser wirtschaftliche Wandel geht allerdings nicht in erster Linie aus der Wirtschaft, aus den Unternehmen hervor. Umweltschutzbewegungen haben Druck auf Politik und Unternehmen ausgeübt. Zuerst grüne, dann auch andere Parteien, haben Umweltschutzziele in ihre Programme aufgenommen. Umweltschutzgesetze haben neue Rahmenbedingungen für Unternehmen und Verbraucher geschaffen. Und die Wirtschaft stellt sich zunehmend auf diese neuen Bedingungen ein.

2. Inwiefern kann man vom Umwelt- und Naturschutzziel als einem Innovations- und Jobmotor sprechen?

3. Führen Sie in der Klasse eine Diskussion durch: Ist es sinnvoll, Unternehmen bei den Kosten des Umweltschutzes zu entlasten? Bereiten Sie die Diskussion in Gruppen vor.

M2 Als Klimasünder verschrien

„Ein Ruf als Klimasünder ist das schlimmste, was einem Unternehmen heute passieren kann', sagt der PR-Manager Volker Klenk. Schlechte Reputation wirke sich messbar auf den ökonomischen Erfolg aus […] Um diesem Risiko zu entgehen, investieren Unternehmen heute weltweit Milliarden. Doch wo die Grenze zwischen ehrlichem Bemühen und schnöder Kosmetik verläuft, ist umstritten. Man müsse schon genau hinschauen, denn es gäbe viel ‚Greenwashing': dann werde von Public Relations-Abteilungen und Werbeagenturen „grün gefärbt […], was eigentlich gar nicht öko ist."

Angelika Slavik, Sauberes Image für böse Jungs, in: Süddeutsche Zeitung vom 28.09.2010, S.26

4. Was halten Sie von dieser Entwicklung?

Warum tun Unternehmen etwas für den Klimaschutz?

So viel Prozent nennen diese Gründe für Klimaschutzaktivitäten ihrer Unternehmen:

Um gesetzliche Vorgaben zu erfüllen	73
Um ihre Marktchancen zu verbessern	54
Um freiwilligen Selbstverpflichtungen nachzukommen	46
Um Kosten zu reduzieren	41
Weil sie sich dem öffentlichem Druck beugen	40
Weil sie vom Klimawandel selbst betroffen sind	31
Weil der Staat sie finanziell dabei unterstützt	19

Befragung von 178 Umweltexperten in Unternehmen und Verbänden, Institut der deutschen Wirtschaft, IW-Umweltexpertenpanel 2009

M3 Umweltschutz im Betrieb

5. Welche Rolle spielt der Umwelt- und Naturschutz sowie der sparsame Umgang mit den Produktionsmitteln in Ihrem Betrieb? Was wird konkret unternommen? Vergleichen Sie Ihre Ausbildungsbetriebe: Ist das, was getan wird, sinnvoll? Was sollte und könnte (noch) getan werden?

2.4 Soziale Sicherheit
Sozialpolitik – warum?

62ji5w
- Sozialstaat
- Armut

M1 Wer ist arm?
Verschiedene Definitionen

a) Weltbank
Arm ist, wer weniger als 1,25 US-Dollar am Tag zur Verfügung hat.

b) Europäische Union
Arm ist, wer weniger als die Hälfte des Durchschnittseinkommens im jeweiligen Land zur Verfügung hat; gefährdet ist, wer weniger als 60 Prozent hat.

c) UNDP (Entwicklungsprogramm der Vereinten Nationen)
Folgende Merkmale bezeichnen den Anteil der Armen in einer Industriegesellschaft:
- Weniger als die Hälfte des Durchschnittseinkommens
- Lebenserwartung von unter 60 Jahren
- Länger als 1 Jahr ohne Arbeit
- Schwierigkeiten beim Lesen einfacher Alltagstexte („funktionaler Analphabetismus").

d) Sozialgesetzbuch XII: Sozialhilfe – gilt auch für Hartz IV-Empfänger
Jeder hat Anspruch auf staatliche Leistungen, wenn sein Einkommen unterhalb der Armutsgrenze liegt. Diese wird vom Staat berechnet und orientiert sich an den Lebenshaltungskosten und dem Einkommen in den unteren Lohngruppen (2012 für Alleinstehende 367 Euro im Monat; außerdem Mietkosten).

Absolute Armut
Armut, die die körperliche Existenz, das Überleben bedroht.

Relative Armut/ Einkommensarmut
Geringes Einkommen im Vergleich zum Rest der Bevölkerung.

1. Vergleichen Sie die Definitionen und beurteilen Sie sie.
2. Stellen Sie den Bezug von den Definitionen zu den Begriffen relative und absolute Armut her. Könnte man auch zwischen absolutem und relativem Reichtum unterscheiden?

Arm oder arm dran?
Auch in einer Wohlstandsgesellschaft gibt es Menschen, die arm sind: Arbeitslose, Familien mit vielen Kindern, Alleinerziehende, Rentner – viele müssen von einem deutlich niedrigeren Einkommen leben als der Durchschnitt. Persönliche Schicksalsschläge wie Scheidung, Krankheit, Arbeitslosigkeit führen leicht in die Armut oder in die Verschuldung.
In solchen Fällen greift der Staat ein. Der moderne Sozialstaat hilft Menschen, die nicht oder nur eingeschränkt in der Lage sind, ihre Existenz aus eigener Kraft zu sichern. Er gleicht Benachteiligungen aus. Staatliche Sozialleistungen sind heute kein Gnadenbrot für eine Minderheit. Die meisten profitieren von ihnen – als Kindergeld, Wohngeld, Sozialgeld, Hartz IV-Leistungen, Steuerfreibetrag, Elterngeld, BAföG usw. Wenn hierzulande von Armut die Rede ist, dann geht es nicht ums Verhungern, sondern um ein menschenwürdiges Leben.

Art. 20(1) GG:
Die Bundesrepublik Deutschland ist ein demokratischer und sozialer Bundesstaat.

Aufgaben des Sozialstaats

Der deutsche Staat hat sich verpflichtet, in seiner Politik soziale Gerechtigkeit, soziale Sicherheit und soziale Teilhabe zu verwirklichen (M 3).

Dies kostet viel Geld. Woher kommt es? In Deutschland und den meisten anderen Industriestaaten werden zur Finanzierung drei Grundprinzipien angewendet:

- **Versicherungsprinzip**: Leistungen erhält, wer als Pflichtversicherter Beiträge einbezahlt hat. Dieses Prinzip gilt für die gesetzliche Sozialversicherung. Die Leistungen werden aus den Beiträgen finanziert.
- **Versorgungsprinzip**: Leistungen erhält, wer besondere Leistungen für die Gemeinschaft erbringt. Beispiel: Kindergeld. Die Leistungen werden aus Steuermitteln finanziert.
- **Fürsorgeprinzip**: Leistungen erhält, wer in einer finanziellen Notlage steckt. Beispiel: Sozialhilfe. Die Leistungen werden aus Steuermitteln finanziert. Dabei gilt der Grundsatz der *Subsidiarität*.

Niemand bezweifelt, dass der Staat soziale Nachteile ausgleichen muss, um den sozialen Frieden zu erhalten. Umstritten ist allerdings, ob Art und der Umfang der Hilfe richtig sind und ob die Hilfe die Richtigen erreicht.

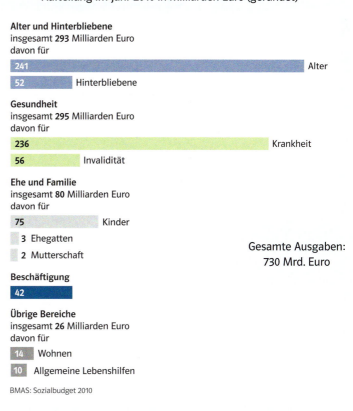

M2 Die soziale Gesamtrechnung
Aufteilung im Jahr 2010 in Milliarden Euro (gerundet)

Alter und Hinterbliebene
insgesamt 293 Milliarden Euro
davon für
- 241 Alter
- 52 Hinterbliebene

Gesundheit
insgesamt 295 Milliarden Euro
davon für
- 236 Krankheit
- 56 Invalidität

Ehe und Familie
insgesamt 80 Milliarden Euro
davon für
- 75 Kinder
- 3 Ehegatten
- 2 Mutterschaft

Beschäftigung
- 42

Übrige Bereiche
insgesamt 26 Milliarden Euro
davon für
- 14 Wohnen
- 10 Allgemeine Lebenshilfen

Gesamte Ausgaben: 730 Mrd. Euro

BMAS: Sozialbudget 2010

3. Gibt es in Deutschland absolute Armut? Begründen Sie Ihre Einschätzung.

4. Suchen Sie für die fünf größten Ausgabenposten jeweils ein konkretes Beispiel.

M3 Ziele des Sozialstaats

Soziale Gerechtigkeit, z. B.
- Familienpolitik (z. B. Elterngeld, Wohngeld)
- Steuerpolitik (z. B. Steuersätze nach Einkommen gestaffelt)
- Bildungspolitik (z. B. Ausbildungsförderung)
- Vermögenspolitik (z. B. Förderung privater Vorsorge)

Soziale Sicherheit, z. B.
- Schutz vor gesundheitlichen und wirtschaftlichen Risiken (gesetzliche Sozialversicherung)
- Arbeitnehmerschutz (z. B. Kündigungsschutz)
- Hilfe in finanziellen Notlagen (z. B. Sozialhilfe)
- Hilfe für Behinderte (z. B. Eingliederungshilfe)

Soziale Teilhabe der Arbeitnehmer, z. B.
- Regelung der Arbeitsbeziehungen (z. B. Streikrecht, Tarifautonomie)

Subsidiarität
Staatliche Leistungen gibt es nur, wenn der Einzelne bzw. dessen Familie nicht in der Lage ist, die Belastungen aus dem eigenen Einkommen zu tragen.

Tarifautonomie
Recht der Arbeitgeberverbände und der Gewerkschaften, Löhne und Arbeitsbedingungen frei auszuhandeln.

5. Ordnen Sie die Ziele des Sozialstaats den drei Grundprinzipien der Finanzierung zu (→ Infotext). Wo stößt eine solche Zuordnung auf Schwierigkeiten?

6. Stellen Sie durch einen Vergleich mit M 2 fest, welches Ziel die höchsten Kosten verursacht.

2.4 Soziale Sicherheit

Wie viel Sozialstaat soll es sein?

- Sozialstaat
- Sozialpolitik
- Sozialversicherung

M1 Meilensteine der Sozialpolitik

Arbeitslose in der Weimarer Republik

Eine kaiserliche Botschaft von 1881 steht am Anfang der Sozialversicherung

Beitragsnachweis von 1923

1839	Erste Einschränkungen der Kinderarbeit (Preußen)	1951	Kündigungsschutzgesetz
1883	Krankenversicherung für Arbeiter	1952	Betriebliche Mitbestimmung
1884	Unfallversicherung	1954	Kindergeld
1889	Rentenversicherung für Arbeiter	1957	Koppelung der Rentenhöhe an die Lohnentwicklung (dynamische Rente)
1891	Arbeiterschutzgesetz	1960	Jugendarbeitsschutzgesetz
1911	Sozialversicherung für alle Arbeitnehmer	1961	Bundessozialhilfegesetz
1920	Betriebsrätegesetz, Tarifautonomie	1971	Ausbildungsförderung (BAföG)
1924	Anfänge der Sozialhilfe	1985	Erziehungsgeld, Erziehungsurlaub
1927	Arbeitslosenversicherung Erste Regelungen zum Mutterschutz	1994	Pflegeversicherung
1934	Abschaffung der Gewerkschaften und der Selbstverwaltung der Sozialversicherung (bis 1945)	2002	Private Altersvorsorge
		2005	Neuordnung der Arbeitslosenunterstützung
		2007	Elterngeld

1. Ordnen Sie die Gesetze den verschiedenen Zielen des Sozialstaats zu (→ S. 85, M 3). Welche Entwicklung können Sie feststellen?
2. Welche fünf Meilensteine halten Sie für die wichtigsten? Begründen Sie.

Das soziale Netz

Der heutige Sozialstaat ist das Ergebnis einer 130-jährigen Entwicklung. Ursprünglich umfasste er nur eine Versicherung und Schutzrechte für Arbeiter. Inzwischen ist er zu einem umfassenden, aber auch unübersichtlichen System mit vielen verschiedenen Leistungen, Finanzierungswegen und Zuständigkeiten geworden. Für die Gesamtheit dieser Leistungen hat sich der Begriff *soziales Netz* eingebürgert.

Dieses soziale Netz verursacht hohe Kosten direkt beim Staat, der es durch Steuern finanzieren muss, bei den Versicherten oder den Arbeitgebern. Die Sozialausgaben sind mittlerweile zum größten staatlichen Haushaltsposten geworden (M2).

Die Sozialversicherung – Pflicht für viele

Die meisten Arbeitnehmer sind im Alter und vor Risiken wie Krankheit oder Arbeitslosigkeit durch eine *Pflichtversicherung* abgesichert, die gesetzliche Sozialversicherung. Sie besteht aus fünf Säulen: Arbeitslosenversicherung, Krankenversicherung, Rentenversicherung, Pflegeversicherung, Unfallversicherung. Die Beiträge betragen zusammen etwa 40 Prozent des Bruttolohns. Arbeitgeber und Arbeitnehmer zahlen sie meist jeweils zur Hälfte. In der Unfallversicherung bezahlt der Arbeitgeber die Beiträge allein.

Der Staat überlässt es nicht der Entscheidung des Einzelnen, ob und wie er Vorsorge für diese Risiken trifft, sondern zieht die Versicherungsbeiträge wie eine Steuer direkt vom Lohn ab. Er legt Art und Umfang der Leistungen fest, den versicherten Personenkreis und meist auch die Höhe der Beitragssätze.

Die Versicherungen sind nach dem *Solidaritätsprinzip* aufgebaut. Besonders deutlich ist dies in der Krankenversicherung: Der Beitrag richtet sich nach dem Bruttolohn und nicht nach dem individuellen Gesundheitsrisiko. Unabhängig von der Höhe des Beitrags und der Dauer der Beitragszahlung erhalten alle Versicherten die gleichen Leistungen. Die Gesunden zahlen für die Kranken. Familienmitglieder ohne eigenes Einkommen (Kinder, nicht erwerbstätige Ehepartner) sind ohne zusätzliche Kosten mitversichert.

Problemgruppen des Sozialstaats

Viele Leistungen des Sozialstaats sind auf Arbeitnehmer zugeschnitten. Im Vergleich zu früher ist diese Gruppe gut abgesichert. Dennoch kam es in den letzten zehn Jahren zu einem Anstieg des Armutsrisikos in der Bevölkerung von etwa 10 auf rund 14 Prozent. Woran liegt das? Das größte Armutsrisiko ist die Arbeitslosigkeit. Hohe Arbeitslosigkeit führt zu vielen Langzeitarbeitslosen. Wer über viele Jahre hinweg keine Arbeit gehabt hat, findet meist auch bei besserer Konjunktur keinen Arbeitsplatz mehr. Auch tut sich mit den steigenden Anforderungen am Arbeitsmarkt schwer, wer ungelernt oder niedrigqualifiziert ist. Doch steigt in den letzten Jahren auch für Arbeitnehmer das Armutsrisiko, was mit dem wachsenden Niedriglohnsektor zusammenhängt. Vor allem in den neuen Bundesländern gibt es viele Berufstätige, deren Lohn nicht zum Leben ausreicht. Besonders gefährdet sind junge Erwachsene, vor allem wenn sie alleine leben, sowie Haushalte mit mehr als zwei Kindern. Auch Alleinerziehende sind stark vom Armutsrisiko betroffen sowie Menschen mit Migrationshintergrund.

M2 Was kostet der Sozialstaat?
Sozialleistungen* in Prozent des Bruttoinlandsprodukts

BMAS: Sozialbudget 2009   * alle Ausgaben des Staates und der Versicherungsträger für die soziale Sicherung

3. Beschreiben Sie die Entwicklung der Sozialausgaben.

4. Welche Nachteile bringen hohe Sozialausgaben mit sich?

5. Erläutern Sie, warum unser Sozialversicherungssystem eine Pflichtversicherung ist.

6. Arbeitslose sind krankenversichert, pflegeversichert und rentenversichert. Die Beiträge zahlt die Agentur für Arbeit. Warum können diese Beiträge nicht eingespart werden?

7. Stellen Sie zusammen, wer ein besonders hohes Armutsrisiko hat. Schätzen Sie ein, welche Gruppen wohl ein niedriges Armutsrisiko haben.

Bruttoinlandsprodukt (BIP)
Wert aller Sachgüter und Dienstleistungen, die innerhalb der Landesgrenzen in einem Jahr entstanden sind.

2.4 Soziale Sicherheit

Warum stößt unsere Sozialversicherung an ihre Grenzen?

M1 Veränderungen der Alterspyramide 2006/2050

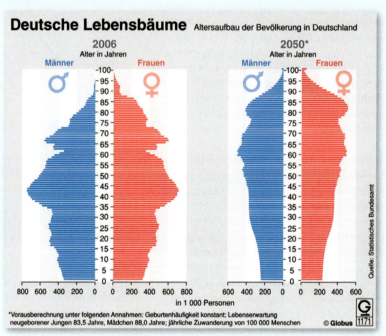

1. Beschreiben Sie die Unterschiede zwischen den beiden Grafiken (Altersgruppen, Geschlecht, Gesamtzahl).
2. Überprüfen Sie an der Grafik für das Jahr 2050, ob die Aussage der Karikatur zutrifft.

q2z8vi
- Demografische Entwicklung
- Gesundheitspolitik

Demografische Entwicklung
Entwicklung der Zahl der Bevölkerung und ihrer Altersstruktur. Die demografische Entwicklung ist vor allem von der Lebenserwartung und der Zahl der Geburten, aber auch von Faktoren wie Zuwanderung abhängig.

Rentenversicherung: Weniger Beitragszahler, mehr Rentner

Die Rentenversicherung ist nach dem Grundsatz des *Generationenvertrags* organisiert: Die Erwachsenen sorgen nicht nur für Erziehung und Unterhalt ihrer Kinder, sondern finanzieren durch ihre Beiträge zur Rentenversicherung außerdem den Lebensunterhalt der Rentner. Damit die Belastung für den einzelnen Arbeitnehmer nicht zu groß wird, müssen jedoch genügend Beitragszahler vorhanden sein.

Immer mehr Rentner stehen aber einer immer kleineren Zahl von Arbeitnehmern gegenüber, die die notwendigen Beiträge zahlen. Dieses Verhältnis wird sich in den kommenden Jahrzehnten weiter zu Ungunsten der Beitragszahler verschieben (**M1**). Die zwei Hauptursachen für diese ungünstige *demografische Entwicklung* sind die höhere Lebenserwartung und das Schrumpfen der Bevölkerung aufgrund der seit Jahrzehnten niedrigen Geburtenrate von derzeit 1,4 Kindern je Frau. (Um die Bevölkerungszahl stabil zu halten, wären 2,1 Kinder nötig.) Das Schrumpfen der Bevölkerung kann durch Zuzug durch Menschen aus dem Ausland vermutlich nicht ausgeglichen werden.

Die Rentenversicherung wird außerdem durch *versicherungsfremde Leistungen* belastet (etwa Zeiten der Berufsausbildung und der Kindererziehung). Als Ausgleich zahlt der Bund einen Zuschuss von knapp 40 Mrd. Euro im Jahr.

Um die Belastung der arbeitenden Generation zu begrenzen, sind die Renten gesenkt worden. Die Rentenhöhe wird nach einer anderen Formel berechnet. Wer vorzeitig in Rente geht, muss größere Abschläge als früher in Kauf nehmen. Das Rentenalter wird heraufgesetzt. Als Ausgleich fördert der Staat die private Vorsorge für den Lebensabend, z. B. durch die sogenannte Riester-Rente (→ S. 97). – Ob diese Maßnahmen auf längere Sicht zur Sicherung der Renten ausreichen, ist allerdings umstritten.

Wird Gesundheit unbezahlbar?
Die Kosten im Gesundheitswesen (**M 2**) laufen aus dem Ruder und das seit Jahrzehnten. Das liegt vor allem an den Fortschritten der Medizin, aber auch an der daraus folgenden höheren Lebenserwartung – also zwei positiven Entwicklungen. Eine Versorgung nach heutigem medizinischem Standard lässt sich nicht mit den Kosten von gestern erreichen.

Damit die Beiträge zur gesetzlichen Krankenversicherung nicht ungebremst steigen und so die Arbeitskosten der Unternehmen erhöhen, wurden z. B. Leistungen eingeschränkt und Zuzahlungen der Patienten sowie ein staatlicher Zuschuss eingeführt. Seit 2009 gibt es außerdem eine Krankenversicherungspflicht für alle Bürger. In der Diskussion ist auch, den Beitrag zur Krankenversicherung nicht mehr an die Lohnhöhe zu binden. Unsicher ist, ob dies politisch durchsetzbar ist.

3. Beschreiben Sie die Funktionsweise des Generationenvertrags.

4. Überlegen Sie, welche Bedingungen erfüllt sein müssen, damit die Altersversorgung durch den Generationenvertrag gesichert ist.

5. Nehmen Sie Stellung zum Vorschlag, dass Familien mit Kindern einen niedrigeren Beitrag zur Rentenversicherung leisten sollen als Kinderlose.

M2 Gesundheitswesen

a) Kosten des Gesundheitswesens
Gesamtkosten: 278 Mrd. €

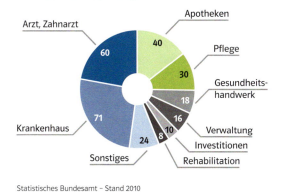

- Arzt, Zahnarzt: 60
- Apotheken: 40
- Pflege: 30
- Gesundheitshandwerk: 18
- Verwaltung: 16
- Investitionen: 10
- Rehabilitation: 8
- Sonstiges: 24
- Krankenhaus: 71

Statistisches Bundesamt – Stand 2010

b) Jährliche Krankheitskosten pro Person

Alter	Kosten
Unter 15 Jahre	1 100 €
15–30 Jahre	1 200 €
30–45 Jahre	1 600 €
45–65 Jahre	2 900 €
65–85 Jahre	6 000 €
85 Jahre und älter	14 800 €

6. Welche Leistungen und welche Personengruppen verursachen besonders hohe Kosten?

2.4 Soziale Sicherheit

Massenarbeitslosigkeit – was folgt daraus für den Sozialstaat?

M1 Kraftprobe

Mit dem schweren Hänger kommen wir nie über den Berg!

1. Stellen Sie dar, was passiert, wenn der Anhänger abgekuppelt wird.

M2 Kreislauf

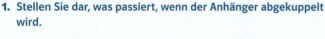

Weniger Berufstätige finanzieren:
- **Sozialabgaben** für Arbeitslose, Kranke, Alte usw.
- **Steuern** für alle Staatsausgaben

Mehr Staatsausgaben für:
- Arbeitslose
- sozial Schwache
- Alte
- Kranke

Der Sozialstaat in der Krise

Steigende Lohnnebenkosten, sinkende Reallöhne, weniger Kaufkraft

Entlassungen, Produktionsverlagerung

2. Erläutern Sie, worin die Krise des Sozialstaats besteht. An welchen Stellen würden Sie eingreifen, um diese Krise abzuwenden?

Krise des Sozialstaats

Wenn man die Arbeitgeber fragt, warum sie nicht mehr Leute einstellen, fällt die Antwort eindeutig aus: Die Lohnkosten in Deutschland sind zu hoch, besonders die Belastung der Arbeitskosten durch Sozialabgaben (M1). Für Staat und Bürger ist es von grundlegender Bedeutung, dass Deutschland als Standort attraktiv bleibt. Für den Staat, weil die Höhe der eingenommenen Steuern und Abgaben abhängig ist vom Umfang der wirtschaftlichen Aktivitäten in Deutschland und der damit verbundenen Beschäftigung. Für die Bürger, weil es für sie nur dann ausreichend Arbeitsplätze gibt.

Wenn die Unternehmen in Deutschland gute Geschäfte machen, dann sind Arbeitskräfte gesucht. Sozialversicherung und Staat haben höhere Einnahmen und geringere Ausgaben. Der Beitragssatz der Sozialversicherung kann gesenkt werden und damit die Lohnnebenkosten der Arbeitgeber.

Wenn die Nachfrage aber schlecht ist, gerät der Sozialstaat in die Krise (M2). Die Ausgaben von Staat und Sozialversicherung steigen durch die höhere Arbeitslosigkeit. Die Einnahmen sinken, weil es weniger Beschäftigte gibt, die die Steuern und Abgaben bezahlen. Die Folge: Die Beitragssätze der Sozialversicherung steigen; die Arbeit wird für die Arbeitgeber teurer. In Deutschland und in anderen Industriestaaten, die vor dem gleichen Problem stehen, gibt es darum Bestrebungen, die Arbeitgeber von Sozialkosten zu entlasten.

Wie viele Arbeitslose verträgt das Land?

Die Arbeitslosenzahlen, im Jahr 2005 bei bis zu 5 Millionen, sind wieder gesunken. Dabei hat sich gezeigt, dass viele Langzeitarbeitslose und Arbeitslose mit niedriger Qualifikation trotzdem keine Stelle gefunden haben. Auf der einen Seite stehen knapp 3 Millionen Arbeitslose, auf der anderen Seite Arbeitgeber, die keine qualifizierten Arbeitskräfte für ihre freien Stellen finden. Angebot und Nachfrage passen nicht zusammen.

Selbst wenn durch Umschulung und Qualifizierungsmaßnahmen weitere Langzeitarbeitslose untergebracht werden können, wird auch bei guter Konjunktur ein Sockel der Arbeitslosigkeit bleiben. Es wird nach wie vor Arbeitslose geben, die von staatlichen Zahlungen abhängig sind.

90   2. Gesellschaft im Wandel

M3 Arbeitslosenquoten in Deutschland

- Arbeitsmarkt
- Arbeitslosengeld
- Einstiegs-qualifizierung

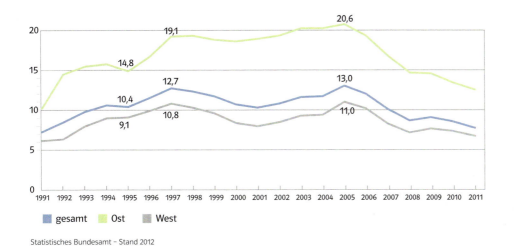

Statistisches Bundesamt – Stand 2012

3. Beschreiben Sie die Entwicklung der Arbeitslosenzahlen.

Hilfen für den Einstieg in die Arbeit

Für alle Bürger, die staatliche Unterstützung beantragen und arbeiten können, sind die *Jobcenter* bzw. die Agenturen für Arbeit zuständig. Sie sollen den Langzeit-Arbeitslosen Hilfen anbieten, damit sie auf dem Arbeitsmarkt wieder Fuß fassen können. Das heißt: Alle Arbeiten sind zumutbar. Es werden sogenannte *Arbeitsgelegenheiten* angeboten, das sind gemeinnützige Tätigkeiten, die mit 1–2 Euro in der Stunde vergütet werden. Wer einen Zusatzjob annimmt, darf 15–30 Prozent des Verdienstes behalten. Allerdings kommen nur wenige Arbeitslose auf diesem Weg in reguläre Beschäftigungsverhältnisse.

Erfolgreicher verlaufen die Versuche, über *Einstiegsqualifizierungen* (d. h. ein bezahltes Betriebspraktikum von 6–9 Monaten) Schulabgänger ohne Ausbildungsplatz in Lehrstellen zu vermitteln. Die Hälfte dieser Praktikanten wird anschließend in eine Ausbildung oder ein Arbeitsverhältnis übernommen.

4. „Hohe Arbeitslosenzahlen zeigen, dass die Regierung versagt hat." Stimmen Sie dieser Aussage zu? Begründen Sie!

M4 „Arbeitsgelegenheit"

Der Preis einer Arbeitsstunde im Handwerk – eine Modellrechnung

Stundensatz (inkl. MWSt.)	54,15 €
davon:	
Mehrwertsteuer	8,65 €
Lohnnebenkosten	11,90 €
Gemeinkosten (z. B. Miete)	17,40 €
Gewinn	2,20 €
Bruttostundenlohn	14,00 €
Nettostundenlohn	8,81 €

Handwerkskammer Stuttgart – Stand 2011 (ergänzt)

5. Warum gelingt es wohl nur wenigen Arbeitslosen, über einen 1-Euro-Job in ein reguläres Arbeitsverhältnis zu kommen?

6. Berechnen Sie, wie viel Prozent des Preises einer Handwerksstunde der Arbeitnehmer wirklich ausbezahlt bekommt. Welche Probleme entstehen dadurch
- für den Betrieb,
- für den Beschäftigten und
- für den Staat?

2. Gesellschaft im Wandel **91**

2.4 Soziale Sicherheit

Welchen Sozialstaat wollen wir in Zukunft?

x9x28m
- Arbeitgeber und Gewerkschaften zum Sozialstaat
- Reform des Sozialstaats
- Sozialstaat Schweden/USA

M1 Soziale Gerechtigkeit ist, wenn der Staat darauf achtet …

… dass alle die gleichen Chancen für ihre Entwicklung haben, zum Beispiel bei Schulbildung und beruflicher Ausbildung, dann aber jeder selbst sehen muss, was er daraus macht.

85 % trifft zu
14 % trifft nicht zu

… dass für alle Bürger, unabhängig von ihren Leistungen, ein menschenwürdiges Dasein gesichert und ein Abgleiten in die Armut verhindert wird.

79 % trifft zu
19 % trifft nicht zu

… dass es keine allzu großen Unterschiede in den Einkommens- und Lebensbedingungen der Menschen gibt und das, was die Gesellschaft erwirtschaftet, einigermaßen gleichmäßig verteilt wird.

52 % trifft zu
48 % trifft nicht zu

An 100 Prozent fehlende Prozent: „Weiß nicht"/keine Angabe. Aus: Der Spiegel vom 22.10.2007

1. Welche Konsequenzen haben diese drei Definitionen von sozialer Gerechtigkeit jeweils für den Sozialstaat?
2. Welcher Definition können Sie persönlich am ehesten zustimmen? Begründen Sie Ihre Entscheidung.

Was ist „sozial gerecht"?
Bewertungsmaßstäbe für soziale Gerechtigkeit
- Vermeidung von Armut
- Zugang zu Bildung
- Zugang zum Arbeitsmarkt
- soziale Gleichheit/ sozialer Zusammenhalt
- Ausgleich zwischen den Generationen

Hartz IV
Umgangssprachliche Bezeichnung für das Arbeitslosengeld II, einer Grundsicherung des Sozialstaats für erwerbsfähige Bürger in Armut und für deren Familien. Der Betrag richtet sich nach dem Regelsatz der Sozialhilfe.

Die Schwierigkeiten von Reformen
Alle Umfragen zeigen: Eine klare Mehrheit macht sich große Sorgen um die Zukunft des Sozialstaats und um seine Finanzierung. Aber Änderungen wollen nur wenige. Gefordert werden mehr sozialer Ausgleich, mehr Sozialleistungen, besonders für Kinder und Familien. Der Staat soll zuständig bleiben für die soziale Sicherung, für soziale Gerechtigkeit (M1).
Wie kann der Sozialstaat reformiert werden, ohne den sozialen Frieden in Deutschland zu gefährden?
1. Schwierigkeit: Einschränkungen müssen den Betroffenen Zeit geben, darauf zu reagieren – zum Beispiel durch private Vorsorge. Rentenkürzungen dürfen nicht in erster Linie die Rentner von heute treffen, sondern die Rentner von morgen, die noch vorsorgen können.
2. Schwierigkeit: Jede Einschränkung führt zu einem Widerstand der von ihr Betroffenen und muss politisch durchgestanden werden. Außerdem müssen unerwünschte Nebenwirkungen im Voraus bedacht werden.
3. Schwierigkeit: Änderungen im Sozialstaat greifen in die Rechte von Bund und Ländern ein. Keiner von ihnen will aber Kompetenzen abgeben oder höhere Kosten tragen. Das macht Reformen schwierig.
4. Schwierigkeit: Der Sozialstaat schafft keinen Reichtum, sondern verteilt den durch Arbeit geschaffenen Reichtum innerhalb der Gesellschaft um. Viele Sozialausgaben werden in Deutschland aus den Versicherungsbeiträgen der Beschäftigten finanziert. Das macht den Sozialstaat anfällig für konjunkturelle Schwankungen. Die Beiträge erhöhen die Arbeitskosten und führen zu einer hohen Differenz zwischen den Personalkosten der Unternehmen und dem tatsächlich ausbezahlten Lohn.

Unterschiedliche sozialpolitische Zielvorstellungen
Machen es andere Staaten besser? Gibt es anderswo Modelle des Sozialstaats, die auch in wirtschaftlich schwierigen Zeiten finanzierbar sind? Wie kommen diese Modelle mit der wachsenden Zahl alter oder arbeitsloser Menschen zurecht? Zwei Alternativen zum deutschen Versicherungsmodell des Sozialstaats werden diskutiert (M2) und sollen hier vorgestellt werden:
- das privatwirtschaftliche Modell: Vorbild sind hier vor allem die USA;
- das steuerfinanzierte Modell, wie es zum Beispiel Schweden praktiziert.

Keines dieser Modelle kommt ohne staatliche Zuschüsse und ohne ergänzende Versicherungen aus. Keines dieser Modelle ersetzt die

M2 Zwei Modelle des Sozialstaats

USA
(privatwirtschaftliches Modell)

Leitlinie:
Jeder sorgt selbst für die Wechselfälle des Lebens vor. Wer finanziell gut gestellt ist, kann besser vorsorgen. Sozialer Ausgleich ist kein Thema. Der Staat ist nur für die Ärmsten zuständig und dies vor allem aus humanitären Überlegungen.

Beispiele für die Umsetzung:
Versicherungen meist freiwillig und privat, oft an den Arbeitsplatz gebunden. Wer viel verdient und gesund ist, kann sich einen guten Versicherungsschutz leisten. Bedürftige werden durch private Hilfsorganisationen und den Staat unterstützt.

Schweden
(steuerfinanziertes Modell)

Leitlinie:
Der Staat garantiert jedem einen sozialen Mindeststandard. Soziale Sicherheit und sozialer Ausgleich sind zentrale staatliche Ziele. Der Staat finanziert dies durch hohe Steuern auf das Einkommen seiner Bürger.

Beispiele für die Umsetzung:
Rentenversicherung mit garantierter Mindestrente. Arbeitslosenversicherung freiwillig.
Grundsicherung für alle, auch wenn sie nicht versichert sind.

3. Stellen Sie fest, welche Vor- und Nachteile die beiden Modelle haben. Welche Gruppen sind Gewinner, welche sind Verlierer?

4. Auch in Schweden und den USA gibt es Sozialversicherungen. Stellen Sie fest, was anders ist als bei uns.

5. Formulieren Sie entsprechend die Leitlinie für das deutsche Sozialversicherungsmodell und nennen Sie Beispiele für die Umsetzung.

6. Bewerten Sie alle drei Modelle. Beziehen Sie bei Ihrer Antwort auch Aufgabe 2 mit ein.

private Vorsorge. Jedes dieser Modelle hat seine Befürworter und seine Gegner. Gemeinsam ist ihnen, dass die Finanzierung der Sozialleistungen nicht an die Arbeitskosten der Unternehmen und meist nicht an den Arbeitsplatz gekoppelt ist.
Eine radikale Umstellung in Deutschland ist unwahrscheinlich. Diese kann nicht nur den sozialen Frieden gefährden, sondern auch zu Finanzierungsproblemen in der Phase der Umstellung führen. Wahrscheinlicher ist, dass einzelne Elemente aus anderen Modellen übernommen werden, um den Sozialstaat in Deutschland zu erhalten.

7. Recherchieren Sie, welche Reformen des Sozialstaats Arbeitgeber und Gewerkschaften für nötig halten (→Online-Code).

2.4 Soziale Sicherheit

Lässt sich der Sozialstaat reformieren?
Mind-Mapping

HOT

„Gute Idee!"
Mind-Mapping ist ein Werkzeug für kreatives Denken. Es erlaubt eine offene Ideensammlung und Planung allein oder in einer Gruppe und ist nicht auf einen festen Ablauf der Arbeitsschritte angewiesen. Mind-Mapping eignet sich auch
- als Vorbereitung auf einen Deutsch-Aufsatz,
- als Vorlage für eine Präsentation,
- als Lernhilfe und Merkzettel vor Klassenarbeiten.

So geht Mind-Mapping

1. Das Thema in die Mitte des Blattes oder Plakats schreiben.

2. Gliederungspunkte oder Hauptideen zum Thema werden als Äste eingezeichnet, die von dem Thema ausgehen. Dadurch bekommen wir Ordnung in unser Thema. Das Gerüst der Mind-Map ist fertig.

3. Die Gliederungspunkte verzweigen sich wieder in Nebenäste.

4. Am Ende haben wir einen Baum mit einigen Haupt- und vielen Nebenästen, d.h. mit vielen Ideen oder Argumenten, die von unserem Thema ausgehen – eine Art Landkarte (Map) unserer Gedanken (Mind).
Der Vorteil besteht darin, dass Äste auch später ergänzt werden können und wir in beliebiger Reihenfolge an unseren Ästen arbeiten und die Aufgabe auf Gruppen aufteilen können. Mind-Maps können wir mit Farben und Symbolen ausgestalten, z.B. wenn wir sie als Plakat im Klassenzimmer aufhängen wollen. Dann informieren sie nicht nur die Gruppenmitglieder, sondern die ganze Klasse.

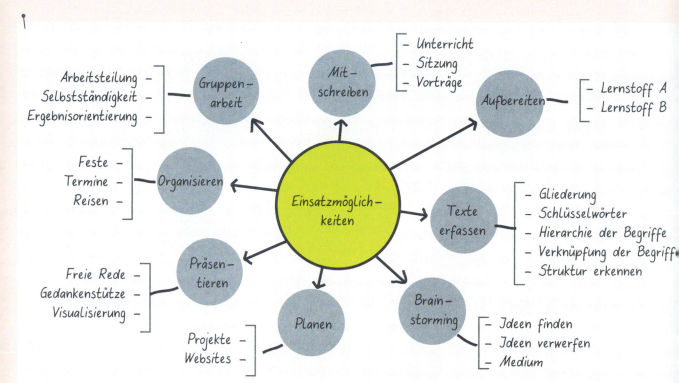

94 2. Gesellschaft im Wandel

Ein Beispielthema

Wie kann der Sozialstaat reformiert werden?

Einige Reformschritte sind bereits auf den Weg gebracht worden. Weitere Reformen gibt es als Vorschläge beispielsweise von Parteien, von Interessengruppen (etwa aus dem Lager der Arbeitgeber oder der Gewerkschaften), aus der Wissenschaft.
Stellen Sie die Reformvorschläge zusammen und erweitern Sie diese Vorschläge durch eigene Ideen. In die Mind-Map auf dieser Seite sind schon einige Äste eingetragen, die Sie als Ausgangspunkt nehmen können.
Teilen Sie die Arbeit in Gruppen auf. Ordnen Sie jeder Gruppe einen der Hauptäste zu. Sie soll zu ihrem Ast eine eigene Mind-Map mit Vorschlägen erarbeiten.
Jede Gruppe gestaltet ihre Vorschläge als Plakat, das im Klassenraum aufgehängt und vorgestellt wird.

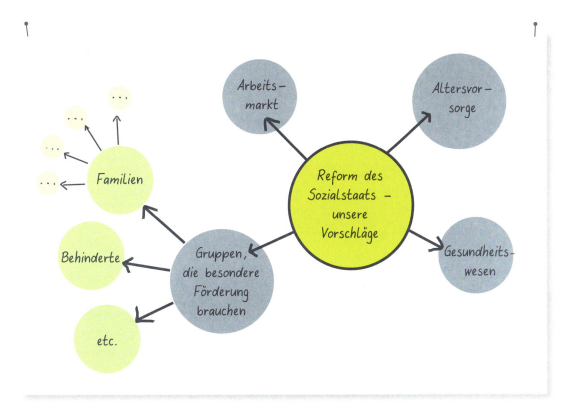

2.4 Soziale Sicherheit

Privat vorsorgen – warum ist das nötig?

uy5e5v
- Individualversicherungen
- Selbsthilfe-Einrichtungen

Haben Sie reiche Eltern? Erben Sie ein paar Mietshäuser oder ein Aktienpaket? Nein? Dann müssen Sie selbst vorsorgen und Geld auf die Seite legen für Anschaffungen, für unvorhergesehene Ausgaben, für den Fall der Berufsunfähigkeit, fürs Alter.

Die Sozialversicherung deckt nämlich nicht alle Risiken und Schäden ab. Es ist verkehrt, sich darauf zu verlassen, dass Sozialversicherung oder der Staat im Notfall schon für das nötige Geld sorgen werden. Die Rentenreformen der letzten Jahre etwa führen im Jahr 2030 zu einem um 20–25 Prozent niedrigeren Rentenniveau. Die eigene Vorsorge sollte darum auf drei Säulen ruhen:

- der gesetzlichen *Sozialversicherung* (Arbeitsunfälle, Alter, Krankheit, Pflege, Arbeitslosigkeit);
- *Individualversicherungen*;
- *Vermögensbildung*.

Individualversicherungen

Die meisten Risiken kann man gegen Geld versichern. Allerdings sind nicht alle Versicherungen nötig (**M1**). Eine Versicherung ist dann notwendig, wenn die Kosten eines Schadens so hoch sind, dass ich sie aus eigener Tasche nicht bezahlen kann. Eine Reisegepäckversicherung ist darum nicht unbedingt nötig; schlimmstenfalls muss ich die abhanden gekommenen Sachen neu kaufen. Eine Berufsunfähigkeitsversicherung ist wichtig, weil ich sonst vor allem in jüngeren Jahren nur wenig Rente bekomme, wenn ich wegen Krankheit oder nach einem Unfall nicht mehr arbeiten kann.

Wer Familie hat, braucht mehr Versicherungen. Dann geht es auch um die Vorsorge für die Familienmitglieder. Zusätzliche Versicherungen sind sinnvoll für Autofahrer (dort sind sie sogar gesetzlich vorgeschrieben), für Hausbesitzer oder in bestimmten Berufen.

Individualversicherungen
Versicherungen, die der Einzelne freiwillig durch einen Versicherungsvertrag abschließt. Sie schließen Lücken, die durch gesetzliche Versicherungen nicht abgedeckt sind. Man unterscheidet Personenversicherungen, Sachversicherungen und Vermögensversicherungen.

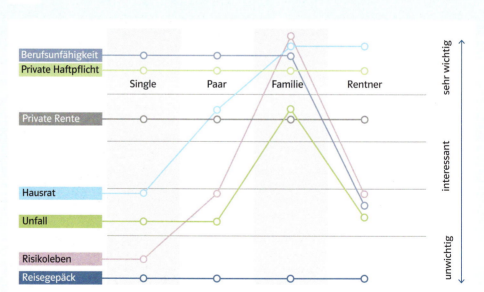

M1 Wer braucht welche Versicherung?

1. Klären Sie mit Hilfe des Wirtschaftskundebuchs oder eines Lexikons, für welche Schäden die einzelnen Versicherungen aufkommen.
2. Verfolgen Sie die Bedeutung der einzelnen Versicherungen im Verlauf eines Menschenlebens.
3. Welche wichtigen Versicherungen fehlen Ihnen? Welche weniger wichtigen Versicherungen haben Sie abgeschlossen? Stellen Sie fest, wann Sie diese Versicherungen kündigen können.

96 2. Gesellschaft im Wandel

M2 Das Förderkonzept der Riester-Rente

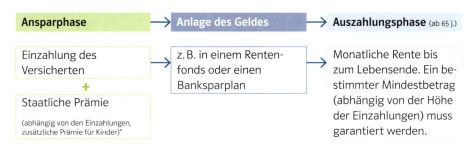

* Jeder Ehepartner hat einen eigenen Vertrag. Nicht Berufstätige, z. B. Hausfrauen, können die staatliche Prämie bekommen, wenn sie mindestens 60 Euro jährlich einzahlen.

4. Welche Ziele verfolgt der Staat mit der Riester-Rente?

Vermögensbildung

Etwa 10 Prozent des Einkommens werden in Deutschland gespart: für größere Anschaffungen, für ein eigenes Häuschen oder eine eigene Wohnung, fürs Alter ... Welche Sparform sinnvoll ist (z. B. Sparpläne, Investmentfonds, Bausparverträge), hängt von den persönlichen Lebensverhältnissen ab. Für manche Formen der Altersvorsorge gibt es staatliche Zuschüsse, z. B. für die Riester-Rente (M 2).

Selbsthilfe-Einrichtungen

Manche Notstände in der Gesellschaft werden durch den Sozialstaat nicht bewältigt oder sie lassen sich mit Geld nicht regeln, z. B. die Benachteiligung von Frauen oder Ausländern, die Einsamkeit alter, kranker oder behinderter Menschen. Vor allem hier sind Selbsthilfe-Einrichtungen wichtig. Hier haben Männer und Frauen damit begonnen, die Lebensbedingungen für sich und andere Menschen zu verbessern: im Umweltschutz, bei der Modernisierung alter Wohnungen, durch Selbsthilfegruppen im Therapie- und Gesundheitswesen, Projekte der Jugend- und Altenarbeit, Hilfen für Straffällige, Arbeitslosenselbsthilfen. Insgesamt bestehen in Deutschland etwa 40 000 Selbsthilfegruppen. Außerdem gibt es Verbraucherschutzorganisationen, Mieterschutzvereinigungen, Beratungsdienste in Rechts- und Steuerfragen. Manche dieser Selbsthilfegruppen haben sich zu Verbänden zusammengeschlossen.
Selbsthilfe-Einrichtungen können staatliche Hilfen nicht ersetzen, sondern nur ergänzen, vor allem im zwischenmenschlichen Bereich. Darum ist es wichtig, dass der Staat diese Arbeit finanziell und personell unterstützt.

5. „Selbsthilfe ist der Weg, auf dem sich der Staat aus seiner Verantwortung stehlen will." – „Selbsthilfe ist der richtige Weg zur Lösung der Krise der Sozialpolitik." Nehmen Sie zu den beiden Aussagen Stellung.

→ Mehr zum Ehrenamt S. 48–49

M3 Hilfe zur Selbsthilfe

www.skf-zentrale.de

www.magersucht.de

www.kbv-stuttgart.de

6. Welche Selbsthilfegruppen gibt es in Ihrer näheren Umgebung? Überlegen Sie, wer darüber Auskunft erteilen kann.

Auf einen Blick

2.1 Entwicklung zur Informationsgesellschaft

Informationsgesellschaft
- Weltweite Vernetzung der Wirtschaft: neue Organisation in Produktion und Handel (→ Kap. 7.1: Globalisierung)
- Vernetzung im Privatbereich: Kontakte, Information, Unterhaltung (Web 2.0).

Veränderungen der Arbeitswelt
- Veränderungen der Berufe, der nötigen Qualifikationen, der Arbeitsformen, z. B. Telearbeit (→ Kap. 2.2)
- Veränderungen des Arbeitsprozesses: Rationalisierung, Qualitätssteigerung, Arbeitserleichterung, mehr Flexibilität.

Probleme der Informationsgesellschaft
- Sorgloser Umgang mit persönlichen Daten
- Mangelnder Datenschutz, Gefahr eines Überwachungsstaats: gläserner Mensch.

2.2 Technischer Wandel

Basisinnovationen
- Grundlegende technische Neuerungen, Motor von Wirtschaftswachstum und gesellschaftlichen Veränderungen
- Beispiele heute: Nanotechnik, Gentechnologie.

Wirkungen
- Geschichtliche Entwicklung: Agrargesellschaft, Industriegesellschaft, Dienstleistungsgesellschaft, Informationsgesellschaft (Wirtschaftssektoren: primärer, sekundärer, tertiärer Sektor)
- Wirkungen der Rationalisierung: Verbilligung der Produkte; geringerer Bedarf an Arbeitskräften, andere Qualifikationsanforderungen: strukturelle Arbeitslosigkeit; Rückgang gesicherter Arbeitsverhältnisse; neue Arbeitsformen (Leiharbeit als Zeitarbeit)
- mögliche Gegenmaßnahmen (Auswahl)
  - angebots- und nachfrageorientierte Arbeitsmarktpolitik
  - Qualifizierung der Arbeitskräfte
  - Flexibilisierung des Arbeitsmarktes
  - Tarif-, Lohn- und Arbeitszeitpolitik
  - sozialpolitische Maßnahmen → Kap. 2.4

2.3 Umweltpolitik

Nutzung der Umwelt verursacht Schäden
- Schadensverursacher: Industrie/Energieversorger, Landwirtschaft, Verkehr, Haushalte
- Schadensbereiche: Luft/Atmosphäre, Boden/Landschaft, Wasser
- Schäden verursachen Kosten.

Beispiel Klimawandel
- Natürliche Faktoren; von Menschen gemachte Faktoren (Treibhauseffekt)
- Gegenmaßnahmen: Energieeinsparung; neue Technologien; regenerative Energieträger.

Staatliche Eingriffsmöglichkeiten
- Gebote und Verbote
- Abgaben und Steuern auf Umweltbelastungen
- Anreize für Umweltinvestitionen; freiwillige Verpflichtungen.

Beitrag des Einzelnen
- Energieeinsparung; effizientere Nutzung von Energie, Verhaltensänderung im Alltag.

Ausstieg Deutschlands aus der Atomenergie
- Stationen des Ausstiegs
- politische Hintergründe; Risikoeinschätzung.

Spannungsverhältnis zwischen Ökonomie und Ökologie
- Umweltschutz als Standortnachteil
- Umweltschutz als gesellschaftliche und persönliche Aufgabe
- Umweltschutz als Zukunftstechnologie
- Wachsender Markt für umweltfreundliche Produkte.

2.4 Soziale Sicherheit

Ziele des Sozialstaats
- Soziale Sicherheit
- Soziale Gerechtigkeit
- Soziale Teilhabe der Arbeitnehmer.

Finanzierungsgrundsätze
- Versicherungsprinzip; Versorgungsprinzip; Fürsorgeprinzip.

Probleme des Sozialstaats (Auswahl)
- Demografischer Wandel; Generationenvertrag
- Finanzierbarkeit der Sozialversicherung
- Schlüsselrolle des Arbeitsmarkts
  - Langzeitarbeitslose
  - Arbeitsgelegenheiten
  - Einstiegsqualifizierung

Abhilfevorschläge
- Änderung der Höhe und der Bedingungen für Leistungen
- Andere Verteilung der Arbeit in der Gesellschaft
- Alternative Modelle des Sozialstaats:
  - Steuerfinanzierung (Schweden)
  - privatwirtschaftliche Modelle (USA)
- Notwendigkeit privater Vorsorge: Individualversicherungen; Vermögensbildung; Riester-Rente
- Selbsthilfegruppen.

98 2. Gesellschaft im Wandel

Prüfungsaufgaben

Klimawandel

1. Der von der Wissenschaft vorhergesagte Klimawandel wird inzwischen auch von der Politik nicht mehr in Frage gestellt.

1.1 Nennen Sie die Hauptursache für den Klimawandel.

1.2 Beschreiben Sie jeweils zwei bereits eingetretene oder absehbare Folgen dieses Klimawandels
- in Europa
- in Afrika.

2. Der Klimawandel stellt nicht nur eine ökologische, sondern auch eine ökonomische Herausforderung dar.

2.1 Erläutern Sie mit Hilfe des Auszugs aus dem Interview mit dem damaligen Umweltminister Röttgen (**M1**) zwei Chancen, die nationale Klimaschutzvorgaben für die deutsche Industrie bieten.

2.2 Wie kann der deutsche Staat nach Festsetzung von Klimaschutzzielen die von Röttgen gewünschte Entwicklung fördern (2 Maßnahmen)?

2.3 Erläutern Sie drei Probleme, die sich aus der gescheiterten Klimakonferenz von Kopenhagen für Deutschland ergeben könnten (siehe auch **M2**).

3. Machen Sie vier Vorschläge, wie Sie durch Ihr alltägliches Verhalten und Handeln dem Klimawandel entgegenwirken können.

M1 Auszug aus einem Interview mit dem damaligen Umweltminister Röttgen im Vorfeld der inzwischen gescheiterten Klimakonferenz von Kopenhagen:

Süddeutsche Zeitung: Die Koalition hat sich selbst schon ein Ziel gesetzt, 40 Prozent weniger Kohlendioxid bis 2020, verglichen mit 1990. Wenn Kopenhagen scheitert – ist dann auch der Klimaschutz national tot?
Röttgen: Nein. Wir machen das unabhängig von anderen. [...]
SZ: Warum?
Röttgen: Weil Klimaschutz, das ist mir jetzt erst richtig klar geworden, insbesondere auch die Modernisierung von Volkswirtschaften beinhaltet. Jetzt zu investieren, ist kluge, strategische Wirtschaftspolitik. Andere konservieren mit Beihilfen ihre veralteten Strukturen. Wir investieren in neue. Das sieht mittlerweile auch die deutsche Industrie glasklar.
SZ: Wie sieht denn dieses modernisierte Deutschland 2020 aus?
Röttgen: Es wird eine ziemlich grundlegende Umstellung in der Wirtschaftsweise geben, insbesondere in der Energieversorgung. Wir werden modernere, bessere Netze bekommen. Wir werden unabhängiger und sicherer in der Energieversorgung. [...] Verbunden damit sind neue Technologien, neue Arbeitsplätze, neue Exportschlager. Nehmen Sie die Rotorblätter der Windräder vor Kopenhagen. Das sind deutsche Stahlprodukte, [...]

M.Bauchmüller/S.Braun (SZ) im Interview mit Norbert Röttgen, „Andere konservieren, wir investieren" (20.11.2009): www.sueddeutsche.de

---

M2 Auszug aus einem Zeitungsartikel vom 21.12.2009 zur gescheiterten Klimakonferenz von Kopenhagen:

Konzerne attackieren Politik
Vergiftetes Klima

[...] Die deutschen Unternehmen und Verbände hatten sich in Erwartung verbindlicher Vorschriften längst auf massive Beschränkungen beim Ausstoß des Klimagases Kohlendioxid eingestellt. [...] Nach anfänglichen Protesten hatten die Unternehmen das (nationale Klima-)Ziel akzeptiert. Es sei erreichbar, hieß es sogar in der Energiewirtschaft, die in dieser Frage besonders zurückhaltend agierte. [...] Nach dem Gipfel von Kopenhagen sieht die Welt anders aus. Die Regierungs- und Staatschefs aus über 190 Ländern haben sich auf keine verbindliche Beschränkung des Klimagasausstoßes einigen können. Jetzt geht in der Industrie die Furcht um, ohne eine verbindliche Regelung für den Kohlendioxidausstoß könnten die deutschen Unternehmen im Wettbewerb benachteiligt werden. [...] Gerade weil sich die deutsche Industrie zum Klimaschutz bekenne, sei sie „vom Ausgang der UN-Klimakonferenz ernüchtert und enttäuscht", erklärte in Berlin der BDI-Hauptgeschäftsführer Werner Schnappauf. [...] „Die Gefahr von Verlagerungen von Emissionen und Arbeitsplätzen in Länder mit geringeren Klimaschutzlasten bleibt akut".

K.-H.Büschemann/M.Hesse, Vergiftetes Klima (21.12.2009): www.sueddeutsche.de

---

Prüfungsaufgabe Winter 2010/2011, kaufmännische Berufsschule © 2012 Regierungspräsidium Stuttgart, Schule und Bildung

Prüfungsaufgaben

Wandel in der Arbeitswelt

1. Erläutern Sie die Grafik (**M1**). Welche Veränderungen stellen Sie fest?

2. Nennen Sie vier Ursachen für die Veränderungen in der Arbeitswelt (**M2**).

3. Verdeutlichen Sie diese Veränderungen an einem Beispiel aus Ihrem Ausbildungsberuf.

4. Welche negativen Folgen können sich durch den Strukturwandel in der Arbeitswelt ergeben?

5. Machen Sie zwei geeignete Vorschläge, was man als Arbeitnehmer tun kann, um trotz Strukturwandel seinen Arbeitsplatz zu sichern.

M1

M2 Strukturwandel und Arbeitsmarkt

Zunächst wollen wir der Frage nachgehen, warum es überhaupt einen wirtschaftlichen Strukturwandel gibt. Als Ursache dafür wäre beispielsweise die Veränderung der Nachfrage nach bestimmten Gütern zu nennen. Diese
5 kann unter Umständen durch eine Verschiebung in der Bevölkerungsstruktur bedingt sein. Viele Unternehmen stellen sich bereits heute auf den aktiven, anspruchsvollen Rentner als Kunden von morgen ein, um auf dem Konsumgütermarkt der Zukunft bestehen zu können.

10 Neben den demografischen Verschiebungen können aber auch einfache Veränderungen der Konsumgewohnheiten zu Nachfrageänderungen führen.
Auch die Angebotsfaktoren können sich verändern. Wenn beispielsweise Boden, Energie und Rohstoffe knap-
15 per und teurer werden, versuchen die Unternehmen, ihre Produktionsweisen auf Energie und Rohstoff sparende Verfahren umzustellen. Dasselbe gilt für die anderen Produktionsfaktoren, Arbeit und Kapital. Verteuert sich ein Produktionsfaktor im Verhältnis zu den anderen, so wird
20 dieser nach Möglichkeit durch einen anderen ersetzt oder „substituiert".
Ein weiterer Grund für den Strukturwandel ist die internationale Arbeitsteilung. Produktionen, die im Ausland billiger sind, werden in der Regel auch dort stattfinden,
25 vorausgesetzt, andere Randbedingungen, wie z. B. ein bestimmter Qualitätsstandard, sind erfüllt. Der internationale Wettbewerb, aber auch politische Faktoren führen zu einer immer neuen Aufteilung der weltweiten Güterproduktion. Eine besonders wichtige Komponente des Strukturwan-
30 dels ist der technische Fortschritt. Besonders deutlich hat sich dies in der Vergangenheit in der Landwirtschaft und im Verkehr gezeigt – Bereiche, die von der technischen Entwicklung geradezu revolutioniert wurden. Der größte Wandel hat sich in den letzten Jahren allerdings in der
35 Produktion und im Bürobereich vollzogen. Ursache war die Einführung moderner Informations- und Kommunikationstechniken, deren Auswirkungen sich weit über den wirtschaftlichen Bereich hinaus auf die gesamte Gesellschaft erstrecken.
40 Eine technische Neuerung mit einer großen Anwendungsbreite und -tiefe bezeichnet man auch als Basisinnovation. Die Mikroelektronik ist solch eine Basisinnovation und insofern ein gutes Beispiel dafür, wie der wirtschaftliche Strukturwandel auch die Arbeitsplätze und die Qualifika-
45 tionsanforderungen verändert. Bei den tiefgreifenden Veränderungen, die mit der Einführung der Mikroelektronik einhergehen, ist es nicht weiter verwunderlich, wenn viele Menschen befürchten, dass diese technische Revolution von einer sozialen Revolution begleitet wird. Sie haben
50 Angst vor den nicht vorhersehbaren Folgen dieser neuen Technik, Angst vor dem Verlust ihres Arbeitsplatzes und sie befürchten, dass ihre bisherigen Berufsqualifikationen entwertet werden und sie Einkommensverluste hinnehmen müssen, begleitet von entsprechenden negativen
55 sozialen Folgen für sich und ihre Familien. […]

F. J. Kaiser/H. Kaminski, Telekolleg II – VWL. Volkswirtschaftslehre, München 8/1999, S. 106 f.

Prüfungsaufgabe Winter 2008/2009, gewerbliche Berufsschule (aktualisiert) © 2012 Regierungspräsidium Stuttgart, Schule und Bildung

Parlamentarische Demokratie in Deutschland – Wahl, Entscheidung, Kontrolle

3

Der politische Entscheidungsprozess

Repräsentation und Wahl

3.1 Der politische Entscheidungsprozess
Politiker, Parteien, Bürger
Eine Karikaturen-Rallye

HOT

Alles zum Lachen?
Karikaturen wollen Anstoß erregen. Politische Karikaturen stellen Menschen, politische Probleme und Zustände bewusst überspitzt, manchmal auch verzerrt dar. Das ist dann zum Lachen. Aber es bringt zugleich politische Probleme und Stimmungen auf den Punkt. Mit ein paar einfachen Interpretationshilfen können Sie einer Karikatur auf den Grund gehen.

Anleitung für eine Karikaturen-Ralley

1. Bilden Sie in Ihrer Klasse sechs Gruppen, für jede Karikatur eine.

2. Jede Gruppe beginnt mit einer anderen Karikatur nach den Leitfragen und hält ihre Ergebnisse in der Tabelle fest.

3. Jede Gruppe hat drei Minuten Zeit. Danach wechselt sie zur nächsten Karikatur, bis jede Gruppe jede Karikatur aufgearbeitet hat. Abschließend tauschen die Gruppen ihre Ergebnisse in einem Stuhlkreis aus.

	Leitfragen für die Interpretation
1	Was stellt der Zeichner oder die Zeichnerin dar? → Thema oder Aussage der Karikatur
2	Mit welchen Mitteln (Figuren, Objekten, Symbolen) wird das Thema dargestellt? → zeichnerische Elemente
3	Welche Einstellung, Meinung oder Deutung des Zeichners ist erkennbar? → Absicht der Karikatur
4	Wie beurteilen Sie persönlich die Aussage der Karikatur? → eigene Meinung
5	Welche Fragen ergeben sich für Sie aus der Karikatur? → weitere Fragen

So kann eine Tabelle zum Notieren der Ergebnisse aussehen

Thema/Aussage	zeichnerische Elemente	Absicht der Karikatur	eigene Meinung	weitere Fragen
a)				
b)				
c)				
...				

Beispiele

je **3** Minuten

Starke Argumente

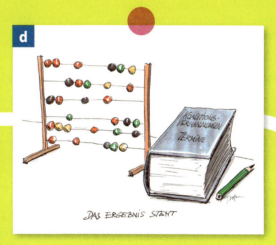

3. Parlamentarische Demokratie in Deutschland – Wahl, Entscheidung, Kontrolle   103

3.1 Der politische Entscheidungsprozess

Was wird in der Gemeinde entschieden?

M1 Ulmer Rathaus und Stadtbibliothek

1. Machen Sie ein Brainstorming: Was wissen Sie über Ihre Gemeinde?
2. Welche politischen Themen werden momentan in der lokalen Presse diskutiert?

 8zj5ij
- Wahlen in der Gemeinde
- Aufgaben der Gemeinde

Gemeinde
Gleichbedeutend mit Kommune, Dorf, Stadt und kreisfreie Stadt.

Vom Grundgesetz garantiert: die kommunale Selbstverwaltung

Die meisten Möglichkeiten, politisch aktiv zu werden, haben wir in der Gemeinde. Dabei können wir auf unterschiedliche Weise Politik machen, d.h. an der Erfüllung der Aufgaben der Gemeinde mitwirken.
Grundlage für diese politische Mitwirkung ist das Recht der Gemeinden, ihre Angelegenheiten selber zu regeln und zu verwalten. Diese kommunale Selbstverwaltung ist ein Verfassungsgrundsatz, der im Grundgesetz einen besonderen Stellenwert hat: Er darf nicht abgeschafft werden.

Aufgaben der Gemeinde

Die Gemeinden nehmen vor Ort einen wesentlichen Teil der staatlichen Aufgaben wahr (**M3**). Das hat Vorteile, denn sie sind nahe am Bürger und können flexibel reagieren. Bei einem Teil der Aufgaben handeln sie selbstständig: *Selbstverwaltungsaufgaben*. Manche dieser Aufgaben sind Pflichtaufgaben, z.B. der Straßen- und Wegebau.

Andere sind *freiwillige Aufgaben*, d.h. die Gemeinde entscheidet selbst, was sie anbietet. Daneben gibt es Aufgaben, bei denen die Gemeinden im Auftrag des Landes oder des Bundes handeln: *Auftragsangelegenheiten*.

Für manche Aufgaben ist eine einzelne Gemeinde zu klein oder finanziell nicht leistungsfähig genug. Diese Aufgaben werden von den Landkreisen übernommen (z.B. Berufsschulen, Krankenhäuser). Außerdem gründen mehrere Gemeinden Zweckverbände für Aufgaben, die sie gemeinsam erfüllen wollen. Beispiele dafür sind die Trinkwasserversorgung oder die Müllabfuhr.

Wahlen in der Gemeinde

Für den *Gemeinderat* kandidieren nicht nur Parteien. In vielen Gemeinden gibt es „Freie Wählervereinigungen" und örtliche Wählergruppen, die sich zu einer Kandidatenliste zusammenschließen.
Die Wähler sind bei der Wahl eines Gemeinderats nicht an die Listen der Parteien und Wählergruppen gebunden. Sie können
- die Liste einer Partei als Ganzes übernehmen,
- einzelnen Bewerbern bis zu drei Stimmen geben (kumulieren) oder
- ihre Stimmen auf mehrere Listen verteilen (panaschieren).

Dieses Verfahren ist besonders offen für Wünsche der Wähler.
Der *Bürgermeister* wird in den meisten Bundesländern direkt von den Bürgern gewählt. Im ersten Wahlgang ist die absolute Mehrheit der abgegebenen Stimmen notwendig. Im zweiten Wahlgang genügt die einfache Mehrheit. Dann ist gewählt, wer die meisten Stimmen unter allen Bewerbern erhalten hat.
In manchen Gemeinden gibt es außerdem einen *Jugendgemeinderat*, eine Vertretung der Jugendlichen von 14–18 Jahren auf Gemeindeebene. Wahlberechtigt und wählbar sind meist auch ausländische Jugendliche. Der Jugendgemeinderat kann Anregungen, oft auch Anträge beim Gemeinderat oder dem Bürgermeister stellen.

3. Bei Wahlen in der Gemeinde, vor allem in kleinen und mittleren Gemeinden, kommt es in erster Linie auf die Persönlichkeit der Kandidaten an, nicht auf Parteien. Wie kommt dies im Wahlverfahren zum Ausdruck?

104 3. Parlamentarische Demokratie in Deutschland – Wahl, Entscheidung, Kontrolle

M2 Beispiel einer Ratsverfassung
(gilt etwa in Baden-Württemberg, Rheinland-Pfalz und Bayern)

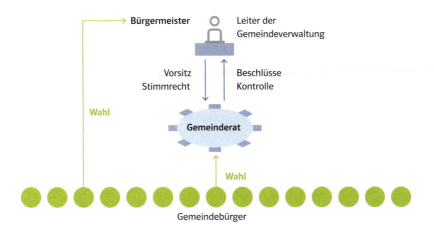

→ Wahlverfahren auf Bundesebene S. 120–121

4. Erläutern Sie in eigenen Worten: Welche Macht hat der Bürgermeister, welche der Gemeinderat? Worauf beruht die Unabhängigkeit des Bürgermeisters vom Gemeinderat?

M3 Aufgaben der Gemeinde

a) Wegweiser durch die Stadtverwaltung

	Zimmer
Altenheime	196
Amt für Brand- und Katastrophenschutz	113
Amt für Öffentliche Ordnung	010
Amt für Wirtschaft	119
Ausbildungsförderung	217
Bauverwaltung	316
Bürgerbüro	011
Einwohnermeldeamt	027
Feuerwehr	B 112
Freibad, Hallenbad	025
Jugendamt	036
Kindergärten	136
Kommunale Verkehrsüberwachung	043
Lohnsteuerkarten	014
Museum	C 010
Pässe, Personalausweise	018
Schulen	B 030
Sozialamt	273
Stadtbibliothek	Uferstr.
Stadtentwicklung	240
Stadtkasse	B 125
Stadtwerke	D 212
Standesamt	C 119
Turn- und Festhallen	126
Wahlamt	287
Wohngeldstelle	159

b) Die Aufgaben von Gemeinden und Kreisen – Beispiele

	Gemeinden	Landkreise
Pflichtaufgaben	allgemein bildende Schulen, Straßen, Wasserversorgung, Feuerwehr	Berufs- und Sonderschulen, Kreisstraßen, Abfallbeseitigung, Schülerbeförderung, Sozialhilfe
freiwillige Aufgaben	Bibliotheken, Jugendhäuser, Schwimmbäder, Museen	Altenheime, Sportstätten, Kläranlagen, Krankenhäuser
vom Land oder Bund übertragene Aufgaben	Standesamt, Meldewesen, Ausstellung von Lohnsteuerkarten und Pässen	Ausbildungsförderung (BAföG), Kfz-Zulassung, Wohngeld

Die Abgrenzung der Aufgaben zwischen Gemeinden und Kreisen ist unterschiedlich. Die Angaben oben sind nur beispielhaft.

5. Welche Ämter dieses Wegweisers sind in erster Linie Dienste für die Bürger? Welche Ämter müssen Sie, welche Ämter können Sie in Anspruch nehmen? Nennen Sie jeweils Beispiele.

6. Bei welchen Aufgaben (M 3b) hat die Gemeinde einen großen Entscheidungsspielraum, bei welchen nur einen kleinen?

3.1 Der politische Entscheidungsprozess

Bund und Länder – wer hat welche Rechte?

M1 Wer entscheidet?

Bund startet Großversuch mit Giga-Linern gegen Widerstand der Länder

Länder kippen bundesweites Rauchverbot
Ministerpräsidenten einigen sich auf ihre Uneinigkeit – Ausnahmen für Gaststätten zulässig

BRANDENBURG ÄNDERT DIE LADENSCHLUSSZEITEN

Ministerium für Forschung und Bildung fordert einheitliche Abschlussprüfungen in ganz Deutschland

1. Was erfahren wir aus den Zeitungsschlagzeilen über die Macht des Bundes und die Macht der Länder?

 w752yh
- Föderalismus
- Föderalismusreform
- Gesetzgebung

Föderalismus
Zusammenschluss mehrerer Einzelstaaten in einem Bundesstaat. Die Einzelstaaten behalten weitgehende Selbstständigkeit.

Föderalismus – Aufteilung der Aufgaben zwischen Bund und Ländern

Nicht alle wichtigen Entscheidungen fallen in Berlin. In vielen Bereichen entscheiden in Deutschland die 16 Länder selbstständig (M1). Sie haben ein eigenes Parlament, das von der Bevölkerung des jeweiligen Bundeslands gewählt wird, eine eigene Regierung und jeweils eine eigene Landesverfassung. Manche Steuern fließen den Ländern direkt zu; darüber hinaus steht ihnen ein Teil der Steuereinnahmen des Bundes zu.
Auch die offizielle Staatsbezeichnung „**Bundesrepublik** Deutschland" drückt die starke Stellung der Länder aus. Deutschland ist ein Zusammenschluss, ein Bündnis mehrerer Länder. Dies ist (mit Ausnahme der Zeit des Nationalsozialismus) seit Jahrhunderten so, auch wenn sich die Namen und die Grenzen der Länder immer wieder geändert haben.
Was Sache der Länder ist und was der Bund darf, ist im Grundgesetz geregelt (M2). Es wird unterschieden:
- *Ausschließliche Gesetzgebung des Bundes.* Wo es um Angelegenheiten geht, die ganz Deutschland betreffen, können die Länder keine Gesetze machen. Dies betrifft z. B. die Außenpolitik und die Staatsangehörigkeit. Einige Zuständigkeiten sind an die Europäische Union abgetreten worden, z. B. in der Währungs- und Geldpolitik.
- *Konkurrierende Gesetzgebung von Bund und Ländern.* Hier dürfen die Länder Gesetze beschließen, „solange und soweit der Bund von seiner Gesetzgebungszuständigkeit nicht ... Gebrauch gemacht hat" (Art. 72, Abs. 1 GG).
- *Ausschließliche Gesetzgebung der Länder.* Dies gilt in allen nicht ausdrücklich im Grundgesetz genannten Politikbereichen. Das heißt: Nur die Länder dürfen Gesetze machen. Zum Beispiel ist das Gaststättenrecht Ländersache. Deswegen gibt es in den Ländern unterschiedliche Regelungen zum Nichtraucherschutz in Gaststätten.

Dort, wo der Bund Gesetze machen darf, haben die Länder außerdem Einfluss über den Bundesrat (dazu mehr auf S. 110–111). Viele Bundesgesetze werden durch die Verwaltung der Länder und Gemeinden umgesetzt. Wer einen neuen Personalausweis braucht, muss deswegen nicht nach Berlin fahren. In der Rechtsprechung gibt es eine enge Verzahnung zwischen Bund und Ländern. Wenn sich Bund und Länder nicht einigen können, entscheidet das Bundesverfassungsgericht.

Wie viel Föderalismus ist gut?

Der Hauptvorteil des Föderalismus ist seine *Bürgernähe*. Vieles von dem, was in Leipzig, Stuttgart, Nürnberg oder Flensburg notwendig und sinnvoll ist, wird im Land entschieden und nicht in Berlin. Viele Menschen fühlen sich in

106   3. Parlamentarische Demokratie in Deutschland – Wahl, Entscheidung, Kontrolle

M2 Bund und Länder: Zuständigkeiten in der Gesetzgebung

Ausschließliche Gesetzgebung des Bundes

Beispiele (Art. 73):
- Staatsangehörigkeit
- Soziale Sicherung
- Verteidigung
- Außenpolitik
- Verfassungsschutz
- Abwehr terroristischer Gefahren
- Kernenergie

Konkurrierende Gesetzgebung von Bund und Ländern

Beispiele (Art. 74):
- Bürgerliches Recht (BGB)
- Wirtschaftsrecht
- Arbeitsrecht
- Umweltrecht, Naturschutz
- Aufenthaltsrecht für Ausländer

Ausschließliche Gesetzgebung der Länder

Beispiele:
- Schul- und Bildungspolitik
- Polizei, innere Sicherheit
- Rundfunk/Fernsehen
- Kulturpolitik
- Gemeindeordnung
- Ladenschluss
- Presserecht

2. Wer hat mehr Macht: der Bund oder die Länder? Begründen Sie.

3. Angenommen, Sie könnten völlig frei die Zuständigkeit zwischen Bund und Ländern neu verteilen: Wie würden Sie die Aufgaben zuordnen? – Vergleichen Sie die Ergebnisse in der Gruppe.

Gordischer Kompetenzknoten

erster Linie ihrer Heimat verbunden, also als Bayern, Hessen oder Hamburger, und erst in zweiter Linie als Deutsche. – Der Bundesstaat ist zugleich auch eine Gewinn an Demokratie, indem die staatliche Macht stärker aufgeteilt wird und der Einzelne auch auf Länderebene *politische Mitwirkungsrechte* hat.

Den Vorteilen stehen allerdings praktische Nachteile gegenüber. Jedes Land denkt zuerst an seine eigenen Interessen. Das verzögert Entscheidungen und fördert Unterschiede zwischen den Ländern. Wer als Schüler von einem Bundesland in ein anderes umzieht, wechselt auch das Schulsystem und muss sich auf neue Fächer und Anforderungen einstellen. Auf manchen Gebieten arbeiten die Länder freiwillig zusammen wie z. B. in der Verkehrsplanung.

Mögliche Reformen

Zu viel Föderalismus bringt Sand ins Getriebe der politischen Arbeit. Deshalb wird z. B. über folgende Reformen nachgedacht:
- Neuregelung der Zuständigkeit von Bund und Ländern: An der jetzigen Verteilung der Zuständigkeiten (**M2**) wird besonders kritisiert, dass Bund und Länder in der Schulpolitik nicht zusammenarbeiten dürfen. Die Länder sind aber nicht bereit, Macht an den Bund abzugeben.
- Änderungen im Länderfinanzausgleich: Die Länder sind wirtschaftlich unterschiedlich stark. Berlin und Bremen sind z. B. stark verschuldet und haben hohe Sozialausgaben. Baden-Württemberg hat eine niedrige Verschuldung, hohe Steuereinnahmen und kann größere Projekte aus eigener Kraft finanzieren. Im Länderfinanzausgleich müssen die reichen Bundesländer einen Teil ihrer Einnahmen den ärmeren geben. Durch eine andere Verteilung der Steuereinnahmen könnte dieses Ungleichgewicht verringert werden.

4. Erläutern Sie die Begriffe „ausschließliche" und „konkurrierende Gesetzgebung".

5. Überwiegen für Sie die Vorteile oder die Nachteile des Bundesstaats? Diskutieren Sie die Standpunkte in der Klasse.

6. Es gibt den Vorschlag, die Zahl der Länder von 16 auf 9 zu verringern. Worin sehen Sie die Vor- und Nachteile? Welche Bundesländer könnten zusammengelegt werden (→ Karte S. 110, **M1**)?

Der Bundesstaat

+ PRO
- verringert Gefahr des Machtmissbrauchs
- ermöglicht mehr Mitwirkung der Bürger
- schafft Raum für mehr Eigenständigkeit
- ist näher an den Menschen

– CONTRA
- macht politische Entscheidungen komplizierter
- führt zu schlechten Kompromissen
- schafft Nachteile beim Umzug in ein anderes Bundesland
- verursacht unnötige Kosten

3. Parlamentarische Demokratie in Deutschland – Wahl, Entscheidung, Kontrolle **107**

3.1 Der politische Entscheidungsprozess

Wie kommt ein Bundesgesetz zustande?

- Bundestag
- Gesetzgebung
- Bundestagsausschüsse

M1 Eine kleine Statistik der Gesetzgebung (1949–2009)

	... des Bundestags	... des Bundesrats	... der Bundesregierung	gesamt
Gesetzesinitiativen	3 769 (34%)	1053 (10%)	6 273 (57%)	10 998
davon als Gesetz beschlossen und verkündet	1277 (18 %)	261 (4 %)	5 474 (78 %)	7 032
Erfolgsquote ...	34%	25%	87%	64%

Errechnet aus: Die Arbeit des Bundesrates, www.bundesrat.de; Datenhandbuch des Deutschen Bundestags, Berlin 2010

Lesebeispiel
Vom Bundestag stammen 3 769 Gesetzesinitiativen, das sind 34 Prozent aller Vorschläge. Als Gesetz beschlossen wurden davon jedoch nur 1277 Gesetze (18 Prozent aller Gesetze).
D.h. der Bundestag war nur in 34 Prozent der Fälle mit seiner Initiative erfolgreich.

1. Ermitteln Sie aus dem Zahlenmaterial, wie erfolgreich Bundestag, Bundesregierung und Bundesrat bei der Gesetzesarbeit waren. Suchen Sie nach Gründen für die unterschiedlichen Erfolgsaussichten.

Fraktion
Zusammenschluss der Abgeordneten einer Partei, z. B. im Bundestag.

Gesetzesinitiative
Recht, einen Entwurf für ein Gesetz vorzulegen.

Auf Schritt und Tritt von Gesetzen verfolgt?
Gesetze bestimmen unseren Alltag und regeln unser Zusammenleben, ohne dass uns dies immer bewusst ist: am Arbeitsplatz durch das Betriebsverfassungsgesetz; beim Einkaufen mit den Bestimmungen des Bürgerlichen Gesetzbuches über Kaufverträge; abends in der Kneipe mit dem Jugendschutzgesetz ... Wer diese Gesetze beschließt, entscheidet über uns.
In einer Demokratie werden Gesetze vom Parlament beschlossen (in Deutschland bei Bundesgesetzen vom Bundestag). Für das Zustandekommen von Gesetzen gibt es feste Regeln. Der Weg, den ein Gesetzesentwurf nimmt, ist kompliziert und für viele Bürger oft schwer nachvollziehbar.

Gesetzesinitiative: Wer darf Gesetze vorschlagen?
Gesetzesentwürfe können vorgeschlagen werden

- von den Fraktionen oder einzelnen Parlamentariern des Bundestags,
- vom Bundesrat und
- von der Bundesregierung.

Die meisten Gesetzesentwürfe werden von der Bundesregierung eingebracht: über 50 Prozent (M1).

Stationen der Gesetzgebung
Eine Gesetzesinitiative der Regierung beispielsweise durchläuft bis zur Verabschiedung (d.h. der Schlussabstimmung) folgende Stationen:
- **Referentenentwurf**: Der zuständige Fachreferent eines Ministeriums bereitet den Entwurf vor. Dazu hört er betroffene Verbände und Fachleute, stimmt sich mit Behörden der Länder und Gemeinden und anderen Ministerien ab.
- **Kabinettsvorlage**: Der Gesetzesentwurf wird vom Kabinett (d.h. der Regierung) als Regierungsentwurf beschlossen.

108 3. Parlamentarische Demokratie in Deutschland – Wahl, Entscheidung, Kontrolle

- *Erster Durchgang im Bundesrat*: Der Entwurf wird dem Bundesrat zugeleitet. Er prüft in erster Linie, inwieweit Interessen der Länder betroffen sind, und macht häufig Änderungsvorschläge.
- *Erste Beratung (Lesung) im Bundestag*: Sie beschränkt sich in der Regel auf eine allgemeine Aussprache. Anschließend wird der Entwurf an einen oder mehrere Ausschüsse (M 2) überwiesen.
- *Ausschussberatung*: Dies ist die wichtigste Phase im Gesetzgebungsverfahren. Hier wird der Entwurf in Anwesenheit von Regierungsmitgliedern, des Bundesrates und des zuständigen Ministeriums geprüft und überarbeitet. Bei wichtigen politischen Entscheidungen finden in der Regel Hearings statt. Am Ende der Beratungen gibt der Ausschuss dem Bundestag eine Beschlussempfehlung.
- *Zweite Lesung im Bundestag*: Hier berät das Plenum und stimmt über alle Bestimmungen des Entwurfs einzeln ab, nachdem die Fraktionen vorher Position bezogen haben.
- *Dritte Lesung im Bundestag*: Sie schließt sich der zweiten Lesung unmittelbar an, wenn keine Änderungen beschlossen werden. Grundsätzliche Probleme werden nochmals erörtert. Die dritte Lesung endet mit der Schlussabstimmung. Ist die Mehrheit für den Entwurf, wird er zum Gesetz.
- *Zweiter Durchgang im Bundesrat*: Das vom Bundestag beschlossene Gesetz wird nochmals vom Bundesrat geprüft. Gesetze, die die Rechte und Interessen der Länder berühren, bedürfen seiner ausdrücklichen Zustimmung (mehr dazu → nächster Abschnitt).
- *Ausfertigung und Verkündung*: Ist das Gesetzgebungsverfahren abgeschlossen, wird das Gesetz „ausgefertigt". Hierzu unterzeichnet der zuständige Fachminister, dann der Bundeskanzler und schließlich der Bundespräsident das neue Gesetz. Dieser überprüft, ob es mit dem Grundgesetz übereinstimmt. Dann wird es im Bundesgesetzblatt verkündet (d. h. veröffentlicht) und tritt in Kraft.

Plenum
Gesamtheit der Mitglieder des Bundestags.

Hearing
Öffentliche Anhörung

2. An der Gesetzgebung sind Bundesregierung, Bundestag und Bundesrat beteiligt. Stellen Sie fest, an welchen Stellen sie jeweils ins Spiel kommen und worin ihre Tätigkeit besteht.

3. Drei Lesungen führen zu einem Gesetz. Stellen Sie dar, worin jeweils ihre Aufgabe besteht.

4. Etwa ein Drittel aller Gesetzesinitiativen scheitert. Überlegen Sie, an welchen Stationen der Gesetzgebung das Risiko des Scheiterns hoch ist. Vergleichen Sie mit M 1.

5. Von der Gesetzesinitiative bis zur Verkündung eines Gesetzes vergehen viele Monate. Welche der Stationen dauern vermutlich lange, welche nicht?

M2 Wichtige Ausschüsse des Bundestags

Grundsatz 1: Für jeden wichtigen Politikbereich gibt es einen Ausschuss.

Grundsatz 2: Die Ausschüsse sind an den Gesetzesberatungen beteiligt und „Gegenspieler" der Ministerien.

Grundsatz 3: Alle Parteien sind in allen Ausschüssen vertreten, und zwar entsprechend ihrer Abgeordnetenzahl.

Derzeit gibt es 24 ständige Ausschüsse, darunter für
- Arbeit und Soziales
- Auswärtiges
- Bildung, Forschung und Technik-Folgenabschätzung
- Europäische Union
- Finanzen
- Haushalt
- Inneres
- Recht
- Wirtschaft und Technologie

Eine Sonderstellung haben:
- Untersuchungsausschüsse (werden auf Antrag zu strittigen Fragen eingesetzt, z. B. zu Parteispenden. Die Beweise werden in öffentlicher Sitzung erhoben).
- Gemeinsamer Ausschuss von Bundestag und Bundesrat (2/3 der Mitglieder benennt der Bundestag)
- Vermittlungsausschuss (→ S. 111)

6. Klären Sie, welche Bedeutung die Bundestagsausschüsse bei der Gesetzgebung haben.

7. Warum ist es wichtig, dass jede Partei in jedem Ausschuss vertreten ist?

3.1 Der politische Entscheidungsprozess

Wie sind die Länder an der Gesetzgebung des Bundes beteiligt?

h5z3q6
- Gesetzgebung
- Bundesrat
- Vermittlungsausschuss

M1 Die Bundesländer im Bundesrat

Insgesamt: 69 Stimmen

1. Welches Gewicht im Bundesrat haben die alten, welches die neuen Bundesländer?
2. Die 4 Mio. Einwohner von Sachsen haben 4 Stimmen, die 18 Mio. Einwohner von Nordrhein-Westfalen 6 Stimmen. Sammeln Sie Argumente für und gegen diese Regelung.

Koalition
Bündnis von Parteien, um gemeinsam zu regieren, z.B. CDU/CSU und FDP.

Mitwirkung mit unterschiedlichem Gewicht

In der Gesetzgebung des Bundes wirken die Länder durch den Bundesrat mit. In ihm sind alle Länderregierungen vertreten, aber mit unterschiedlicher Stimmenzahl (**M1**). Die Stimmen des Bundesrats haben unterschiedliches Gewicht – je nachdem, welche Sache durch ein Gesetz geregelt werden soll:

- **Zustimmungsgesetze** kommen nur zustande, wenn der Bundesrat mit der Mehrheit seiner Stimmen zustimmt. Sonst sind sie gescheitert – es sei denn, es kommt im Vermittlungsausschuss zu einer Einigung (**M2**). Etwa die Hälfte der Gesetze sind Zustimmungsgesetze, häufig, weil sie von den Ländern im Auftrag des Bundes durchgeführt werden. Besonders wichtig: Verfassungsänderungen brauchen eine Zwei-Drittel-Mehrheit in Bundestag und Bundesrat.
- **Einspruchsgesetze** („einfache Gesetze") kommen auch zustande, wenn der Bundesrat nicht einverstanden ist. Der Einspruch kann vom Bundestag durch eine nochmalige Abstimmung zurückgewiesen werden; er hat also nur aufschiebende Wirkung. Einfache Gesetze regeln Angelegenheiten, die nur den Bund betreffen, z.B. in der Außenpolitik.

Bundestag und Bundesrat – nicht immer auf einer Linie

Im Bundesrat können Länderregierungen die Politik des Bundes kontrollieren und auch blockieren. Dabei ist dreierlei wichtig:

- Nicht immer geht es im Bundesrat um Länderinteressen. In den Ländern regieren z.T. andere Parteien oder andere Koalitionen als im Bund. Der Bundesrat kann also auch ein Mittel der Opposition sein, der Regierungsmehrheit im Bundestag durch die Ablehnung von Gesetzen das Regieren schwer zu machen oder sie kompromissbereit zu stimmen. Dies gilt insbesondere dann, wenn die Oppositionsparteien im Bundesrat die Mehrheit haben.

M2 Der Vermittlungsausschuss (Art. 77 GG)
Beispiel: ein Zustimmungsgesetz

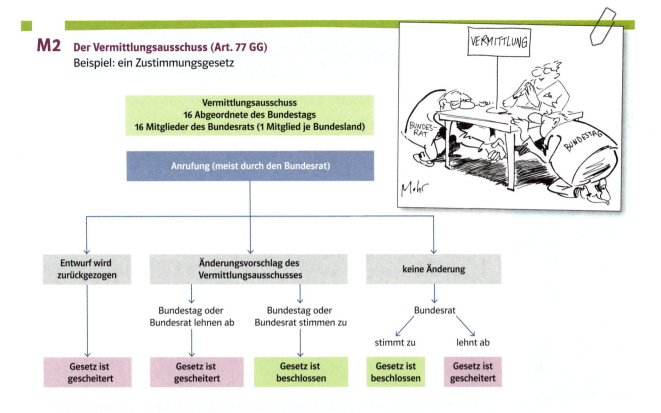

3. Im Vermittlungsausschuss kommt es meist zu einer Einigung. Überlegen Sie, warum das so ist.

- Im Bundesrat gibt es meist einen sogenannten „neutralen Block" aus Ländern mit Koalitionsregierungen, bei denen eine Partei an der Bundesregierung beteiligt ist, aber die andere zur Opposition gehört. (Ein Beispiel: Im Bund regieren CDU/CSU und FDP, im Saarland CDU, FDP und Grüne.) In strittigen Fällen enthalten sich diese Länder in der Regel.
- Bei Abstimmungen im Bundesrat ist immer eine absolute Mehrheit erforderlich. Enthaltungen zählen als Nein-Stimmen. Die Stimmen eines Landes können nur einheitlich abgegeben werden. Die Ländervertreter sind an die Weisungen ihrer Landesregierung gebunden.

Der Vermittlungsausschuss – Chance im zweiten Anlauf
Um Meinungsverschiedenheiten zwischen Bund und Ländern zu lösen, gibt es den Vermittlungsausschuss (M2). Wenn er angerufen wird, hat er drei Möglichkeiten:
- Seine Mitglieder finden gemeinsam einen Kompromiss. Dies ist der häufigste Fall, denn sie sind nicht an Weisungen gebunden.
- Seltener beschließt der Ausschuss gegen den Antrag des Bundesrats, den Gesetzentwurf nicht zu ändern. Dann geht der Entwurf nochmals zur Abstimmung in den Bundesrat.
- Nur in Ausnahmefällen kommt der Ausschuss zu dem Ergebnis, dass es besser ist, den Beschluss des Bundestages ganz zurückzuziehen. Dann ist der Gesetzesentwurf des Bundestags gescheitert.

Seit der Gründung der Bundesrepublik wurden etwa 7 000 Gesetze beschlossen. Beratungen im Vermittlungsausschuss waren bei etwa 850 Gesetzen notwendig.

4. Zustimmungsgesetz und Einspruchsgesetz – worin liegt der Unterschied?

5. Überlegen Sie: Warum kann es zu unterschiedlichen Mehrheitsverhältnissen in Bundestag und Bundesrat kommen?

6. Haben die Länder zu viel Einfluss? Diskutieren Sie diese Frage anhand eines aktuellen Beispiels.

Hat der Bundesrat zu viel Einfluss?

+ PRO
Bund und Länder sind beide am Zustandekommen der Gesetze interessiert; das macht beide Seiten kompromissbereit.

– CONTRA
Die Länder können jedes wichtige Gesetz des Bundes blockieren und so den Bundestag zu unnötigen Zugeständnissen zwingen.

3.1 Der politische Entscheidungsprozess

Der Bundestag – welche Aufgaben hat das Parlament?

aj9d3f
- Aufgaben des Bundestags

M1 Ein Überblick: Die obersten Staatsorgane der Bundesrepublik

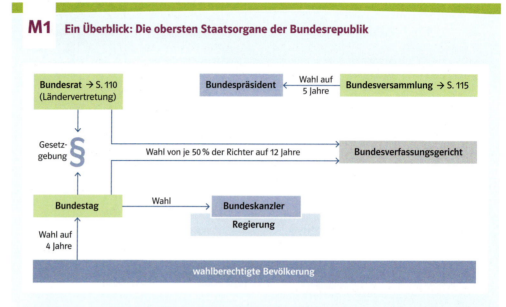

1. Zeigen Sie, inwiefern der Bundestag die Institution ist, die über die Besetzung der wichtigsten Ämter auf Bundesebene entscheidet. Wie zeigt sich dabei der Einfluss der Länder?
2. Ordnen Sie die im Schema genannten Staatsorgane den drei Gewalten Legislative, Exekutive und Judikative zu (M2).

Horizontale Gewaltenteilung
Aufteilung der Macht im Staat zwischen Legislative, Exekutive und Judikative (M2).

Vertikale Gewaltenteilung
Aufteilung der Macht zwischen unterschiedlichen Ebenen der Politik, in Deutschland also zwischen Bund, Ländern und Gemeinden (→ S. 106–107).

Parlamentarische Demokratie: Machtzentrale Bundestag

Der Bundestag ist die einzige staatliche Institution auf Bundesebene, die direkt vom Volk gewählt wird. Zu den Aufgaben der Gesetzgebung (→ voriger Abschnitt) und der Kontrolle der Regierung kommen *Wahlaufgaben* des Bundestags:
- Wahl des Bundeskanzlers (mit der Mehrheit der Bundestagsmitglieder),
- Wahl der Hälfte der Mitglieder des Bundesverfassungsgerichts,
- Wahl des Bundespräsidenten (zusammen mit einer gleich großen Anzahl von Vertretern der Länder).

Der Bundestag, die Legislative, ist also die *politische Schaltstelle*, die die Personen bestimmt, die an der Spitze der Regierung (Exekutive) und der Gerichtsbarkeit (Judikative) stehen. Das ist typisch für eine parlamentarische Demokratie.

Funktionentrennung statt Gewaltenteilung

Das klassische Modell der Demokratie, wie es vor 250 Jahren entwickelt wurde, sah eine Trennung der drei Gewalten Legislative, Exekutive und Judikative vor (M2a). Sie sollten unabhängig voneinander bestehen, aber in der Ausübung der Macht voneinander abhängig sein: Keine Regierung ohne Gesetze, keine Rechtsprechung ohne Gesetze, keine Gesetze ohne eine Regierung, die sie durchführt.

Bei uns gibt es eine andere Form der Gewaltenteilung. Die Trennlinie verläuft nicht zwischen dem Parlament und der Regierung. Stattdessen stehen sich gegenüber: die Mehrheit im Parlament zusammen mit der Regierung auf der einen Seite und auf der anderen Seite die Minderheit im Parlament (die Opposition). Sie erfüllen unterschiedliche Funktionen:
- Erste Funktion: *Regierung*. Bundesregierung und Bundestagsmehrheit arbeiten Hand in Hand. Die Mehrheit im Bundestag sieht ihre Aufgabe darin, die Regierung zu unterstützen – bei der Gesetzgebung, aber auch in Debatten im Bundestag.

Die Regierung kann sich in der Regel darauf verlassen, dass sie für ihre Gesetze eine Mehrheit im Bundestag hat. Wie eng die Verbindung ist, sieht man daran, dass in den Medien manchmal sogar von der Regierung gesprochen wird, wenn in Wirklichkeit die Bundestagsmehrheit gemeint ist.

In Deutschland regieren mehrere Parteien gemeinsam, weil keine Partei allein eine Mehrheit im Bundestag erreicht. D.h. ihre Abgeordneten bilden im Bundestag ein Bündnis, eine *Koalition*. Mit dieser Mehrheit wählen sie den Kanzler, der dann Minister aus den Reihen der Koalitionsparteien beruft. Die Regierung ist ein Spiegelbild der Mehrheit im Bundestag. Legislative und Exekutive sind miteinander verknüpft.

- Zweite Funktion: *Opposition.* Die Minderheit im Bundestag kann ihre politischen Ziele nicht gegen den Willen der Mehrheit durchsetzen. Ihre Tätigkeit besteht darin, die Regierung zu kritisieren, zu kontrollieren und Alternativen anzubieten.

Die Opposition wendet sich dabei an die Öffentlichkeit, denn ihr Ziel ist es, bei den nächsten Wahlen mehr Stimmen zu gewinnen. Dazu muss sie im Streit mit der Regierung um die richtige Politik das Interesse der Massenmedien wecken und bei der Bevölkerung Punkte machen.

Kontrolle der Regierung

Die Verfassung stellt der Opposition Mittel und Wege zur Verfügung, damit sie die Regierung wirksam kontrollieren kann. Dies sind z.B. Möglichkeiten, von der Regierung Auskunft zu verlangen:

- *Große und Kleine Anfragen*: Sie müssen schriftlich eingereicht werden: Kleine Anfragen werden schriftlich beantwortet; Große Anfragen führen zu einer Debatte im Plenum.
- *Fragestunden*: Abgeordnete können zu Beginn einer Plenarsitzung Fragen an die Regierung stellen.
- *Aktuelle Stunden*: Sie werden zu einem besonderen Thema von einer Fraktion beantragt und dann auf die Tagesordnung gesetzt.

Andere Mittel der Kontrolle

- Die Einrichtung eines *Untersuchungsausschusses* geschieht vor allem zur Aufarbeitung politischer Skandale und Affären. In ihm haben zwar die Regierungsparteien die Mehrheit. Aber weil die Beweise in öffentlichen Sitzungen gesammelt werden, sind sie trotzdem ein Mittel der Opposition, die Regierung medienwirksam zur Rede zu stellen.

- Das *konstruktive Misstrauensvotum* ist der Antrag, den Bundeskanzler abzusetzen, indem der Bundestag mit der Mehrheit seiner Mitglieder einen anderen zum Kanzler wählt. Dies geschieht in der Praxis nur dann, wenn die Regierung im Bundestag ihre Mehrheit verloren hat (z. B. wenn eine Koalition auseinandergebrochen ist).

Weitere Möglichkeiten der Kontrolle hat das *Bundesverfassungsgericht* (→ S.116–117). Auch der *Bundesrat* (→ voriger Abschnitt) kann beim Beschluss von Gesetzen korrigierend eingreifen.

3. Welche Instrumente der Kontrolle über die Regierung halten Sie für besonders wichtig? Begründen Sie.

4. Formulieren Sie in eigenen Worten, welche Rolle die Massenmedien bei der Kontrolle der Regierung spielen.

M2 Die Gewaltenteilung

a) Das klassische Modell der Gewaltenteilung

GESETZGEBUNG (Legislative)	AUSFÜHRENDE GEWALT (Exekutive)	RECHTSPRECHUNG (Judikative)
Gesetze müssen der Verfassung entsprechen	Regierung und Verwaltung sind an die Gesetze gebunden	Die Richter urteilen nach Recht und Gesetz. Sie kontrollieren Legislative und Exekutive

b) Funktionen-Trennung in der heutigen Demokratie

5. In welcher Weise sind die drei Gewalten aufeinander angewiesen? (M2a)

6. Warum ist die Legislative die Grundlage für das Handeln der anderen Gewalten? (M2a)

7. Bestimmen Sie die Aufgaben von Regierung und Opposition anhand des Schemas. (M2b)

3.1 Der politische Entscheidungsprozess

Bundeskanzler, Bundesregierung, Bundespräsident – wer regiert?

7zu7s7
- Bundesregierung
- Bundeskanzler
- Bundespräsident

M1 Die Bundesregierung

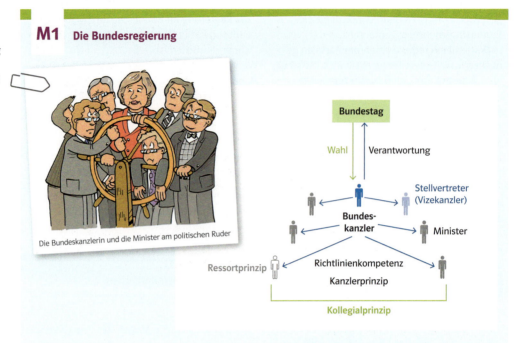

Die Bundeskanzlerin und die Minister am politischen Ruder

1. Grenzen Sie Kanzlerprinzip, Ressortprinzip und Kollegialprinzip gegeneinander ab.
2. Für welches dieser drei Prinzipien steht wohl die Karikatur?

Kabinett
Der Bundeskanzler und alle Bundesminister

Ressort
Geschäftsbereich

Welche Macht hat der Bundeskanzler?

Die großen Parteien richten ihren Wahlkampf immer mehr auf ihren Kanzlerkandidaten aus. Sie liegen damit nicht falsch. Denn in der Bundesrepublik gibt die Verfassung dem Bundeskanzler viel Macht: Es gilt das *Kanzlerprinzip*, d.h. der Bundeskanzler bestimmt die Richtlinien der Politik. In der Auswahl seiner Minister ist er frei. Er legt ihre Aufgabenbereiche fest. Auch von einer Mehrheit im Kabinett kann er nicht überstimmt werden.
Zwei weitere Grundsätze sind für das Regieren wichtig:
- Das *Ressortprinzip*: Jeder Minister leitet den ihm zugewiesenen Aufgabenbereich (Ressort) in eigener Verantwortung.
- Das *Kollegialprinzip*: Kanzler und Minister entscheiden über Fragen von allgemeiner Bedeutung gemeinsam. Meinungsverschiedenheiten zwischen Ministern werden vom Kanzler geschlichtet.

Wie der Kanzler diese politische Macht nutzt, hängt von seinem persönlichen Führungsstil ab, vom Rückhalt in seiner Partei und Fraktion sowie vom Gewicht seines Koalitionspartners.

Die Bundesregierung – Koalitionen erfordern Kompromisse

In der Geschichte der Bundesrepublik hat es bislang nur einmal eine Bundesregierung gegeben, die von einer Partei allein gestellt wurde: Von 1957 bis 1961 hatte die CDU/CSU unter Konrad Adenauer die absolute Mehrheit im Bundestag. Koalitionsregierungen, Bündnisse mehrerer Parteien, die zusammen regieren, sind also auf Bundesebene der Normalfall. Das bedeutet: Die stärkste Partei und „ihr" Kanzler müssen auf die politischen Interessen der kleineren Koalitionspartei Rücksicht nehmen. Um die politischen Leitlinien für die Regierungszeit festzulegen, wird ein *Koalitionsvertrag* geschlossen.
Die Parteien einer Koalition sind Partner, aber auch politische Konkurrenten. Ihre Konkurrenz wird spätestens dann offensichtlich, wenn die nächsten Bundestagswahlen kommen: Jede Partei in der Koalition will unverwechselbar sein und sich als der bessere Koalitionspartner präsentieren – auf Kosten des anderen. Darum gehören Streit und Abgrenzung zu einer Koalition dazu, um so mehr, je näher der nächste Wahltermin rückt.

Der Bundespräsident – das Staatsoberhaupt

Der Bundespräsident soll über den Parteien und Gruppen stehen und von diesen unabhängig sein. Er hat im Wesentlichen repräsentative Aufgaben:

- Er vertritt den Staat im Innern und nach außen.
- Er schlägt dem Bundestag einen Kandidaten zur Wahl des Bundeskanzlers vor.
- Er ernennt auf Vorschlag des Bundeskanzlers die Bundesminister und entlässt sie.
- Er muss Bundesgesetze und Verträge unterzeichnen, bevor sie in Kraft treten können.

Der Bundespräsident kann nur durch seine neutrale Position und moralische Autorität politisch wirken. Es zählt hierbei zu seinen Aufgaben, durch Rat und Mahnung ausgleichend auf die politischen Kräfte des Landes einzuwirken.

3. Begründen Sie, warum ein starker Koalitionspartner die Richtlinienkompetenz des Kanzlers einschränkt.

4. Verfolgen Sie einen aktuellen Streitfall innerhalb der Regierungskoalition: Welche Positionen werden eingenommen? Welcher Kompromiss wird gefunden? Wer setzt sich durch?

M2

„Dieses Amt … ist keine Ellbogenveranstaltung, sondern … hat den Sinn, über den Kämpfen … als ausgleichende Kraft vorhanden zu sein."

Theodor Heuss (1949–1959), erster Bundespräsident der Bundesrepublik Deutschland

5. Zwar werden die Kandidaten für das Amt des Bundespräsidenten von den Parteien vorgeschlagen. Einmal im Amt, soll der Bundespräsident aber seine Parteimitgliedschaft ruhen lassen. Soll der Präsident ein Mensch ohne politische Meinung sein? Begründen Sie Ihre Auffassung.

M3 Die Bundesversammlung – Wahl des Staatsoberhauptes (2010)

Die Bundesversammlung tritt alle 5 Jahre zusammen, spätestens 30 Tage vor Ende der Amtszeit des Bundespräsidenten.

- **Wahlvorschläge**
  Jedes Mitglied der Bundesversammlung kann Kandidaten vorschlagen.

- **Geheime Wahl**
  ohne vorherige Aussprache

- **Erforderliche Mehrheit**
  Im 1. und 2. Wahlgang mehr als die Hälfte der Stimmen aller Mitglieder der Bundesversammlung; im 3. Wahlgang relative, d. h. einfache Stimmenmehrheit.

6. Die Landtage schicken auch Personen, die keine Abgeordneten sind, in die Bundesversammlung, zum Beispiel berühmte Sportler oder Schauspieler:
- Eine sinnvolle Regelung oder eine geschickte Werbung der Partei?
- Wenn Sie solche Personen auswählen könnten, wer sollte dann dabei sein?

3.1 Der politische Entscheidungsprozess

Das Bundesverfassungsgericht – wie wacht es über unsere Demokratie?

- Bundesverfassungsgericht
w24i5q

M1

NPD-Verbotsverfahren in Karlsruhe gescheitert

Aussperrung beim Streik
Verfassungsgericht gibt den Arbeitgebern Recht

GESETZ ZUM SCHWANGERSCHAFTSABBRUCH: DIESMAL IN KARLSRUHE BESTANDEN

Rheinland-Pfalz bekommt Recht:
Vorschriften zur Legehennenhaltung verfassungswidrig

Zuwanderungsgesetz verfassungswidrig:
■ Karlsruhe korrigiert den Bundesratspräsidenten

1. Ordnen Sie die Schlagzeilen den Aufgaben des Bundesverfassungsgerichts zu (→ Infotext). Es kann sein, dass nicht jeder Fall eindeutig ist. Begründen Sie jeweils Ihre Zuordnung.

Das Bundesverfassungsgericht in Karlsruhe – ein Gericht mit vielen Aufgaben

Das Bundesverfassungsgericht ist als Hüter der Verfassung eingesetzt. Es steht in seinen Entscheidungen über allen anderen Verfassungsorganen. Und so arbeitet es:
- *Normenkontrollen*: Das Gericht überprüft, ob Gesetze (rechtliche Normen) mit der Verfassung übereinstimmen.
- *Verfassungsstreitigkeiten*: Es entscheidet, wenn es zwischen Verfassungsorganen zum Streit über ihre Rechte und Pflichten kommt, etwa zwischen einer Landesregierung und der Bundesregierung.
- *Verfassungsbeschwerden*: Es überprüft, ob Grundrechte der Bürger (→ S. 136–137) durch den Staat verletzt worden sind.
- *Aberkennung von Grundrechten*: Wenn Personen ihre Grundrechte zum Kampf gegen die freiheitlich-demokratische Grundordnung missbrauchen, kann ihnen das Gericht die Grundrechte aberkennen (bisher ohne praktische Bedeutung).
- *Parteiverbot*: Das Gericht kann eine Partei verbieten, wenn ihr nachgewiesen wird, dass sie gegen die Verfassung verstoßen hat.
- *Anklagen* gegen den Bundespräsidenten oder gegen einen Bundesrichter, wenn diese gegen die Verfassung oder Gesetze verstoßen haben (kam bisher noch nicht vor).

Urteile und ihre Folgen

In seinen Entscheidungen ist das Bundesverfassungsgericht an die Verfassung gebunden, in seiner Auslegung der Verfassung ist es frei. Das bedeutet keinesfalls Willkür. Denn das Gericht muss sich dabei am Geist des Grundgesetzes orientieren. Zur Begründung seiner Entscheidungen zieht es deshalb auch Argumente aus der bisherigen Rechtsprechung und aus der Rechtswissenschaft heran.
Urteile des Bundesverfassungsgerichts sind zwar auf einen Einzelfall bezogen. Sie haben jedoch über diesen Fall hinaus grundsätzliche Bedeutung: Sie müssen von allen staatlichen Stellen, also vom Parlament, der Regierung und

M2 Wahl der Verfassungsrichter – unabhängig auf Zeit

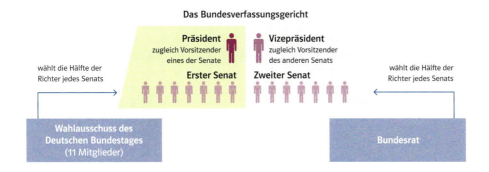

Fünf Grundsätze
- Sowohl im Wahlausschuss des Bundestages als auch im Bundesrat ist für die Richterwahl eine Zwei-Drittel-Mehrheit erforderlich.
- Ein Richter kann während seiner Amtszeit (12 Jahre) nicht abgesetzt werden.
- Es gibt nur eine Amtszeit.
- Jeder Richter kann jederzeit seine Entlassung verlangen.
- Richter am Bundesverfassungsgericht dürfen keinen anderen Beruf ausüben.

2. Das Verfahren der Richterwahl ist immer wieder kritisiert worden. Beschreiben Sie das Verfahren und überlegen Sie, wogegen sich die Kritik vermutlich richtet.

3. Die Richter werden zwar vom Bundestag und Bundesrat gewählt, die beide durch Parteien geprägt sind. Dennoch sollen sie unabhängig sein. Welche Rolle spielen dabei die oben genannten fünf Grundsätze?

von den Gerichten, beachtet werden. Zahlreiche Gesetze – etwa zur Gleichberechtigung von Mann und Frau, zum Schwangerschaftsabbruch, zur Rechtsstellung nichtehelicher Kinder, zum Datenschutz – gehen unmittelbar auf Entscheidungen des Bundesverfassungsgerichts zurück.

Richterliche Selbstbeschränkung
Dieser Grundsatz bedeutet, dass die Richter keine politischen Richtungsentscheidungen fällen dürfen. Sie dürfen nur prüfen, ob eine politische Entscheidung mit der Verfassung in Einklang ist. Aber: Wird ein Gesetz für verfassungswidrig erklärt, greift das Verfassungsgericht in die Arbeit des Parlaments ein, z. B. indem es Bedingungen für eine Überarbeitung oder Fristen setzt.

Karlsruhe – kann dort jeder hin?
Nicht alle Rechtsstreitigkeiten werden in Karlsruhe verhandelt. Es gibt klare Regelungen:
- Bei Streitigkeiten zwischen staatlichen Organen darf das Verfassungsgericht nur auf Antrag tätig werden. Antragsteller können sein: die Bundesregierung, der Bundestag (mit in der Regel mindestens einem Drittel der Abgeordneten), der Bundesrat, eine Landesregierung oder ein Landesparlament (Art. 92 GG).
- Bei Verfassungsbeschwerden können sich Bürger selber an das Gericht wenden, wenn sie sich in einem Grundrecht verletzt fühlen. Dabei muss aber in der Regel der Rechtsweg bei den zuständigen Gerichten ausgeschöpft sein.
- Einzelne Gerichte können das Verfassungsgericht anrufen, wenn während eines Verfahrens Zweifel aufkommen, ob eine Rechtsvorschrift oder ein Gesetz dem Grundgesetz entspricht.

4. Werden die politischen Entscheidungen eher vom Bundesverfassungsgericht in Karlsruhe oder von Bundestag und Bundesregierung in Berlin getroffen? Begründen Sie.

5. Die Richter dürfen keine politischen Grundsatzentscheidungen treffen. Warum ist das manchmal schwierig? Nehmen Sie die Beispiele in **M1** als Anregung.

3.2 Repräsentation und Wahl
Repräsentative Demokratie – was heißt das?

• Demokratie

M1 Demokratie – was gehört Ihrer Meinung nach unbedingt dazu?

Demokratie ist, wenn ...
- wir unsere politischen Ansichten frei äußern können
- alle Bürger vor dem Gesetz gleich sind
- wir bei wichtigen politischen Fragen auch mitbestimmen können
- eine starke Hand Ordnung in den Staat bringt
- wir zwischen mehreren Parteien wählen können
- Politiker, die nichts taugen, abgewählt werden können
- die Gerichte unabhängig sind und nach dem Gesetz urteilen
- eine starke Opposition die Regierung kontrolliert
- die Verantwortlichen in der Politik zur Rechenschaft gezogen werden können
- Fachleute entscheiden, was richtig ist
- es viele Zeitungen, Radio- und Fernsehsender gibt
- die Schwächeren in der Gesellschaft von den Stärkeren unterstützt werden
- der Staat sich nicht in alles einmischt.

1. Prüfen Sie diese Liste: Was gehört Ihrer Meinung nach zur Demokratie, was nicht? Sie können die Liste auch ergänzen.
2. Vergleichen Sie Ihre Ergebnisse in der Gruppe und stellen Sie eine gemeinsame Rangfolge her. Begründen Sie diese Rangfolge vor der Klasse.

„Wenn es um Macht geht, darf man keinem Menschen trauen, sondern muss allen die Fesseln der Verfassung anlegen."
Thomas Jefferson, dritter Präsident der USA (1743–1826)

Demokratie – Politik „vom Volke aus"
Das Wort Demokratie kommt aus dem Griechischen und bedeutet Herrschaft des Volkes. Nicht ein Einzelner – z. B. ein König – soll die politischen Entscheidungen treffen, sondern das Volk. Wir sprechen deshalb von *Volkssouveränität*.

Direkte oder repräsentative Demokratie?
Im alten Griechenland bedeutete Demokratie tatsächlich, dass die Bürger – das Bürgerrecht hatten nur wenige tausend Männer – in den Stadtstaaten direkt an politischen Beratungen und Beschlussfassungen teilnahmen. Sie haben selbst über Recht und Gesetz beschlossen. Dieses Verfahren funktioniert nicht in modernen Staaten mit Millionen von Einwohnern. Heutige Verfassungen gehen darum einen anderen Weg, den der repräsentativen Demokratie. In ihr entscheiden die Bürgerinnen und Bürger in Wahlen, durch wen sie in den Parlamenten vertreten sein wollen. Sie wählen Abgeordnete für eine bestimmte Zeit.

Regeln der repräsentativen Demokratie
Das Volk gibt seine Herrschaft in der repräsentativen Demokratie an Abgeordnete ab. Damit diese ihre Macht nicht missbrauchen, sind Regeln nötig. Diese Regeln lauten:
- Die Personen, die das Volk vertreten, werden durch *allgemeine Wahlen* bestimmt.
- Die Macht wird nur für eine bestimmte Zeit übertragen. In überschaubaren Abständen (meist 4–5 Jahre) werden neue Vertreter gewählt. Die Abgeordneten werden sozusagen an einer Leine geführt, die alle vier Jahre eingeholt wird. Dies zwingt Abgeordnete auch dazu, den Wählern von ihrer Arbeit zu berichten und sie von den eigenen Leistungen zu überzeugen.
- In der *parlamentarischen Demokratie* (→ S. 112) wählen die Abgeordneten auch die Regierung. Mit der Wahl der Abgeordneten wird zugleich entschieden, wer regiert.
- In heutigen Demokratien sind die Abgeordneten in Parteien (→ S. 128–129) organisiert. Die Wähler orientieren sich bei ihrer Stimmabgabe meist nicht mehr an der Persönlichkeit der Kandidaten, sondern an den Parteien und deren Zielen: *Parteiendemokratie*.

M2

links: Abstimmung einer Bürgerversammlung in Appenzell (Schweiz)

rechts: Wähler im Wahllokal in Deutschland

3. Stellen Sie dar, wie in den beiden Beispielen Volksherrschaft ausgeübt wird. Was sind jeweils Vor- und Nachteile?

Wem sollen die Abgeordneten gehorchen?

Die Abgeordneten sind Vertreter ihrer Wähler. Darum liegt der Gedanke nahe, dass sie keinen eigenen Handlungsspielraum haben sollen, sondern im Auftrag der Wähler handeln sollen: *imperatives Mandat*. Das Grundgesetz erteilt dieser Vorstellung eine eindeutige Absage. Es legt fest, dass die Abgeordneten ein *freies Mandat* haben. Sie sind nicht an Weisungen gebunden.

Das freie Mandat ist eine Modell-Vorstellung. Die Praxis zeigt, dass Abgeordnete immer vielfältigen Einflüssen ausgesetzt sind. Ein Abgeordneter allein kann bei Entscheidungen des Parlaments wenig erreichen. Einfluss gewinnen Abgeordnete überwiegend als Mitglieder ihrer Fraktion.

Die Fraktionen sind daran interessiert, möglichst geschlossen aufzutreten. Das gilt vor allem bei der Gesetzgebung. Für die Abgeordneten kann diese *Fraktionsdisziplin* auch ein Fraktionszwang sein.

Bei Entscheidungen, in denen es um eindeutige Gewissensfragen geht, geben die Fraktionen die Abstimmungen frei. Dies war z. B. beim Embryonenschutzgesetz der Fall.

4. Stellen Sie die Merkmale der direkten und der repräsentativen Demokratie einander als Tabelle gegenüber.

5. Steht die Abhängigkeit des Abgeordneten von seiner Partei im Widerspruch zum freien Mandat? Begründen Sie.

Art. 21(1) GG
Die Parteien wirken bei der politischen Willensbildung des Volkes mit.

Art. 38(1) GG
Die Abgeordneten ... sind Vertreter des ganzen Volkes, an Aufträge und Weisungen nicht gebunden und nur ihrem Gewissen unterworfen.

→ Abgeordnete und Fraktionen
S. 130–131

Mandat
Sitz im Parlament

M3 Imperatives Mandat – freies Mandat

Nachteile des imperativen Mandats
- Der Abgeordnete ist nur Vertreter der Mehrheit im Wahlkreis. Minderheiten werden nicht vertreten.
- Auch zwischen den Wahlen sind laufend Abstimmungen im Wahlkreis nötig, damit der Abgeordnete weiß, was er tun soll.
- Je nach Stimmung der Bevölkerung muss der Abgeordnete mal so, mal anders entscheiden.
- Unpopuläre, aber notwendige Maßnahmen können nicht durchgeführt werden.

Nachteile des freien Mandats
- Keine Verantwortlichkeit des Abgeordneten gegenüber seinen Wählern.
- Entfremdung zwischen Abgeordneten und Wählern.
- Missbrauch des Mandats möglich, z. B. wenn der Abgeordnete die Partei verlässt, der er den Sitz im Parlament verdankt.
- Prinzip des freien Mandats wird beim Verbot verfassungsfeindlicher Parteien durchbrochen: Diese Abgeordneten verlieren ihr Mandat.

6. Vergleichen Sie die Argumente: Welche sind für Sie besonders wichtig? Welchen stimmen Sie nicht zu?

3.2 Repräsentation und Wahl

Wahlen zum Bundestag – wie sehen sie aus?

M1 Blick in den Bundestag

1. Recherchieren Sie: Wie sieht gegenwärtig die Zusammensetzung des Bundestages aus?

u2pw3n
- Wahlrecht zum Bundestag

Aktives Wahlrecht
Das Recht, durch Stimmabgabe zwischen den Kandidaten zu wählen, die sich zur Wahl stellen.

Passives Wahlrecht
Das Recht, sich als Kandidat bei einer Wahl aufstellen zu lassen.

Wählen: Machtübertragung auf Zeit
Bundestag und Bundesregierung können nur dann aktiv werden, wenn sie in Wahlen dazu beauftragt worden sind. Sie erhalten ihre demokratische *Legitimation*, also ihre Berechtigung zum Handeln, erst durch freie und demokratische Wahlen. Nach der Bundestagswahl wählen die Abgeordneten den Bundeskanzler. Erst dann kann dieser „seine" Regierung bilden.

Wahlgrundsätze
Damit bei Wahlen nicht manipuliert wird (**M1**), gelten für demokratische Wahlen fünf Wahlgrundsätze. Wahlen sind
- **Allgemein:** Alle erwachsenen Bürger dürfen wählen; keine Gruppe wird von der Stimmabgabe ausgeschlossen. In Deutschland darf ab 18 Jahren gewählt werden; in manchen Staaten liegt das Wahlalter niedriger.
- **Unmittelbar:** Direkte Wahl ohne Zwischeninstanz (z. B. Wahlmänner).
- **Frei:** Niemand wird zur Abgabe seiner Stimme oder zur Wahl einer bestimmten Partei gezwungen.
- **Gleich:** Jede Stimme zählt gleich.
- **Geheim:** Keine staatliche Stelle darf Erkundigungen einziehen, wie der einzelne Bürger gewählt hat.

Entscheidend für die Verrechnung der Stimmen: Das Wahlrecht
Es gibt verschiedene Wahlverfahren, nach denen gewählt werden kann. Die beiden Grundformen sind das Mehrheitswahlrecht und das Verhältniswahlrecht.

- *Mehrheitswahlrecht*: Das Staatsgebiet wird in Wahlkreise eingeteilt. Es ist gewählt, wer in seinem Wahlkreis die meisten Stimmen erhalten hat. Die Stimmen für die anderen Kandidaten bleiben bei der Zusammensetzung des Parlaments unberücksichtigt. Nach diesem Verfahren wird z. B. in Großbritannien gewählt.
- *Verhältniswahlrecht*: Hier gilt der Grundsatz, dass jede Partei enstprechend ihrem Anteil an der Gesamtzahl der abgegebenen Wählerstimmen Abgeordnete ins Parlament schickt. Nach diesem Wahlrecht wurde der Deutsche Reichstag in der Weimarer Republik gewählt (1919–1933).

Wahl der Bundestagsabgeordneten
Der Bundestag wird nach dem *personalisierten Verhältniswahlrecht* gewählt (**M2**). Das heißt: Die Zusammensetzung des Bundestags richtet sich nach dem Anteil der Wählerstimmen, den die einzelnen Parteien erhalten haben. Zugleich sind aber Elemente des Mehrheitswahlrechts aufgenommen.
Deutschland wird in 299 Wahlkreise aufgeteilt. Es gibt doppelt so viele Sitze wie Wahlkreise. Jeder Wähler hat zwei Stimmen:
- Die *Erststimme* wird nur nach Wahlkreisen ausgezählt. Abgeordneter wird, wer im Wahlkreis die meisten Stimmen bekommen hat (Direktmandate).
- Mit der *Zweitstimme* wird eine Partei gewählt. Der Anteil der Parteien an der Gesamtzahl der Sitze (598) richtet sich nach der Zweitstimme. Die Hälfte dieser Sitze ist bereits durch die Sieger in den Wahlkreisen besetzt. Die andere Hälfte der Sitze wird nun aus den Listen der Parteien besetzt (Listenmandate). Dabei werden jeweils die Sitze abgezogen, die eine Partei bereits als Gewinner von Wahlkreisen erhalten hat. Wenn sie mehr Wahlkreise gewonnen hat, als ihr Sitze zustehen, behält sie diese Sitze trotzdem. Dies sind die sogenannten *Überhangmandate*.
Darüber hinaus muss jede Partei mindestens 5 Prozent der Zweitstimmen erhalten (oder in drei Wahlkreisen Sieger sein), damit sie in den Bundestag kommt.

2. Das Mehrheitswahlrecht führt meist zu einem Zweiparteiensystem. Erläutern Sie, warum das so ist.

3. Mehrheitswahlrecht und Verhältniswahlrecht haben Vor- und Nachteile. Stellen Sie diese zusammen.

120 3. Parlamentarische Demokratie in Deutschland – Wahl, Entscheidung, Kontrolle

M2 Die Wahl zum Deutschen Bundestag: Personalisierte Verhältniswahl

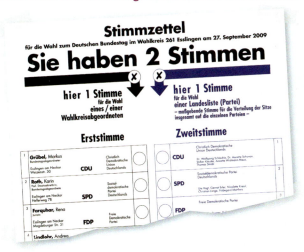

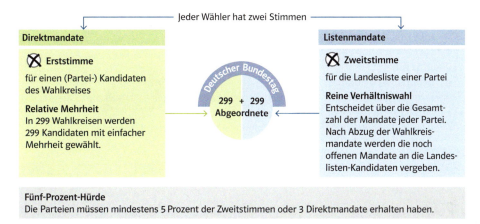

4. Die Parteien sagen in Wahlkämpfen: „Auf die Zweitstimme kommt es an." Warum ist das so?
5. Nicht alle Parteien haben bei Bundestagswahlen die gleichen Erfolgsaussichten. Suchen Sie nach Gründen. Beziehen Sie auch das Wahlrecht mit ein.

M3 Eine manipulative Abstimmung

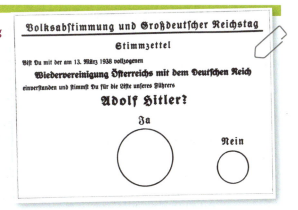

6. Dieser Stimmzettel versucht, die Bürger zu manipulieren. Stellen Sie fest, wodurch dies geschieht.

3.2 Repräsentation und Wahl

Zur Wahl gehen – warum?

e5t59h
- Ergebnisse von Wahlen
- Wahlanalysen

M1 Äußerungen junger Menschen zum Thema „Warum zur Wahl gehen"

Thomas, 27: Für mich als aktiven JG-Metaller steht auch diesmal fest, wen ich wähle.

Lorenzo, 21: Ich wüsste schon, wem ich meine Zweitstimme gebe, aber ich darf ja nicht.

Mark, 29: Wir Selbstständigen brauchen eine Interessenvertretung in Berlin. Darum bin ich Mitglied der FDP.

Sonja, 24: Das letzte Mal war's SPD! Aber jetzt reicht's; da kommt nichts Neues mehr von denen. Diesmal die CDU!

Tanja, 16: Eigentlich hab' ich Lust, da mitzumischen. Schließlich kann man in meinem Alter ganz gut kapieren, wo's langgehen soll. Doch man lässt uns ja nicht.

Yvonne, 21: Ich gehe zur Wahl, weil ich verhindern will, dass die Rechtsradikalen kommen.

Stefan, 19: Was soll's – mich geht das nichts an. Da ändert sich eh nichts, egal wer in Berlin am Ruder ist.

1. Hier äußern sich junge Menschen,
   - die sich traditionell mit einer Partei identifizieren,
   - die bewusst ihre Stimme einsetzen, um etwas zu erreichen oder zu verhindern,
   - die mit ihrer Stimme ihrer Verärgerung Ausdruck geben, gegen etwas protestieren,
   - auch solche, die gar nicht zur Wahl gehen.

   Geben Sie diesen unterschiedlichen Wählertypen jeweils einen Namen.

2. Es sind auch zwei junge Menschen dabei, die wählen würden, wenn sie dürften. Was hindert sie daran? Wie könnten Alternativen dazu aussehen?

Wahlen und Abstimmungen

In Wahlen und Abstimmungen entscheiden die Wähler, welche der Parteien und Gruppen, die gegeneinander antreten, in Gemeinde, Land oder Bund in den kommenden Jahren regieren wird.

Möglichkeiten der Mitwirkung durch Wahlen und Abstimmungen gibt es darüber hinaus in Vereinen, Verbänden, in Betrieben und Schulen. Vereine und Verbände müssen demokratisch organisiert sein; die Mitglieder entscheiden über die Aktivitäten, die Verwendung der Beiträge, die Zusammensetzung des Vorstands. In Betrieben hat der demokratisch gewählte Betriebsrat Mitwirkungs- und Mitbestimmungsrechte. In der Schule wählen Schüler, Eltern und Lehrer Vertreter in die verschiedenen Gremien. Wahlen und Abstimmungen gehören bei uns also zum gesellschaftlichen und politischen Alltag.

Wählen – mit unterschiedlichen Motiven

In Deutschland dürfen Männer und Frauen mit deutschen Pass ab 18 Jahren wählen. Von diesen 62 Mio. Wahlberechtigten gingen bei den letzten Bundestagswahlen knapp 80 Prozent zum Wählen. Deutschland zählt damit zu den Ländern mit einer hohen Wahlbeteiligung. Was die Wähler bewegt, ihre Stimme einem bestimmten Kandidaten und einer Partei zu geben, kann nicht allgemein gesagt werden. Einige Argumente finden Sie in **M1**.

Die Nicht-Wähler

Am niedrigsten ist die Wahlbeteiligung auf Gemeinde-Ebene, am höchsten ist sie bei Bundestagswahlen (**M2**). Hoch ist die Wahlbeteiligung besonders dann, wenn ein knappes Ergebnis erwartet wird und wenn die Wähler den Eindruck haben, dass das Wahlergebnis eine klare Richtungsentscheidung ist.

Dass Bürger nicht zur Wahl gehen, kann die unterschiedlichsten Gründe haben:
- Die Argumente der Parteien und ihre Lösungsvorschläge für die politischen Probleme überzeugen sie nicht.
- Sie haben kein Interesse am politischen Geschehen.
- Sie haben resigniert, sind „politikverdrossen".

M2 Bundestagswahlen – die Ergebnisse

3. Wie haben sich die Ergebnisse der Parteien bei Bundestagswahlen entwickelt? Beschreiben Sie die groben Tendenzen.

4. Bei Wahlen verursachen nicht nur Wechselwähler Gewinne und Verluste. Welche weiteren Gründe könnten maßgeblich sein?

- Sie verweigern aus Protest gegen Regierung und Parteien ihre Stimmabgabe.

Außerdem wählen manche Leute nicht, weil sie am Wahltag kurzfristig etwas anderes vorhaben.

Dem Wähler über die Schulter schauen?
Das darf eigentlich niemand. Es würde gegen den Grundsatz der geheimen Wahl verstoßen. Dennoch gibt es mehrere Möglichkeiten, das Wahlverhalten zu erforschen – z. B. durch die *Wahl-Nachfrage*: Wählerinnen und Wähler werden befragt, wenn sie das Wahllokal verlassen haben. Dabei werden auch soziale Merkmale erhoben, z. B. Alter, Geschlecht, Beruf, Konfession, Gewerkschaftszugehörigkeit. Daraus lässt sich das Wahlverhalten unterschiedlicher sozialer Gruppen ermitteln. Die Wahl-Nachfrage ist auch Grundlage für Hochrechnungen nach Schließung der Wahllokale.
Politische *Umfragen* gibt es auch zwischen den Wahlen, etwa jeden Monat die sogenannte Sonntagsfrage: „Welche Partei würden Sie wählen, wenn am nächsten Sonntag Bundestagswahlen wären?" Die Ergebnisse dieser Umfragen sind ein Gradmesser dafür, wie gut die Politik von Regierung und Opposition beim Wähler ankommt – und für die Parteien gelegentlich auch Anlass, politische Entscheidungen zu überdenken.
Vor Wahlen ist die Veröffentlichung dieser Umfragen umstritten. Es ist unklar, in welchem Maße sie die Entscheidung der Wähler beeinflussen.

5. Nicht-Wählen kann ein Zeichen von Unzufriedenheit und ein Zeichen von Zufriedenheit sein. Sammeln Sie Argumente für beide Standpunkte.

6. Wie denken Sie: Sollen Politiker sich vom Abschneiden ihrer Partei in Meinungsumfragen bei ihren Entscheidungen beeinflussen lassen?

7. In welcher Weise wird bei diesen Umfrageverfahren der Grundsatz der geheimen Wahl beachtet?

3.2 Repräsentation und Wahl

Dem Wähler auf der Spur?
Auswertung von Statistiken

Raten Sie mal ...
Alfons Hehl, 54, Landwirt in Laupertshausen, katholisch, wählt bei der Bundestagswahl vermutlich die ...
Sibylle Gronacher, 27, Studentin in Leipzig, konfessionslos, aktives Mitglied im BUND, wählt bei der Bundestagswahl vermutlich die ...
Warum können wir Vermutungen anstellen, welche Partei diese Menschen wahrscheinlich gewählt haben? Welche Partei jemand wählt, ist von einer Reihe von Faktoren abhängig, z. B. den aktuellen Standpunkten der Parteien; dem sozialen Umfeld, z. B. Familie und Freundeskreis, Mitgliedschaft in Vereinen, Verbänden, Kirchen, dem Beruf; traditionellen Bindungen an eine Partei. Wahlforscher gehen solchen Zusammenhängen nach. Allerdings haben sie es zunehmend schwerer, weil die traditionellen Bindungen an Parteien schwinden.

q59cw5
- Ergebnisse von Wahlen
- Wahlanalysen

Fragen an Statistiken

1. Was ist das Thema der Statistik?
- Auf welchen Staat, welche Region, welche Personengruppe, welchen Zeitraum oder Zeitpunkt bezieht sie sich?

2. Welche Bedeutung haben die Zahlen?
- Handelt es sich um absolute Zahlen, um Prozentzahlen, um Mengen- oder Größenangaben?
- Welche Bezugs- und Vergleichsgrößen habe ich? Sind sie der Statistik zu entnehmen?

3. Welche Zahlen sind wichtig?
- Welche Werte sind stabil bzw. entsprechen dem Durchschnitt? Welche Werte weichen ab? Wie groß sind die Abweichungen?
- Wie kann ich die Zusammenhänge zwischen den Zahlen in Worten formulieren?

4. Wie ist die Statistik zustande gekommen?
- Handelt es sich um eine Umfrage, um eine exakte Erhebung, eine Prognose oder um ein Stimmungsbild?
- Vom wem stammt die Statistik? Wie seriös ist die Quelle?

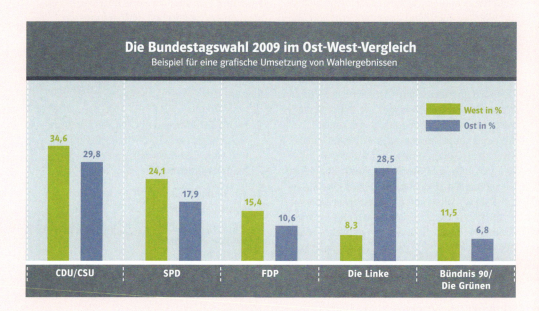

124   3. Parlamentarische Demokratie in Deutschland – Wahl, Entscheidung, Kontrolle

Ein Beispiel

Analyse der Bundestagswahl 2009
Alle Zahlenangaben in Prozent

	CDU/CSU	SPD	FDP	Die Linke	B'90/Grüne
Gesamtergebnis	**33,8**	**23,0**	**14,6**	**11,9**	**10,7**
West	34,6	24,1	15,4	8,3	11,5
Ost	29,8	17,9	10,6	28,5	6,8
Geschlecht					
Männer	31	23	17	13	10
Frauen	35	23	13	11	13
Alter					
18–24 Jahre	25	17	15	12	16
25–34 Jahre	28	17	18	12	14
35–44 Jahre	30	21	16	12	15
45–59 Jahre	30	24	15	15	12
ab 60 Jahre	42	27	13	10	5
Tätigkeit					
Arbeiter	28	24	13	18	7
Angestellte	32	20	16	11	14
Beamte	32	25	13	7	19
Selbstständige	33	14	27	6	14
Rentner	29	29	13	12	5
Arbeitslose	21	22	11	25	10
Konfession im Wahlkreis					
katholisch geprägt	42	19	16	7	9
evangelisch geprägt	29	27	15	9	12
Schulabschluss					
Hauptschulabschluss	36	30	13	12	5
Mittlere Reife	32	22	15	14	9
Abitur	29	21	16	12	16
Hochschulabschluss	30	21	15	11	18

Lesebeispiel zur Statistik
Die Jungwähler (18–24 Jahre) wählten 2009:
CDU/CSU 25 % (im Durchschnitt der Bevölkerung 33,8 %); SPD 17 % (im Gesamtdurchschnitt 23 %) …

→ Wahlergebnisse seit 1949
S. 123

Zeile 1–3: Amtliches Endergebnis; West mit West-Berlin, Ost mit Ost-Berlin
Datenbasis ab Zeile 4: Befragung von Infratest dimap für die ARD am Wahltag, rund 100 000 Befragte; zit. nach Spiegel, Wahlsonderheft 2009. Schulabschluss: Forschungsgruppe Wahlen für das ZDF am Wahltag

1. Stellen Sie anhand der Statistik dar, welche sozialen Merkmale besonders großen Einfluss auf die Wahlentscheidung haben, und welche nur einen geringen.
2. Arbeiten Sie in Gruppen.
3. Beschränken Sie sich zunächst auf Teilaspekte, z. B. eine Partei oder den Schulabschluss.
4. Setzen Sie wesentliche Aussagen der Tabelle in eine Grafik um.
5. Stellen Sie Ihre Grafiken in der Klasse vor, vergleichen Sie die Ergebnisse: Welche Grafiken sind besonders aussagekräftig? Warum?

3.2 Repräsentation und Wahl

Die Programme der Parteien – wichtig für die Wahlentscheidung?

z45k5t
- Wahl-O-Mat
- Internet-Adressen der Parteien im Bundestag

Bundeswehreinsatz auch im Innern zur Terrorismusbekämpfung

Ausnahmsloses Verbot von Tierversuchen

Einführung eines gesetzlichen Mindestlohns

Informationen für die Wahlentscheidung

Wer ein Auto kauft, vergleicht vorher verschiedene Modelle, berät sich mit Freunden und Kollegen, rechnet nach, was er sich leisten kann, liest Testberichte, recherchiert auf den Internet-Seiten der Hersteller und macht vielleicht auch eine Probefahrt. Am Ende kann es sein, dass er sich doch wieder für das gleiche Modell entscheidet wie bisher oder für ein ähnliches.

Wer wählen geht, vergleicht auch. Aber kaum einer lässt sich von allen Parteien die Programme zuschicken, wertet sie aus und entscheidet sich schließlich für die Partei, mit deren Programm er die größte Übereinstimmung festgestellt hat. Welche Informationen nutzen wir dann für unsere Wahlentscheidung?

So wie in den Autozeitschriften die Tester über ihre Erfahrungen berichten, so hat jeder Wähler in Deutschland seine *Erfahrungen mit Parteien* gemacht, insbesondere mit denen, die regieren (im Bund oder in seinem Bundesland). An den Auswirkungen der Politik auf seine Person kann er bemerken, wie gut er mit der Regierungspartei gefahren ist: Welchen Nutzen hatte er von ihrer Politik? Welche politischen Weichenstellungen entsprachen seinen Interessen und seiner politischen Einstellung? Was hätte er anders gemacht? Wo hätte er eingegriffen? Und weil oft ein Bündnis mehrerer Parteien, eine Koalition, regiert: Welcher der Koalitionsparteien hat er eher die Segnungen, welcher eher die Belastungen zu verdanken?

Bei den Parteien, die nicht regieren, sondern an die Regierung kommen wollen (den jetzigen Oppositionsparteien), ist die Probe etwas schwieriger. Sie versprechen ja nur, dass sie es anders und besser machen würden. Ob sie es wirklich tun und ob sie fähig dazu sind, wird sich erst nach einem Wahlsieg herausstellen. Aber so wie der Wähler nicht allen Versprechungen der Autohersteller traut, so traut er auch nicht allen Versprechungen der Politiker und allen Programmen.

Es ist also auch das *Vertrauen* in die Person eines Politikers (oder in seine Führungsmannschaft), das bei der Wahl eine Rolle spielt. Die Medien versorgen die Bevölkerung mit Informationen über die politische Elite, nicht nur mit Informationen über die Ziele der Parteien und über deren Erfolge und Misserfolge im täglichen politischen Geschäft.

Die letzte Verkürzung der Ziele einer Partei ist schließlich das *Wahlplakat* oder der Fernsehspot. Hier sind die Ziele der Partei reduziert auf einen Slogan, ein Symbol oder eine Person, deren Foto die Partei repräsentiert (**M1**).

Stichwort: Volksparteien

Die meisten deutschen Parteien verstehen sich als Volksparteien. Sie wollen attraktiv sein für die ganze wahlberechtigte Bevölkerung, für Studenten wie für Arbeiter, für Christen wie für Muslime, für Arme wie für Reiche, für Ostdeutsche wie für Westdeutsche. Das ist nicht immer

M1

1. Untersuchen Sie die Wahlplakate: Was ist jeweils die Botschaft? Wirbt die Partei eher mit einer Person oder mit einem Programm?

2. Überlegen Sie: Welche Plakate stammen eher von einer Partei, die in der Regierung sitzt, welche eher von einer Partei in der Opposition?

126 3. Parlamentarische Demokratie in Deutschland – Wahl, Entscheidung, Kontrolle

so gewesen. Vor dem Dritten Reich wollten die meisten Parteien in Deutschland nur eine bestimmte Gruppe ansprechen, z. B. Katholiken, Arbeiter, Selbstständige, Hausbesitzer usw.

Bedeutung der Parteiprogramme
Als Volksparteien stellen sich die Parteien auch in ihren Programmen dar. Ein Beispiel: „Die Grünen" haben als Umweltpartei begonnen. Heute finden sich in ihrem Programm genauso Aussagen zu Verteidigung, Finanzpolitik usw. Und die anderen Parteien haben umgekehrt das Thema Umwelt für sich entdeckt.
Dass die Parteiprogramme alle Politikbereiche abdecken, macht sie trotzdem nicht austauschbar. Jede Partei hat ihre Eckpunkte und ihre Traditionen. Das Programm ist die Summe ihrer Ziele, Forderungen und Grundsätze. Für die Wahlen beschließen die Parteien außerdem *Wahlprogramme*. Diese sind konkreter formuliert und stecken die Ziele der Partei für die nächsten Jahre ab.
Wer über die Wahlprogramme die richtige Partei sucht, hat es heute leicht. Er muss gar nicht mehr die Programme lesen und vergleichen, sondern findet im Internet den *Wahl-O-Mat*. Das ist ein Test, in dem der Benutzer zu politischen Aussagen befragt wird. (Beispiele finden Sie in den Sprechblasen.) Wie die Haltung der Parteien zu diesen Fragen ist, erfährt die Testperson erst bei der Auswertung. Je nachdem, welchen Aussagen sie zustimmt und welche sie ablehnt, wird ihre Übereinstimmung mit den einzelnen Parteien berechnet.
Ein Parteiprogramm erfüllt noch einen zweiten Zweck: Es ist das einigende Band zwischen den Mitgliedern der Partei. Deren Delegierte haben auf einem Parteitag das Programm beschlossen, das darum auch einen Kompromiss zwischen den verschiedenen Richtungen und Strömungen in der Partei darstellt. Indem diese Richtungen sich im Parteiprogramm wiederfinden, sollen sie in der Partei eine politische Heimat finden.

Entwicklung der Parteien
Von den großen Parteien in Deutschland ist die SPD (gegr. 1863) die älteste. CDU, CSU und FDP sind nur wenig älter als die Bundesrepublik. Die anderen damals gegründeten Parteien sind heute bedeutungslos.
„Die Grünen" (1980 aus der Umweltbewegung entstanden) schlossen sich 1993 mit dem „Bündnis 90" zusammen, einer Sammlung von Bürgerrechtsbewegungen der früheren DDR. Seither heißt die Partei „Bündnis 90/Die Grünen".
Die jüngste Partei, „Die Linke", ist erst 2007 entstanden durch den Zusammenschluss der WASG (Wahlinitiative Arbeit und soziale Gerechtigkeit) mit der PDS („Partei des demokratischen Sozialismus"), die auf die Staatspartei der früheren DDR zurückgeht, die SED.

5. Ordnen Sie die Aussagen in den Sprechblasen einer oder mehreren Parteien zu, die im Bundestag vertreten sind.

6. Der Vergleich zwischen Autokauf und Wahlentscheidung stimmt nur teilweise. Stellen Sie zusammen, was ähnlich ist und wo die Unterschiede anfangen.

7. Diskutieren Sie: Welche Einflüsse spielen eine besonders große Rolle bei der Wahlentscheidung?

> Der Kündigungsschutz soll gelockert werden

> Bildungspolitik soll Ländersache bleiben

→ SED
S. 178–181

→ Internet-Adressen der Parteien im Bundestag
s. Online-Code

3. Alle Plakate stammen aus den Jahren 1949 bis 2009. Welche Plakate lassen sich zeitlich gut einordnen?

4. Welche Plakate sprechen Sie an, welche weniger? Warum?

3.2 Repräsentation und Wahl
Welche Rolle spielen die Parteien in der Politik?

M1

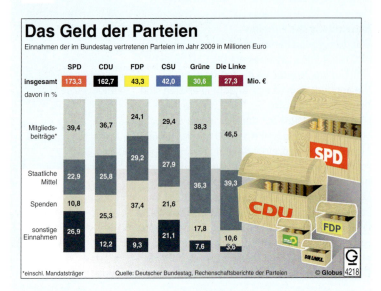

1. Vergleichen Sie die Zusammensetzung der Einnahmen der Parteien. Welche Unterschiede gibt es? Was könnten Gründe dafür sein?

 t7xj99
- Parteien
- Parteienfinanzierung
- Parteimitglieder

Wozu Parteien?
Die Parteien werden in Deutschland vom Staat finanziell unterstützt und sind nicht allein auf Mitgliedsbeiträge und Spenden angewiesen (**M1**). Der Grund dafür ist, dass sie Leistungen für unsere Demokratie erbringen. Ihre Aufgabe ist allgemein in Art. 21 (1) des Grundgesetzes formuliert: „Die Parteien wirken bei der politischen Willensbildung des Volkes mit." Das Parteiengesetz beschreibt diese Aufgabe im Einzelnen. Die Parteien
- formulieren ihre Ziele in Programmen (→ voriger Abschnitt),
- beteiligen sich an Wahlen und stellen dafür Kandidaten auf (→ S. 120–121),
- nehmen Einfluss auf die Politik in den Parlamenten,
- werben für ihre Ziele in der Öffentlichkeit,
- beteiligen die Bürger aktiv an der Politik und regen sie an, politische Ämter zu übernehmen,
- vermitteln zwischen der Politik im Staat und der Bevölkerung.

Finanzierung von Parteien
Besonders genau wird darauf geachtet, woher die Parteien ihr Geld bekommen. Sie müssen über die Herkunft ihrer Mittel und über ihr Vermögen jährlich Rechenschaft ablegen. Einzelspenden über 10 000 Euro müssen mit dem Namen des Spenders aufgeführt werden. Bei Verstößen (die es schon mehrfach gegeben hat) muss die betreffende Partei Bußgeld bezahlen. Diese strengen Regelungen sollen für alle Bürger transparent machen, von wem die Parteien finanzielle Zuwendungen erhalten. Staatliche Mittel erhalten die Parteien
- als Erstattung von Wahlkampfkosten in Landtags-, Bundestags- und Europawahlen (abhängig von der Zahl der gewonnenen Wählerstimmen);
- als Zuschuss (abhängig von den Einnahmen aus Mitgliedsbeiträgen und Spenden).

In Parteien mitarbeiten
Wer wählt, kann auswählen zwischen verschiedenen fertig ausgearbeiteten Parteiprogrammen und den dazu gehörenden Kandidaten-Listen der Parteien. Auf die Programme und die Personen, die von den Parteien angeboten werden, hat er keinen Einfluss.
Wenn er darauf Einfluss nehmen möchte, muss er Mitglied einer Partei werden. In den Parteien gilt der Grundsatz der *innerparteilichen Demokratie*, das heißt die Mitglieder haben die Möglichkeit, den Kurs der Partei, das Führungspersonal und die Kandidaten der Partei zu bestimmen, die für öffentliche Ämter kandidieren. Das gilt auf allen politischen Ebenen, wobei die Willensbildung von unten nach oben stattfindet – von den Ortsverbänden über die Kreisverbände zu den Landesverbänden und dem Bundesverband. In Einzelfällen haben Parteien ihre Mitglieder auch direkt an wichtigen Entscheidungen beteiligt.
Knapp 3 Prozent der Bevölkerung sind in Deutschland Mitglied einer Partei, mit sinkender Tendenz (**M2**). Sorge macht den Parteien auch, dass sie viele alte und wenig junge Mitglieder haben.

Politische Ämter übernehmen
Den Kurs aktiv bestimmen und Verantwortung tragen kann nur, wer Ämter übernimmt (**M3**).

M2 Die Mitglieder der Parteien

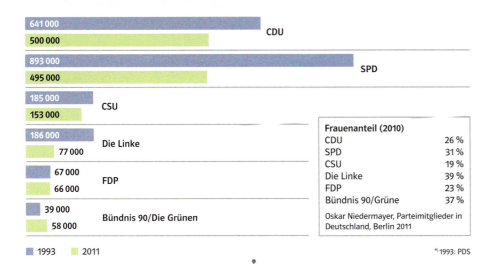

Partei	1993	2011
CDU	641 000	500 000
SPD	893 000	495 000
CSU	185 000	153 000
Die Linke*	186 000	77 000
FDP	67 000	66 000
Bündnis 90/Die Grünen	39 000	58 000

Frauenanteil (2010)
CDU	26 %
SPD	31 %
CSU	19 %
Die Linke	39 %
FDP	23 %
Bündnis 90/Grüne	37 %

Oskar Niedermayer, Parteimitglieder in Deutschland, Berlin 2011

*) 1993: PDS

Alle Zahlen gerundet. – 1993: Aktualitätendienst; 2011: Wikipedia

CSU-Parteitag beschließt Frauenquote

Ab 2011 müssen in der CSU 40 Prozent der Posten im Parteivorstand und in den Bezirksvorständen mit Frauen besetzt werden. Dem Beschluss war eine stundenlange heftige Debatte vorangegangen. Vor allem die Junge Union war gegen den Vorschlag mit dem Argument: „Moderne Frauen brauchen keine Quote."

2. Beschreiben Sie die Entwicklung der Mitgliederzahlen der im Bundestag vertretenen Parteien. Welche Tendenzen sehen Sie positiv, welche negativ?

Das ist in Parteien nicht anders als in Vereinen und Verbänden. In Parteien gibt es aber zwei Arten von Ämtern (die oft von den gleichen Personen übernommen werden):
- **Ämter innerhalb der Partei** (etwa als Orts- oder Kreisvorsitzender);
- **Öffentliche Ämter**, das heißt Mandate, die eine Kandidatur bei Wahlen und ein entsprechend gutes Abschneiden in der Gunst der Wähler voraussetzen (etwa als Gemeinderat oder als Abgeordneter).

Die Wahl in solche Ämter ist zugleich ein Vertrauensbeweis der Parteimitglieder und der Wähler.

3. Warum gibt es in Parteien den Grundsatz der innerparteilichen Demokratie?

4. Worauf führen Sie zurück, dass Parteien weniger Mitglieder haben als früher? Was könnten die Parteien unternehmen, um den Mitgliederschwund zu stoppen?

5. Können Sie sich vorstellen, Mitglied in einer Partei zu werden? Begründen Sie.

M3 Das Engagement von Parteimitgliedern

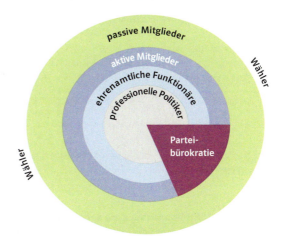

6. Welche Bedeutung haben die verschiedenen Gruppen von Parteimitgliedern, wenn es um eine Bundestagswahl geht?

3. Parlamentarische Demokratie in Deutschland – Wahl, Entscheidung, Kontrolle **129**

3.2 Repräsentation und Wahl

Was arbeiten die Abgeordneten?

**M1 Elke Hoff
Abgeordnete**

Blick in ein Abgeordnetenbüro
Manche schmücken ihren Schreibtisch mit Familienfotos, Blumen oder Nippes. Elke Hoff hat Panzer. Fein säuberlich aufgereiht stehen sie in ihrem Büro auf einem Schrank: sechs Miniaturen, darunter ein Leopard II-Panzer, ein GTK Boxer und ein Spähwagen Fennek. Objekte einer Sammelleidenschaft? Die sicherheitspolitische Sprecherin der FDP-Fraktion winkt ab: „Ach, die bringen Firmen mit, die natürlich für ihre Produkte werben wollen […] Die richtigen Beschaffungsentscheidungen gehören eben auch zu meinem Ausschuss."

Die 54-Jährige ist seit 2005, seit sie als Abgeordnete in den Bundestag einzog, Mitglied im Verteidigungsausschuss. Für die in Unkel am Rhein geborene Kauffrau der spannendste Politikbereich überhaupt: „Ich wollte immer wissen, wie Konflikte entstehen und wie man sie lösen kann. Aber gerade auch das Spannungsfeld von Politik und Technik ist faszinierend" […], erklärt Hoff, die gegen Ausrüstungsmängel in der Truppe kämpft und sich für eine bessere Versorgung traumatisierter Soldaten einsetzt.
Hoff war es stets wichtig, ein Gefühl für die Dinge zu bekommen, über die sie mit zu entscheiden hat. Deshalb reiste sie auch 2008 als erste deutsche Abgeordnete überhaupt in die von Kämpfen erschütterte irakische Hauptstadt Bagdad. Ein Besuch, der Hoff die Bezeichnung ‚Deutschlands furchtloseste Abgeordnete' einbrachte. […] Furchtlos sei sie angesichts der in nächster Nähe einschlagenden Raketen keineswegs gewesen. Doch Angst dürfe sie nicht von solchen Reisen abhalten: „Wir schicken Soldaten in Krisenregionen, und das Mindeste ist, dass wir Entscheidungsträger wissen, was dort auf die Männer und Frauen zukommt." Mit dieser Haltung hat Hoff so ziemlich jede Krisenregion der Welt bereist […].

Sandra Schmid, „Ein Zeichen der Anerkennung", in: Das Parlament vom 11.07.2011, S.12

1. Welche Auffassung von ihren politischen Aufgaben hat die Abgeordnete Elke Hoff?

 mn6h4y
- Bundestagsabgeordnete (Biografien, Berufsstatistik, Abstimmungsverhalten)

Der Bundestag – ein Arbeitsparlament
Wenn das Fernsehen Bilder aus dem Bundestag zeigt, verlieren sich die 50 oder 60 anwesenden Abgeordneten fast im Raum. Anders ist es nur bei spektakulären Abstimmungen, einer Regierungserklärung oder der Wahl des Bundeskanzlers. Machen die anderen Abgeordneten auf unsere Kosten Ferien?

Die Debatten im Bundestag sind nur die eine Seite des Abgeordnetenalltags. Der Bundestag ist nicht in erster Linie ein „redendes", sondern ein „arbeitendes" Parlament. Das bedeutet: Die wichtige Arbeit wird in den Ausschüssen geleistet.
Die Abgeordneten, die dort jeweils für die Fraktionen sitzen, haben sich in Fachgebiete eingearbeitet; sie sind Experten für Wirtschaft, Außenpolitik, Rechtsfragen, Sozialpolitik usw. Im Plenum werden dann in öffentlichen Sitzungen die Ergebnisse dieser Arbeit vorgetragen und in Abstimmungen entschieden.

Fraktionen
Die Abgeordneten einer Partei im Bundestag bilden eine Fraktion. Dort fallen die wichtigsten Vorentscheidungen – etwa: wer in welche Ausschüsse kommt, wie die Fraktion über eine Gesetzesvorlage abstimmt oder wer im Plenum spricht.

Alltag außerhalb des Parlaments
Neben den Sitzungen des Bundestags und der Ausschüsse füllen zahlreiche andere Aufgaben die Arbeitswoche der Abgeordneten: Beratungen der Fraktion, Termine mit Vertretern von Interessengruppen, die Betreuung der Besucher aus dem Wahlkreis, die Beantwortung von Anfragen aus der Bevölkerung, die Einarbeitung in Sachthemen … Dazu kommt noch die Arbeit im Wahlkreis: Parteiversammlungen, Firmenbesichtigungen, Sprechstunden für Rat suchende Bürger und anderes mehr.

Was verdient ein Abgeordneter?
Ein Abgeordneter des Deutschen Bundestags verdient brutto etwa 8 250 Euro (Stand 2011). Dazu kommen eine Kostenpauschale von rund 4 000 Euro und Gelder für Mitarbeiter. Das ist viel Geld. Einige Vorteile, die normale Arbeitnehmer nicht haben, kommen hinzu. Trotzdem wird kaum jemand Abgeordneter, weil er sich damit finanziell verbessern kann. Das zeigt schon die Liste der Berufe der Abgeordneten (**M 2**). Problematisch für die Kandidaten ist, dass der Sitz im Parlament bis zum Wahlabend nicht sicher und danach nur für vier Jahre garantiert ist. Wer Abgeordneter wird, muss meist seine Berufstätigkeit aufgeben. Sein Abgeordnetenmandat steht im Mittelpunkt. Ob er nach 4, 8 oder 12 Jahren wieder in seinen alten Beruf zurückkehren kann, ist unsicher.

Diese Sicherheit haben nur die Beamten unter den Abgeordneten. Selbstständige haben noch ein zweites Problem: Sie brauchen jemand, der die Firma in ihrer Abwesenheit weiterführt.

Gläserne Abgeordnete?
An der Empörung über ihre Einkünfte sind die Abgeordneten selbst aber nicht unschuldig. Die meisten machen aus ihrem Einkommen ein Geheimnis.
Nach langem Streit (der bis vor das Bundesverfassungsgericht ging) müssen die Abgeordneten seit 2007 nicht nur ihre Nebentätigkeiten, sondern auch ihre Nebeneinkünfte dem Bundestagspräsidenten offenlegen. Wer schummelt, muss eine Geldstrafe bezahlen. Die Offenlegung soll mögliche Abhängigkeiten der Abgeordneten von Dritten, z. B. von Interessenverbänden (→ S.144–145) zeigen.

→ Ausschüsse des Bundestags S.109

2. Erheben Sie im Internet die Daten zum Bundestagsabgeordneten Ihres Wahlkreises: Werdegang, Beruf, Mitgliedschaft in Verbänden und in Gremien des Bundestags, veröffentlichungspflichtige Angaben.

3. In manchen Staaten dürfen Abgeordnete keine bezahlte Nebentätigkeit ausüben. Wie stehen Sie dazu?

M2 Die Berufe der Abgeordneten

	Gesamt	CDU/CSU	SPD	FDP	Linke	Bündnis 90/Grüne
Beamte	30 %	32 %	43 %	20 %	18 %	18 %
Angestellte im öffentlichen Dienst u. Ä.	5 %	4 %	8 %	8 %	5 %	6 %
Angestellte von Parteien, Gewerkschaften und sonstigen Organisationen	17 %	8 %	20 %	5 %	40 %	27 %
Angestellte in der freien Wirtschaft	13 %	18 %	10 %	18 %	5 %	7 %
Selbstständige	10 %	16 %	1 %	20 %	3 %	3 %
Freie Berufe	16 %	16 %	12 %	26 %	8 %	24 %
Arbeiter	0,5 %	0 %	1 %	0 %	1 %	0 %
Sonstige/nicht verwendbare Angaben	9 %	5 %	5 %	10 %	21 %	16 %
Gesamtzahl der Abgeordneten	622	239	146	93	76	68
Anteil der Frauen	33 %	20 %	38 %	26 %	54 %	54 %

17. Deutscher Bundestag (2009–2013). Angaben gerundet.
Errechnet aus: Zeitschrift für Parlamentsfragen, Baden-Baden 3/2010, S. 495 f.; www.bundestag.de

Lesebeispiel
30 Prozent aller Bundestagsabgeordneten sind Beamte. Am höchsten ist der Anteil der Beamten in der SPD-Fraktion mit 43 Prozent der Abgeordneten, dann folgen CDU/CSU mit 32 Prozent. Bei FDP, Linkspartei und Bündnis 90/Grüne ist der Anteil der Beamten mit 18 bis 20 Prozent am niedrigsten.

4. Die Zusammensetzung des Parlaments – ein Spiegelbild der Bevölkerung?

5. Wie erklären Sie sich, dass es große Unterschiede bei den Berufen der Abgeordneten zwischen den Fraktionen gibt, z. B. bei den Selbstständigen und den freien Berufen?

Maurer, Müllmann, Abgeordneter.

Anton Schaaf ist der einzige Arbeiter in der SPD-Bundestagsfraktion.

Haben die Verbände zu viel Einfluss?

+ PRO
Wer den Bundestag für Verbandsvertreter schließt, der verhindert, dass Experten Bundestagsabgeordnete werden.

− CONTRA
Wer Repräsentant des Volkes sein soll, kann nicht zugleich der Vertreter von Verbandsinteressen sein.

Auf einen Blick

3.1 Der politische Entscheidungsprozess

Politische Ebenen
- Gemeinde / Kreis
- Bundesland
- Bund
- Europäische Union → Kap. 6

Gemeinden
- Aufgaben: Pflichtaufgaben; freiwillige Aufgaben; übertragene Aufgaben
- Grundsatz der kommunalen Selbstverwaltung
- Wahlen in der Gemeinde: Wählergruppen und Parteien; Wahl des Bürgermeisters; Jugendgemeinderat.

Gesetzgebung des Bundes und der Länder
- Grundsatz des Föderalismus
- Ausschließliche Gesetzgebung des Bundes
- Konkurrierende Gesetzgebung von Bund und Ländern: Länder dürfen Gesetze machen, so lange der Bund dies nicht tut
- Ausschließliche Gesetzgebung der Länder
- Vor- und Nachteile des Föderalismus
- Föderalismusreform.

Gesetzgebung des Bundes
- Gesetzesinitiative: Bundestag, Bundesregierung, Bundesrat
- Beratung von Gesetzen im Bundestag: 1. Lesung, Ausschussberatung, 2. und 3. Lesung, Schlussabstimmung
- Beteiligung der Länder an der Gesetzgebung des Bundes durch den Bundesrat:
  – Einspruchsgesetze; Zustimmungsgesetze
  – Vermittlungsausschuss; Scheitern von Zustimmungsgesetzen
  – Gründe für Ablehnung im Bundesrat
- Ausfertigung, Verkündung.

Bundestag
- Parlamentarische Demokratie: Gewaltenverschränkung / Funktionentrennung statt Gewaltenteilung:
  – Regierung
  – Opposition
- Horizontale und vertikale Gewaltenteilung
- Wahlrechte:
  – Bundeskanzler
  – Beteiligung an der Wahl des Bundespräsidenten
  – Beteiligung an der Wahl zum Bundesverfassungsgericht
- Kontrollrechte: Große und Kleine Anfrage, Fragestunde, Untersuchungsausschuss, konstruktives Misstrauensvotum (Neuwahl des Kanzlers).

Bundesregierung
- Bundeskanzler: Richtlinienkompetenz
- Bundesregierung (Kanzler und Minister): Ressortprinzip, Kollegialprinzip; Einfluss auf die Gesetzgebung; Koalitionsregierungen
- Bundespräsident als Repräsentant Deutschlands.

Bundesverfassungsgericht
- Hüter der Verfassung: Normenkontrollklagen, Verfassungsstreitigkeiten, Verfassungsbeschwerden, Parteienverbot.

3.2 Repräsentation und Wahl

Repräsentative Demokratie
- Beteiligung des Volkes durch Vertreter (Abgeordnete)
- Freies oder imperatives Mandat der Abgeordneten; Fraktionsdisziplin
- Gegenmodell: direkte Demokratie.

Wahlen
- Mehrheitswahlrecht, Verhältniswahlrecht
- Wahlverfahren zum Bundestag: Personalisiertes Verhältniswahlrecht (Wahlkreisabgeordnete: Erststimme; Listenabgeordnete: Zweitstimme); 5-Prozent-Klausel
- Wahlgrundsätze: allgemein, unmittelbar, frei, gleich, geheim
- Aktives und passives Wahlrecht
- Wählertypen und Wahlverhalten; Nichtwähler
- Wahlstatistik; Wahlumfragen.

Parteien
- Aufgaben in der Demokratie: Gestaltung der öffentlichen Meinung, Mittler zwischen Volk und Regierung, Beteiligung an Wahlen, Übernahme politischer Verantwortung
- Volksparteien statt Weltanschauungsparteien
- Bedeutung der Programme für Wähler und Mitglieder
- Wahlkampf; Rolle der Persönlichkeit im Wahlkampf
- Mitarbeit in Parteien: aktive und passive Mitglieder; Übernahme politischer Ämter
- Finanzierung der Parteien; staatliche Zuschüsse.

Abgeordnete
- Bundestag als Arbeitsparlament; Aufgaben des Abgeordneten
- Rolle der Fraktionen; Abhängigkeiten
- Bezahlung (Diäten); Offenlegung von Nebentätigkeiten und Nebeneinkünften
- Bundestag als Spiegelbild des Volkes?

Prüfungsaufgaben finden Sie nach Kapitel 4 auf S. 163 – 164

Demokratie heute – was können die Bürger bewegen?

4

Wege der politischen Willensbildung

Demokratie in Gefahr?

Politische Regeln für die Zukunft finden

4.1 Wege der politischen Willensbildung
Jugend heute – null Bock auf Politik?

M1 Politische Aktivitäten von jungen Menschen – was kommt in Frage?

- 77 % Unterschriftenliste unterschreiben
- 54 % Aus politischen Gründen bestimmte Waren boykottieren
- 44 % Sich an einer Protestveranstaltung beteiligen
- 39 % In einer Bürgerinitiative mitmachen
- 31 % Sich über Internet oder Twitter über Aktionen informieren und mitmachen
- 17 % In einer Partei oder politischen Gruppe mitarbeiten

Shell Jugendstudie 2010, S. 147

1. Für welche Ziele sind Sie persönlich bereit, politisch aktiv zu werden? Vergleichen Sie mit dem Ergebnis der Umfrage.
2. Diskutieren Sie: Worauf kommt es Ihnen an, wenn Sie sich politisch engagieren?
3. Überlegen Sie, vor welcher Gefahr Erich Fried warnt.

Die Abnehmer

Einer nimmt uns das Denken ab
Es genügt
seine Schriften zu lesen
und manchmal dabei zu nicken

Einer nimmt uns das Fühlen ab
Seine Gedichte
erhalten Preise
und werden häufig zitiert

Einer nimmt uns
die großen Entscheidungen ab
über Krieg und Frieden
Wir wählen ihn immer wieder

Wir müssen nur
auf zehn bis zwölf Namen schwören
Das ganze Leben
nehmen sie uns dann ab

Erich Fried, Warngedichte, Frankfurt 1980, S. 107

---

x38zd2
- Politische Umfragen
- Politische Mitwirkung

Politik ohne Jugendliche?
In keiner anderen Altersgruppe ist die Wahlbeteiligung so niedrig wie bei den Jungwählern. Viele junge Menschen vertrauen der Politik und den Politikern nicht mehr. Und umgekehrt sind die Politiker von der Jugend enttäuscht und halten sie für unpolitisch.
Was ist dran an diesen Vorwürfen? Wollen junge Leute nur Fun und Action? Denken sie nur an die Karriere und den eigenen Vorteil? Oder sind für Jugendliche die Politiker und Parteien ein zerstrittener Haufen, der unfähig oder unwillig ist, wirkliche Reformen zu verwirklichen?
Auf Fragen wie diese gibt es viele verschiedene Antworten. Viele Jugendstudien kommen zu dem Ergebnis, dass sich junge Menschen von den Parteien und Politikern schlecht vertreten fühlen: Es gebe Politik über Jugendliche statt Politik mit Jugendlichen. Auf diese Situation reagiere die Jugend unterschiedlich, zum Beispiel
- durch soziales Engagement nicht in Parteien, sondern in Vereinen und Projekten;
- durch politisches Engagement für konkrete Ziele;
- durch Desinteresse an der Politik oder Rückzug von der Politik.

Der Vorwurf an die Politiker, sie würden sich zu wenig um die Interessen der Jugend kümmern, reicht aber nicht aus als Erklärung für das geringe Interesse der jungen Menschen an der Politik. Sie könnten daraus ja auch die Konsequenz ziehen, gerade deswegen die Politik in die eigenen Hände zu nehmen.

4. In den Sprechblasen finden Sie vier Aussagen zur Politik. Formulieren Sie (ebenfalls als Sprechblase) Ihre eigene Einstellung zur Politik. – Gestalten Sie mit den Sprechblasen in der Klasse ein Plakat und beurteilen Sie die Ergebnisse.

Ich engagiere mich nicht. Meine Eltern auch nicht, die wählen halt so mit.

Politiker wissen nicht, wie das Leben wirklich ist.

Ich träume von einer besseren Welt. Aber was will man als Einzelner schon groß ausrichten?

Wenn wir auf den Staat warten, statt selbst etwas zu unternehmen, haben wir schon verloren.

M2 Die Zahl des Tages: 4,08

4,08 4 Euro und 8 Cent – so viel investiert der Staat pro Kopf pro Tag für Kinder und Jugendliche, um ihnen bei Problemen zu helfen und sie im Alltag zu betreuen. 4,08 Euro – das ist heute die „Zahl des Tages" auf dem Deutschen Kinder- und Jugendhilfetag (DJHT) in Stuttgart. „Von der Kita über das Jugendamt und Jugendzentrum bis zum Streetworker – unterm Strich wird damit für jedes Kind und jeden Jugendlichen von der öffentlichen Hand weniger ausgegeben als von einem Raucher für eine Schachtel Zigaretten.
Der Vorsitzende der Arbeitsgemeinschaft für Kinder- und Jugendhilfe (AGJ) forderte ein stärkeres finanzielles Engagement des Staates in diesem Bereich. […] Schon die Forderung der AGJ, künftig verstärkt Sozialarbeiter an Schulen einzustellen, lasse sich damit auf keinen Fall realisieren.

Aus einer Presseinformation der Arbeitsgemeinschaft für Kinder- und Jugendhilfe (AGJ) vom 08.06.2011

5. Wo sollte in Ihrer Umgebung mehr für Jugendliche getan werden? Erstellen Sie eine gemeinsame Liste. Überlegen Sie, an wen Sie Ihre Forderungen richten könnten.

M3 Wie Bürger politische Entscheidungen beeinflussen können

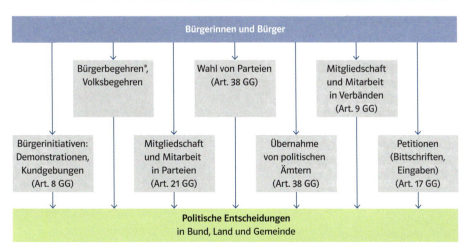

* Nicht auf Bundesebene, nicht in allen Bundesländern

6. Welche Bedeutung kommt den einzelnen Mitwirkungsmöglichkeiten Ihrer Meinung nach jeweils zu? Erstellen Sie eine Rangfolge.

4.1 Wege der politischen Willensbildung

Welchen Schutz bieten die Grundrechte?

M1 Google Street View – ein Verstoß gegen Grundrechte?

„Ich habe mir bei Google[…]einmal angeschaut, wie Sie so wohnen […] Mensch, seien Sie doch froh wegen der Überstunden."

„Street View" fotografiert seit 2008 die Häuser deutscher Straßen und macht die Fotos im Internet zugänglich. In Deutschland ist ein Streit darüber entstanden, ob dies zulässig ist.

Die Gegner sagen, dass das Vorgehen von Google dem Recht der Bürger auf informationelle Selbstbestimmung widerspreche. Dieses Recht, welches das Bundesverfassungsgericht 1983 als Grundrecht anerkannt hat, ist ein Datenschutz-Recht: Jeder soll selbst darüber bestimmen dürfen, wer welche Daten über ihn hat. Einschränkungen sind nur durch ein Gesetz möglich.

Dem wird entgegengehalten, dass es sich bei der Abbildung von Straßen und Gebäuden nicht um ein Recht der Person handle. Autonummern und Gesichter würden unkenntlich gemacht, auf Antrag auch Gebäude. Es dürfe kein allgemeines Verbot der Abbildung von Gegenständen und Räumen geben.

1. Beziehen Sie persönlich Stellung und begründen Sie.
2. Nennen Sie weitere Fälle, in denen es um das „Recht auf informationelle Selbstbestimmung" geht.

dg3x2v
- Gesetzestexte
- Grundrechte

→ Informationelle Selbstbestimmung S. 62

Grundrechte – persönliche Rechte

Jeder Mensch hat Rechte. Das ist heute so selbstverständlich, dass es uns oft erst bewusst wird, wenn wir uns ungerecht behandelt fühlen oder uns gegen Angriffe verteidigen müssen. Das Fundament dieser Rechte bilden die Grundrechte, die im Grundgesetz für die Bundesrepublik Deutschland formuliert sind (**M 2**). Unsere Verfassung enthält die Grundrechte im engeren Sinne im ersten Abschnitt, in den Artikeln 1 bis 19. Darüber hinaus finden sich auch in anderen Abschnitten des Grundgesetzes Grundrechte im weiteren Sinne – z. B. in Artikel 38 das aktive und passive Wahlrecht. Grundrechte stehen nicht nur als Absichtserklärungen auf dem Papier. Sie können eingeklagt werden. Das heißt: Wenn sich jemand durch eine Maßnahme des Staates in einem Grundrecht verletzt fühlt, kann er vor den Gerichten, zuletzt vor dem Bundesverfassungsgericht, klagen (→ S. 116–117).

Für wen gelten die Grundrechte? Manche Grundrechte beginnen mit den Worten: „Jeder hat das Recht …". Dann handelt es sich um Jedermannsrechte, die für alle in Deutschland lebenden Menschen gelten. Die anderen Grundrechte beginnen mit: „Alle Deutschen haben das Recht …". Sie gelten nur für Deutsche.

Streit um die Grundrechte

Es ist kein schlechtes Zeichen, dass es Streit um Grundrechte gibt. Das zeigt ihre praktische Bedeutung. Mit den Lebensverhältnissen ändern sich auch die Rahmenbedingungen, in denen die Grundrechte gelten. Ein aktueller Streitpunkt sind die Methoden, die der Staat gegen die gestiegene Gefährdung durch den internationalen Terrorismus anwenden möchte – etwa Video- und Online-Überwachung. Dabei geht es um die Abwägung: Wenn die Grundrechte eng ausgelegt werden, fesselt sich der Staat selbst im Kampf gegen Terroristen und Internet-Kriminelle. Wenn sie weit ausgelegt werden, werden gesetzestreue Bürger in ihren Grundrechten vielleicht beschränkt.

3. Erläutern Sie, inwiefern die Grundrechte das Fundament unserer Demokratie sind.
4. Nennen Sie drei Grundrechte, die Abwehrrechte vor staatlichen Übergriffen sind, und drei Beteiligungsrechte, die Ihre Mitwirkung in der Politik garantieren (**M 2**).

M2 Die wichtigsten Grundrechte im Grundgesetz

Die Rechte, die nur für deutsche Staatsbürger gelten, sind farbig unterlegt.

5. Machen Sie sich klar, welche dieser Rechte nur für Deutsche und welche für alle gelten. Halten Sie es für sinnvoll, dass der deutsche Staat diese Unterscheidung macht? Begründen Sie.

Petitionsrecht
Jedermann hat das Recht, sich […] schriftlich mit Bitten oder Beschwerden an die zuständigen Stellen und an die Volksvertretung zu wenden (Art. 17 GG).

→ Grundrechte international: Menschenrechte S. 270–271

M3 Wo beginnt Folter?

Im Jahr 2002 wurde in Frankfurt/Main ein Erpresser verhaftet, der den Sohn eines Bankiers entführt hatte. Er weigerte sich, das Versteck des Kindes zu verraten. Das Opfer war bereits 36 Stunden ohne Versorgung und musste dringend gefunden werden. In dieser Situation drohte der Vizepräsident der Polizei dem Täter Gewalt an: „Wenn Sie nicht sagen, wo das Kind ist, werden wir Ihnen Schmerzen zufügen." Daraufhin verriet der Täter das Versteck. Das Kind hatte er allerdings getötet.
Der Vize-Polizeichef bekam eine Geldstrafe. Er erklärte vor Gericht, dass er wieder so handeln würde. Man müsse „zwischen dem Recht des Opfers auf Menschenwürde und Leben und dem Recht des dringend Tatverdächtigen auf Menschenwürde und körperliche Unversehrtheit" abwägen.
Der Erpresser wurde wegen Mord verurteilt und klagte dagegen vor dem Europäischen Gerichtshof für Menschenrechte.
Dieser rügte 2010 das Urteil gegen den Vize-Polizeichef als zu milde, bestätigte aber das Urteil gegen den Erpresser: Die Androhung von Folter habe im Mord-Prozess keine Rolle gespielt. Derzeit klagt der Erpresser auf Schadenersatz für die psychischen Schäden, die er durch die Androhung von Folter erlitten habe.

Autorentext nach Zeitungsberichten von 2004, 2010 und 2011

6. Beurteilen Sie die Entscheidungen der Gerichte.

7. Könnte der Staat die Gesetze ändern und Folter unter bestimmten Bedingungen zulassen? Begründen Sie.

4.1 Wege der politischen Willensbildung

Massenmedien – unentbehrlich in der Demokratie?

M1 a)

Carl Eduard von Bismarck gibt sein Mandat auf
„Bild" nannte Abgeordneten aus Schleswig-Holstein den „faulsten Politiker Deutschlands"

Hamburg/ddp. Der als „faulster Politiker Deutschlands" in die Schlagzeilen geratene CDU-Bundestagsabgeordnete Carl-Eduard von Bismarck gibt sein Bundestagsmandat auf. Wie „Bild" unter Berufung auf Bismarcks Abgeordnetenbüro berichtete, verzichte der Abgeordnete für den schleswig-holsteinischen Wahlkreis Herzogtum Lauenburg/Stormarn Süd auf eine erneute Kandidatur bei der Bundestagswahl 2009, um mehr Zeit für das Familienunternehmen zu haben. Aus seinem Umfeld sei verlautet, er wolle sein Mandat bereits im Frühjahr 2008 niederlegen.

Bismarck ist Ururenkel des preußischen Ministerpräsidenten und Reichskanzlers Otto von Bismarck (1815–1898) und war im Mai 2007 wegen mangelnder Anwesenheit bei Bundestagssitzungen in die Kritik geraten. Er selbst hatte seine Abwesenheit mit einem Rückenleiden begründet.

Nach: Mitteldeutsche Zeitung, Internet-Ausgabe (05.10.2007): mz-web.de (Zugriff 6.11.2011)

b)

Grundgesetz, Art. 5: Meinungs-, Informations- und Pressefreiheit
(1) Jeder hat das Recht, seine Meinung in Wort, Schrift und Bild frei zu äußern und zu verbreiten und sich aus allgemein zugänglichen Quellen ungehindert zu unterrichten. Die Pressefreiheit und die Freiheit der Berichterstattung durch Rundfunk und Film werden gewährleistet. Eine Zensur findet nicht statt.
(2) Diese Rechte finden ihre Schranke in den Vorschriften der allgemeinen Gesetze, den gesetzlichen Bestimmungen zum Schutze der Jugend und in dem Recht der persönlichen Ehre.

1. Darf die Bild-Zeitung einen Abgeordneten als faul bezeichnen oder liegt Ihrer Ansicht nach darin eine Verletzung der persönlichen Ehre (**M1b**)?

ry5n9d
- Medien allgemein
- Zeitungen/ Zeitschriften

Die Macht der Medien
Wenn das Militär eines Staates einen Umsturz herbeiführt, dann werden als erstes die Fernseh- und Radiosender besetzt. Die neuen Machthaber wollen die Kontrolle über die Meldungen haben, die in den Medien verbreitet werden. Sie wollen, dass die Bevölkerung nur ihre Sicht der Dinge erfährt.

Schutz der Medien im Grundgesetz
Was in der Welt geschieht, was in Berlin beschlossen oder verhindert wird – wir Normalbürger erfahren das nicht direkt, sondern über die Medien. Wer die Kontrolle über die Medien hat, kann die öffentliche Meinung in seinem Sinne beeinflussen.
Die *Freiheit und Unabhängigkeit der Massenmedien* gehört zu den Eckpfeilern der Demokratie und wird in Deutschland durch Art. 5 des Grundgesetzes geschützt (**M1b**). Die eine Seite dieser Freiheiten ist das ungehinderte Verbreiten von Meinungen. Die andere Seite ist das Recht der Bevölkerung, sich ungehindert zu informieren.

Massenmedien als vierte Gewalt
Unabhängige Medien (Fernsehen, Rundfunk, Presse) sind in der Bundesrepublik eine Art vierte Gewalt geworden, die hinterfragt, kontrolliert und kritisiert, was politisch in der Welt geschieht. Unabhängige Medien informieren die Öffentlichkeit kritisch. Die meisten politischen Affären in der Bundesrepublik sind durch Journalisten aufgedeckt worden. In manchen Fällen haben dabei Politiker oder politische Institutionen Druck auf Journalisten ausgeübt und versucht, sie einzuschüchtern oder als unglaubwürdig darzustellen. Politiker, Parteien, Verbände usw. überschütten einerseits die Medien mit Pressemitteilungen und anderen Informationen. Andererseits sollen bestimmte Informationen gerade nicht öffentlich bekannt werden: Welche Pannen gab es bei der Überwachung von Terroristen? Wie viele Stunden fallen in den Beruflichen Schulen tatsächlich aus? Aber genau diese Informationen interessieren die Journalisten besonders.

Gefährdungen der Meinungsfreiheit

Neben den genannten Gefährdungen von außen gibt es auch Gefährdungen von innen:

- *Verfälschung von Tatsachen*: Nicht jede Meldung stimmt. Oft liegt das am Zeitdruck, oft an Schlamperei. Manche Verfälschungen geschehen aber bewusst – etwa durch Weglassen von Informationen oder Aufbauschen von Kleinigkeiten (M 3). Eine Zeitschrift wie der „Spiegel", die sich auf Enthüllungen spezialisiert hat, wird über einen Skandal in der Regierung anders berichten als eine Zeitung, die der Regierung nahe steht. Eine Zeitung, die bei einem guten Anzeigenkunden einen Lebensmittelskandal aufgedeckt hat, wird sich überlegen, was sie darüber schreibt.
- *Infotainment* (M 2): Die Massenmedien stehen in Konkurrenz zueinander. Einschaltquoten und Auflagen entscheiden über den geschäftlichen Erfolg. Politische Meldungen können in einem Unterhaltungssender ein Quotenkiller sein und damit ein Verlustgeschäft. Das hat zu zwei Tendenzen geführt, die vor allem in manchen Fernsehkanälen deutlich erkennbar sind:
  1. Kürzung der Nachrichten auf ein absolutes Minimum.
  2. Politische Ereignisse werden nur dann gemeldet, wenn sie sich unterhaltsam präsentieren lassen.

Diese Art der Aufbereitung von Information wird als Infotainment bezeichnet (von *Info*rmation + Enter*tainment*).

Die Gefahren liegen auf der Hand. Wenn das Fernsehen jedes Thema aus Politik, Kultur, Bildung und jede ernsthafte Debatte in Unterhaltung verwandelt, dann kann sich der Zuschauer kein vernünftiges Urteil bilden. Wenn sich Infotainment durchsetzt, stünde eine politisch gut informierte Minderheit einer Mehrheit gegenüber, die eher über das Styling der Kanzlerin diskutiert als über ihre Politik.
Die Politiker passen sich der veränderten Lage an. Es kommt darauf an, auf sich aufmerksam zu machen und als Person „gut rüberzukommen".

2. Sind die Massenmedien eine „vierte Gewalt"? Begründen Sie.

3. Stellen Sie die Gefährdungen der Meinungs- und Informationsfreiheit von außen und die Gefährdungen von innen in Form eines Plakats dar.

4. Suchen Sie in Ihrem Lieblings-Fernsehsender nach Beispielen für Infotainment. Präsentieren Sie ein Beispiel vor der Klasse.

M 2

5. Welche Gefährdung der Meinungs- und Informationsfreiheit wird hier dargestellt?

M 3 Zwei Meldungen – ein Ereignis

Schwäbisches Tagblatt
ROTTENBURGER POST · STEINLACH-BOTE

Wie die Polizei gestern mitteilte, nahm sie am vergangenen Mittwoch am Tübinger Hauptbahnhof einen 21-jährigen Mann aus Leonberg fest, der im Verdacht stand, Betäubungsmittel bei sich zu haben [...]

Reutlinger General-Anzeiger

Einen 21-jährigen afrikanischen Asylbewerber nahm die Polizei am Mittwoch wegen Verdacht auf Rauschgifthandel am Tübinger Hauptbahnhof fest [...]

Beide Texte nach: Schwäbisches Tagblatt vom 09.01.1999

6. Welchen Eindruck von der Festnahme erwecken die beiden Meldungen jeweils? Wie kommt es zu diesen unterschiedlichen Eindrücken?

7. Über die unterschiedliche Darstellung kam es im Schwäbischen Tagblatt zu Diskussionen in der Leserbriefspalte. Welche Argumente haben wohl in dieser Debatte eine Rolle gespielt?

8. Suchen Sie nach ähnlichen Beispielen in der aktuellen Tagespresse.

4.1 Wege der politischen Willensbildung

Bürgerinitiativen – Politik verhindern, anstoßen, selber tun?

- Bürgerinitiativen (Adressen)
- Elbbrücke in Dresden

M1 Der Bau einer Windkraftanlage – Meinungen in der Bevölkerung

- Wir brauchen zuerst ein Gutachten über die Gefahren für die Gesundheit.
- Wenn wir aus der Atomenergie aussteigen, können wir nicht gegen Windräder sein.
- Die Gemeinde braucht die Einnahmen.
- Die ganze Aussicht wird verschandelt.
- Warum ausgerechnet bei uns?
- Und was ist mit unserem Naherholungsgebiet?

1. Erklären Sie, warum es unterschiedliche Meinungen in der Bevölkerung zum Bau der Windkraftanlage gibt.
2. Welche Forderungen lassen sich aus diesen Äußerungen ableiten? Wer ist jeweils der Adressat?

Bürgerinitiativen als Ein-Punkt-Organisationen
Bürgerinitiativen richten sich auf ein bestimmtes Anliegen, etwa den Bau einer Umgehungsstraße, den Erhalt der Postfiliale, die Verhinderung einer Mülldeponie. Wenn dieses Ziel erreicht oder endgültig gescheitert ist, lösen sie sich wieder auf. Wir sprechen deswegen von Ein-Punkt-Organisationen.
In Bürgerinitiativen finden sich Anhänger verschiedener politischer Richtungen. Sie werden auf Gemeindeebene häufig von Vereinen, Verbänden und Parteien unterstützt. Diese helfen bei der Öffentlichkeitsarbeit, bieten organisatorische Hilfestellung und hoffen neben dem Erfolg der Aktion auch darauf, für ihren Verein oder ihre Partei zu profitieren. Solche Bündnisse helfen meist beiden Seiten.

Viele Gruppen haben sich bundesweit zusammengeschlossen – etwa im Bund für Umwelt und Naturschutz (BUND). Diese Umweltorganisationen bilden zusammen den Bundesverband Bürgerinitiativen Umweltschutz. Damit geben sich Bürgerinitiativen eine feste und dauerhafte Organisation. Sie arbeiten dann „professionell" wie die großen Interessenverbände (→ S. 144–145).

> Es ist immer eine stärkere Motivation, gegen etwas zu sein als dafür. Politische Leidenschaft entsteht aus der Erfahrung, mit etwas nicht einverstanden zu sein.

Wolfgang Thierse (1998–2005 Präsident des Deutschen Bundestags) wurde als Regimekritiker in der DDR bekannt.

M2 Ablaufmodell einer Bürgerinitiative

Phase 1 Einzelne Bürger wollen bestehende Verhältnisse ändern oder die Verwirklichung öffentlicher Planungen verhindern.

Phase 2 Öffentlichkeitsarbeit: Flugblätter, Zeitungsanzeigen, Artikel in der Lokalzeitung

Phase 3 Briefe an die Verwaltung, den Gemeinderat, Fraktionen und Parteien

Phase 4 Wenn keine Reaktion erfolgt: Gründung einer Bürgerinitiative: Schaffung eines organisatorischen Rahmens für die eigene Arbeit; Wahlen

Phase 5 Verstärkte Öffentlichkeitsarbeit: Gewinnung von Mitstreitern, Einbezug von Experten

Phase 6 Parteien schalten sich ein: Mehr Öffentlichkeit, Presseerklärungen, Anfragen an die Verwaltung

Phase 7 Verwaltung und Gemeinderat suchen nach Kompromissmöglichkeiten.

Phase 8 Bürgerinitiative entscheidet, ob sie den angebotenen Kompromiss annehmen (und sich auflösen) oder ob sie weiterkämpfen will.

3. Wie sieht die Karikatur die Bürgerinitiativen? Stimmen Sie dieser Aussage zu? Begründen Sie. In der Randspalte finden Sie Anregungen für Ihre Stellungnahme.

4. Im Streit um eine neue Elbbrücke in Dresden hatten sich Bürgerinitiativen von Befürwortern und Gegnern gebildet. Machen Sie sich ein genaues Bild vom Ablauf der Auseinandersetzungen (vgl. Online-Code). Zeichnen Sie ein auf diesen Fall bezogenes Ablaufmodell.

Neue soziale Bewegungen

Eine Vielzahl von Initiativen ist in den letzten Jahren aus der Gesellschaft heraus entstanden, die ihre Ziele außerhalb des etablierten Parteiensystems und seiner Institutionen umzusetzen versuchten. Für sie hat sich der Name „Neue soziale Bewegungen" eingebürgert. Sie sind in den unterschiedlichen Bereichen des öffentlichen Lebens tätig,
- in der sozialen Arbeit,
- im Umweltschutz,
- im Kampf gegen Atomkraft,
- beim Schutz der Menschenrechte,
- für bedrohte Tiere,
- im Kampf gegen die Globalisierung,
- in der Frauenbewegung.

Oft arbeiten sie nicht nur in einem einzelnen Land, sondern vernetzen und engagieren sich länderübergreifend.

Als Nicht-Regierungs-Organisationen (englisch abgekürzt NGO) treten Zusammenschlüsse wie Greenpeace, Amnesty International, Human Rights Watch, Attac oder PETA weltweit gegenüber Regierungen auf. Manche von ihnen sind auch Ansprechpartner oder Teilnehmer auf internationalen Konferenzen.

5. Sehen Sie in Bürgerinitiativen und Neuen sozialen Bewegungen eine Stärkung oder eine Schwächung der Demokratie in Deutschland?

6. Welche Neuen sozialen Bewegungen oder NGOs kennen Sie? Können Sie sich vorstellen, in einer von ihnen mitzuarbeiten? Wenn ja, in welchem Bereich?

Sind Bürgerinitiativen gut für die Demokratie?

+ PRO
- Bürgerinitiativen zeigen unkonventionelle Lösungen in politischen Streitfragen.
- Bürgerinitiativen benennen Probleme, die die Politiker verschlafen haben, und zeigen, wo den Bürgern der Schuh drückt.

− CONTRA
- Bürgerinitiativen führen zu unnötigem Streit und verhindern oder verzögern notwendige Entscheidungen.
- Die wichtigen politischen Entscheidungen sollen im Gemeinderat fallen und nicht auf der Straße.

4. Demokratie heute – was können die Bürger bewegen?

4.1 Wege der politischen Willensbildung

Wie werden politische Entscheidungen getroffen?
Entscheidungsspiele

HOT

„Wir sind dagegen!"
Widerstand gegen politische Entscheidungen ist in der Demokratie normal. Wenn Veränderungen geplant sind, gibt es Gewinner und Verlierer. Die Frage ist, wie mit den Einwänden umgegangen wird. Alle Beteiligten mit ins Boot zu holen, hat das Ziel, zu einem Kompromiss zu kommen, der von allen mitgetragen werden kann. Manchmal gelingt dies; manchmal sind die Gegensätze unüberbrückbar. Aber auch dann ist es wichtig, dass alle Betroffenen gehört worden sind und alle Standpunkte ins Spiel gebracht wurden.
Ein Entscheidungsspiel stellt einen solchen Streitfall im Kleinen nach. Dabei sind die Standpunkte der Gruppen nicht statisch. Sie können sich im Spielverlauf ändern.

js26jy
- Windenergie
- Windatlas

Ablauf eines Entscheidungsspiels

1. Einführungsphase
- Vorstellung des Streitfalls, zeitlicher Rahmen, Arbeitsbedingungen
- Bildung der Gruppen (für jeden Standpunkt eine Gruppe), Festlegung der Diskussionsleitung

2. Erarbeitung der Standpunkte in Gruppenarbeit
- Informationsbeschaffung
- Auswertung der Informationen
- Argumentation für die öffentliche Anhörung (Hearing) vorbereiten; dabei folgende Frage berücksichtigen: Durch welche Strategie soll überzeugt werden?
– Aufgaben/Rollen für die Diskussion verteilen
– Antworten auf mögliche Einwände anderer Gruppen vorbereiten
- Mindestforderung überlegen

3. Konferenzphase (Plenum)
- Vortrag der Standpunkte aller Gruppen (Hearing); klärende Rückfragen nach jedem Vortrag möglich
- Kontroversendiskussion über die Standpunkte
- Abschließendes Statement jeder Gruppe; ggf. Kompromiss zwischen den Standpunkten
- Entscheidung durch Abstimmung

4. Reflexionsphase (Plenum)
- Auswertung von Verlauf und Ergebnis

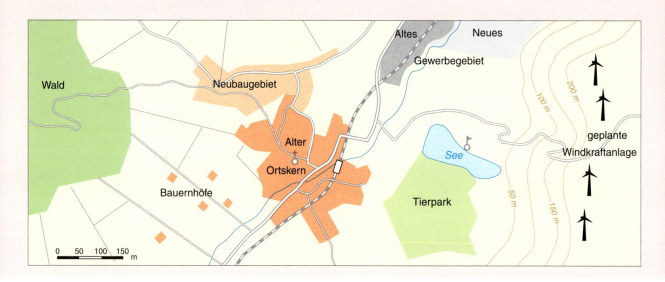

Ein Fallbeispiel: Eine Windkraftanlage für unsere Gemeinde?

Wir sind in einer ländlichen Gemeinde. Das regionale Energieversorgungsunternehmen (EVU) plant eine Windkraftanlage etwa 800 m vom Ortsrand entfernt, auf der Anhöhe hinter dem Gewerbegebiet (→ Karte, S. 142). Die Landwirte haben sich mit dem EVU schon geeinigt. Außerdem wollen sich einige Bürger als Investoren an dem Projekt beteiligen, weil der Staat einen festen Abnahmepreis garantiert. Im Gemeinderat sind die meisten Gemeinderäte für den Bau, teils wegen der Steuereinnahmen, teils weil es um „sauberen Strom" geht. Gemeinderat und Bürgermeister wollen das Projekt aber nicht um jeden Preis durchdrücken. Der Friede in der Gemeinde ist ihnen wichtiger.

Gegner des Projekts sind vor allem Bürger eines Neubaugebiets, die aus der Stadt zugezogen sind. Sie haben eine Bürgerinitiative gegründet und Unterschriften gegen das Projekt gesammelt. Sie halten Standorte in anderen Bundesländern für geeigneter und fürchten um ihre Ruhe.

Führen Sie nach den Vorgaben auf der linken Seite ein Entscheidungsspiel durch.

Hearing
Öffentliche Anhörung von Fachleuten, Betroffenen …

Befürworten den Bau der Anlage.
Hauptargumente:

Gruppe 1: Energieversorgungsunternehmen, Eigentümer, Investoren

- + Optimaler Standort wegen hoher Windgeschwindigkeiten und guter Anbindung an das Leitungsnetz
- + Ausreichender Abstand zum Ort
- + Die Beeinträchtigung des Ortsbilds wird durch höhere Einnahmen der Gemeinde ausgeglichen

Gruppe 2: Gemeindeverwaltung

- + Höhere Steuereinnahmen für die Gemeinde. Diese werden dringend benötigt: „Wenn wir es nicht machen, macht es eine andere Gemeinde"
- + Aktiver Beitrag zur Gewinnung von regenerativer Energie
- + Gut vertretbarer Kompromiss zwischen den verschiedenen Interessen

Hat sich noch nicht festgelegt.
Hauptargumente:

Gruppe 3: Naturschutzbund

- − Beeinträchtigung des Landschaftsbilds
- − Mögliche Gefahr für Zugvögel
- + Im Vergleich verschiedener Standorte eine gute Lösung
- + Wichtig als Baustein einer umweltfreundlichen Energieversorgung

Lehnt den Bau der Anlage ab.
Hauptargumente:

Gruppe 4: Bürgerinitiative „Gegenwind"

- − Standort liefert zu geringe Energieausbeute; Anlagen auf dem Meer sind wirtschaftlicher
- − unnötiger Eingriff in das Landschaftsbild; sinkende Attraktivität als Naherholungsgebiet
- − sinkender Wohnwert, da zu nahe am Ort
- − mögliche Gesundheitsgefährdung durch Geräuschpegel (Infraschall)

4.1 Wege der politischen Willensbildung

Welchen Einfluss haben Verbände in der Politik?

j62x3j
- Liste der Verbände
- Lobbyismus

→ Gesundheitswesen
S. 89

→ Abgeordnete
S. 130–131

→ Pluralismus
S. 154–155

Lobby
Eingangshalle eines Gebäudes. Im übertragenen Sinne: Interessenvertreter, die politischen Einfluss nehmen wollen.

Art. 9 GG
(1) Alle Deutschen haben das Recht, Vereine und Gesellschaften zu gründen. […]
(3) Das Recht, zur Wahrung und Förderung der Arbeits- und Wirtschaftsbedingungen Vereinigungen zu bilden, ist für jedermann und für alle Berufe gewährleistet. Abreden, die dieses Recht einschränken oder zu behindern suchen, sind nichtig. […]

M1 Wo spielt der Einfluss der Verbände die größte Rolle?

Am heftigsten umkämpft sind die Bereiche, in denen die Chancen der Unternehmen, auf dem Markt Geld zu verdienen, vor allem politisch bestimmt werden. Überall dort, wo es starke staatliche Regulierung gibt, gibt es auch starkes Lobbying. Das ist vor allem im Gesundheitsbereich und im Energiesektor der Fall […] Viele mächtige Interessengruppen versuchen, anstehende Gesetzesvorhaben in ihrem Sinne zu beeinflussen – etwa indem sie die Mitglieder des Gesundheitsausschusses mit Informationen versorgen.

Blickpunkt Bundestag vom 20.03.2006, Interview mit dem Politikwissenschaftler Rudolf Speth

1. Im Gesundheitswesen gibt es viele, die von staatlichen Regeln profitieren. Wer und warum?

Was ist Lobbyismus?
In Deutschland gibt es heute mehr als 4000 Verbände mit unterschiedlichen Zielsetzungen. Sie organisieren die Interessen ihrer Mitglieder und wollen Einfluss haben – in der Öffentlichkeit, gegenüber anderen Verbänden, aber vor allem in der Politik. Man sagt auch, sie bilden „eine Lobby", und meint damit, dass sie sich dort aufhalten, wo politische Entscheidungen getroffen werden, etwa in den Räumen des Bundestags und der Ministerien (M3).
Die Verbandsvertreter begleiten Gesetzesentwürfe, werden als Berater in den Ausschüssen des Bundestags herangezogen oder zu Hearings eingeladen. Manche Abgeordnete sind auch für Verbände tätig oder stehen ihnen nahe. So gibt es viele Gewerkschaftsmitglieder bei der SPD, viele Vertreter von Wirtschaftsverbänden bei CDU/CSU und FDP. Das zeigt die Nähe mancher Verbände zu den Parteien.
Die Verbände, die auf diesem Weg Gehör finden wollen, müssen sich beim Bundestag registrieren lassen (M2). Die Abgeordneten, die gegen Bezahlung für Verbände tätig werden, müssen diese Tätigkeit veröffentlichen.
Bundestag und Regierung brauchen das Sachwissen der Lobbyisten. Manche Gesetze würden ohne ihre Mitarbeit nicht oder nur fehlerhaft zustandekommen.

Das politische Gewicht von Verbänden ist nicht immer abhängig von der Zahl ihrer Mitglieder. Manche Verbände mit wenig Mitgliedern sind sehr erfolgreich, z. B. der Verband Forschender Arzneimittelhersteller (VFA) mit 45 Mitgliedern.

Arten von Verbänden
Verbände werden meist nach ihrer Zielsetzung unterschieden:
- Wirtschaftsverbände: Besondere Bedeutung und weit reichenden Einfluss haben in der Politik die Verbände, die wirtschaftliche Interessen vertreten, also insbesondere Unternehmer- und Arbeitgeberverbände und Gewerkschaften (→ S. 158–159).
- Vereinigungen mit sozialen Zielen: Dazu gehören etwa der Deutsche Mieterbund oder die Caritas.
- Verbände im Sport- und Freizeitbereich: Die Sportvereine, die es in jeder Gemeinde gibt, sind im Deutschen Olympischen Sportbund (DOSB) zusammengeschlossen.
- Vereinigungen im Bereich Wissenschaft und Kultur.
- Verbände mit politischen oder ideellen Zielsetzungen: Dazu zählen die neuen sozialen Bewegungen und die NGOs. Auch die Kirchen werden meist hier eingeordnet.

144 4. Demokratie heute – was können die Bürger bewegen?

M2 Beim Deutschen Bundestag registrierte Verbände (Auszug)

Name	Interessenbereiche (Auszug)	Mitgliedschaft
Bundesverband deutscher Banken	Beratung und Unterstützung der Behörden; Aufklärung der Öffentlichkeit über Tätigkeit und Aufgaben der deutschen Banken	**220** Mitglieder; **12** angeschlossene Organisationen
Deutscher Olympischer Sportbund (DOSB)	Förderung von Turnen und Sport; Koordination der dafür erforderlichen gemeinsamen Maßnahmen	**27,6** Mio. Mitglieder; **98** angeschlossene Organisationen
Deutsches Rotes Kreuz (DRK)	Humanitäres Völkerrecht. Humanitäre Hilfen. Katastrophenschutz/Hilfe. Sozialarbeit. Jugendarbeit. Internationale Zusammenarbeit. Freiwilliges Engagement, freiwillige Dienste. Suchdienst.	**4,7** Mio. Mitglieder
Vereinte Dienstleistungsgewerkschaft (Ver.di)	Alle Gebiete der Gesellschaftspolitik sowie Wirtschafts-, Sozial-, Kultur- und Bildungspolitik.	**2,1** Mio. Mitglieder

Stand 2011 – www.bundestag.de

2. Welche dieser Verbände sind Ihnen bekannt? Welche Zielsetzungen verbinden Sie damit?

3. Auf der Internet-Seite des jeweiligen Verbands und auf der Seite des Bundestags erfahren Sie mehr über diese Verbände. Recherchieren Sie arbeitsteilig.

4. Suchen Sie für die verschiedenen Arten von Verbänden weitere Beispiele.

5. Interessenverbände bieten ihren Mitgliedern auch Dienstleistungen an. Stellen Sie solche Dienstleistungen am Beispiel des DOSB zusammen.

M3 Verbände wenden sich an ...

6. Welche Art der Einflussnahme bevorzugen bestimmte Verbände? Erläutern Sie dies an drei Beispielen. Inwiefern unterscheiden sich diese Wege von Verband zu Verband?

4.2 Gefährdungen der Demokratie
Leben auf Kosten der Schwächeren?

- Polizeiliche Kriminalstatistik
- Organisierte Kriminalität

M1 Wie allgemeine Spielregeln verloren gehen

Ich möchte bei einem Händler ein Handy kaufen. Der Preis ist in Ordnung. Der Händler bietet es mir noch 30 Euro günstiger an, wenn ich auf eine Quittung verzichte […]

Mein Fahrrad wurde gestohlen. Inzwischen habe ich Geld von der Versicherung erhalten und ein neues gekauft. Nun meldet sich die Polizei und präsentiert mein Fahrrad, das aber stark beschädigt und nicht mehr eindeutig zu identifizieren ist. Meine Versicherung zahlt aber nur bei Diebstahl, nicht bei Beschädigung […]

Bei einem Sozialen Netzwerk im Internet entdecke ich Fotos von mir mit einer Bierflasche in der Hand, die mich nicht gut aussehen lassen. Der dazu genannte Name ist nicht mein richtiger […]

Beispiele aus dem Kartenspiel „Jetzt mal ehrlich" (Verfasser: Robby Geyer, Bonn 2010)

1. Wie geht es in diesen Situationen vermutlich weiter? Vergleichen Sie verschiedene Fortsetzungen.

Kosten des Vandalismus
Allein der Deutschen Bahn entsteht jährlich ein Schaden von über 50 Mio. Euro durch Vandalismus.

Jeder nimmt sich, was er will
Ein Sportler hinterzieht Steuern in Millionenhöhe. Ein Politiker lässt das Dach seines Hauses in Schwarzarbeit decken. – Wenn es um hohe Beträge oder um Personen des öffentlichen Lebens geht, kommen solche Fälle noch in die Zeitung. Aber im Alltag hat sich offenbar jeder daran gewöhnt, dass der Ehrliche der Dumme ist? Besonders dann, wenn das Finanzamt, eine Versicherung oder ein Unternehmen geschädigt wird, fehlt es auch an der Einsicht: Warum sollte ich nicht tun, was alle tun?
Die Konkurrenz zwischen den Betrieben wird härter, die Einkommen steigen nicht mehr – wo kann ich noch etwas herausholen? Gegenüber dem Staat macht sich die Einstellung breit, die Leistungen zu erhalten, ohne die Lasten tragen zu müssen. In einem Sozialstaat zahlt ein Reicher mehr Steuern und Abgaben als ein Armer, aber er bekommt nicht mehr staatliche Leistungen. Die Stärkeren stützen die Schwächeren.

Der Schaden für die Demokratie
Wenn immer weniger Menschen bereit sind, sich an die vom Staat festgelegten Regeln zu halten und die Lasten mitzutragen, ist das auch ein Schaden für die Demokratie. Oft werden heute staatliche Maßnahmen nicht mehr nach ihren Zielen beurteilt, sondern nur vom Standpunkt des eigenen Geldbeutels aus. Es wird in der Politik zunehmend schwerer, die für das Allgemeinwohl nötigen Reformen durchzusetzen und Kompromisse zu finden, die von den Beteiligten akzeptiert werden.
Der Verlust an Solidarität geht auf Kosten der Schwächeren. Wer tatsächlich auf staatliche Unterstützung angewiesen ist, wird mit den Abzockern in einen Topf geworfen – in der Öffentlichkeit und im Umgang mit der Behörde, die ihre schlechten Erfahrungen gemacht hat und dem Antragsteller mit Misstrauen begegnet. Menschen, die auf Unterstützung angewiesen sind (z. B. Familien, Alleinerziehende, Rentner, Arbeitslose), haben es schwer, mit ihren Anliegen ernst genommen zu werden. Auch hier besteht für die Demokratie eine Gefahr: dass die Menschen nämlich nichts mehr von ihr erwarten und nur noch auf „die dort oben" schimpfen. Armut und fehlende Zukunftsperspektive können zu sozialen Konflikten führen. Wo die Ärmeren leben, gibt es auch mehr Kriminalität. Das gilt für Stadtteile, aber auch für ganze Regionen.

146   4. Demokratie heute – was können die Bürger bewegen?

M2 Die häufigsten Straftaten (Tatverdächtige)

a)

	Kinder unter 14 Jahren	Jugendliche (14–17 Jahre)	Heranwachsende (18–20 Jahre)	Junge Erwachsene (21–24 Jahre)	Erwachsene ab 25 Jahren
	4% der Tatverdächtigen	11% der Tatverdächtigen	10% der Tatverdächtigen	12% der Tatverdächtigen	63% der Tatverdächtigen
1.	Ladendiebstahl	Ladendiebstahl	Körperverletzung	Betrug[1]	Betrug[2]
2.	Körperverletzung	Körperverletzung	Rauschgiftdelikte	Körperverletzung	Körperverletzung
3.	Sachbeschädigung	Sachbeschädigung	Sachbeschädigung	Rauschgiftdelikte	Ladendiebstahl
4.	schwerer Diebstahl	schwerer Diebstahl	Ladendiebstahl	Ladendiebstahl	Beleidigung
5.	Beleidigung	Rauschgiftdelikte	schwerer Diebstahl		Rauschgiftdelikte

Polizeiliche Kriminalstatistik für das Jahr 2010

[1] Häufig: Benutzung öffentlicher Verkehrsmittel ohne Fahrschein
[2] Häufig: Warenbetrug, Warenkreditbetrug

b)

In vielen alltäglichen Situationen gibt es den Anreiz zu kriminellen Handlungen: Ich will mir ein Parfum kaufen, aber es ist mir zu teuer. Ich will mich an einem anderen rächen, von dem ich mich ungerecht behandelt fühle. Ich will der Freundin oder der Clique imponieren. Das Abgleiten in die Kriminalität ist nie zwangsläufig.
Und auch bei denen, die straffällig werden, gibt es Unterschiede. Man unterscheidet zwischen Einmaltätern, Konflikttätern, Gelegenheitstätern, Wiederholungstätern und Rückfalltätern. Etwa drei Viertel aller Täter sind männlich. Das ist auch bei Erwachsenen so.

2. Suchen Sie nach Beispielen für Sachbeschädigung und Körperverletzung.
3. Vergleichen Sie die Rangfolge der häufigsten Straftaten in den verschiedenen Altersgruppen (M2a). Was fällt Ihnen auf? Suchen Sie nach Gründen für die Veränderungen.
4. Charakterisieren Sie die im M2b genannten Tätertypen.

Organisierte Kriminalität

Organisierte Kriminalität heißt Kriminalität als Geschäft in großem Stil: Drogenhandel, Waffenschmuggel, Menschenhandel, Prostitution und Schutzgelderpressung sind die Haupterwerbszweige. Allein in Europa wird der Umsatz auf über 350 Mrd. Euro geschätzt – höher als der deutsche Bundeshaushalt.
Die zunehmende globale Verflechtung der Banden und ihre Versuche, auf die Politik Einfluss zu nehmen, machen sie zu einer Gefahr für Politik und Gesellschaft. Ihre Verfolgung ist schwierig. In Deutschland wurde der Staat zu ihrer Bekämpfung mit neuen Rechten ausgestattet.

5. Welche Möglichkeiten hat der Staat, seine Bürger zur Einhaltung der Gesetze zu veranlassen?
6. Erläutern Sie den Begriff „Organisierte Kriminalität".

4.2 Gefährdungen der Demokratie

Sich durchsetzen mit Gewalt?

M1

1. Ist die hier dargestellte Situation realistisch? Begründen Sie.

4m89p8
- Opferschutz
- Verfassungsschutz

Erst wenn sich das Opfer nicht mehr zu helfen weiß und zur Polizei geht, wird die Tat aktenkundig und es können Maßnahmen ergriffen werden (**M2**).

Gewalt, weil es Spaß macht
Schüler machen sich einen Spaß daraus, Klassenkameraden zusammenzuschlagen, die Tat mit dem Handy zu filmen und das Ganze ins Internet zu stellen. Die Veröffentlichung in einem Internet-Forum soll für die nötige Aufmerksamkeit und Anerkennung sorgen.
Spaß an der Gewalt heißt: Körperverletzung und Sachbeschädigung sind nicht Mittel, sondern Zweck. Wer gerade Opfer wird, ist recht zufällig. Diese Art von Gewalt gibt es fast nur aus einer Gruppe, einer Gang heraus. Sie ist von Alter und Geschlecht abhängig; die meisten Täter sind junge Männer zwischen 18 und 24 Jahren.

Gewalt zur „Lösung" privater Konflikte
Wer zuschlägt, zusticht oder schießt, ist davon überzeugt, dass er ohne Gewalt nicht zum Ziel kommt. Er hält nichts von rechtsstaatlichen Regelungen der Konflikte oder fühlt sich ihnen nicht gewachsen. In diese Gruppe gehört der Ehemann, der seine Frau schlägt, weil sie sich von ihm scheiden lassen will, oder der Schüler, der nur mit dem Messer in die Schule geht, weil er sich vor seinen Mitschülern fürchtet. In vielen Schulen haben die Auseinandersetzungen zugenommen – mit Worten und mit tätlichen Angriffen.
Die Gewalt in der Familie und im Bekanntenkreis taucht nur selten in einer Statistik auf.

Gewalt gegen Minderheiten
Mehr als fünfzig Besucher eines Volksfestes jagen acht Inder durch den Ort und rufen: „Deutschland den Deutschen, Ausländer raus!" Die verletzten Inder flüchten sich in ein Lokal und werden dort belagert. Die Polizei braucht 70 Mann, um dem Treiben ein Ende zu machen. So geschehen in einer sächsischen Kleinstadt.
Ein 20-Jähriger ruft im Internet zur Ermordung von zwei ihm missliebigen Bürgern auf, mit deren Namen und Adresse, liefert genaue Steckbriefe und verspricht eine Belohnung von 5 000 Euro. Als er entdeckt wird, erhöht er die Belohnung. Gewalt tritt hier auf als *Selbstjustiz*, wie eine kleine Privatpolizei, um Leuten „einen Denkzettel zu verpassen", die hier angeblich nichts verloren haben. Es ist eine Gewalt ohne Unrechtsbewusstsein. Sie richtet sich gegen Menschen, deren „Pech" es ist, anders zu denken oder anders auszusehen.
Auch wer sich bedroht fühlt, kann nicht einfach zur Selbsthilfe greifen und Gesetzgeber, Polizei, Staatsanwalt und Richter in einer Person spielen. Die Entscheidung, wer was darf, und die Bestrafung der Täter ist eine Angelegenheit des Staates und nie eines Privatmannes. Manche Bedrohung ist nur vorgeschoben: Bedroht fühlt man sich nicht wirklich in seiner Eigenschaft als Deutscher, weil Menschen ohne deutschen Pass in derselben S-Bahn sitzen dürfen, dieselbe Luft atmen und von demselben Staat Arbeitslosengeld beziehen.

M2 Der Schläger geht, das Opfer bleibt

In Deutschland gibt es das seit 2002: Hausverbot für die Täter. Wer seinen Partner oder Familienmitglieder schlägt, bedroht oder einschüchtert, kann vom Gericht aus der gemeinsamen Umgebung verbannt werden – nicht nur aus der Wohnung, sondern auch von Schule, Kindergarten und Arbeitsplatz der Familienmitglieder. Nicht mehr das Opfer muss anderswo Schutz suchen, sondern der Täter muss gehen. Die meisten Umgangsverbote werden gegen Männer verhängt.

2. Inwiefern verbessert das Umgangsverbot die Situation der Opfer?
3. Wie kann den Opfern darüber hinaus geholfen werden?

M3 Wo gibt es die meisten rechtsextremen Gewalttaten?
Stand 2010

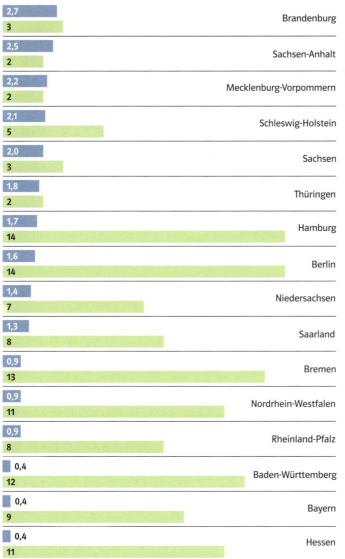

Bundesland	rechtsextreme Gewalttaten pro 100 000 Einwohner	Ausländeranteil in der Bevölkerung in Prozent
Brandenburg	2,7	3
Sachsen-Anhalt	2,5	2
Mecklenburg-Vorpommern	2,2	2
Schleswig-Holstein	2,1	5
Sachsen	2,0	3
Thüringen	1,8	2
Hamburg	1,7	14
Berlin	1,6	14
Niedersachsen	1,4	7
Saarland	1,3	8
Bremen	0,9	13
Nordrhein-Westfalen	0,9	11
Rheinland-Pfalz	0,9	8
Baden-Württemberg	0,4	12
Bayern	0,4	9
Hessen	0,4	11

Verfassungsschutzbericht 2010

STADT – NAME – LAND

ZWICKAU?

TRABANT UND RECHTSTERRORISMUS!

SCHWARWEL

4. Vergleichen Sie den Ausländeranteil in den Bundesländern mit dem Ausmaß der rechtsextremen Gewalt. Was fällt auf?

5. Es wird gesagt, dass die Konkurrenz um Wohnraum, Arbeitsplatz und staatliche Leistungen zu Ausländerfeindlichkeit führt. Wird diese Aussage durch die Grafik eher bestätigt oder eher widerlegt?

6. Vergleichen Sie die im Text und in M3 angesprochenen Arten der Gewalt nach Motiven, Zielen und Mitteln.

7. Wie können der Staat und der einzelne Bürger jeweils darauf reagieren?

8. Welche negativen Folgen für die Betroffenen erwarten Sie? Denken Sie an
- Familie,
- Wohnen,
- Arbeitsplatz/Schule,
- Freizeit.

4.2 Gefährdungen der Demokratie

Extremismus und Terrorismus – heute wieder eine Gefahr?

g86v7z
- Extremismus
- Terrorismus

M1

Demonstration in Göppingen

Krawalle in Berlin-Kreuzberg am 1. Mai

1. Ordnen Sie die beiden Fotos dem Rechtsextremismus bzw. dem Linksextremismus zu. Begründen Sie.

Extremismus
Radikale politische Haltung unter Ablehnung der Demokratie.

Terrorismus
Politische Strategie von Gruppen oder von Einzelpersonen, die politische Ordnung eines Staates durch Gewalt (z. B. Bombenanschläge, Entführungen) aus dem Gleichgewicht zu bringen. Neben Islamisten gibt es auch nationalistische Gruppen wie die ETA in Spanien oder die IRA in Nordirland.

Islamische Fundamentalisten (Islamisten)
Gruppen oder Personen, die die wörtliche und starre Befolgung der Vorschriften des Korans fordern.

Kommunismus
Politische Richtung, die eine staatlich gelenkte Wirtschaft fordert und Privateigentum ablehnt.

Autonomie
Unabhängigkeit

Gewalttätiger Extremismus
Politischer Extremismus ist in Deutschland häufig mit Gewalt verbunden. Typische Gewaltziele der Linken sind Transporte von radioaktivem Material, Anschläge auf staatliche Einrichtungen und Auseinandersetzungen mit der Polizei. Hochburg der linken Autonomen ist Berlin. Typische Gewaltziele der Rechten sind Ausländer (60 Prozent der Taten). So wurden zwischen 2000 und 2006 acht türkischstämmige und ein griechischer Kleinunternehmer Opfer einer Attentatserie der NSU (Nationalsozialistischer Untergrund).

Rechte und Linke, was wollen sie?
- **Rechte Gruppen**: Vorbild ist oft der Nationalsozialismus, speziell dessen Vorstellung vom besonderen Wert der Deutschen. Die Vernichtung der Juden im Nationalsozialismus wird häufig geleugnet oder verharmlost. Demokratie gilt als schwache Staatsform, die durch den Grundsatz von Befehl und Gehorsam überwunden werden muss.
- **Linke Gruppen**: Kommunistische Vorbilder spielen seit dem Ende des Ostblocks keine Rolle mehr. Autonome Gruppen wollen die Befreiung des Einzelnen und bekämpfen darum den Staat und privates Eigentum (Hausbesetzungen). Sie haben meist keine ausformulierten Programme.

Wie soll der Staat reagieren?
Mit Polizei, Verfassungsschutz und Verboten kann der politische Extremismus bekämpft werden. Im Unterschied zur Weimarer Republik gibt das Grundgesetz dem Staat ausdrücklich Freiheiten beim Verbot von Gruppen und Parteien, die sich gegen die Demokratie richten: *Grundsatz der wehrhaften Demokratie*. Wie weit aber darf der Staat bei der Einschränkung demokratischer Freiheiten gehen, um sich selbst zu schützen? Welche Ansichten fallen noch unter die Meinungsfreiheit, wo beginnt die Volksverhetzung?
Sind polizeiliche Maßnahmen überhaupt in der Lage, den Staat dauerhaft zu schützen? Kann ein demokratischer Staat bestehen, wenn größere Teile der Bevölkerung auf Distanz zu ihm gehen oder ihm sogar den Gehorsam verweigern? Wenn extreme Gruppen in der Bevölkerung Zulauf haben, muss sich der Staat fragen lassen, ob er nicht etwas falsch gemacht hat.

Terrorismus – eine neue Gefahr
Eine starke Gefährdung des Staats ist der internationale Terrorismus, speziell durch islamistische Gruppen. Terrorgruppen wollen politische Signale setzen, indem sie Angst und Schrecken verbreiten.

M2 Große Terroranschläge der letzten Jahrzehnte

1980 Bombenexplosion auf dem Münchner Oktoberfest, 13 Tote, 218 Verletzte. Die Täter waren rechtsradikal.

1988 Anschlag auf ein Flugzeug der US-Gesellschaft PanAm, 270 Tote. Der Staat Libyen bekannte sich später zu diesem Anschlag.

1995 Anschlag auf ein Verwaltungsgebäude in Oklahoma City (USA), 168 Tote. Der Täter, ein US-Bürger, wollte sich für den Polizeieinsatz gegen eine Sekte rächen.

1998 Anschläge auf die US-Botschaften in Nairobi (Kenia) und Daressalam (Tansania), 224 Tote. Die Täter waren Islamisten.

2001 Anschläge auf das World-Trade-Center in New York und das Verteidigungsministerium in Washington (USA), mehr als 3000 Tote. Die Täter waren Islamisten.

2002 Anschläge auf australische Touristen auf Bali, 202 Tote. Die Täter waren Islamisten.

2004 Anschläge auf Vorortzüge in Madrid (Spanien), 191 Tote. Die Täter waren Islamisten.

2006 Anschläge auf S-Bahnen in Mumbai (Indien), 207 Tote. Die Täter waren Islamisten.

2007 Anschlag auf Jesiden (nicht-muslimische Minderheit im Irak), 796 Tote. Die Täter waren Islamisten.

2008 Anschläge auf Hotels in Mumbai (Indien), 174 Tote, v.a. Briten und US-Bürger. Die Täter sind unbekannt.

2010 Anschläge auf Moscheen in Lahore (Pakistan), 86 Tote. Die Täter waren Islamisten.

„Nagelbombenattentat" in Köln 2004. Bei dem Anschlag wurden 22 Menschen zum Teil schwer verletzt. Die Tat war Teil einer rechtsradikalen Attentatserie zwischen 2000 und 2006.

2. Welche Personen oder Gruppen waren an den Anschlägen beteiligt, welche waren Opfer? Gegen welche Einrichtungen oder Staaten richteten sie sich? Welche Motive können Sie diesen Angaben entnehmen?

Ein weiteres Ziel ist oft, den gegnerischen Staat zu erpressen: Wenn die Bevölkerung um ihr Leben fürchtet, dann – so die Kalkulation der Terroristen – geht die Regierung eher auf ihre Forderungen ein.

Viele Anschläge gehen auf das Konto von Rechtsradikalen und von islamistischen Selbstmord-Attentätern (M2). Diese Anschläge zeigen die Verwundbarkeit offener demokratischer Gesellschaften.

Gegenmaßnahmen sind schwierig. Die Anti-Terror-Gesetze in Deutschland, der Europäischen Union und den USA bringen Einschränkungen von staatsbürgerlichen Rechten mit sich und sind im Alltag manchmal lästig, z.B. im Flugverkehr (M3). Wie weit die Sicherheitsmaßnahmen gehen sollen, ist darum umstritten.

3. Worin bestehen Gemeinsamkeiten und Unterschiede zwischen politischem Extremismus und Terrorismus?

M3 Wichtige Maßnahmen gegen den Terrorismus in Deutschland seit 2001

- Verschlüsselte biometrische Daten (z. B. Gesichtserkennung, Fingerabdruck) in neu ausgestellten Pässen.
- Geheimdienste dürfen bei Banken, Fluggesellschaften, Ausländerbehörden und den Betreibern von Telefonnetzen Daten erheben.
- Online-Ermittlung gegen Datennetz-Kriminalität.
- Erstellung einer Antiterror-Datei mit Informationen über verdächtige Personen.
- EU: – Europäischer Haftbefehl gegen Terrorverdächtige.
   – Verbindungsdaten von Telefongesprächen müssen 6 Monate gespeichert werden.
   – Verschärfte Kontrolle von Fluggästen und deren Gepäck.

4. Überlegen Sie, warum es trotz dieser Maßnahmen einen umfassenden Schutz gegen Terrorismus nicht geben kann.

4.2 Gefährdungen der Demokratie

Aus Geschichte lernen?
Referat und Facharbeit

HOT

Geschichte als Vorbild – Geschichte als Last?
Wenn wir über Gefährdungen der Demokratie heute reden, landen wir schnell bei der deutschen Geschichte. Wenn in Deutschland Steine gegen Ausländer fliegen, erschrecken die Menschen in den Nachbarstaaten und ziehen Vergleiche mit dem Nationalsozialismus. Da erleben wir unsere Geschichte als Last. Aus der Geschichte lernen heißt auch: alles Erdenkliche zu tun, dass sich das Unrecht des Nationalsozialismus nicht wiederholt.
Aber die deutsche Geschichte kann auch politische Vorbilder liefern, z. B. der Sieg der DDR-Bevölkerung über die SED-Diktatur, das Wirtschaftswunder, die Weimarer Verfassung, das Frauenwahlrecht oder die demokratische Nationalversammlung von 1848.

Arbeitsschritte für ein Referat

1. Informationen beschaffen

2. Informationen analysieren

- Gezieltes Lesen: Was ist mein Ziel? Welche Fragen soll der Text beantworten?
- Beurteilung des Gelesenen: Auswahl, Schwerpunktsetzung

3. Informationen aufbereiten

Vorüberlegungen
- Art der Darstellung (schriftlich/mündlich)
- Umfang/zeitlicher Rahmen
- Zielgruppe: Schulklasse? Vorgesetzte? Kunden?
- Absicht: Andere überzeugen? Andere informieren?

Gliederung
- Informationen ordnen
- Zusammenhänge herstellen
- Wichtiges auswählen

Präsentation
- Text anschaulich machen durch Grafiken, Schaubildern, Karikaturen usw., Farben verwenden
- Beim mündlichen Vortrag: Wie kann ich die Zuhörer einbeziehen?

Dieses Plakat wurde 1914 in Berlin verboten:

Heraus mit dem Frauenwahlrecht
FRAUEN-TAG
8. MÄRZ 1914

9 öffentl. Frauen-Versammlungen

Mögliche Themen für Referate zur deutschen Geschichte

Verarmung: Als das Ersparte nichts mehr wert war. Wie erlebten die Menschen die Inflationszeit 1923?

Arbeitslosigkeit: Wenn Menschen keine Arbeit mehr finden. Wie nutzte die NSDAP die Hoffnungslosigkeit?

Gewalt: Wenn Stiefel Angst verbreiten. Welche Rolle spielte die SA am Ende der Weimarer Republik?

Schutzlosigkeit: Als die ersten Kritiker verhaftet wurden. Welche Folgen hatte der Reichstagsbrand vom 27. Februar 1933?

Entmachtung: Als der Reichstag für seine eigene Bedeutungslosigkeit stimmte. Was geschah am 23. März 1933?

Verfolgung: Als Fensterscheiben klirrten und Synagogen brannten. Wie verhielten sich Täter, Opfer und Zuschauer in der Reichspogromnacht des 9. November 1938?

Zivilcourage: Wie einzelne Menschen den Gehorsam verweigerten. Wie erging es den Gegnern des Nationalsozialismus?

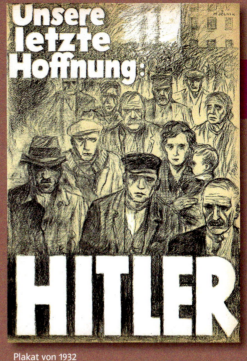

Plakat von 1932

Geldschein von 1924, Finanzkrise

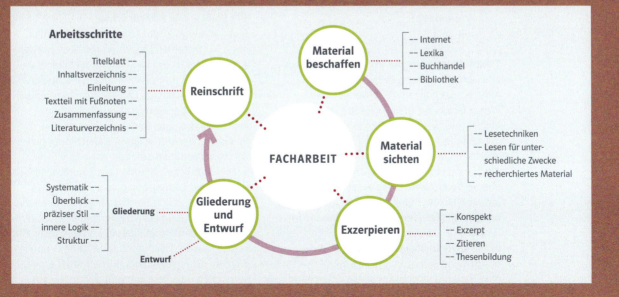

4. Demokratie heute – was können die Bürger bewegen? **153**

4.3 Unsere Demokratie auf dem Weg in die Zukunft
Pluralismus – wie regeln wir Konflikte zwischen verschiedenen Interessen?

M1 Demokratische Spielregeln

Vereinbarung

1. Wir haben das Recht, Ansprüche gegenüber dem Staat geltend zu machen.
2. Wir verzichten bei der Verfolgung unserer Ziele auf Gewalt und politische Erpressung.
3. Wir erkennen an, dass andere Gruppen auch Forderungen stellen dürfen.
4. Wir nützen unsere Macht nicht auf Kosten der Minderheiten aus.
5. Wir bleiben sachlich bei der Kritik anderer Standpunkte und Interessen.
6. Wir sind offen für Alternativen und Kompromisse.
7. Wir sind bereit, Verantwortung zu übernehmen.
8. Wir ordnen uns Mehrheitsentscheidungen unter.

1. Erarbeiten Sie aus dem Infotext und der Vereinbarung die Grundsätze des Pluralismus. Welcher innere Zusammenhang besteht zwischen den einzelnen Regelungen?

Verschiedene Standpunkte – ganz alltäglich
Dass ich mit anderen nicht immer einer Meinung bin, ist ganz normal: Wer spült ab? Wohin fahren wir in den Urlaub? Brauche ich ein iPhone?
Interessant daran ist die Frage, wer sich durchsetzt und warum. Manchmal ergibt sich die Lösung einfach aus äußeren Umständen oder anderen Notwendigkeiten. Oder es gibt – am Arbeitsplatz – einen Vorgesetzten, der das entscheidet. Oft jedoch geht es – gerade im Privatleben – darum, verschiedene Interessen und Wertvorstellungen unter einen Hut zu bringen und Kompromisse zu schließen. Wenn man dazu nicht bereit ist, können sich harmlose Diskussionen in Machtfragen verwandeln und am Ende sind alle unzufrieden.

Demokratische Spielregeln
Verschiedene Standpunkte gibt es auch in politischen Fragen. Gesellschaftliche Gruppen und Verbände konkurrieren um Einfluss, um wirtschaftliche und politische Macht. Wer setzt sich dabei durch und warum? Hier ist es besonders wichtig, dass verbindliche Regeln gelten, an die sich alle Beteiligten halten.
Demokratische Staaten kennen hier das Prinzip des *Pluralismus*. Das heißt, die verschiedenen Gruppen in der Gesellschaft, z. B. Arbeitgeber, Gewerkschaften, Bürgerinitiativen, müssen bei der Verfolgung ihrer Ziele alle dieselben Spielregeln einhalten. Der Ausgleich zwischen ihren Zielen ist durch die Verfassung und durch Gesetze geregelt. Dabei gilt:
- Interessenkonflikte müssen friedlich ausgetragen werden. Welche Mittel erlaubt sind, regelt der Staat (z. B. sind den Gewerkschaften Streiks erlaubt, aber nur zur Durchsetzung neuer Löhne und Arbeitsbedingungen).
- Die Mehrheit entscheidet (z. B. in Abstimmungen), aber sie muss die Interessen der unterlegenen Gruppen berücksichtigen: Minderheitenschutz und Interessenausgleich.

Die Regeln des Pluralismus führen dazu, dass alle für ihre Ziele Verbündete suchen. Sie schließen sich zu Verbänden zusammen, suchen die Unterstützung der Öffentlichkeit, nehmen Einfluss auf Parteien usw.

Der Staat – kein Schiedsrichter
Einerseits wacht der Staat darüber, dass die oben dargestellten Regeln eingehalten werden. Andererseits ist er in seinem Handeln nicht unabhängig von Interessengruppen. Die Regierung braucht die Unterstützung wichtiger Verbände; die Parteien bemühen sich vor Wahlen um ihre Unterstützung. Darum sucht der Staat im eigenen Interesse den Ausgleich zwischen den verschiedenen Standpunkten. Er will die gesellschaftlichen Gruppen zur Zusammenarbeit unter seiner Leitung bringen. Am Ende eines fairen Kampfes soll ein tragfähiger Kompromiss stehen, nicht Sieg oder Niederlage einer Seite.
Die Tagespolitik zeigt, dass es immer wieder Fälle gibt, in denen sich gesellschaftliche Gruppen nicht an diese Regeln halten, den Staat erpressen wollen oder ihre guten Beziehungen ausnützen. Im politischen Leben kommen machtvoll organisierte Einzelinteressen wie die von

Banken, Versicherungen, Pharmaindustrie oder Landwirten regelmäßig eher zum Zug als die oftmals wichtigeren Interessen der Allgemeinheit. Dagegen gibt es Bevölkerungsgruppen wie Kinder und Jugendliche, deren Interessen in der Öffentlichkeit viel weniger machtvoll – manchmal auch gar nicht – vertreten werden.
Presse und Fernsehen haben hier eine wichtige Aufgabe: Sie kontrollieren, ob der Staat einzelnen Gruppen zu weit entgegenkommt, und bringen diese Fälle an die Öffentlichkeit. Sie berichten z. B. in Reportagen über soziale Missstände, und können so ein Sprachrohr der zu kurz Gekommenen sein.

2. Die Vereinbarung (M1) enthält Aussagen über den Pluralismus in Bezug auf Staat und Politik. Wie könnte Pluralismus in der Schule aussehen? Erarbeiten Sie gemeinsame Regeln für den Umgang zwischen Lehrkräften und Schülern sowie den Schülern untereinander.

3. Nennen Sie Beispiele für Minderheiten, die den besonderen Schutz der Gemeinschaft benötigen.

→ Verbände
S. 144 – 145

> Demokratie und Streit gehören zusammen. Eine Demokratie, in der nicht gestritten wird, ist keine.
>
> Helmut Schmidt, Bundeskanzler 1974 – 1983

M2 Demokratie ist Streitkultur

In der Wirklichkeit kommen machtvoll organisierte Einzelinteressen regelmäßig eher zum Zug, z. B. die von Bauern, Banken, Versicherungen, Pharmaindustrie oder anderen Einkommensgruppen. Dagegen werden die oft viel wichtigeren allgemeinen Interessen (z. B. die von Konsumenten, Steuerzahlern, Sparern und Wählern) unter dem Druck der Verbände […] vernachlässigt.
Wie wichtig es wäre, Politiker vor dem ausufernden Einfluss der Verbände zu schützen, zeigen die Milliardensummen von Subventionen: Gut organisierte Interessen haben sie durchgesetzt und verteidigen sie ganzherzig gegen alle halbherzigen Abbauversuche.

Hans Herbert von Arnim nach Sonntag aktuell vom 06.06.1999

Bauerndemonstration gegen Kürzungen von Subventionen der EU.

4. Was wird im Text wohl unter „umgekehrter Demokratie" verstanden?

5. Der Verfasser des Zeitungsartikels hält nicht viel von den Verbänden. Formulieren Sie zwei Argumente, warum Verbände dennoch wichtig sind in einer Demokratie (→ S.144–145).

4.3 Unsere Demokratie auf dem Weg in die Zukunft

Demokratie – nicht nur in der Politik?

M1 Mitbestimmung im Betrieb

1. Mit welchem Argument wird in dem Plakat für die Wahl eines Betriebsrats geworben?

 f6b24b
- Betriebsverfassungsgesetz
- Betriebsrat

Art. 14 (2) GG
Eigentum verpflichtet. Sein Gebrauch soll zugleich dem Wohle der Allgemeinheit dienen.

Jugend- und Auszubildenden-Vertretung (JAV)
Kann in Betrieben eingerichtet werden, die mindestens 5 Beschäftigte unter 18 Jahren oder Auszubildende unter 25 Jahren haben. Voraussetzung ist das Bestehen eines Betriebsrats. Die JAV arbeitet mit ihm zusammen.

Bereiche demokratischer Mitwirkung
In der Politik sind die Regeln der Demokratie eine Selbstverständlichkeit. Entscheidungen werden daran gemessen, ob sie demokratisch zustande gekommen sind. Aber auch in anderen Lebensbereichen macht der Staat die Mitwirkung der Betroffenen möglich oder schreibt sie sogar vor: Schulklassen wählen eine Klassensprecherin oder einen Klassensprecher, Eltern wählen Elternvertreter. Die Arbeitnehmerinnen und Arbeitnehmer im Betrieb wählen einen Betriebsrat, die Lehrlinge eine Jugend- und Auszubildendenvertretung. In jedem Verein gibt es Vorstandswahlen.

Mitbestimmung im Betrieb
An den Entscheidungen im Betrieb sind die Arbeitnehmer durch den Betriebsrat beteiligt. Für Beschäftigte unter 25 Jahren und Auszubildende gibt es zusätzlich eine *Jugend- und Auszubildenden-Vertretung (JAV)*.
Der *Betriebsrat* ist die wichtigste Interessenvertretung der Beschäftigten. Es gibt in Deutschland 200 000 Betriebsräte. Ihre Mitbestimmungs- und Mitwirkungsrechte sind im Wesentlichen Kontrollrechte bei unternehmerischen Entscheidungen, um die Beschäftigten vor Willkürmaßnahmen und vermeidbaren Nachteilen zu schützen:

- *Mitbestimmung* in sozialen Angelegenheiten (z. B. Arbeitszeit, Urlaubsplanung, Sozialplan bei Entlassungen): Der Betriebsrat ist gleichberechtigter Partner und darf eigene Vorschläge machen. Wenn keine Einigung zustandekommt, entscheidet eine Einigungsstelle.
- *Eingeschränkte Mitbestimmung* in personellen Angelegenheiten (z. B. Einstellungen, Versetzungen, Entlassungen): Der Betriebsrat darf nur aus schwerwiegenden Gründen seine Zustimmung verweigern.
- *Mitwirkung* in wirtschaftlichen Angelegenheiten (Stilllegung, Rationalisierung, Planung von Produktion und Absatz): Der Betriebsrat kann eine unternehmerische Maßnahme nicht verhindern, muss aber angehört oder informiert werden.

Was der Betriebsrat macht
Für die Beschäftigten ist der Betriebsrat direkter Ansprechpartner bei Konflikten mit der Firmenleitung. Er gibt ihnen Auskunft über ihre Rechte und kann ihre Anliegen in der Chefetage vorbringen (**M 2**). Die Arbeit des Betriebsrats findet in der Arbeitszeit statt; der Arbeitgeber muss die Kosten tragen. Die Mitglieder des Betriebsrats sind während ihrer Amtszeit unkündbar. Diese gesetzlichen Regelungen sollen die Arbeitnehmerseite im Betrieb stärken. Ziel ist eine partnerschaftliche Zusammenarbeit zwischen Betriebsrat und Geschäftsführung und ein Ausgleich der Interessen. Darum ist der Betriebsrat zur vertrauensvollen Zusammenarbeit mit der Firmenleitung und zur Verschwiegenheit verpflichtet. Er darf nicht zu Streiks aufrufen oder für bestimmte Parteien oder die Gewerkschaft im Betrieb tätig werden. Die meisten Betriebsräte sind aber gewerkschaftlich organisiert. Wie weit die Rechte des Betriebsrats gehen sollen, ist umstritten. Manchen Arbeitgebern gehen sie zu weit, manchen Beschäftigten nicht weit genug. In kleinen Betrieben gibt es häufig keinen Betriebsrat. Der Kontakt zwischen Firmenleitung und Beschäftigten ist hier direkter. In Großbetrieben ist der Betriebsrat an wirtschaftlichen Entscheidungen beteiligt.
Oft werden *Betriebsvereinbarungen* geschlossen, die die Tarifverträge ergänzen. Viele Tarifverträge enthalten sogenannte Öffnungsklauseln, die Abweichungen auf betrieblicher Ebene ausdrücklich gestatten. Konflikte zwischen

156 4. Demokratie heute – was können die Bürger bewegen?

M2 Was der Betriebsrat mit der Firmenleitung bespricht:

Wichtige Themen der Firmenleitung

1. Genehmigung von Änderungen der Arbeitszeit (Mehrarbeit, flexible Arbeitszeit, Urlaubsregelungen)
2. Information über Einstellungen und Entlassungen
3. Gespräche über Arbeitsplatzgestaltung und Betriebsordnung
4. Information über wirtschaftliche Fragen
5. Eingruppierung beim Lohn, Versetzungen
6. Pflichtverstöße und Fehlverhalten von Beschäftigten

Wichtige Themen des Betriebsrats

1. Arbeitszeitwünsche der Mitarbeiter
2. Sicherheit am Arbeitsplatz
3. Verbesserung der Arbeitsbedingungen
4. Längerfristige Personalplanung (Einstellungen, Versetzungen, Entlassungen)
5. Sozialleistungen des Betriebs
6. Information über Lohnhöhe und Einsicht in die Gehaltslisten

Nach Wirtschaft und Unterricht 1/1998

Wann kann ein Betriebsrat gewählt werden?
Mindestens 5 Beschäftigte über 18 Jahre (ohne Rücksicht auf die Staatsangehörigkeit); 3 wählbare Beschäftigte (seit 6 Monaten ständig in diesem Betrieb beschäftigt). – Die Größe des Betriebsrats ist abhängig von der Zahl der Beschäftigten.

2. Auf welche Rechte des Betriebsrats beziehen sich die von Firmenleitung und Betriebsrat genannten Themen?

Betriebsrat und der Leitung des Unternehmens sind aber unvermeidlich, besonders wenn es um Entlassungen oder innerbetriebliche Versetzungen geht.
Repräsentative Umfragen zeigen, dass es heute in zahlreichen kleineren und mittleren Betrieben, trotz der gesetzlichen Vorkehrungen, keinen Betriebsrat mehr gibt. Insbesondere in Betrieben mit unter 100 Beschäftigten, in denen über die Hälfte aller abhängig Beschäftigten arbeiten, ist eine betriebliche Interessenvertretung häufig nicht vorhanden. Im Jahr 2009 wurden 45 Prozent der Beschäftigten in der Privatwirtschaft Westdeutschlands und 38 Prozent Ostdeutschlands von einem Betriebsrat vertreten.

Weitergehende Beteiligung der Mitarbeiter
Manche Unternehmen räumen den Beschäftigten mehr Rechte ein als vorgeschrieben. Ein Modell ist, die Arbeitnehmer zu Miteigentümern zu machen, die am Gewinn des Betriebs beteiligt werden und darum an seinem Erfolg interessiert sind. Als Miteigentümer können die Beschäftigten über die Zukunft des Unternehmens mitentscheiden und die Geschäftsführung kontrollieren. Wenn möglichst viele Arbeitnehmerinnen und Arbeitnehmer Eigentümer sind, gibt es nach dieser Vorstellung weniger Konflikte im Betrieb.

3. Stellen Sie fest, ob es in Ihrem Betrieb einen Betriebsrat und eine JAV gibt. Erkundigen Sie sich über deren Tätigkeiten. Vergleichen Sie mit M 2.

4. In welchen Fällen ist ein Betriebsrat für die Beschäftigten wichtig? Bei welchen Problemen würden Sie sich an den Betriebsrat wenden?

5. Der Betriebsrat hat mehr Rechte als ein einzelner Arbeitnehmer. Halten Sie das für richtig? Begründen Sie.

6. Welche Regelung sichert die Unabhängigkeit des Betriebsrats? Warum ist diese Unabhängigkeit wichtig?

Betriebsrat – sinnvoll oder nicht?

+ PRO
Der Betriebsrat ist wichtig zur Kontrolle der Firmenleitung und zum Schutz der Beschäftigten vor Schikanen und ungerechter Behandlung. Demokratie darf nicht vor dem Werkstor enden.

− CONTRA
Mitbestimmung im Betrieb höhlt die unternehmerische Freiheit aus. Sie macht schnelle Entscheidungen unmöglich und gefährdet das Unternehmen. Damit schaden die Arbeitnehmerinnen und Arbeitnehmer letztlich sich selbst.

4. Demokratie heute – was können die Bürger bewegen? **157**

4.3 Unsere Demokratie auf dem Weg in die Zukunft

Welche Bedeutung haben die Tarifpartner?

M1 Gewerkschaft und Arbeitgeber zu Beginn der Tarifverhandlungen

1. Wie werden Gewerkschaft und Arbeitgeber hier dargestellt? Sind Sie mit dieser Darstellung einverstanden?

 uv88y5
- Gewerkschaften
- Arbeitgeberverbände
- Mindestlohn

M2 Gesetzliche Mindestlöhne in Euro pro Arbeitsstunde

Frankreich	9,00 €
Irland	7,70 €
Großbritannien	6,90 €
USA	5,50 €
Spanien	3,90 €
Portugal	2,90 €
Polen	1,90 €
Ungarn	1,60 €
Litauen	1,40 €
Bulgarien	0,70 €

In 20 der 27 EU-Staaten gibt es einen Mindestlohn.

WSI-Mindestlohndatenbank, 2011

2. Brauchen wir Mindestlöhne in Deutschland? Erläutern Sie Ihre persönliche Meinung.
Welche Höhe würden Sie für angemessen halten?

Art. 9 (3) GG
Das Recht, zur Wahrung und Förderung der Wirtschaftsbeziehungen Vereinigungen zu bilden, ist für jedermann und für alle Berufe gewährleistet. Abreden, die dieses Recht einschränken und zu behindern suchen, sind nichtig, hierauf gerichtete Maßnahmen sind rechtswidrig [...]

Was regeln Tarifverträge?
Es ist in Deutschland Tradition, dass der Lohn, den ein Arbeitnehmer bekommt, von den *Tarifpartnern*, d. h. dem zuständigen Arbeitgeberverband und der Gewerkschaft, in einem Tarifvertrag ausgehandelt wird. Die Tarifverträge werden für einzelne Wirtschaftszweige, Berufe oder Firmen geschlossen. Sie stehen über dem einzelnen Arbeitsvertrag und regeln Bezahlung, Arbeitszeit, Pausen, Urlaub usw.

Stichwort: Tarifautonomie
Das Recht, sich in Gewerkschaften zusammenzuschließen, haben sich die Arbeitnehmer vor 150 Jahren erkämpft.
Heute gibt es in Deutschland Tarifautonomie: Arbeitgeberverbände und Gewerkschaften handeln die Arbeitsbedingungen ohne Eingreifen des Staates aus. Den Gewerkschaften wird dabei das *Streikrecht* zugestanden, um ihren Forderungen Nachdruck zu verleihen, den Arbeitgebern das *Recht zur Aussperrung*.
Beim Streik wird dem Betrieb durch Arbeitsverweigerung ein wirtschaftlicher Schaden zugefügt. Bei der Aussperrung werden nicht bestreikte Betriebe vom Arbeitgeber geschlossen. Die Beschäftigten erhalten keinen Lohn mehr. Lange Streiks sind in Deutschland aber selten. Arbeitgeberverband und Gewerkschaft einigen sich meist friedlich.
Die Tarifverträge werden für eine bestimmte Dauer (Laufzeit) geschlossen und können dann gekündigt werden. Erst nach Ende der Laufzeit und nach Scheitern der Tarifverhandlungen kann die Gewerkschaft zum Streik aufrufen, wenn 75 Prozent ihrer Mitglieder zugestimmt haben.

Sind Tarifverträge noch zeitgemäß?
Vor 20 Jahren haben die meisten Betriebe nach Tarif bezahlt, selbst wenn sie nicht Mitglied im Arbeitgeberverband waren. Heute dagegen gibt es in manchen Branchen große Lohnunterschiede für ein- und dieselbe Tätigkeit. Einige Gründe:
- Immer weniger Arbeitnehmer sind Mitglied einer Gewerkschaft (**M3**). Vor allem in den Bereichen Dienstleistungen und Information sind nur wenige Beschäftigte gewerkschaftlich organisiert.
- Einige Berufsgruppen (z. B. Lokführer, Fluglotsen) haben eigene Gewerkschaften gegründet, um speziell für ihre Tätigkeit eine höhere Bezahlung durchzusetzen. Der Grundsatz, dass

158 4. Demokratie heute – was können die Bürger bewegen?

M3

a) Gewerkschaftliche Dachverbände (Stand 2011)

Deutscher Gewerkschaftsbund (DGB)
6,2 Mio. Mitglieder

8 Einzelgewerkschaften, z. B.:
- IG Bergbau, Chemie, Energie
- IG Metall
- ver.di (Vereinte Dienstleistungsgewerkschaft)
- Gewerkschaft Erziehung und Wissenschaft

DBB Beamtenbund und Tarifunion
1,3 Mio. Mitglieder

39 Fachgewerkschaften, z. B.:
- Deutsche Polizeigewerkschaft
- Gewerkschaft der Sozialversicherung
- Gewerkschaft Deutscher Lokführer
- Verband Bildung und Erziehung

b) Arbeitgeberverbände

Bundesvereinigung der Deutschen Arbeitgeberverbände (BDA)
1 Mio. Mitgliedsunternehmen

68 Fach- und Regionalverbände, z. B.
- Hauptverband der deutschen Bauindustrie
- Bundesarbeitgeberverband Chemie

6500 angeschlossene Organisationen

c) Durch Tarife gebunden

Jahr	Betriebe 2000	Betriebe 2010	Beschäftigte 2000	Beschäftigte 2010
West	48%	36%	70%	63%
Ost	27%	20%	55%	50%

WSI-Tarifarchiv, 2011

3. Stellen Sie fest, in welchen Gewerkschaften die Arbeitnehmer Ihres Ausbildungsbetriebs Mitglied sind und ob der Arbeitgeber Mitglied in einem Arbeitgeberverband ist – wenn ja, in welchem.

---

in einem Unternehmen nur ein einziger Tarifvertrag gilt, ist aufgehoben worden.
- Kleine Betriebe sind oft nicht im Arbeitgeberverband. Andere Unternehmen sind ausgetreten, um nicht nach Tarif zahlen zu müssen.
- Leiharbeiter werden, auch wenn sie immer im selben Betrieb eingesetzt werden, nach dem (niedrigeren) Tarif der Leiharbeitsfirma bezahlt und nicht nach dem Tarif des Unternehmens, an das sie ausgeliehen wurden.

Die Konsequenz dieser Entwicklung: Die Lohnfindung wird zunehmend in den einzelnen Betrieb verlagert.

Mindestlöhne statt Tarifverträgen?

Vor diesem Hintergrund ist auch die Forderung nach einem gesetzlichen Mindestlohn zu sehen, die v. a. von Gewerkschaften erhoben wird, aber auch von einzelnen Unternehmen. Umstritten ist dabei, ob die Tarifautonomie aufgegeben wird, wenn sich der Staat in die Lohnfindung einmischt. Außerdem ist die Höhe eines solchen Mindestlohns strittig (M 2). Die derzeitigen Mindestlöhne für einzelne Branchen, z. B. das Baugewerbe, beruhen auf Vereinbarungen von Gewerkschaften und Arbeitgebern.
Bei der Debatte um Mindestlöhne sind zwei Aspekte wichtig:

1. Seit 2011 ist der deutsche Arbeitsmarkt für Arbeitnehmer aus den Staaten offen, die 2004 EU-Mitglied wurden (z. B. Polen und Tschechien). Es wird befürchtet, dass dadurch in manchen Branchen deutsche Arbeitskräfte durch billigere EU-Ausländer verdrängt werden.
2. Wenn Arbeitnehmer zu Löhnen beschäftigt werden, von denen sie nicht leben können, kann das zu sozialen Problemen führen. Manche Arbeitnehmer brauchen trotz Vollzeit-Tätigkeit zusätzlich Hartz-IV-Leistungen, damit sie über die Runden kommen. Wer arbeitet, hat also nicht in jedem Fall mehr Geld zur Verfügung als jemand, der nur von staatlicher Unterstützung lebt.

4. Halten Sie persönlich Tarifverträge noch für zeitgemäß? Begründen Sie.

5. Stellen Sie fest, wie die Höhe Ihrer Ausbildungsvergütung festgelegt wird (z. B. durch Tarifvertrag, Betriebsvereinbarung …).

6. Die Leistungen der Gewerkschaften für ihre Mitglieder beschränken sich nicht auf das Aushandeln von Tarifverträgen. Erkundigen Sie sich, auf welche Leistungen Sie als Gewerkschaftsmitglied Anspruch hätten und wie hoch Ihr Beitrag wäre.

4.3 Unsere Demokratie auf dem Weg in die Zukunft

Bessere Politik durch mehr Beteiligung?

39n5qt
- Volksentscheid
- Mediation

M1 Massenprotest gegen „Stuttgart 21"

Gegen „Stuttgart 21", den geplanten neuen Durchgangsbahnhof im Stadtzentrum, gab es Massenproteste von Bürgern, die gehört und an politischen Entscheidungen beteiligt werden wollten.

1. Welchen Einwand erheben die Demonstranten gegen das Bahnprojekt „Stuttgart 21"?

M2 Bürger an die Macht?

Der Bürger ist der bessere Kassenwart

Der Staat wird schlanker, wenn die Bürger direkt in die Politik eingreifen können. Der Staat muss sparsamer agieren, seine Ausgaben sind deutlich niedriger. Wenn die Bürger direkt gefragt werden, stimmen sie also für weniger Staat, als wenn die Regierung entscheidet. Direktdemokratische Entscheidungen sind ein Korrektiv, dass sich die Politik nicht zu weit von den Bürgern entfernt.

Philip Plickert in: Frankfurter Allgemeine Sonntagszeitung vom 08.08.2010 (gekürzt)

Korrektiv
Mittel des Ausgleichs

Die Mehrheit hat nicht immer Recht

Das Plebiszit [Volksabstimmung] kann, wohldosiert und sorgsam angewendet, so etwas sein wie die Erfüllung der Demokratie. Es kann die Demokratie aber auch zerstören, wenn es Bürger- und Menschenrechte missachtet, wenn sich darin nur Egoismus und Vorurteile addieren. [...] Mehrheit ist nicht unbedingt gleichzusetzen mit Wahrheit, Richtigkeit und Verfassungsmäßigkeit. Das gilt im Parlament – und auch für das Plebiszit.

Heribert Prantl in: Süddeutsche Zeitung vom 31.12.2010 (gekürzt)

2. Vergleichen Sie: Wie sehen die beiden Autoren die Bürger, wie sehen sie die Politiker?

Volksbegehren und Volksentscheid

Ähnliche Proteste, wie die in Stuttgart, große und kleine, gibt es in ganz Deutschland immer wieder – vor allem wenn es um geplante Baumaßnahmen geht. In der Tat gibt es Möglichkeiten, dem Volk mehr Mitwirkungsrechte im Staat zu geben, als das Grundgesetz bisher vorsieht. In einigen Landesverfassungen gibt es das bereits. Am Anfang steht eine Unterschriftensammlung, das Volksbegehren. Ist sie erfolgreich, wird abgestimmt. So ist in Bayern durch Volksentscheid ein konsequenter Nichtraucherschutz eingeführt worden. In Hamburg wurde eine Schulreform durch Volksentscheid gekippt. In Baden-Württemberg sieht die Verfassung einen Volksentscheid in Streitfällen wie Stuttgart 21 nicht vor. Die Landesregierung war zu einem Schlichtungsverfahren zwischen Gegnern und Befürwortern bereit, das 1,5 Mio. Bürger im Fernsehen anschauten. Aber die Gegensätze zwischen den Standpunkten blieben unüberbrückbar. Nach Ansicht des Schlichters war es für eine gute Lösung zu spät. Am Ende stand „Stuttgart 21 plus", eine verbesserte Version des neuen Durchgangsbahnhofes.

Die Landesregierung initiierte einen Volksentscheid, der mit dem Sieg der Stuttgart-21-Befürworter endete. Aber: Lösen Volksbegehren und Volksentscheide Probleme oder schaffen sie Probleme? Und wenn es sie geben soll: Auf welchen politischen Ebenen sollen sie eingeführt werden? Nur auf Gemeinde- und Länderebene oder auch im Bund?

Zwei Standpunkte zum Volksentscheid finden Sie in **M 2**.

Mediation

Wie kann Deutschland mit Zustimmung der Bürger modernisiert werden? Die Politik plant Großes: größere Brücken, Bahnhöfe und Flugplätze, mehr Hochspannungsleitungen, Biogasanlagen, Kraftwerke, schließlich auch ein atomares Endlager. Und immer gibt es Bürger in unmittelbarer Nähe dieser Großprojekte, die davon im Kleinen betroffen und nicht einverstanden sind.

Ein Mittel, die entstehenden Konflikte zu entschärfen, ist die Mediation. Mediation bedeutet: Einschaltung eines neutralen Vermittlers in einem frühen Stadium der Planung, der sich mit Investoren, Anwohnern und anderen Beteiligten an einen Tisch setzt. Bedenken sollen ernst genommen, Wünsche berücksichtigt werden. Aus Betroffenen sollen Beteiligte werden. Aber auch Mediation hat ihre Grenzen. Theoretisch ist es sinnvoll, möglichst viele betroffene Bürger frühzeitig zu beteiligen, statt später auf Widerstände zu stoßen. Praktisch bleibt unsicher, ob es einvernehmliche Lösungen gibt, die auch im Interesse der Allgemeinheit liegen. Möglicherweise weckt ein Mediationsverfahren Hoffnungen bei den Bürgern, die sich nur selten erfüllen lassen. Am Ende entscheidet wieder die Politik (**M 3**).

3. Politische Rechte bieten Chancen; sie können aber auch missbraucht werden. Welche Chancen sehen Sie und welche Möglichkeiten des Missbrauchs, wenn die Bevölkerung mehr Mitwirkungsrechte hat?

M3 Kompromiss am Runden Tisch?

Startbahn Nord
Der Flughafenausbau in Frankfurt hätte zum Paradebeispiel dafür werden können, wie man durch Vermittlungsgespräche Konflikte entschärft. Eine Mediationsgruppe – bestehend aus Vertretern von Anliegergemeinden, Wirtschaft und der Flughafengesellschaft – hatte sich auf einen Kompromiss geeinigt: Die vierte Startbahn darf gebaut werden, wenn den Anwohnern dafür ein absolutes Nachtflugverbot garantiert wird. Als die Regierung wechselte, fühlten sich die Nachfolger aber nicht mehr an den Kompromiss gebunden.

Nächtliche Landung auf dem Frankfurter Flughafen

4. Welches politische Problem erkennen Sie an diesem Fallbeispiel zur Mediation? Wie beurteilen Sie abschließend dieses Verfahren?

Auf einen Blick

4.1 Wege der politischen Willensbildung

Möglichkeiten der Mitwirkung
- Parteien (Mitgliedschaft, Mitwirkung) → Kap. 3.2
- Wahlen → Kap. 3.2
- Übernahme politischer Ämter → Kap. 3.2
- Verbände (Mitgliedschaft, Mitwirkung)
- Volksbegehren, Volksentscheid: Elemente direkter Demokratie
- Bürgerinitiativen, Demonstrationen.

Erwartungen der Jugend an die Politik
- Sinkendes Interesse (Zweifel an Erfolgsaussichten, Misstrauen gegenüber Politik und Parteien)
- Gezieltes politisches Engagement
- Spannungsverhältnis zum Privatleben.

Grundrechte als Voraussetzung der Demokratie
- Grundrechte als klagbares Recht
- Unverletzlichkeitsrechte, Freiheitsrechte, Gleichheitsrechte (manche davon nur für Deutsche)
- Grenzen der Grundrechte

Massenmedien und Politik
- Grundrechtsgarantie: Meinungs- und Informationsfreiheit
- Vierte Gewalt: Kontrolle von Staat und Regierung
- Gefährdungen der Pressefreiheit:
  - politische Einflussnahme
  - Verfälschung von Nachrichten
  - Infotainment.

Verbände und Bürgerinitiativen
- Bürgerinitiativen und Neue soziale Bewegungen:
  - Ein-Punkt-Organisationen
  - Gegengewicht und Ergänzung zu Parteien und Verbänden
- Politische Mittel der Verbände:
  - Lobbyismus: Einfluss auf Parteien, Gesetzgebung, Regierung und Verwaltung
  - Einfluss auf öffentliche Meinung
- Arten von Verbänden: Wirtschaftsverbände; Vereinigungen mit sozialen Zielen, Verbände im Bereich Sport und Freizeit, Verbände in Wissenschaft und Kultur; Verbände mit politischen und ideellen Zielen.

4.2 Gefährdungen der Demokratie

Werteverfall
- Fehlendes Unrechtsbewusstsein
- Hoher Anteil von jugendlichen Tätern bei bestimmten Straftaten: Ladendiebstahl, Körperverletzung, politische Gewalt.

Kriminalität
- Gewaltkriminalität: im privaten Bereich; Gewalt als Vergnügen
- Organisierte Kriminalität.

Politischer Extremismus und Terrorismus
- Kampf gegen Demokratie aus politischen Motiven
  - Rechtsextremismus: ausländerfeindliche Taten, Vorbild Nationalsozialismus
  - Linksextremismus: Kampf gegen die Staatsgewalt
- Terrorismus:
  - Ziele und Mittel; Selbstmordattentäter
  - Gefährdungslage; Notwendigkeit internationaler Zusammenarbeit
- Gegenmaßnahmen: Polizeiliche Maßnahmen, Verbote, wehrhafte Demokratie.

Lehren aus der Geschichte
- Ende der Weimarer Republik; Aufstieg der NSDAP
- Gleichschaltung, Unterdrückung von Andersdenkenden.

4.3 Perspektiven der Demokratie

Grundsätze des Pluralismus
- Friedliche Regelung von Konflikten
- Mehrheitsprinzip
- Minderheitenschutz
- Bereitschaft zu Kompromissen
- Bereitschaft zur Übernahme politischer Verantwortung.

Bereiche demokratischer Mitwirkung
- Politik → auch Kap. 3
- Verbände
- Schule
- Betrieb: Mitbestimmung in sozialen Angelegenheiten; Betriebsrat; JAV.

Tarifpartner
- Besondere Bedeutung von Arbeitgeberverbänden und Gewerkschaften: Tarifautonomie
- Sinkende Bedeutung von Tarifverträgen
- Vor- und Nachteile eines staatlich festgelegten Mindestlohns.

Weiterentwicklung der Demokratie
- Wieweit soll die politische Mitwirkung des Volkes gehen?
  - Volksbegehren, Volksentscheid
  - Mediation.

Prüfungsaufgaben
für Kapitel 3 und 4

Demokratie in Deutschland

1. Einer der Wahlgrundsätze in der Bundesrepublik Deutschland lautet, dass Wahlen „frei" sein müssen. Erklären Sie diesen Wahlgrundsatz.

2. Erläutern Sie die Karikatur **M1**.

3. Erläutern Sie – außer der Teilnahme an Wahlen – drei weitere politische Mitwirkungsmöglichkeiten.

4. Nennen Sie die von Ursula Feist genannten Symptome der Krise der Demokratie (**M2**).

5. Nehmen Sie Stellung zur Forderung eines Bundestagsabgeordneten, für Nichtwähler eine Strafe von 50 Euro einzuführen.

M2 Krisensymptom der Demokratie?

Warum man selbst möglicherweise nicht wählen geht, wird nach anderen Maßstäben beurteilt. Als entscheidende Kriterien für sich selbst nennen Ost- wie Westdeutsche schwerpunktmäßig drei Motive, und es sind hier wie dort die gleichen, nämlich: politischer Protest, Misstrauen in die politische Klasse sowie fehlende politische Einflussmöglichkeiten. Überdurchschnittlich häufig äußern sich in diesem Sinne die unter Fünfunddreißigjährigen, die Anhänger der Grünen sowie politisch ungebundene Wahlberechtigte. Zwischen 16 und 20 Prozent in Ost und West geben aber auch ihr persönliches Desinteresse an Politik zu verstehen. Angesichts ihrer eigenen Ohnmacht weigern sie sich, als „Stimmvieh" mitzumachen.

Dieser Befund verweist auf das Doppelgesicht der rückläufigen Wahlbeteiligung. Während die einen sich zurückziehen und nicht wählen gehen oder ihre Ohnmacht […] auch durch die Stimmabgabe für eine populistische Rechtspartei zu überwinden suchen […], erscheint einem anderen Teil der Bevölkerung Wählen als Mittel der politischen Mitsprache und Mitwirkung als nicht hinreichend. Nach ihrer Auffassung kann die in 40 Jahren gereifte Demokratie sich nicht im bisherigen institutionellen und formalen Rahmen der politischen Teilnahme erschöpfen. Sie fordern „mehr Demokratie" und mehr Mitbestimmung. Demokratische Selbstbestimmung entwickelt im Laufe der Zeit neue Aktionsformen und „erwählt" neue Akteure, ohne demokratische Innovation entfernt sich der Staat von demokratischer Normalität.

Ursula Feist, Niedrige Wahlbeteiligung – Normalisierung oder Krisensymptom der Demokratie in Deutschland?, in: K. Starzacher u.a. (Hrsg.): Protestwähler und Wahlverweigerer. Krise der Demokratie, Köln 1992, S. 40–57

Prüfungsaufgabe Sommer 2010, gewerbliche Berufsschule
© 2012 Regierungspräsidium Stuttgart, Schule und Bildung

Prüfungsaufgaben

M1 Fragen zur Entwicklung der direkten Demokratie in Deutschland

Die „Forschungsstelle Bürgerbeteiligung und Direkte Demokratie" in Marburg untersucht, wie sich in Deutschland die direkte Demokratie entwickelt. Sie untersucht politische Entscheidungen z. B. unter den folgenden Fragestellungen:

- Werden die individuellen Rechte aller berücksichtigt?
- Werden Minderheiteninteressen berücksichtigt?
- Kommen mehr oder zuvor nicht beteiligte Bürgerinnen und Bürger zu Wort?
- Werden Probleme besser sichtbar?
- Werden Fragen aus einer neuen Perspektive beleuchtet?
- Lernen streitende Parteien, sich besser zu verstehen?
- Kommt es zu anderen, ggf. besseren Ergebnissen (Ausgangsoffenheit)?
- Werden Ergebnisse besser akzeptiert?

Demokratie in Deutschland

1. Lesen Sie die Fragen, unter denen die Forschungsstelle (**M1**) die Entwicklung zur direkten Demokratie in Deutschland untersucht. Leiten Sie daraus ab, welches Verständnis von direkter Demokratie die Forscher haben. Beschreiben Sie dieses.

2. Ein Ausbau der direkten Demokratie in der Bundesrepublik Deutschland ist umstritten. Erläutern Sie an einem Beispiel, aus welchen Gründen direkte Bürgerbeteiligung bei politischen Entscheidungen problematisch ist. (2 Gründe)

3. In einer repräsentativen Demokratie erfüllen Parteien und Verbände wichtige Aufgaben.
3.1 Welche Aufgaben erfüllen Parteien in einer Demokratie? (4 Nennungen)
3.2 Für ihre Tätigkeit brauchen die Parteien Mittel. Nennen Sie vier Möglichkeiten der Parteienfinanzierung.
3.3 Wodurch unterscheiden sich Verbände von Parteien? (2 Merkmale)

4. Erörtern Sie, welche Auswirkungen eine Stärkung der direkten Demokratie auf Parteien haben könnte.

Prüfungsaufgabe Sommer 2008, kaufmännische Berufsschule (verändert)
© 2012 Regierungspräsidium Stuttgart, Schule und Bildung

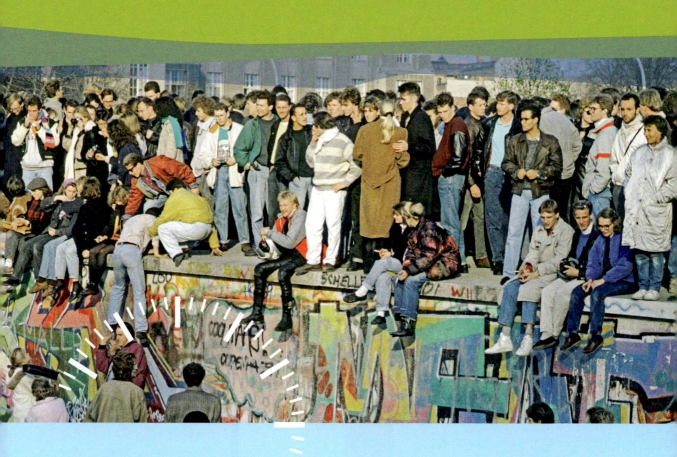

Deutschland – besiegt, geteilt, vereint

5

Wie kommt es zur Teilung Deutschlands?

Leben im geteilten Deutschland

Das wiedervereinigte Deutschland

5.1 Die Teilung Deutschlands
Spurensuche vor Ort
Präsentation einer Recherche

HOT

Wie wird Vergangenes lebendig?
Kriegsende und Nachkriegszeit: Eine Zeit, die wir nicht selbst erlebt haben. Eine Zeit, die aber Spuren hinterlassen hat. Spuren kann man wiederfinden, sichtbar machen, in ihnen lesen. Solche Spuren können sein:
- Erzählungen und Erinnerungen von Menschen, die diese Zeit miterlebt haben
- Familienalben und Fotos
- Gegenstände aus vergangener Zeit: Gebrauchsgegenstände, Zeitungen, Dokumente usw. Auch im Archiv der Stadt, im Museum oder im Schularchiv finden sich Dokumente von damals.

> Über die Landstraße kamen Panzer, unter denen der Asphalt aufbrach. Darauf saßen die Sieger. Ich sah zum ersten Mal in meinem Leben Neger, die trugen Uniformen und hohe Schnürschuhe und die Frauen hatten Angst vor ihnen.

Helma Sanders-Brahm: Der Himmel war blau, als der Krieg zu Ende ging; in: Heiß und kalt. Die Jahre 1945–1969, Berlin 4. Aufl. 1993, S. 9

Waschtag in der Wellblechbaracke

Arbeitsschritte für eine Präsentation

1. Analysieren
- Informationen sammeln
- Ergebnisse analysieren
- Einsichten gewinnen

2. Ordnen
- Zusammenhänge erkennen
- das Wesentliche auswählen

3. Kommunizieren
- Visualisieren
- Präsentieren
- Überzeugen

Anregung für eine Spurensuche: Schicksale 1945

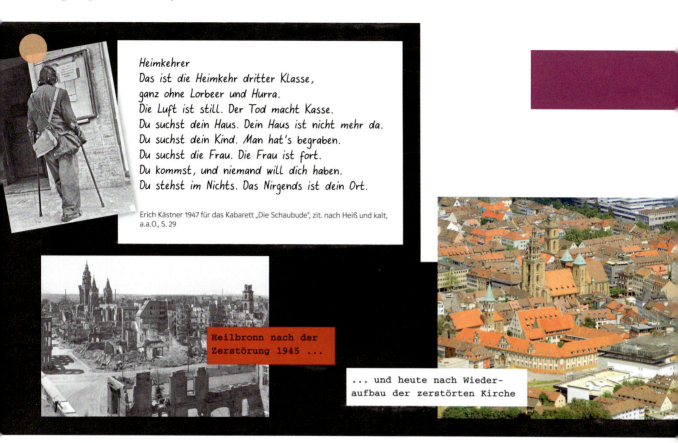

Heimkehrer
Das ist die Heimkehr dritter Klasse,
ganz ohne Lorbeer und Hurra.
Die Luft ist still. Der Tod macht Kasse.
Du suchst dein Haus. Dein Haus ist nicht mehr da.
Du suchst dein Kind. Man hat's begraben.
Du suchst die Frau. Die Frau ist fort.
Du kommst, und niemand will dich haben.
Du stehst im Nichts. Das Nirgends ist dein Ort.

Erich Kästner 1947 für das Kabarett „Die Schaubude", zit. nach Heiß und kalt, a.a.O., S. 29

Heilbronn nach der Zerstörung 1945 ...

... und heute nach Wiederaufbau der zerstörten Kirche

1. Machen Sie sich in Ihrer Stadt und in Ihrem Bekanntenkreis auf die Suche nach Spuren des Kriegsendes und der unmittelbaren Nachkriegszeit. Präsentieren Sie Ihre Ergebnisse in Gruppen vor der Klasse.
2. Klären Sie, wie viel Zeit und welche Hilfsmittel Ihnen zur Verfügung stehen.

Regeln für das Präsentieren

Ein Bild sagt mehr als tausend Worte.
Bilder können Texte ersetzen und für sich selber sprechen, z. B. Plakate, Fotoserien, Karikaturen.

Menschen nutzen mehrere Informationskanäle.
Man kann Information für das Auge und Information für das Ohr unterscheiden.
Bilder machen Worte anschaulich, Worte erklären Bilder, etwa in Collagen aus Texten und Bildern, schematischen Übersichten oder Schaubildern.

In der Kürze liegt die Würze.
Es kostet mehr Mühe, etwas einfach zu sagen als kompliziert. Nicht alles, was Sie herausgefunden haben, ist für die anderen wichtig.

5. Deutschland – besiegt, geteilt, vereint **167**

5.1 Die Teilung Deutschlands

Deutschland in Trümmern – wie geht es weiter?

M1 Plakat in Deutschland nach Kriegsende

1. Wie erklärt das Plakat die Not in Europa am Ende des Zweiten Weltkriegs?

 i3bz3b
- Nachkriegsjahre in Deutschland

Rationierung
Organisierte Zuteilung von knappen Gütern, z. B. von Lebensmitteln durch Karten.

Endlich Frieden!
Das nationalsozialistische Deutschland hatte 1939 fast ganz Europa mit Krieg überzogen. Alle Staaten litten unter den Folgen des Kriegs. Weltweit starben über 50 Millionen Menschen.
1945 endete dieser Krieg mit der Niederlage und bedingungslosen Kapitulation Deutschlands. *Bedingungslose Kapitulation* hieß: Es gab keinen deutschen Staat mehr. Amerikanische, sowjetische, britische und französische Soldaten besetzten das Land, um es kontrollieren zu können. Die überlebenden Häftlinge in den Konzentrationslagern wurden befreit. Viele deutsche Soldaten waren in Kriegsgefangenschaft. Die Sieger (die Alliierten) hatten Deutschland in vier Besatzungszonen aufgeteilt, für die jeweils eine Siegermacht zuständig war (**M 3**).
Noch war völlig offen, was mit dem verwüsteten Land und mit seiner Bevölkerung geschehen sollte. Groß war das Misstrauen der Sieger gegenüber einem Volk, das zwei Weltkriege begonnen hatte.

Kriegsfolgen in Deutschland
Deutsche Truppen hatten Not und Elend über viele Nachbarstaaten gebracht. Am Ende war Deutschland selbst zerstört. Über 5 Millionen Deutsche wurden getötet. Nahezu 15 Millionen Menschen verloren ihre Heimat, sie wurden vertrieben. Deutschland verlor ungefähr ein Viertel seines Staatsgebietes. Zum Leid um die Toten kam das Leid durch Verelendung und Verkrüppelung, Leid in Bombennächten, Leid durch Flucht und Vertreibung, durch Vergewaltigung und Plünderung, durch Zwangsarbeit, durch Unrecht und Folter, durch Hunger und Not.
Viele Familien waren durch die Kriegswirren auseinandergerissen worden. Die meisten jüngeren Männer waren in *Kriegsgefangenschaft* oder sie wurden vermisst – das heißt, niemand wusste, ob sie noch lebten oder im Krieg umgekommen waren.
Die Not war groß nach dem Krieg. Die Menschen dachten weniger an die Politik. Sie dachten an ihre Angehörigen, von denen sie nicht wussten, wo sie waren. Sie dachten an ihr Hab und Gut oder was davon noch übrig war. Sie dachten ans Essen – sie hatten *Hunger*. Und sie dachten an ein Dach über dem Kopf – es herrschte *Wohnungsnot*.
Deutschland war zerstört und es herrschte großer Mangel. Viele Städte waren schweren Bombenangriffen ausgesetzt gewesen und verwüstet. 20 Prozent aller Wohnungen auf dem Gebiet der späteren Bundesrepublik Deutschland waren zerstört, was mehr als 20 Millionen Menschen obdachlos machte. Fast die Hälfte aller Verkehrswege war zerstört, die Industrieproduktion schrumpfte auf ein Drittel, elektrischer Strom und Heizmaterial waren absolute Mangelware. Eine geregelte Arbeit hatte kaum einer. Schon im Krieg waren die Lebensmittel rationiert worden. Jetzt brach die Versorgung vollends zusammen. Vor allem alte Menschen und Kinder starben an Unterernährung oder erfroren im kalten Winter 1945/46.
Die Menschen in der Stadt fuhren mit den „Kartoffelzügen" aufs Land und versuchten Dinge, die sie nicht dringend benötigten, gegen Lebensmittel einzutauschen. Auf jedem verfügbaren Fleckchen wurden Nahrungsmittel angebaut. Der Schwarzmarkt und der Tauschhandel blühten. Für einen Perserteppich gab es zwei Zentner Kartoffeln.

Glücklich, wer Beziehungen zu den Besatzungsmächten hatte und an Zigaretten kam, denn Zigaretten waren ein ideales Tauschobjekt für alles Lebensnotwendige.

Maßnahmen der Alliierten
Die Besatzungsmächte ergriffen Maßnahmen gegen den Hunger und den Schwarzmarkt. Obwohl es für sie bereits schwierig war, ihre eigenen Truppen zu versorgen, versuchten sie, eine Mindestversorgung der Bevölkerung mit dem Nötigsten zu organisieren.
Auf der anderen Seite bauten sie aber auch Industrieanlagen ab, um sie in ihrer Heimat wieder aufzubauen – als Entschädigung für die von Deutschland dort angerichteten Schäden.
Bald war klar: Die Sieger verwalteten ihre Besatzungszonen unterschiedlich. Das betraf z. B. die Versorgung mit Nahrungsmitteln oder die Produktion und den Umgang mit der Bevölkerung. Vor allem unter der Umerziehung der Deutschen zur Demokratie verstand jede Besatzungsmacht etwas anderes. Das Plakat **M1** stammt z. B. aus der französischen Besatzungszone.

M2 Anzeigen

Suchdienst
Adolf Nikolaus, Soldat, FP. 18 492 D. Frau Marie Nikolaus, Mössingen, Kr. Tübingen, Mittelgasse 11
Heinrich Bopp, Obergefr., FP. L 46787, LGPA. Breslau. L. Nachr. 17. 1. 43 Rossosch, Donezbecken. — Hans Bader, Gren., FP. 25 233 B. L. Nachr. 15. 6. 44 Orscha—Minsk. Frau Else Bopp, Reutlingen-Betzingen, Tübinger Straße 139

Tausche Gartenschlauch 20 m lang neuwertig gegen Herrenanzug Größe 48. Angebote unter Nr. 299 an die Geschäftsstelle ds. Bl.

Tausche weiße Pumps, fast neu Größe 37½, gegen jegliche Sommerschuhe Größe 38½. Zu erfragen unter Nr. 300 bei der Geschäftsst. ds. Bl.

Biete Einkünftgläser, suche Liegestuhl.

2. Was erfahren wir aus diesen Anzeigen über den Alltag der Nachkriegszeit?

3. Überlegen Sie, wie Schwarzmarkt und Tauschhandel funktionieren. Welche Probleme sind im Alltag damit verbunden?

4. Stellen Sie die Schwierigkeiten dar, vor denen die Siegermächte in Deutschland standen.

5. Tragen Sie zusammen, was das Kriegsende für die verschiedenen Bevölkerungsgruppen in Deutschland bedeutete.

M3 Besatzungszonen

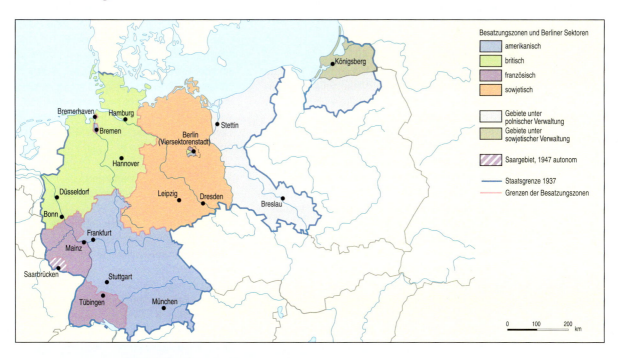

6. Vergleichen Sie die Besatzungszonen mit den heutigen Grenzen von Deutschland (→ S. 285).

5. Deutschland – besiegt, geteilt, vereint

5.1 Die Teilung Deutschlands

Was geschieht 1945 in Potsdam?

M1 Potsdamer Konferenz

DDR-Briefmarke von 1970

1. Was machen die Sieger mit Deutschland? Finden Sie es heraus mit Hilfe des Infotextes.

 yx224n
- Potsdamer Konferenz
- Entnazifizierung

Potsdam 1945

In Potsdam kamen im Sommer 1945 die Vertreter der USA, Großbritanniens und der Sowjetunion zu ihrer ersten Konferenz nach Kriegsende zusammen und legten die Grundsätze für ihr weiteres Vorgehen in Deutschland fest. Zudem sollte ein Rat der Außenminister der vier Siegermächte einen Friedensvertrag ausarbeiten. Zu diesem kam es aber nicht mehr; zu unterschiedlich waren die Vorstellungen aller Beteiligten. Die wichtigsten Beschlüsse der Konferenz in Potsdam waren:

Politische Bestimmungen
- Einrichtung eines Alliierten Kontrollrats in Berlin. Die vier Oberbefehlshaber sollten für die Durchführung seiner Beschlüsse in ihrer Zone zuständig sein.
- Gemeinsame Verwaltung Berlins durch alle vier Besatzungsmächte, Einteilung Berlins in vier Sektoren (Bezirke).
- Bis auf weiteres keine zentrale deutsche Regierung.
- Gleichbehandlung der Bevölkerung in ganz Deutschland.
- Völlige Abrüstung Deutschlands (*Demilitarisierung*).
- Verbot aller Organisationen der NSDAP. Entnazifizierung von Verwaltung, Justiz und Bildungswesen (*Denazifizierung*).
- Bestrafung der Kriegsverbrecher. (Diese Prozesse fanden 1945 vor einem Alliierten Gericht in Nürnberg statt.)
- Umgestaltung des öffentlichen Lebens auf demokratischer Grundlage (*Demokratisierung*). Dazu gehörte die Zulassung von demokratischen Parteien und von Gewerkschaften. Außerdem sollten Wahlen auf Gemeinde-, Kreis- und Länderebene stattfinden.

Territoriale Bestimmungen
- Die Gebiete östlich von Oder und Neiße kamen (bis zur endgültigen Regelung in einem Friedensvertrag) unter polnische Verwaltung.
- Königsberg und der Norden von Ostpreußen kam unter sowjetische Verwaltung.
- Die Deutschen in diesen Gebieten, in Ungarn und der Tschechoslowakei sollten „in ordnungsgemäßer und humaner Weise" in die vier deutschen Besatzungszonen überführt werden. (Praktisch hatte die Vertreibung der Deutschen aber bereits vor der Potsdamer Konferenz begonnen.)

Wirtschaftliche Bestimmungen
- Deutschland sollte als wirtschaftliche Einheit betrachtet werden.
- Das deutsche Wirtschaftsleben wurde dezentralisiert, Großkonzerne wurden aufgelöst, z. B. in der chemischen Industrie (*Dezentralisierung*).
- Abbau der Schwer- und Rüstungsindustrie; Verbot der Waffenproduktion und der Herstellung von Flugzeugen und Seeschiffen.
- Kontrolle des deutschen Wirtschaftslebens durch die Siegermächte.

170   5. Deutschland – besiegt, geteilt, vereint

M2 Entnazifizierung

Für die Verfolgung der Verbrechen im Nationalsozialismus richteten die Besatzungsmächte Spruchkammern und Kommitees ein. Ehemalige Nationalsozialisten und Verdächtige wurden überprüft, Schuldige mit Geldbußen, Berufsverboten oder mit Gefängnis bestraft. 1950 wurde die Entnazifizierung in Westdeutschland eingestellt.

2. Wie wird aus einer nationalsozialistischen Gesellschaft eine demokratische Gesellschaft? Diskutieren Sie das Vorgehen der Siegermächte.

Nürnberger Kriegsverbrecherprozesse (1945–1946) vor dem internationalen Militärgerichtshof

Reparationen

Reparationen sind Entschädigungszahlungen eines Verliererstaates an die Sieger nach einem Krieg für die entstandenen Kriegsschäden.
- Polen und die Sowjetunion bekamen Reparationen aus der sowjetischen Zone.
- Die USA, Großbritannien und Frankreich bekamen Reparationen aus ihren Besatzungszonen.
- Die Sowjetunion erhielt zusätzlich Reparationen aus den westlichen Besatzungszonen, deren Höhe genau festgelegt war.

Die Potsdamer Konferenz blieb die letzte, auf der es zu einer gewissen Übereinstimmung zwischen den Siegern kam. Sie bestimmte darum die Deutschland-Politik über einen langen Zeitraum.

3. Die vier Grundsätze für den Umgang mit Deutschland, die auf der Potsdamer Konferenz beschlossen wurden, beginnen mit der Silbe „De-". Ordnen Sie die einzelnen Bestimmungen nach diesen vier „De"s.

4. Ermitteln Sie mit Hilfe von M 3 auf S. 169, welche Gebiete von den territorialen Bestimmungen betroffen waren.

5. Wegen der Durchführung der Beschlüsse kam es später zu Streit zwischen den Siegermächten. Welche Formulierungen können unterschiedlich interpretiert werden?

M3 Was bedeutet Deutschland?

Churchill (Großbritannien): Was bedeutet „Deutschland" jetzt? Kann man es in dem Sinne verstehen wie vor dem Kriege?
Stalin (Sowjetunion): Deutschland ist das, was es nach dem Krieg wurde. Ein anderes Deutschland gibt es jetzt nicht.
Truman (USA): Kann man von Deutschland sprechen, wie es 1937, vor dem Kriege, war?
Stalin: So wie es 1945 ist.
Truman: Es hat 1945 alles eingebüßt. Deutschland existiert jetzt faktisch nicht.
Stalin: Deutschland ist, wie man bei uns sagt, ein geografischer Begriff. Wollen wir es vorläufig so auffassen!
Truman: Vielleicht werden wir trotzdem von Deutschland, wie es im Jahre 1937 war, sprechen?
Stalin: Formal kann man es so verstehen, in Wirklichkeit ist es nicht so. Wenn in Königsberg eine deutsche Verwaltung auftauchen wird, werden wir sie fortjagen […] Lassen Sie uns die Westgrenzen Polens festlegen, und dann wird die deutsche Frage klarer werden. Deutschland ist ein Land, das keine Regierung, das keine fixierten Grenzen hat, es ist in Besatzungszonen zerteilt […]
Truman: Vielleicht nehmen wir die Grenzen von 1937 zum Ausgangspunkt. Das war Deutschland nach dem Versailler Vertrag.
Stalin: Ja, man kann das Deutschland des Jahres 1937 nehmen, aber nur als Ausgangspunkt.
Churchill: Nur als Ausgangspunkt. Das heißt nicht, dass wir uns darauf beschränken.
Truman: Wir sind einverstanden, das Deutschland des Jahres 1937 als Ausgangspunkt zu nehmen.

Potsdamer Konferenz: Auszüge aus dem sowjetischen Protokoll der Sitzung vom 18.07.1945

6. Stellen Sie die drei Positionen einander als Tabelle gegenüber.

7. Zeigen Sie an Karte M 3, S. 169, wie die Beschlüsse von Potsdam von den Grenzen von 1937 abweichen.

5. Deutschland – besiegt, geteilt, vereint 171

5.1 Die Teilung Deutschlands

Der Kalte Krieg – warum wird Deutschland geteilt?

🌐 65t4ki
- Marshall-Plan
- Währungsreform

M1

Werbung für den Marshallplan

Abtransport von Reparationsgütern

1. Was steckt hinter diesen Bildern?

Streit zwischen den Siegern

Das Bündnis der Alliierten beruhte bis 1945 auf dem Willen, die nationalsozialistische Diktatur und ihre Verbündeten zu besiegen. Mit dem Ende des Krieges war dieses Ziel erreicht. Damit endeten auch die Gemeinsamkeiten, und der alte Streit zwischen der Sowjetunion auf der einen Seite und den USA und ihren Verbündeten auf der anderen Seite brach wieder auf. Er wurde rasch zu einem Kampf um die Vorherrschaft in der Welt. In Polen, Ungarn und der Tschechoslowakei, in Jugoslawien, Albanien, Bulgarien und Rumänien übernahmen nach dem Krieg Regierungen die Macht, in denen die kommunistischen Parteien die entscheidende Rolle spielten. Sie wurden von der Sowjetunion unterstützt.

Die Westmächte leiteten daraus ab, dass die Sowjetunion ihren Einfluss noch weiter nach Westen ausdehnen wollte. Die Regierung der USA forderte deshalb, der Westen müsse gemeinsam eine weitere Ausdehnung der Sowjetunion stoppen. Dazu sei es notwendig, den europäischen Staaten beim Aufbau ihrer vom Krieg geschwächten Wirtschaft zu helfen.

M2 Ein amerikanischer Diplomat warnt vor der Sowjetunion (1945)

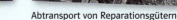

Die Idee, Deutschland gemeinsam mit den Russen regieren zu wollen, ist ein Wahn. Ein ebensolcher Wahn ist es, zu glauben, die Russen und wir könnten uns eines schönen Tages höflich zurückziehen, und aus dem Vakuum werde ein gesundes und friedliches, stabiles und freundliches Deutschland steigen. Wir haben keine Wahl, als unseren Teil von Deutschland – den Teil, für den wir und die Briten die Verantwortung übernommen haben – zu einer Form von Unabhängigkeit zu führen, die so befriedigend, so gesichert, so überlegen ist, dass der Osten sie nicht gefährden kann.

George F. Kennan, zit. nach Eberhard Wilms (Hrsg.), Deutschland seit 1945, Berlin 1995, S. 56

2. Worin sieht Kennan die Probleme der USA in Deutschland? Welche Lösung schlägt er vor?

Marshall-Plan: Hilfsprogramm für Europa

Die USA stellten den europäischen Staaten Kredite zur Verfügung. Damit konnten diese die dringenden Versorgungsprobleme lösen und Verkehrswege und Industrie wieder aufbauen. Ziel des Hilfsprogramms, des Marshall-Plans, war es außerdem, die Empfängerstaaten zur politischen und wirtschaftlichen Zusammenarbeit zu bewegen.

Die Sowjetunion sah darin die Absicht der USA, ihren Einfluss in Europa auszubauen. Unter sowjetischem Druck lehnten die osteuropäischen Staaten die Kredite des Marshall-Plans ab.

Die Folgen für Deutschland

Bald stellte sich heraus: Mit dem Beginn des Kalten Kriegs war auch eine Verständigung zwischen den Siegermächten über Deutschland nicht mehr möglich. Die sowjetische Militärregierung verstaatlichte große Teile der Wirtschaft in ihrer Zone. Die Vorbereitungen für den Aufbau einer Planwirtschaft nach sowjetischem Vorbild liefen. Große landwirtschaftliche Güter wurden in einer Bodenreform in kleinere Betriebe aufgeteilt. Im Westen, vor allem in der amerikanischen Zone, sollte die Produktion nach den Grundsätzen der freien Marktwirtschaft wieder aufgebaut werden. Verstaatlichungen wurden abgelehnt.

Die Hilfsgelder des Marshall-Plans, die ab 1948 flossen, führten zu einer **wirtschaftlichen Teilung** zwischen den drei westlichen Zonen, die diese Gelder bekamen, und der sowjetischen Zone, die sie nicht bekam: Wiederaufbau im Westen, Abbau von Industrieanlagen und Reparationen im Osten (**M1**).

Für die Siegermächte wurden die Deutschen von besiegten Feinden zu wichtigen Verbündeten gegen den Gegner im Kalten Krieg. Die Besatzungstruppen hatten nicht mehr die Aufgabe, die Deutschen unter Kontrolle zu halten. Die sowjetische Zone wurde zu einem Aufmarschgebiet der Sowjetunion gegen die USA und Großbritannien, und die amerikanische und die britische Zone zu einem Aufmarschgebiet des Westens gegen die Sowjetunion. (Die Franzosen hielten sich zunächst heraus.) Mitten durch Deutschland ging plötzlich eine Hauptfront des Kalten Kriegs, die Grenze zwischen Ost und West.

Bizone und Trizone

Zum Jahresbeginn 1947 legten die USA und Großbritannien ihre Zonen zur Bizone zusammen. In ihre Verwaltung wurden die Deutschen zunehmend einbezogen. Der Wirtschaftsrat der Bizone erarbeitete die Grundlagen der Sozialen Marktwirtschaft, die später die Bundesrepublik prägte: Gewerbefreiheit, Freiheit von Produktion und Handel, freier Wettbewerb, soziale Sicherung der Beschäftigten.

Der Bizone schloss sich im Frühjahr 1949 die französische Zone an; es entstand die Trizone, aus der wenige Monate später die Bundesrepublik Deutschland entstand (→ S. 174).

Währungsreform

Der Wiederaufbau wurde behindert durch eine Wirtschaft, die nach dem Prinzip des Tauschhandels funktionierte. Keiner wollte in Reichsmark bezahlt werden, in der Währung, die schon im nationalsozialistischen Deutschland gegolten hatte. Eine neue Währung war nötig, um den Schwarzmarkt zu unterbinden und Produktion und Handel in geordnete Bahnen zu lenken. So wurde in den drei Westzonen und in Westberlin im Juni 1948 eine Währungsreform durchgeführt und die Reichsmark durch die D-Mark ersetzt. Wenige Tage später bekamen auch die Menschen in der sowjetischen Besatzungszone neues Geld: die Ostmark. Dies vertiefte die wirtschaftliche Teilung Deutschlands.

3. Stellen Sie dar, worin die Gegensätze zwischen den USA und der Sowjetunion bestanden.

4. Stellen Sie als Tabelle zusammen, was die Deutschen durch die Entstehung des Ost-West-Konflikts verloren und was sie gewonnen haben. Bewerten Sie das Ergebnis.

M3 Marshallplan-Kredite 1948–1952

Großbritannien	3,6 Mrd. $
Frankreich	3,0 Mrd. $
Italien	1,6 Mrd. $
Westdeutschland	1,4 Mrd. $
Griechenland	0,8 Mrd. $
Österreich	0,7 Mrd. $
Gesamt:	**13,4 Mrd. $**

5. Beurteilen Sie die politischen Beweggründe, die hinter den Marshallplan-Krediten standen.

Kalter Krieg

Bezeichnung für die Auseinandersetzung zwischen der Sowjetunion und den Westmächten in den Jahren ab 1946. Die andere Seite soll ohne direkte militärische Auseinandersetzung zum Nachgeben gezwungen werden. Mittel des Kalten Kriegs sind Wettrüsten, Kriegsdrohungen, wirtschaftliche Kampfmaßnahmen (z. B. Sperrung der Transportwege), Bündnisse mit anderen Staaten, diplomatische Auseinandersetzungen, Propaganda.

5.1 Die Teilung Deutschlands

Eine Nation – in zwei Staaten?

M1 Deutschlandpolitik

1945

1955

1. Die Karikatur stellt die Politik der vier Siegermächte gegenüber Deutschland dar. Wie hat sich diese Politik der Zeichnung zufolge zwischen 1945 und 1955 verändert?

yr2y5a
- Berlin-Blockade
- Gründung der Bundesrepublik und der DDR

Anfänge des politischen Lebens

Die Siegermächte wollten die Deutschen zu Demokraten umerziehen. Zur Demokratie gehörten z. B. die Wahlmöglichkeit zwischen mehreren Parteien, eine freie Presse, Gewerkschaften – die alle zugunsten der Alleinherrschaft der NSDAP abgeschafft worden waren.

Diese demokratischen Einrichtungen wurden von den Siegermächten von Anfang an gefördert, aber gleichzeitig kontrolliert. Die Sieger fürchteten nämlich, dass dies für Propaganda gegen die Besatzungsmächte missbraucht werden könnte, denn ihre Maßnahmen waren nicht unbedingt populär.

Sie besetzten darum Ämter in Politik und Verwaltung mit Personen, die nicht in nationalsozialistischen Organisationen mitgearbeitet hatten oder die wegen ihrer politischen oder religiösen Überzeugung im Dritten Reich verfolgt worden waren. Kooperation mit der jeweiligen Besatzungsmacht war dabei selbstverständlich. Diese Menschen sollten sozusagen die Keimzelle einer künftigen deutschen Demokratie sein.

Der Weg zur Staatengründung

Mit Beginn des Kalten Krieges änderten sich in Ost und West die Ziele der Besatzungsmächte. Jetzt ging es darum, die Deutschen in der eigenen Zone zu Bündnispartnern zu machen. Jetzt sollten die Deutschen rasch wieder einen eigenen Staat bekommen und politische Verantwortung übernehmen – unter Aufsicht der jeweiligen Besatzungsmacht (**M1**). Das bedeutete gleichzeitig die Teilung Deutschlands.

- Im *Westen* wurden in der Bizone bereits 1947 Bundesländer gebildet, demokratische Verfassungen ausgearbeitet und Wahlen abgehalten. Eine Verfassungskommission, der Parlamentarische Rat, arbeitete eine neue deutsche Verfassung aus, das *Grundgesetz*. Es trat am 23. Mai 1949 in Kraft und war eine Verfassung für den westdeutschen Teilstaat.

- Im *Osten*, in der sowjetischen Zone, war die Sowjetunion nicht bereit, auf die Vorherrschaft der Kommunistischen Partei (KPD) zu verzichten. Die SPD wurde mit der KPD zwangsweise zur SED (Sozialistische Einheitspartei Deutschlands) vereinigt. Zu freien Wahlen kam es hier nicht. Die *Verfassung der DDR* trug die Handschrift der Sowjetunion. Der 7. Oktober 1949 war der Gründungstag der DDR.

Berlin-Blockade und Luftbrücke

Mit der Einführung einer neuen Währung in den Westzonen (→ S. 173) war wirtschaftlich die Teilung Deutschlands bereits vollzogen. Als die westlichen Siegermächte im Juni 1948 die D-Mark auch in den Westsektoren Berlins einführte, sperrte die Sowjetunion alle Zufahrtswege, die durch ihre Zone nach Berlin führten. Damit waren 2,5 Millionen Menschen von der Versorgung von außen abgeschnitten. Die Sowjetunion hoffte, so ganz Berlin in ihre Hand zu bekommen.

Diese Rechnung ging jedoch nicht auf. Die USA fanden eine Lösung, Westberlin als Vorposten zu verteidigen, ohne einen militärischen Konflikt mit der Sowjetunion zu riskieren. Diese Lösung war die Luftbrücke, d. h. die Versorgung Westber-

174 5. Deutschland – besiegt, geteilt, vereint

M2 Transporte über die Luftbrücke von Juli 1948 bis Mai 1949

| 212 621 | Flüge |
| 1 736 800 | Tonnen Güter, davon |

1 091 600 t Kohle (63 %)
483 700 t Lebensmittel (28 %)
161 000 t Industriegüter (9 %)

2. Berechnen Sie: Die Luftbrücke bestand 320 Tage. Wie viele Flüge pro Tag waren nötig? Welche Menge von Gütern wurde pro Tag transportiert? Wie groß war die durchschnittliche Transportkapazität eines Flugzeugs?

3. Überlegen Sie, welche Probleme die Versorgung von 2,5 Mio. Menschen aus der Luft über einen so langen Zeitraum mit sich bringt.

lins mit den nötigen Gütern auf dem Luftweg (M 2). Im Mai 1949 gab die Sowjetunion nach und beendete die Blockade.

Sonderstatus von Berlin

Westberlin erhielt nach der Gründung der beiden deutschen Staaten eine besondere rechtliche Stellung. Es durfte nicht von der Bundesrepublik verwaltet werden. Die Berliner Abgeordneten im Bundestag wurden nicht direkt von der Bevölkerung, sondern vom Berliner Abgeordnetenhaus gewählt. Sie besaßen kein volles Stimmrecht im Bundestag. Auch die Wehrpflicht galt in Berlin nicht.

4. Der Weg zur Staatengründung verlief in Ost- und in Westdeutschland unterschiedlich. Nennen und bewerten Sie die Unterschiede.

M3 Von der Kapitulation zur Gründung der deutschen Staaten – eine Skizze

Gemeinsamer Krieg der Alliierten gegen Deutschland
↓
Deutschland kapituliert
↓
Potsdamer Konferenz: Einigung trotz unterschiedlicher Vorstellungen über die Zukunft Deutschlands

- Forderung nach Demokratie und Marktwirtschaft
- Marshall-Plan

- Vorherrschaft der Kommunisten
- Einsetzung kommunistischer Regierungen in Osteuropa

5. Setzen Sie das Lernplakat bis 1949 fort.

6. Ordnen Sie den dargestellten Entwicklungen einzelne Ereignisse der Nachkriegsgeschichte (→ S. 168–175) zu und ergänzen Sie die Jahreszahlen.

7. Zeigen Sie anhand des Plakats Gemeinsamkeiten und Unterschiede zwischen der Entwicklung im Westen und im Osten.

5.2 Vom Kalten Krieg zur Entspannungspolitik
Deutschland West: Wirtschaftswunder und was noch?

• 1950er-Jahre

M1 „Chanson vom Wirtschaftswunder" (1959)

Einst war'n wir mal frei. – Nun sind wir besetzt.
Das Land ist entzwei. – Was machen wir jetzt?
Jetzt kommt das Wirtschaftswunder!
Jetzt gibt's im Laden Karbonaden schon und Räucherflunder.
Jetzt kommt das Wirtschaftswunder!
Der deutsche Bauch erholt sich auch und ist schon sehr viel runder.
Jetzt schmeckt das Eisbein wieder in Aspik
– ist ja kein Wunder nach dem verlorenen Krieg.
[…] Die Läden offenbaren uns wieder Luxuswaren.
Die alten Nazis schreiben fleißig ihre Memoiren,
denn den Verlegern fehlt es an Kritik
– ist ja kein Wunder nach dem verlorenen Krieg […]

Text: Günter Neumann © Takt und Ton Edition

1. Wie sehen diese Materialien positive und negative Seiten des Wirtschaftswunders?

Wahlplakat 1957

Wahlergebnisse bei den Bundestagswahlen

	CDU/CSU	SPD	FDP
1949:	31%	29%	12%
1953:	45%	29%	10%
1957:	50%	32%	8%
1961:	45%	36%	13%

Das Wirtschaftswunder

Angestoßen durch die Hilfe des Marshall-Plans (→ S. 173), gab es in der Bundesrepublik einen außergewöhnlichen Wirtschaftsaufschwung. Das zerstörte Land wurde wieder aufgebaut und der Grundstein für eine blühende Exportindustrie gelegt. Bald gab es kaum mehr Arbeitslose und eine rasche Verbesserung der Lebensverhältnisse, die den Deutschen wie ein Wunder erschien. Zum Wirtschaftswunder gehörte aber auch der Optimismus und die Zufriedenheit breiter Bevölkerungsgruppen mit der neuen Demokratie. Sie zeigte sich als Staatsform, die solche Entwicklungen überhaupt erst ermöglichte. Das seit den 1930er-Jahren entwickelte Konzept der *Sozialen Marktwirtschaft* wurde erfolgreich praktiziert: Es verbindet die Prinzipien Freiheit auf dem Markt und sozialer Ausgleich miteinander.
Die Gewerkschaften erreichten eine Verkürzung der Wochenarbeitszeit von 48 auf 40 Stunden in den 60er-Jahren. Die Löhne stiegen und mit ihnen der Lebensstandard. Wegen des Mangels an Arbeitskräften begann Westdeutschland bereits 1955 mit der Anwerbung von „Gastarbeitern", zunächst aus Italien.

Westbindung

Die Bundesrepublik Deutschland und die DDR wurden in den 50er-Jahren Schritt für Schritt in die einander entgegengesetzten politischen Lager eingebunden.
Für die Bundesrepublik wurde die Politik der Westorientierung seit 1949 vor allem von Bundeskanzler Konrad Adenauer (CDU) zielstrebig vorangetrieben. Er war sich mit den Regierungen der Westmächte in der Bewertung der sowjetischen Politik einig: Diese strebe danach, ihren Einfluss auf Westeuropa auszudehnen. Sie stelle deshalb eine Gefahr für die Bundesrepublik Deutschland dar. Der Eintritt Deutschlands in militärische und wirtschaftliche Bündnisse des Westens war deswegen eine wichtige Voraussetzung, um gegenüber der Sowjetunion Stärke zu zeigen:

1951   Gründungsmitglied der EGKS
1955   Beitritt zur NATO, zugleich Aufbau der Bundeswehr unter NATO-Oberbefehl
1957   Gründungsmitglied der EWG

5. Deutschland – besiegt, geteilt, vereint

Alleinvertretungsanspruch

Adenauers Deutschland-Politik war von folgenden Grundsätzen bestimmt:
- Ein Friedensvertrag mit den vier Siegermächten kann nur durch eine gesamtdeutsche Regierung geschlossen werden.
- Diese Regierung muss aus freien gesamtdeutschen Wahlen hervorgehen.
- Bis zum Zeitpunkt gesamtdeutscher Wahlen ist allein die Bundesrepublik berechtigt, für alle Deutschen zu sprechen (Alleinvertretungsanspruch, M2). Eine Anerkennung der DDR als zweiter deutscher Staat durch andere Staaten muss verhindert werden (*Hallstein-Doktrin*).

Die Stalinnote und ihre Ablehnung

1952 machte die Sowjetunion dem Westen das Angebot, einen Friedensvertrag mit einem wiedervereinigten Deutschland zu schließen (Stalinnote). Alle ausländischen Truppen müssten aus Deutschland abgezogen werden. Deutschland dürfe keine Bündnisse schließen und müsse neutral bleiben.

Die Westmächte (und mit ihnen Adenauer) sahen darin den Versuch der Sowjetunion, Deutschland in ihren Machtbereich zu ziehen, und lehnten das Angebot ab. Stattdessen forderten sie freie Wahlen in ganz Deutschland, was die Sowjetunion wegen des vorhersehbaren Wahlergebnisses zurückwies.

Damit waren die Standpunkte auf beiden Seiten geklärt. Eine Annäherung war nicht in Sicht, und daran änderte auch der Tod Stalins im Jahre 1953 nichts. Die Sowjetunion versuchte auf diplomatischem Weg, Berlin als Ganzes unter die Kontrolle der DDR zu bekommen. Als sie damit erfolglos blieb, riegelte die DDR 1961 die offene Grenze in Berlin durch den Mauerbau ab (→ S. 181).

2. Worin bestand die „Politik der Stärke" gegenüber der Sowjetunion?

3. Begründen Sie, warum die Mitgliedschaft in wirtschaftlichen und militärischen Bündnissen für die Politik der Stärke wichtig war.

EGKS
Europäische Gemeinschaft für Kohle und Stahl (Montanunion), gegr. 1951 von Frankreich, Italien, Deutschland, Belgien, Niederlande, Luxemburg.

EWG
Europäische Wirtschaftsgemeinschaft, gegr. 1957 von den Mitgliedern der Montanunion.

NATO
Nordatlantik-Pakt, Militärbündnis, gegr. 1949 unter Führung der USA.

M2 Gegensätzliche Standpunkte zu den Grenzen Deutschlands

Auffassung der Bundesrepublik
- Deutschland besteht in den Grenzen von 1937 weiter. Die Bundesrepublik Deutschland ist alleiniger Rechtsnachfolger (Alleinvertretungsanspruch).
- Die Bundesrepublik Deutschland bricht die diplomatischen Beziehungen zu allen Staaten ab, die die DDR völkerrechtlich anerkennen (Hallstein-Doktrin).

Auffassung der DDR
- West-Berlin ist selbstständige politische Einheit, gehört nicht zur Bundesrepublik.
- Die Oder-Neiße-Linie ist die Ostgrenze Deutschlands.
- Es gibt 2 deutsche Staaten mit gleichen Rechten. Die Grenzen Deutschlands ergeben sich aus dem Potsdamer Abkommen, das als Friedensvertrag gilt.

4. Ermitteln Sie aus Karte M2, S. 169, welche Grenzziehungen für die Auffassungen der Bundesrepublik und der DDR jeweils maßgebend waren.

5. Beide Auffassungen entsprachen nicht den tatsächlichen Grenzverläufen von damals. Stellen Sie fest, worin jeweils die Abweichungen liegen.

6. Unterschiedliche Auffassungen über Grenzen sind häufig Ursache von Konflikten. Welche Konflikte können sich hier ergeben?

5.2 Vom Kalten Krieg zur Entspannungspolitik

Deutschland Ost: Wie funktionierte der SED-Staat?

3q7mc3
- SED
- Staatssicherheitsdienst
- Aufstand von 1953

M1

1. Ermitteln Sie anhand der Schlagzeilen die Unterschiede zwischen Wahlen in der DDR und demokratischen Wahlen.

SED – die Staatspartei
Bereits bei Gründung der DDR stand fest, wer auf Dauer das Sagen haben sollte: die Sozialistische Einheitspartei Deutschlands (SED), die 1946 aus der Zwangsvereinigung von SPD und KPD entstanden war (→ S. 174). Die SED-Herrschaft war für die Sowjetunion eine Garantie dafür, dass sich der neue deutsche Staat den sowjetischen Weisungen fügte. Daran änderte sich bis 1989 nichts.

Mächtig wurden Politiker in der DDR nicht durch Staats-, sondern durch Parteiämter. Ohne die SED geschah nichts; Gewaltenteilung gab es keine, und auch die Produktion wurde durch die SED gelenkt.

Die SED-Herrschaft: Gesichert durch Gewalt
Die Bevölkerung war mit der SED unzufrieden, ja mit ihrem Staat überhaupt. Aber das nutzte nichts. Unzufriedenheit konnte

DDR-Verfassung
Art. 1 (1): Die Deutsche Demokratische Republik ist ein demokratischer Staat der Arbeiter und Bauern. Sie ist die politische Organisation der Werktätigen in Stadt und Land unter Führung der Arbeiterklasse und ihrer marxistisch-leninistischen Partei.
(Fassung von 1974)

M2 Aktenarchiv der Staatssicherheit

Staatsfeindliche Hetze nach § 106 des Strafgesetzbuchs der DDR
(1) Wer die verfassungsmäßigen Grundlagen der sozialistischen Staats- und Gesellschaftsordnung der DDR angreift oder gegen sie aufwiegelt, indem er 1. die gesellschaftlichen Verhältnisse, Repräsentanten oder andere Bürger der DDR wegen deren staatlicher oder gesellschaftlicher Tätigkeit diskriminiert; 2. Schriften, Gegenstände oder Symbole zur Diskriminierung der gesellschaftlichen Verhältnisse, von Repräsentanten oder anderen Bürgern herstellt, einführt, verbreitet oder anbringt; 3. die Freundschafts- und Bündnisbeziehungen der DDR diskriminiert; [...] wird mit Freiheitsstrafe von 1 bis zu 8 Jahren bestraft.

2. Warum ist der zitierte Paragraph ein Kritikverbot, das Opposition unmöglich macht?

gefährlich werden. Durch das Ministerium für Staatssicherheit, Stasi genannt, hatte die DDR-Regierung die Bürger unter Kontrolle. 85 000 hauptamtliche und über 100 000 inoffizielle Mitarbeiter spionierten das Privatleben der Menschen aus. Über 40 Mio. Karteikarten über so gut wie alle DDR-Bürger wurden angelegt. Bespitzelung, Abhören von Telefonen, Öffnen der Post waren allgegenwärtig. Es herrschte ein Klima der gegenseitigen Verdächtigung.
Wer mit einem Beschluss der SED oder des Staats nicht einverstanden war, galt schnell als „Staatsfeind". Wer auf Kritik beharrte, wanderte wegen „staatsfeindlicher Hetze" ins Gefängnis (M2). Politische Häftlinge wurden gefoltert, manche sogar hingerichtet.

Wahlen ohne Auswahl
Die Ergebnisse von Wahlen in der DDR (M1) zeigen fast 100 Prozent Zustimmung zu Staat und Regierung. Solche Prozentzahlen können nicht auf demokratische Weise zustande kommen. Die Wahlen in der DDR waren nicht frei:
- Es gab keine *Auswahl* zwischen konkurrierenden Parteien und Programmen, stattdessen eine „Einheitsliste der Nationalen Front". In der *Nationalen Front* waren alle Parteien in der DDR und die wichtigsten Verbände (genannt *Sozialistische Massenorganisationen*) zusammenschlossen. Die anderen Parteien (die sogenannten „Blockparteien") waren jedoch keine Konkurrenz für die SED, sondern von ihr abhängig. Besonders deutlich zeigte sich das daran, dass viele Mitglieder der Blockparteien zugleich SED-Mitglieder waren. Dasselbe galt für die Massenorganisationen.
- Die *Sitzverteilung* in der Volkskammer, dem Parlament der DDR, stand von vornherein fest. Sie war bei jeder Wahl gleich. Die SED bestimmte die Politik, obwohl sie offiziell nicht die Mehrheit in der Volkskammer hatte.
- Die Wahlen selbst waren *nicht geheim*. Sie bestanden in der bloßen öffentlichen Abgabe des fertigen Stimmzettels.
- Und schließlich kam es auch zu Wahlfälschungen.

Einstimmigkeit als Prinzip
Beschlüsse in der Volkskammer, im Ministerrat, im Zentralkomitee der SED, in Massenorganisationen, auf Betriebs- oder Abteilungsebene wurden einstimmig und in offener Abstimmung gefasst; Enthaltungen oder Gegenstimmen kamen nicht vor. Gegensätze wurden nicht ausdiskutiert, sondern von oben entschieden.

M3 17. Juni 1953 in Ostberlin

Die Lösung
Nach dem Aufstand des 17. Juni
Ließ der Sekretär des Schriftstellerverbands
In der Stalinallee Flugblätter verteilen
Auf denen zu lesen war, daß das Volk
Das Vertrauen der Regierung verscherzt habe
Und es nur durch verdoppelte Arbeit
Zurückerobern könne. Wäre es da
Nicht doch einfacher, die Regierung
Löste das Volk auf und
Wählte ein anderes?

Bertolt Brecht, Die Lösung, aus: ders., Ges. Werke Bd. 10, Frankfurt/M. 1967, S. 1009

3. Geben Sie die Kritik Brechts (1898–1956) in eigenen Worten wieder.

Der Arbeiteraufstand von 1953
Die grundlegende Unzufriedenheit mit der SED-Herrschaft wurde am deutlichsten am 17. Juni 1953, als Ostberliner Arbeiter gegen die Erhöhung von Arbeitsnormen protestierten. Der Streik weitete sich in der ganzen DDR zu einem politischen Aufstand aus und führte zu einer schweren Krise: Zehntausende demonstrierten gegen die SED-Regierung und die sowjetische Besatzungsmacht. Sie forderten freie Wahlen in der DDR. Um die SED-Herrschaft zu stützen, schlugen sowjetische Truppen mit Panzerunterstützung den Aufstand nieder. Viele Demonstranten wurden verhaftet, über 100 Menschen wurden getötet.

4. Erläutern Sie, wie die SED ihre Macht bei Wahlen sicherte.
5. Stellen Sie dar, welche Schwierigkeiten es für eine Opposition in der DDR gab.
6. Warum hätten freie Wahlen, wie sie im Arbeiteraufstand von 1953 gefordert wurden, das Ende der SED-Herrschaft bedeutet?

Erhöhung der Arbeitsnormen
Wegen wirtschaftlicher Schwierigkeiten erhöhte die SED-Führung im Mai 1953 die Arbeitsnormen, d.h., es musste mehr in derselben Zeit geleistet werden.

5. Deutschland – besiegt, geteilt, vereint **179**

5.2 Vom Kalten Krieg zur Entspannungspolitik

Wie lebten die Menschen in der DDR?

M1 Eine Karikatur aus der DDR

„Jetzt flicken wir nur provisorisch, aber im nächsten Jahr dann gründlich."

„Die sieben Weltwunder der DDR"
1. Obwohl keiner arbeitslos ist, hat die Hälfte nichts zu tun.
2. Obwohl die Hälfte nichts zu tun hat, fehlen Arbeitskräfte.
3. Obwohl Arbeitskräfte fehlen, erfüllen und übererfüllen wir die Pläne.
4. Obwohl wir die Pläne erfüllen und übererfüllen, gibt es in den Läden nichts zu kaufen.
5. Obwohl es in den Läden nichts zu kaufen gibt, haben die Leute fast alles.
6. Obwohl die Leute fast alles haben, meckert die Hälfte.
7. Obwohl die Hälfte meckert, wählen 99,9 Prozent die Kandidaten der Nationalen Front.

Volksmund DDR, zit. nach PZ Nr. 91, Sept. 1997

1. Woran wird hier auf versteckte Weise Kritik geübt?

8yk75b
- DDR-Geschichte
- Planwirtschaft
- Berliner Mauer

Massenorganisationen
Vergleichbar mit den großen Verbänden in der Bundesrepublik, in ihren Zielen jedoch abhängig von der SED.
Mit zuletzt 8 Mio. hatte der FDGB (Freier Deutscher Gewerkschaftsbund) die meisten Mitglieder.

Planwirtschaft
Die Produktion in der DDR war nach sowjetischem Vorbild als Planwirtschaft organisiert. Es gab kaum privates Eigentum an Produktions- oder Handelsbetrieben. Qualität, Menge und Preise aller Waren und Dienstleistungen und die Löhne der in den VEBs (Volkseigene Betriebe) beschäftigten Arbeitnehmer wurden vom Staat festgelegt. Der Staat war damit zugleich Arbeitgeber für die meisten Menschen, Vermieter und zuständig für das Warenangebot in den Läden.

Versorgungsmängel
Die Erfolgsmeldungen der Staatsführung (die auch von allen Zeitungen und dem DDR-Fernsehen verbreitet wurden) standen in scharfem Gegensatz zu den wirklichen Lebensverhältnissen. Die Grundversorgung der Bevölkerung war gesichert, aber darüber hinaus kam nicht mehr allzu viel hinzu. Das Warenangebot war im Vergleich zum Westen bescheiden.
Schlange stehen nach Waren gehörte ebenso zum Alltag vieler DDR-Bürger wie das ständige Organisieren von Gütern, die im offiziellen Handel nicht zu erwerben waren. Heimlicher Spott über die angeblichen Errungenschaften des Sozialismus war meist die einzige Möglichkeit, seine Enttäuschung über das Leben in der DDR zum Ausdruck zu bringen (M1).

Der Unmut der Bevölkerung über die schlechte Warenversorgung und Warenqualität, über verrottete Industrieanlagen und Wohnungen war ein Unmut gegen den SED-Staat. Dieser war für die Mangelwirtschaft verantwortlich, tat aber so, als würde sie nicht existieren.

Erfassung aller Lebensbereiche
Zur Normalität gehörte für viele Menschen in der DDR die dauernde Einmischung des Staates in den Alltag. Die Nachwuchsorganisation der SED, die FDJ, war z. B. fester Bestandteil des Schullebens. Wer arbeitete, war Mitglied in der Einheitsgewerkschaft FDGB, einer der sozialistischen Massenorganisationen. Wer sich der Partei entzog, bekam in Schule und Ausbildung, am Arbeitsplatz und im Wohnviertel Schwierigkeiten.
Die Partei gestaltete auch Ferien und Freizeit der Jugendlichen und verlangte dafür Lob und Gehorsam. Ob Tanz, Sportveranstaltung, Urlaub – nirgends war man vor politischen Parolen und Bespitzelung sicher. Daraus entstand bei vielen der Wunsch nach einem ungestörten Privatleben. Obwohl sie sich im Betrieb, in der Schule und auf Versammlungen offiziell zum Sozialismus bekannten, wollten viele Jugendliche und Erwachsene in ihrer Freizeit und zu Hause von Politik nichts wissen. Sie zogen sich in die

180   5. Deutschland – besiegt, geteilt, vereint

M2 Deutsch-deutsche Flüchtlinge und Übersiedler (1949–1994)

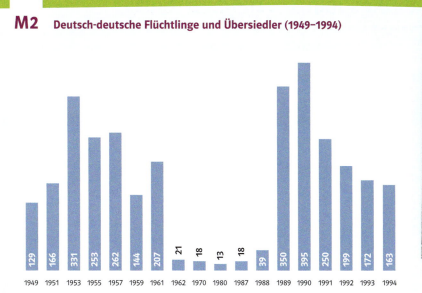

Jahr	Anzahl (in Tausend)
1949	129
1951	166
1953	331
1955	253
1957	262
1959	144
1961	207
1962	21
1970	18
1980	13
1987	18
1988	39
1989	350
1990	395
1991	250
1992	199
1993	172
1994	163

Bau der Berliner Mauer im August 1961

2. Die Zahl der Flüchtlinge und Übersiedler schwankte stark. Stellen Sie fest, was die Ursachen für die Höhepunkte 1953 und 1989/90 und für die niedrigen Zahlen 1962–1988 waren.

Familie und ihren Freundeskreis zurück. Doch es gab auch Mutige, die immer wieder Reformen forderten.

Anpassung und Parteikarriere
Während die einen auf den Druck der Regierung mit Rückzug oder Opposition reagierten, passten sich andere an. 2,3 Mio. Bürger waren Mitglied in der SED. Die Mitgliedschaft war Bedingung für einen angenehmen Posten oder für Karriere im Betrieb, für einen Studienplatz, für Vergünstigungen bei der Warenzuteilung oder für einen Urlaub. Aber man musste sich als SED-Mitglied engagieren. Die Partei verlangte besonderen Einsatz, auch außerhalb der Arbeitszeit, z. B. durch Übernahme von besonderen Pflichten im Wohnviertel, beim Einbringen der Ernte usw.

Flucht in den Westen
Viele Menschen kehrten der DDR den Rücken. Sie flohen über Berlin in die Bundesrepublik. Dies war wegen der besonderen rechtlichen Stellung Berlins möglich. Die Grenzen zwischen den Sektoren der drei westlichen Besatzungsmächte und Ostberlin waren offen. Auch U-Bahn und S-Bahn verbanden ganz Berlin. Manche Menschen wohnten im Osten und arbeiteten im Westen. 1,5 Mio. Deutsche flohen in den Westen, bis 1961 die DDR die Flucht unmöglich machte und die Mauer baute (**M 2**).

Die DDR macht die Grenzen dicht
In der Nacht zum 13. August 1961 riegelte die DDR die Grenze zwischen dem Ostsektor von Berlin und den drei Westsektoren ab. Innerhalb weniger Tage wurde eine Sperrmauer errichtet und später ausgebaut. Fluchtversuche waren nahezu aussichtslos. Oft endeten sie tödlich. Die DDR-Regierung hatte einen Schießbefehl erlassen, der die Grenzsoldaten zwang, auf Flüchtende zu schießen.
Bis zu ihrer Öffnung am 9. November 1989 und darüber hinaus blieb die Berliner Mauer das Kennzeichen der Teilung Deutschlands und Europas.

3. Fassen Sie zusammen, warum die Bevölkerung in der DDR unzufrieden war. Ordnen Sie nach verschiedenen Lebensbereichen.

4. Stellen Sie einen Zusammenhang her zwischen der Unzufriedenheit der Bevölkerung und der Planwirtschaft.

5. Was änderte sich durch den Mauerbau für die Menschen in der DDR?

5.2 Vom Kalten Krieg zur Entspannungspolitik

Entspannungspolitik – Zugeständnisse an die DDR?

M1 Besuch Kennedys in Berlin (1963)

Der amerikanische Präsident John F. Kennedy, der Regierende Bürgermeister von Berlin Willy Brandt und Bundeskanzler Konrad Adenauer

1. Warum ist die deutsche Frage nicht nur eine Frage für die Deutschen?

 9a9ni9
- Neue Ostpolitik

Folgen des Mauerbaus
Im Westen löste der Mauerbau Hilflosigkeit aus. Man sah keine Möglichkeit, ihn ohne Krieg zu verhindern. Die Politik der Stärke war an eine Grenze gestoßen. Die Berliner fühlten sich zunächst im Stich gelassen, bis US-Präsident Kennedy 1963 seine Solidarität bei einem Berlin-Besuch in die Worte kleidete: „Ich bin ein Berliner" und an die Hilfe der Amerikaner während der Berlin-Blockade 1948/49 (→ S. 175) erinnerte. Der Mauerbau stabilisierte die politische und wirtschaftliche Situation der DDR. Die Flucht in den Westen war unmöglich geworden. Zugleich wurde so die Abwanderung junger, qualifizierter Arbeitskräfte gestoppt, deren Fehlen sich in der Produktion bemerkbar gemacht hatte.
Nach dem Mauerbau trat die DDR in der Weltpolitik selbstbewusster auf, führte eine *eigene DDR-Staatsbürgerschaft* ein und arbeitete eine neue Verfassung aus, die die Eigenständigkeiten stärker betonte.

Der Westen will die Grenzen ein Stück öffnen: Ostverträge
Ab 1963 bemühten sich die USA und die Sowjetunion, den Ost-West-Konflikt zu entschärfen und einen Dritten Weltkrieg zu vermeiden. Diese Veränderung, *Entspannungspolitik* genannt, hatte auch Konsequenzen für Deutschland. 1969 kam es nach einem Regierungswechsel zu einer Neuorientierung in der Deutschland- und Ostpolitik der Bundesrepublik. Die neue SPD/FDP-Regierung unter Bundeskanzler Willy Brandt bot der DDR und den osteuropäischen Staaten Verhandlungen zur Entspannung des Ost-West-Verhältnisses an.
Mit der Sowjetunion, Polen und der Tschechoslowakei vereinbarte die Bundesrepublik *Gewaltverzichtsverträge*. Sie enthielten den Verzicht auf Gebietsforderungen, die Respektierung der gegenwärtigen Grenzen und die Absicht, Streitfragen mit friedlichen Mitteln zu lösen.

Berlin-Abkommen
Im Zusammenhang mit diesen Verträgen kamen Vertreter der USA, Frankreichs, Großbritanniens und der Sowjetunion zu Gesprächen über Berlin zusammen. Das Ergebnis war das Viermächte-Abkommen, das vor allem den Waren- und Personenverkehr auf den DDR-Autobahnen zwischen West-Berlin und der Bundesrepublik (Transitverkehr) sicherte.

Der Grundlagenvertrag mit der DDR
Am 8.11.1972 wurde der erste Vertrag zwischen der Bundesrepublik und der DDR abgeschlossen (Grundlagenvertrag), dem in den folgenden Jahren weitere Verträge folgten. Wesentliche Inhalte waren:
- Gleichberechtigung beider deutscher Staaten auf internationaler Ebene.
- Verzicht der Bundesrepublik auf den Alleinvertretungsanspruch Deutschlands in der Weltpolitik.
- Einrichtung ständiger Vertretungen zur Regelung der diplomatischen Beziehungen zwischen Bundesrepublik und DDR.
- Gegenseitiger Gewaltverzicht.
- Betrachtung der gegenseitigen Grenzen als unverletzlich; Beschränkung der Hoheitsgewalt auf das jeweils eigene Gebiet.
- Menschliche Erleichterungen in der DDR.

Eine völkerrechtliche Anerkennung der DDR war mit diesem Vertrag jedoch nicht verbunden. Die DDR erhielt Zugang zum westlichen Markt ohne die für Ostblockstaaten üblichen Handelsbeschränkungen und Zölle. Der Außenhandel mit dem Westen bekam für sie große Bedeutung.

M2 Zwei Staaten – eine Nation: Die Auffassung des Grundlagenvertrags

2. Erläutern Sie anhand des Schemas die Formel „Zwei Staaten, eine Nation". Welche Gebiete werden durch diese Formel nicht erfasst?

3. Vergleichen Sie mit der Grafik M2 auf S.177. Worin besteht die Annäherung der Standpunkte?

Streit um die Ostpolitik

Der Grundlagenvertrag stellte den Versuch dar, die Existenz der DDR als Staat anzuerkennen, ohne gleichzeitig auf die Wiedervereinigung zu verzichten. Die offizielle Formel dafür war: „Zwei Staaten – eine Nation" (M2).
Diese Politik war in der Bundesrepublik umstritten. Besonders die CDU/CSU-Opposition sah darin einen Verstoß gegen den Auftrag des Grundgesetzes, auf die Wiedervereinigung hinzuwirken. Es handle sich um einen vorschnellen Verzicht auf die Gebiete, die 1945 in Potsdam vorläufig Polen und der Sowjetunion zugesprochen worden waren. Der Streit wurde vom Bundesverfassungsgericht entschieden, das die Verträge für gültig erklärte.

4. Stellen Sie dar, welchen Nutzen Bundesrepublik und DDR aus dem Grundlagenvertrag zogen. Was mussten sie dafür aufgeben?

5. Überlegen Sie, welche Fragen im Grundlagenvertrag ausgeklammert blieben (→ Infotext und M2).

M3 „Zweierlei Maßstäbe"

6. Formulieren Sie die Kritik der Karikatur an den Ostverträgen in eigenen Worten.

5. Deutschland – besiegt, geteilt, vereint **183**

5.3 Das wiedervereinigte Deutschland
Die DDR am Ende – wie kam es dazu?

M1 Anstehen …

1. Welches Ziel hat das Anstehen in den vier Bildern jeweils?

5939b2
• Wiedervereinigung

Gewöhnung an die Teilung?
Die Ostverträge hatten eine Grundlage geschaffen, auf der Bundesrepublik und DDR nebeneinander leben konnten. Die Mehrheit der Ostdeutschen richtete sich mit der SED-Herrschaft ein, denn sie hatte keine andere Wahl. Die Westdeutschen gewöhnten sich an die Existenz der DDR und sahen keine Möglichkeiten zur Wiedervereinigung. Noch 1988 hielt eine große Mehrheit der Westdeutschen eine Wiedervereinigung für unwahrscheinlich oder sogar für unmöglich.
Ein Jahr später, 1989, war die Wiedervereinigung plötzlich in greifbare Nähe gerückt. Was war geschehen?

Veränderte außenpolitische Situation
Seit 1949 war die DDR der westliche Vorposten des Ostblocks, politisch ein unverzichtbarer Verbündeter der Sowjetunion und ab 1955 ein wichtiges Mitglied des Warschauer Pakts, des Militärbündnisses des Ostblocks.
Ab 1985 änderte die Sowjetunion, Führungsmacht des Ostblocks, zuerst vorsichtig, dann mit großen Schritten ihre Politik gegenüber dem bisherigen Feind, den USA und ihren Verbündeten (den NATO-Staaten). Unter Führung des neuen Generalsekretärs Gorbatschow gab sie den Kampf um die Vorherrschaft in der Welt auf und verhandelte mit den USA über eine umfassende Abrüstung. Im Innern der Sowjetunion wurden politische und wirtschaftliche Reformen begonnen. Demokratie und Marktwirtschaft sollten Einzug halten.
Durch die **Reformen in der Sowjetunion** geriet 1989 auch die Staatspartei in der DDR, die SED (→ S. 178–179), unter Druck. Die DDR hatte plötzlich ihre Bedeutung als Vorposten gegenüber dem feindlichen Westen verloren. Mehr noch: Sie stand der gewünschten Aussöhnung der Sowjetunion mit den USA im Weg. Die Sowjetunion verlangte von der SED demokratische Reformen, wie sie in Polen und Ungarn bereits begonnen worden waren. Dazu war die SED aber nicht bereit.
Seit dem Mauerbau im Jahr 1961 (→ S. 181) konnten sich die Menschen in der DDR der Herrschaft der SED nicht mehr durch Flucht in den Westen entziehen. Der ganze Ostblock war gegenüber dem Westen abgeschottet. Jetzt, mit den Reformen in der Sowjetunion, bekam diese Grenze plötzlich Löcher: Der Ostblockstaat Ungarn öffnete am 11. September 1989 die Grenze nach Österreich auch für DDR-Bürger (**M1**). Zehntausende Menschen aus der DDR machten sich über Ungarn und Österreich auf den Weg in die Bundesrepublik, wo sie begeistert empfangen wurden.

Veränderte innenpolitische Situation
Jetzt trat in der DDR die bisher unterdrückte **Opposition** an die Öffentlichkeit. Die Kritiker ließen sich nicht mehr einschüchtern, denn durch die Reformforderungen der Sowjetunion und die Fluchtbewegung war die Regierung unter Druck. Außerdem hatten die ersten Reform-Erfolge in Polen und Ungarn der Bürgerbewegung gezeigt, dass die Zeit für Veränderungen reif war. In vielen Städten kam es zu **Massenprotesten** gegen

die SED mit Hunderttausenden von Teilnehmern. Anders als 1953 (→ S. 179) wurde der Aufstand jedoch nicht gewaltsam mit dem Einsatz von Militär niedergeschlagen, sondern die SED-Regierung hoffte auf ein Ende der Demonstrationen. Aber vergeblich: Von Woche zu Woche nahmen die Proteste zu. Die ersten Rufe nach Wiedervereinigung mit der Bundesrepublik wurden laut.

Innerhalb weniger Wochen wurde die SED-Regierung handlungsunfähig, weil große Teile der Bevölkerung ihr – durch Flucht oder durch Protest – den Gehorsam verweigerten und weil sie die Unterstützung der Sowjetunion verloren hatte. Die DDR war ein Staat in Auflösung.

Die SED-Regierung setzte den Staats- und Parteichef Honecker ab und bot der Opposition Gespräche an. Auf ihre Macht wollte sie nicht verzichten. Diese halbherzigen Reformschritte waren der Bevölkerung zu wenig.

Die Grenzen fallen

Am 9. November 1989 öffnete die DDR die Grenze zum Westen schließlich selbst und schaffte die Grenzkontrollen ab. Sie kündigte freie Wahlen an und beteiligte die neu entstandenen Oppositionsgruppen an der Regierung („Runder Tisch"). Die SED verzichtete damit auf ihre Alleinherrschaft. Die Wirtschaft der DDR öffnete sich für westdeutsche Firmen.

Aber auch auf diese Weise konnte die SED die Fluchtbewegung nicht stoppen. Mehr als eine halbe Million Menschen verließ zwischen September 1989 und Oktober 1990 die DDR. Die offenen Grenzen verschärften zudem die wirtschaftlichen Schwierigkeiten in der DDR. Die Planwirtschaft funktionierte nicht mehr; eine Marktwirtschaft gab es noch nicht.

Das Ende der Sowjetunion

Der angestrebte „Umbau" des Sozialismus zu Demokratie und Marktwirtschaft gelang in der Sowjetunion nicht. Er endete 1991 mit dem politischen und wirtschaftlichen Zusammenbruch. Die Kommunistische Partei verlor die Macht. Das Militärbündnis des Ostens, der Warschauer Pakt, wurde aufgelöst. Der Ost-West-Konflikt war damit beendet.

Die Sowjetunion selbst zerfiel in 14 Einzelstaaten; der wichtigste davon ist heute Russland. Die Mitgliedstaaten des bisherigen Warschauer Paktes gingen ihre eigenen Wege; die meisten wurden zu Demokratien nach westlichem Vorbild. Viele von ihnen sind heute Mitglieder der Europäischen Union (→ S. 208), einige sind NATO-Mitglieder geworden (→ S. 272).

Warschauer Pakt
1955 gegründetes Militärbündnis der Ostblockstaaten DDR, Polen, Ungarn, Tschechoslowakei, Rumänien, Bulgarien und (bis 1961) Albanien unter Führung der Sowjetunion; aufgelöst 1991.

2. Welche drei Faktoren spielen am Ende der DDR eine wichtige Rolle? Gestalten Sie ein Lernplakat.

3. Vergleichen Sie die Situation der DDR 1953 mit der von 1989: Warum wurde die SED 1953 nicht handlungsunfähig? Was ist 1989 anders?

M2 Offene Grenzen – Fotos vom Herbst 1989

4. Welche Überlegungen haben die SED vermutlich dazu gebracht, selbst die Grenze zu öffnen?

5. Beschreiben Sie die Stimmung, die in den beiden Fotos zum Ausdruck kommt.

5.3 Das wiedervereinigte Deutschland

562a2q
- Wiedervereinigung
- 2+4-Vertrag

Welche Schritte führten zur Wiedervereinigung?

M1 Parolen – Fotos vom Jahresbeginn 1990

1. Beschreiben Sie anhand der Bilder die Stimmung in der DDR zu Anfang des Jahres 1990.

2+4-Gespräche
Gespräche über die Wiedervereinigung Deutschlands. Beteiligt: zuerst nur die zwei deutschen Staaten und anschließend die vier Siegermächte von 1945 USA, Großbritannien, Frankreich, Sowjetunion.

Wahlkampf um die Wiedervereinigung
24 Parteien nahmen an der ersten freien Wahl in der DDR am 18. März 1990 teil. Auch die Parteien der Bundesrepublik traten zur Wahl an. Die frühere Staatspartei der DDR, die SED, beteiligte sich unter dem Namen PDS (Partei des demokratischen Sozialismus). Im Wahlkampf ging es nur um zwei Fragen: Wann kommt die Wiedervereinigung? Soll sich die DDR der Bundesrepublik anschließen oder sollen West- und Ostdeutschland jetzt je einen eigenen Staat gründen?
Der DDR als einem eigenständigen Staat gab niemand mehr eine Chance.
Der klare *Wahlsieg der CDU-nahen Parteien* war ein Zeichen dafür, dass die Mehrheit der DDR-Bürger eine rasche Wiedervereinigung und politische Verhältnisse wie im Westen wollte, also einen Anschluss an die Bundesrepublik. Dort regierte die CDU/CSU unter Bundeskanzler Helmut Kohl, was die Verhandlungen erleichterte.

Außenpolitische Fragen
Eine Wiedervereinigung ohne die Zustimmung der ehemaligen Siegermächte von 1945 (→ S. 169) war undenkbar. Vor allem die Zustimmung der Sowjetunion war lange unsicher.
In den sogenannten „*2+4-Gesprächen*" erfüllen sich weitgehend die Erwartungen der beiden deutschen Staaten:

- Deutschland darf wiedervereinigt werden, muss aber auf die Gebiete östlich von Oder und Neiße verzichten.
- Die Siegermächte verzichten auf ihre Sonderrechte in Deutschland. Die Sowjetunion zieht ihre Truppen komplett ab. Auch andere ausländische Truppen dürfen nur im Rahmen ihres NATO-Auftrags stationiert werden.
- Ganz Deutschland wird NATO-Gebiet. Deutschland muss seine Truppen auf 370 000 Mann reduzieren.

Fahrplan zur Wiedervereinigung
Die innenpolitischen Voraussetzungen für die Wiedervereinigung wurden durch den Einigungsvertrag zwischen Bundesrepublik und DDR geschaffen:
- *Währungsunion* (zum 1. Juli 1990): Die D-Mark wurde einzige Währung; Löhne, Renten und Mieten in der DDR wurden im Verhältnis 1:1 auf D-Mark umgestellt, Kredite und Bankguthaben wurden in der Regel 2:1 getauscht.
- *Wirtschafts- und Sozialunion*: Die in Westdeutschland geltenden Regelungen wurden auf die DDR übertragen. Das betraf z. B. das Eigentum an Betrieben und Grundstücken, den freien Wettbewerb, die Erhebung von Steuern, die Landwirtschaft, die Sozialversicherung und das Arbeitsrecht.

Am 3. Oktober 1990 schloss sich die DDR der Bundesrepublik an. Das Rechts- und Verwaltungssystem der Bundesrepublik wurde auf den Osten übertragen.
Im Dezember 1990 fanden die ersten *gesamtdeutschen Wahlen* statt, die die CDU/FDP-Regierung in ihrem Amt bestätigten und damit die Einheit besiegelten.

2. Warum hat das gute Abschneiden der CDU bei den Wahlen im März 1990 die Wiedervereinigung erleichtert?
3. Überlegen Sie, warum die Wiedervereinigung an der Sowjetunion hätte scheitern können.

M2

4. Die Karikatur stammt aus dem Jahr 1990, aber aus welchem Monat? Grenzen Sie mit Hilfe des Infotextes den Zeitraum ein, aus dem die Karikatur stammen könnte. Begründen Sie Ihre Entscheidung.

M3 Der Weg zur Wiedervereinigung in Schlagzeilen

Tausende von DDR-Flüchtlingen strömen in die Bundesrepublik 12.09.89

HONECKER ZURÜCKGETRETEN
SED-Generalsekretär von Egon Krenz abgelöst 19.10.89

DDR öffnet Grenzen: **Millionenfaches Wiedersehen** 10.11.89

DDR stellt freie Wahlen für Mai in Aussicht 21.11.89

Kohl: Wiedervereinigung noch in diesem Jahr möglich April 1990

CDU GEWINNT ERSTE FREIE WAHLEN IN DER DDR
Verlierer: Sozialdemokraten und Bürgerbewegungen 19.03.90

Bundesbank warnt vor Risiken durch Währungsunion Mai 1990

Bundeskanzler Kohl verspricht dem Osten „Blühende Landschaften" Mai 1990

Volle Souveränität für wiedervereinigtes Deutschland
Zwei-plus-Vier-Gespräche erfolgreich abgeschlossen 13.09.90

Ein Jubeltag ohne Grenzen:
Die Wiedervereinigungsfeier der Deutschen 04.10.1990

5. Wählen Sie die drei Schlagzeilen aus, die Ihrer Ansicht nach das Wichtigste über die Wiedervereinigung aussagen.
6. Erstellen Sie aus den Zeitungsschlagzeilen und dem Infotext eine Zeittabelle zur Wiedervereinigung.

5. Deutschland – besiegt, geteilt, vereint **187**

5.3 Das wiedervereinigte Deutschland

- Wiedervereinigung

Wie wächst zusammen, was zusammen gehört?

M1 Am Morgen nach der Vereinigung

1. Beschreiben Sie mögliche Gedanken, die der Deutsche in der Karikatur am Morgen nach der Wiedervereinigung hat.

Investitionshindernisse in Ostdeutschland:

Kein Bedarf an zusätzlichen Kapazitäten	35 %
Rechtsunsicherheit	32 %
Personalmangel	12 %
Sanierungskosten	12 %
Mangelhafte Infrastruktur	9 %

DIHT-Umfrage 1990

Wirtschaftliche Schwierigkeiten ...

Die Bundesregierung erwartete, dass sich der Aufbau im Osten durch die Erlöse aus der Privatisierung der fast 14 000 Staatsunternehmen weitgehend selbst finanzieren werde. Aber es kam anders. Nach Einführung der Währungsunion brach die Produktion in der DDR zusammen:

- Die DDR-Wirtschaft hatte überwiegend für den Ostblock produziert. Dieses Absatzgebiet ging durch die Auflösung der Sowjetunion nun verloren.
- Der *Maschinenpark* vieler Betriebe war völlig *veraltet*. Die Produktivität betrug nur 40 Prozent der Produktivität im Westen. Die niedrigeren Löhne konnten diesen Nachteil nicht ausgleichen. Qualitätsprobleme und zu hohe Produktionskosten führten zu Absatzproblemen.
- Die Klärung der früheren *Eigentumsverhältnisse* war oft schwierig und langwierig. Die verstaatlichten Betriebe sollten nämlich an diejenigen zurückgegeben werden, die zu DDR-Zeiten enteignet worden waren oder ihren Besitz verkaufen mussten. Eine Entschädigung sollte nur dann gezahlt werden, wenn die Rückgabe nicht möglich war.

Darum gab es kaum Käufer. Die meisten Unternehmen wurden stillgelegt, die Beschäftigten entlassen. Jüngere und besser qualifizierte Arbeitskräfte wanderten in den Westen ab, wo es genug Arbeit gibt, wo man mehr verdient und die Lebensqualität höher ist (→ S. 194, **M1**).

... und ihre sozialen Folgen

Als nach fünf Jahren Bilanz gezogen wurde, hatte mehr als die Hälfte der Ostdeutschen ihren *Arbeitsplatz verloren*, vor allem die Arbeitnehmer in der Industrie. Zeitweise waren über zwei Millionen Menschen in Beschäftigungsmaßnahmen, weil sie keine reguläre Arbeit hatten. Neue Arbeitsplätze entstanden im Dienstleistungssektor, besonders im Handel. Die Beschäftigtenzahl nahm um ein Drittel ab. Sie ist auch seither kaum gestiegen. Diese Entwicklung hatte kaum jemand erwartet.

Maßnahmen in den neuen Ländern

Um gleichwertige Lebensbedingungen zu schaffen, investierten die Europäische Union (→ S. 219), Bund, Länder und Gemeinden 1400 Mrd. Euro. Am meisten Geld floss in den Ausbau der Infrastruktur, besonders in Straßen, Telefonnetze, Energieversorgung, Bildungswesen, Abwasserreinigung. Mit Finanzhilfen und Steuervergünstigungen förderte der Staat außerdem private Investitionen und den Wohnungsbau. Diese und andere Maßnahmen konnten zwar den Rückstand des Ostens in vielen Bereichen abbauen. Dennoch sind die neuen Bundesländer nach wie vor auf Zuschüsse aus dem Westen angewiesen. Daneben gibt es indirekte Zuschüsse, z. B. über die Kassen der Renten- und Arbeitslosenversicherung.

Aufarbeitung der DDR-Vergangenheit

Die SED-Funktionäre aus DDR-Zeiten verloren ihre Ämter. Ein Teil der alten SED-Führung wurde vor Gericht gestellt, auch einige Soldaten an der Berliner Mauer, die auf Flüchtlinge geschossen hatten. Die *Stasi-Akten* (→ S. 178), die es über Millionen von Bürgern gab, wurden aufgearbeitet. Betroffene können seitdem ihre Akte einsehen. Manche mussten dabei feststellen, dass sie von den besten Freunden oder sogar vom Ehepartner bespitzelt worden waren.

M2 Aufbau Ost – mitfinanziert durch die EU

2. Warum unterstützt die EU wohl den Aufbau Ost (→ S. 219)?

3. Fassen Sie zusammen: Warum war es schwierig, im Osten gleichwertige Lebensverhältnisse zu schaffen wie im Westen?

4. Erläutern Sie, warum viele Ostdeutsche nach der Wiedervereinigung arbeitslos wurden.

5. Befragen Sie Ihre Eltern oder andere Verwandte nach ihren Erinnerungen an die Zeit der Wiedervereinigung.

M3 Fehleinschätzungen beim Aufbau Ost?

Immer wieder wird diskutiert, ob andere Maßnahmen die Probleme beim Aufbau Ost verringert hätten. Der Streit über Fragen wie diese ist nicht entscheidbar:

- War die Wiederherstellung der alten Eigentumsverhältnisse nötig?
- War es sinnvoll, die westdeutsche Rechts-, Wirtschafts- und Sozialordnung 1:1 auf die neuen Bundesländer zu übertragen?
- War die rasche Privatisierung der Ostbetriebe richtig?
- War die Löhne im Osten zu niedrig, zu hoch oder gerade richtig?
- Waren die Löhne im Osten zu niedrig, zu hoch oder gerade richtig?
- War die Vorstellung naiv, der Markt werde für eine rasche Angleichung von Ost und West sorgen?

6. Hinter den Diskussionen um den Aufbau Ost stehen unterschiedliche wirtschaftliche und politische Interessen, z. B. von Arbeitnehmern oder Arbeitgebern, Ostdeutschen oder Westdeutschen. Welche Streitpunkte können Sie solchen Interessen zuordnen?

5. Deutschland – besiegt, geteilt, vereint **189**

5.3 Das wiedervereinigte Deutschland

Was hat die Wiedervereinigung gebracht?

M1 Mauersteine

1. Erläutern Sie, wie die Karikatur die Beziehungen zwischen Ost- und Westdeutschen sieht. Stimmen Sie dieser Bewertung zu?

• Aufbau Ost

Erwartungen – nur teilweise erfüllt

Die Ostdeutschen verbanden hohe Erwartungen mit der Wiedervereinigung – sonst wären sie dafür nicht auf die Straße gegangen. Als die Einheit dann da war, stellte sich bald heraus, dass nicht alle Wünsche in Erfüllung gingen. Die Folgen der Wiedervereinigung im Alltag waren viel umfassender und radikaler als erwartet. Insbesondere die hohe Arbeitslosigkeit und der Niedergang der ostdeutschen Wirtschaft kamen überraschend. An einem Arbeitsplatz hingen in der DDR die soziale Fürsorge und das gemeinschaftliche Leben. Es war ja der Betrieb, der das Alltagsleben nahezu vollständig geprägt hatte. Wer arbeitslos wurde, hatte es nun – auf sich allein gestellt - doppelt schwer, in die neue Gesellschaft hineinzufinden.

M2 Ost und West im Vergleich

2. Erarbeiten Sie aus den Zahlen, inwieweit sich die Lebensverhältnisse zwischen Ost und West inzwischen angeglichen haben.

a) Ausstattung der Haushalte mit Konsumgütern

Alle Angaben in Prozent	West 1988	West 2000	West 2010	Ost 1988	Ost 2000	Ost 2010
Pkw	68	75	80	52	70	70
Waschmaschine	86	94	*	66	96	*
Gefrierschrank, -truhe	70	72	57	43	68	44
Geschirrspülmaschine	29	52	67	?	33	60
Telefon	93	97	99	16	95	100
Fernsehgerät	87	96	96	52	98	96
HiFi-Stereoanlage	42	65	*	?	55	*

R. Geißler, Die Sozialstruktur Deutschlands, Wiesbaden 2002, S. 87; Statistisches Bundesamt (Hrsg.), Fachservice 15, Reihe 2, 2006, 2010

* nicht erhoben

190 5. Deutschland – besiegt, geteilt, vereint

Die Wiedervereinigung brachte:
- Politische Freiheiten und demokratische Rechte: Jeder hat jetzt z. B. die Freiheit der Berufswahl, die Reisefreiheit, den Schutz des Privatlebens vor staatlicher Bespitzelung und wenn er zur Wahl geht, kann er zwischen verschiedenen Parteien wählen.
- Das Ende der alten Elite: Ehemalige aktive Mitglieder der SED und Mitarbeiter der Stasi wurden entlassen, alle führenden Positionen neu besetzt. Viele Politiker, Juristen, Manager und Beamte kamen aus den westdeutschen Bundesländern, und bauen nun die neuen Strukturen im Osten mit auf.
- Mehr Eigenverantwortung im Privatbereich: In der DDR wurden wesentliche Lebensbereiche wie Kinderbetreuung, Ferien- und Freizeitgestaltung sowie Betreuung im Alter vom Betrieben geregelt. Jetzt ist Eigeninitiative gefragt, einiges fällt ganz weg.
- Ein größeres Angebot an Dienstleistungen und Waren: Die Einführung der Marktwirtschaft brachte Versorgungssicherheit und neue Konsummöglichkeiten, führte aber auch zu Preiserhöhungen, z. B. bei Mieten, Heizkosten und öffentlichen Verkehrsmitteln.
- Eine neue Arbeitssituation: Es gibt keine Arbeitsplatzgarantie mehr. Die meisten Betriebe wurden geschlossen, die Beschäftigten verloren ihren Arbeitsplatz. Viele der alten beruflichen Qualifikationen sind jetzt nicht mehr viel wert. Für die neuen Arbeitsplätze müssen neue Fähigkeiten und Abschlüsse erworben werden. Nicht jeder ist wieder untergekommen. Manche finden im Westen neue Arbeit, andere machen sich selbstständig; vor allem die Älteren aber finden keine Arbeit mehr.
- Eine neue Einkommenssituation: Die Bezahlung richtet sich in einer Marktwirtschaft nach anderen Maßstäben; es kommt zu viel größeren Einkommensunterschieden als zu DDR-Zeiten. Wer arbeitslos ist, muss von staatlicher Unterstützung leben – eine völlig neue Situation.
- Gewinn an Lebensqualität: Neue Straßen und Gebäude sind entstanden, ganze Stadtviertel, öffentliche Einrichtungen und Wohnungen saniert, das Telefonnetz ausgebaut – das sind Infrastrukturleistungen, die vielen zugute kommen.

Gewinner und Verlierer
Die Menschen in den neuen Ländern waren von diesen Veränderungen unterschiedlich betroffen – die Städter anders als die Menschen auf dem Land, die SED-Mitglieder anders als die Unpolitischen, die Rentner anders als die Jungen, Mütter mit Kindern anders als die Männer.
Dies führte dazu, dass sich die einen als Gewinner der Wiedervereinigung sahen, die anderen als Verlierer – gemessen an den ursprünglichen Hoffnungen und Erwartungen.

3. Was wurde nach der Wende den Ostdeutschen gegeben, was wurde ihnen genommen? Ordnen Sie nach wirtschaftlichen und politischen Veränderungen.

Produktivität und Einkommen in den neuen Bundesländern
in Prozent der westdeutschen Werte

Nominallöhne
1991	57%
1995	80%
2000	81%
2008	82%

Arbeitsproduktivität
1991	45%
1995	72%
2000	76%
2008	79%

Michael C. Burda, Wirtschaft in Ostdeutschland im 21. Jahrhundert, in: Aus Politik und Zeitgeschichte (APuZ), 30–31/2010, S. 29

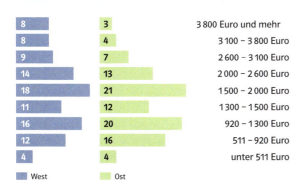

b) **Einkommensklassen**
Von je 100 Haushalten in Deutschland haben ein monatliches Nettoeinkommen in Euro von

c) **Arbeitslosenquote**
Arbeitslosenquote 2010 in Prozent (Jahresdurchschnitt)

Datenreport 2000, S. 113 (gerundet)

Bundesagentur für Arbeit

5.3 Das wiedervereinigte Deutschland

3m9t8k
• Folgen der Wiedervereinigung

Finden Ost und West zusammen?

M1 Unterschiede zwischen Ost und West heute

- Arbeitskosten im Osten liegen weit unter Westniveau
- NEUE BUNDESLÄNDER – Als Urlaubsziele immer beliebter
- Zukunftsangst in Ostdeutschland sinkt
- Viele Wähler der Linkspartei wohnen im Osten

1. Welche Unterschiede zwischen West- und Ostdeutschland fallen Ihnen ein? Nehmen Sie die Schlagzeilen als Anregung.

M2 Wie sehen die Deutschen den Stand der Einheit?

	West	Ost
Ost und West sind zusammengewachsen	11%	3%
Es gibt nur noch geringe Unterschiede	36%	53%
Es gibt noch große Unterschiede	37%	7%
Es gibt auch in 50 Jahren noch Unterschiede	12%	16%
Sonstiges/keine Antwort	5%	11%

Umfrage. Sozialwissenschaftliches Forschungszentrum Berlin-Brandenburg: Sozialreport 2010, S. 19

2. Beschreiben Sie die Unterschiede in der Einschätzung. Worauf könnten diese Unterschiede zurückzuführen sein?

Bruttolohn je Stunde in Ost und West
Stand 2009

	West	Ost
Männer	20,12 €	14,02 €
Frauen	15,16 €	13,21 €

Statistisches Bundesamt: 20 Jahre Deutsche Einheit, Wiesbaden 2010, S. 49

Vergleiche zwischen Ost und West
In vielen Statistiken ist sie noch Thema: die Aufgliederung der Ergebnisse nach alten und neuen Bundesländern. Ist die Einheit Deutschlands nur eine Angleichung in der Statistik? Und was ist der Maßstab? Ist die Einheit erreicht, wenn der Osten dem Westen möglichst gleich wird? Ist der Westen der Normalfall, die Norm, an die sich die „Neuen" anpassen müssen? Bedeuten „gleichwertige Lebensverhältnisse" dasselbe wie gleiche Lebensverhältnisse?
Die Statistiken zeigen Unterschiede im Einkommen, in der Arbeitslosenquote, im Wahlverhalten, in den Hobbys ... Aber solche Unterschiede gibt es nicht nur zwischen Ost und West, sondern auch zwischen einzelnen Regionen und Landkreisen.

Unterschiede in der Wahrnehmung
Wie die Menschen ihr Zusammenleben empfinden, ist eine ganz andere Sache. Da gibt es vielleicht ein Zusammengehörigkeitsgefühl trotz unterschiedlicher Arbeits- und Einkommensverhältnisse, aber manchmal auch das Gegenteil. Die deutsche Teilung, die Wiedervereinigung und die Jahrzehnte danach werden in Ost und West sehr unterschiedlich wahrgenommen.
Im *Westen* werden vor allem die Kosten der Wiedervereinigung gesehen. Die Gelder, die in den Osten geflossen sind, erscheinen vielen Menschen als Abzug am eigenen Lebensstandard. Es wird misstrauisch darauf geachtet, ob mit diesem Geld wirklich verantwortungsvoll umgegangen wird und ob die Ostdeutschen sich westlichen Mustern anpassen.

Die **Ostdeutschen** kritisieren diese Haltung. Sie wollen zu Recht nicht als arme Vettern, als Deutsche zweiter Klasse behandelt werden. Sie hatten sich die DDR-Diktatur nicht ausgesucht; jetzt fühlen sie sich für deren Folgen in die Pflicht genommen – und zwar als Gruppe, ohne Rücksicht auf ihre persönlichen Lebensumstände früher und heute (M 4).

Mehr als 20 Jahre sind seit der Wiedervereinigung vergangen. In Ost und West ist eine Generation herangewachsen, die nur das wiedervereinigte Deutschland kennt – und trotzdem: Der beschriebene Graben in der Denkweise ist noch nicht überall überwunden.

Es wird dauern, bis die Einheit in den Köpfen angekommen ist und die gefühlten Unterschiede zwischen Ost und West nicht größer sind als die zwischen Ostfriesen und Schwaben.

3. Was können Sie persönlich tun, damit die Deutschen besser zusammenleben?

M3 Erfolgsgeschichte Berlin

4. Was wissen Sie über das Leben in Berlin?

M4 Wie werden die Veränderungen der letzten 20 Jahre bewertet?

	Westdeutsche			Ostdeutsche		
	+	0	–	+	0	–
Wohnungsausstattung	20 %	59 %	4 %	55 %	31 %	5 %
Urlaubsmöglichkeiten	23 %	49 %	13 %	54 %	19 %	16 %
Wohnsituation	24 %	55 %	5 %	46 %	38 %	8 %
Einkommen	14 %	39 %	32 %	35 %	21 %	32 %
Berufliche Entwicklung	11 %	44 %	13 %	15 %	24 %	29 %
Aufstiegschancen	8 %	42 %	17 %	13 %	25 %	29 %
Politischer Einfluss	2 %	62 %	12 %	9 %	41 %	16 %

+: „vor allem positiv"; 0: „weder/noch"; –: „vor allem negativ". An 100 Prozent Fehlende: „trifft nicht zu/keine Antwort".
Befragt wurden Ost- und Westdeutsche, die 1970 und früher geboren wurden. Sozialreport 2010, S. 26

> […] Eine breite Mehrheit der Ostdeutschen möchte die heutigen Lebensverhältnisse nicht missen und keineswegs mehr mit denen in der DDR tauschen, aber sie fühlen sich oft von ihren Landsleuten missverstanden. Sie beklagen insbesondere eine fehlende Anerkennung ihrer Lebensleistung […]. Westdeutsche rechneten sich die Überlegenheit ihres Systems zu und werteten gleichzeitig Ostdeutsche gemeinsam mit ihrem System ab. Erst wenn dieses Missverständnis ausgeräumt ist, kann das Zusammenwachsen ohne individuelle oder sogar kollektive Kränkungen gelingen.
>
> Klaus Schroeder, Deutschland nach der Wiedervereinigung; in: Aus Politik und Zeitgeschichte (APuZ) 30–31/2010, S. 19

5. Wo bestehen Unterschiede zwischen Ost und West in der Bewertung der Veränderungen? Wo gibt es Gemeinsamkeiten?

5.3 Das wiedervereinigte Deutschland

Wie soll sich Deutschland weiterentwickeln?

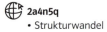
• Strukturwandel

M1 Bevölkerungsentwicklung in Deutschland seit der Wiedervereinigung

Stand 2008, Zahlen gerundet – Ursprungsdaten: Statistisches Bundesamt.

1. Beschreiben Sie die Bevölkerungsentwicklung in den verschiedenen Bundesländern (→ S. 284). Bewerten Sie diese Entwicklung.
2. Wie ist die Entwicklung in Ihrer Region verlaufen?

Es wird leer im Osten
Mehr als 20 Jahre nach der Wiedervereinigung ist die Abwanderung vom Osten in den Westen nicht zum Stillstand gekommen. Zwar gibt es einzelne Regionen, in denen die Bevölkerung nicht mehr schrumpft, aber sie sind die Ausnahme. Heute leben noch 14,5 Mio. im Osten; seit der Wiedervereinigung sind 3,6 Mio. Menschen in den Westen gezogen (Stand 2008), aber nur 1 Mio. in den Osten. Die *Abwanderung in den Westen* hat lange vor der Wiedervereinigung begonnen. Bereits zu DDR-Zeiten sind Millionen Menschen in die Bundesrepublik geflohen (→ S. 181) – aus politischen Gründen oder weil sie im Osten für sich keine Zukunft mehr sahen. Während 1949 noch drei von zehn Deutschen im Osten wohnten, war es 1989 jeder fünfte und 2008 jeder sechste.

Immer der Arbeit nach
Warum ziehen Menschen um? Welche Menschen ziehen um? Die meisten sind einfach der Arbeit in den Westen nachgezogen. Im Westen gibt es nach wie vor mehr Arbeit, und besser bezahlte außerdem. Die beruflichen Aussichten im Osten sind schlechter. Das Armutsrisiko ist doppelt so hoch wie im Westen. Solange das so bleibt, wird sich am Wegzug nichts grundsätzlich ändern.
Aber auch im Westen gibt es Regionen, ja ganze Bundesländer, die Einwohner verlieren.

Der Grund ist der gleiche: Es sind Gegenden mit hoher Arbeitslosigkeit und schlechten beruflichen Aussichten. Im Westen sind es Gebiete, in denen viele Stellen durch den Strukturwandel der Wirtschaft wegfallen, wie z. B. im Ruhrgebiet im Bergbau und in der Stahlindustrie.

An den Umzug denken zuerst die Menschen, die noch nicht durch einen Partner gebunden sind, und die höher Qualifizierten. Wohnen bleiben die Menschen, die sich besonders mit ihrer Heimat verbunden fühlen, die einen guten Job haben, die nicht mehr berufstätig sind oder für die sich anderswo keine Stelle findet.

In Gebieten mit wenig Arbeitsmöglichkeiten verändert sich die Zusammensetzung der Bevölkerung: Die Jungen und wirtschaftlich Stärkeren ziehen weg; die Alten bleiben. Wenn junge Menschen gehen, fehlt der Nachwuchs. Im Jahr 2020 wird es vermutlich im Osten 40 Prozent weniger Kinder im Vorschulalter geben als heute.

Landflucht

Besonders auf dem flachen Land, etwa in Mecklenburg-Vorpommern oder im Osten Brandenburgs, leeren sich ganz Landstriche. Wer baut ein Haus in einer Gegend, in der schon viele Häuser leer stehen? Wer zieht in eine Gegend, aus der die Leute reihenweise wegziehen? Wer eröffnet dort einen Laden oder gründet eine Firma? Welche junge Familie zieht in einen Ort, von dem die nächste Schule, der nächste Bäcker, die nächste Apotheke, die nächste Kneipe 15 oder 20 km entfernt sind? Welcher Bus hält dort?

Das Problem, dass Dörfer sich entvölkern, gibt es in vielen Industriestaaten, z. B. in Frankreich, Schweden, Japan. Die deutsche Besonderheit ist, dass diese Bevölkerungsbewegung vom ostdeutschen Dorf in die westdeutsche Stadt führt – und dass (mit Ausnahme einiger Großstädte und des Großraums Berlin) nur Westdeutschland von diesen Wanderungen profitiert.

Eine Förderpolitik für ganz Deutschland!

Wie soll die Förderung in Zukunft aussehen? Soll man sich auf die starken Regionen konzentrieren oder eher auf die schwachen? Welche Rahmenbedingungen soll die Politik setzen (M 2)?

„Armutshauptstadt" Leipzig
Monatliches reales Haushaltsnettoeinkommen in Euro

1991	1350 Euro
1996	1600 Euro
2000	1450 Euro
2009	1322 Euro

Amt für Statistik und Wahlen der Stadt Leipzig, Quartalsbericht III/2010

3. Stellen Sie sich vor, Sie müssten in eine andere Region Deutschlands umziehen: Was wären für Sie Hemmnisse und Nachteile? – Stellen Sie diese Überlegungen auch für Ihre Eltern an.

4. Ermitteln Sie Wirtschafts- und Sozialdaten über Ihre Region: Wie sieht es bei Ihnen mit den Zukunftschancen aus?

M 2 Die Zukunft strukturschwacher Regionen

a) In ländlichen Regionen um Mittel- und Kleinstädte muss die Verdichtung verstärkt werden, es braucht zentrale Orte, die Bildung, Gesundheit, den Öffentlichen Personennahverkehr sowie eine Ver- und Entsorgungsinfrastruktur bereitstellen. Um einen solchen integrierten Ansatz umzusetzen, müssen Anreize für Kooperationen geschaffen werden [...]. Die Vielfalt der Lebensverhältnisse gefährdet nicht zwingend deren Gleichwertigkeit. Erste Schritte wären mehr Kompetenzen für die Kommunen [Gemeinden] und Bürokratieabbau. Das kann eine aktive Bürgergesellschaft stärken, regionale Entwicklung fördern und letztlich die Lebensqualität heben.

Aus: Online Handbuch Demografie, hrsg. v. Berlin Institut für Bevölkerung und Entwicklung, Abschnitt: Deutschlands Regionen (Auszug) von Margret Karsch und Iris Hoßmann; www.berlin-institut.org (Zugriff 05.11.2011)

b) Die starken Regionen werden auch künftig besonders stark profitieren, die schwachen weniger [...]. Es gibt keinen zwangsläufigen Ausgleich. Würde es sich ausgleichen, dann in einer ganz anderen Richtung, nämlich so, dass sich Regionen herausbilden für Menschen, die Ruhe suchen, die gerne ländlich leben und dafür Qualitätseinbußen bei der Infrastruktur in Kauf nehmen, und andere, in denen man ein städtisches Umfeld hat. Das ist sinnvoll, denn es muss nicht überall in Deutschland eine Gleichartigkeit oder Gleichwertigkeit der Lebensverhältnisse geben. Regionen macht attraktiv, dass sie Unterschiedliches bieten.

Aus einem Interview von Susanne Sitzler (Bundeszentrale für politische Bildung) mit Franz Lehner, Gesellschaftliche Probleme sind Chancen, Geld zu verdienen (2006): www.bpb.de (Zugriff 05.11.2011)

---

5. Nennen Sie eine Gemeinsamkeit und einen Unterschied zwischen den beiden Einschätzungen.

6. Welcher der beiden Einschätzungen können Sie eher zustimmen? Begründen Sie.

Deutschland im 21. Jahrhundert
Einen Kalender gestalten

HOT

Typisch deutsch?
Was bleibt deutsch, wenn Deutschland Teil der Europäischen Union ist, wenn deutsche Unternehmen weltweit produzieren und fusionieren, wenn koreanische Firmen auf Englisch um deutsche Kunden werben, wenn in Deutschland mehr Pizza gegessen wird als Sauerkraut, wenn Nigerianer für die deutsche Nationalelf Tore schießen? Oder umgekehrt: Was ist schlimm daran, wenn es so ist? In der Schweiz leben Menschen mit unterschiedlicher Sprache und Lebensart seit Jahrhunderten in einem Staat friedlich zusammen. Auch wenn sie sich nicht in allem einig sind, ist ihr Gemeinschaftsgefühl offenbar stärker als alles Trennende.

ij3x8r
- Kalender der Kulturen

Wie sehen wir Deutschland?

Welche Bilder, welche Situationen, welche Probleme gehören dazu?
Gestalten Sie in der Klasse einen Kalender über das Zusammenleben in Deutschland.

1. Bilden Sie zwölf Gruppen.
2. Ordnen Sie jeder Gruppe einen Monat zu.
3. Gestalten Sie für jeden Monat eine Situation aus Politik oder Wirtschaft, aus Alltag oder Festtag durch Fotos, Karikaturen, kurze Dialoge, Grafiken usw.
4. Informieren Sie sich über die Feste und Feiern, die Menschen unterschiedlicher kultureller Herkunft in Deutschland begehen. Lassen Sie sich davon anregen für Ihren Kalender.

Erntedankfest

St. Martin

196 5. Deutschland – besiegt, geteilt, vereint

Auf einen Blick

5.1 Das besetzte Deutschland

Die Situation 1945
- Aufteilung durch die Alliierten in Besatzungszonen für USA, Großbritannien, Frankreich, Sowjetunion; Ziel: Kontrolle des Landes
- Grundsätze der Alliierten: Denazifizierung, Demokratisierung, Demontage, Dezentralisierung (Potsdamer Konferenz)
- Grenzen Deutschlands nicht endgültig geregelt.

Beginn des Ost-West-Konflikts
- Unüberbrückbare Gegensätze zwischen USA (und deren Verbündeten) und Sowjetunion: Kalter Krieg
- Folge: deutsche Teilung;
  - drei Westzonen (GB, USA, F), später Bundesrepublik (seit 1949)
  - eine Ostzone (Sowjetunion), später DDR (1949–1990; dann Teil des wiedervereinigten Deutschlands)
- Unterschiedliche politische Systeme in den Westzonen und der Ostzone
- Hilfe durch Marshall-Plan für Westzonen; Währungsreform
- Blockade Berlins durch die Sowjetunion; Luftbrücke der USA.

5.2 Vom Kalten Krieg zur Entspannungspolitik

Bundesrepublik Deutschland
- Wirtschaftsaufschwung und politische Stabilität im Innern: Soziale Marktwirtschaft
- Außenpolitische Bindung an den Westen: wirtschaftlich (OEEC, EWG), militärisch (NATO); Alleinvertretungsanspruch.

Deutsche Demokratische Republik
- Abhängigkeit von der Sowjetunion. Alleinherrschaft der Kommunistischen Partei (SED); keine demokratische Mitwirkung
- Verstaatlichungen; Planwirtschaft mit Versorgungsmängeln
- Volksaufstand am 17.06.1953 wird blutig niedergeschlagen
- Fluchtwelle endet erst mit Mauerbau in Berlin am 13.8.1961
- Unterdrückung der Bevölkerung: Erfassung alles Lebensbereiche durch den Staat.

Entspannungspolitik (1970er-Jahre)
- Ostverträge der Bundesrepublik mit den osteuropäischen Nachbarstaaten und der DDR: Gewaltverzicht, Unverletzlichkeit der Grenzen. Nach wie vor keine Anerkennung der DDR.

5.3 Das wiedervereinigte Deutschland

Wiedervereinigung 1989/90
- Druck auf die DDR durch
  - Reformen in der Sowjetunion
  - Grenzöffnung Ungarns (Massenflucht)
  - innenpolitische Opposition (Bürgerbewegungen)
- Folgen:
  - Rücktritt der SED-Regierung
  - Öffnung der Grenzen
- Schritte zur Wiedervereinigung:
  - Freie Wahlen (18.03.1990)
  - Wirtschafts-, Währungs- und Sozialunion
  - 2+4-Gespräche
  - Beitritt der DDR zur Bundesrepublik (03.10.1990)
  - Gesamtdeutsche Wahlen (02.12.1990).

Wirtschaftliche Probleme in den neuen Bundesländern
- Verlust traditioneller Absatzmärkte
- Schlechte Infrastruktur
- Niedrige Produktivität
- Ungeklärte Eigentumsverhältnisse behindern Privatisierung
- Folgen:
  - hohe Unterstützungszahlungen und Finanzhilfen aus dem Westen, besonders durch EU-Fördermittel
  - hohe Arbeitslosigkeit
  - Veränderung der Einkommens- und Arbeitssituation.

Politische und soziale Folgen im Osten
- Demokratische Rechte, politische Freiheiten
- Entstehung einer neuen politischen Elite
- Mehr Eigenverantwortung im privaten Bereich
- Gewinn an Lebensqualität
- problematische Arbeitsmarkt- und Einkommenssituation.

Bilanz der Wiedervereinigung
- Aufbau Ost gestaltet sich schwieriger als erwartet
  - unterschiedliche Lohn- und Produktivitätsniveaus
  - nur langsame Angleichung der Lebensverhältnisse
  - regionale Unterschiede
  - Bevölkerungsrückgang/Abwanderung im Osten verstärkt Strukturschwächen
  - einheitliche Förderpolitik für ganz Deutschland nötig

Prüfungsaufgaben

Deutsche Geschichte

1. Als Folge des verlorenen Zweiten Weltkriegs wurde Deutschland von den Siegermächten aufgeteilt (Potsdamer Konferenz).

1.1 Nennen Sie die vier Besatzungszonen und ordnen Sie diese in **M1** den Farbkästen zu.

1.2 Geben Sie vier weitere Bestimmungen der Potsdamer Konferenz an.

1.3 Erläutern Sie davon zwei Bestimmungen ausführlich.

1.4 Nach dem Zweiten Weltkrieg entstanden zwei deutsche Staaten. Erläutern Sie anhand von zwei Merkmalen wesentliche Unterschiede zwischen diesen beiden Staaten.

2. Es war ein weiter Weg von der deutschen Teilung bis zur Wiedervereinigung.

2.1 Erläutern Sie den Begriff „Kalter Krieg".

2.2 Ordnen Sie den Daten in der Tabelle (**M2**) die entsprechenden Ereignisse zu und erläutern Sie diese knapp.
- Bau der Berliner Mauer/Fall der Berliner Mauer
- Grundgesetz für die Bundesrepublik Deutschland und Verfassung der DDR
- Grundlagenvertrag zwischen der BRD und der DDR
- Unterzeichnung des Zwei-Plus-Vier-Vertrag
- Vereinigung beider deutscher Staaten

2.3 Erläutern Sie die Rolle der sowjetischen Regierung unter Michael Gorbatschow beim Fall der Mauer und der Wiedervereinigung Deutschlands.

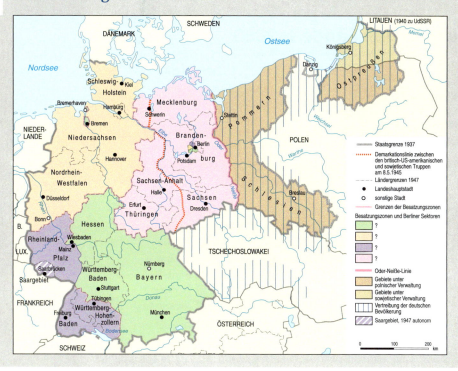

M1 Die Besatzungszonen 1945

M2	
1949	
13.08.1961	
21.12.1972	
Herbst 1989	
12.09.1990	
03.10.1990	

Prüfungsaufgabe Winter 2010/11, kaufmännische Berufsschule (erweitert) © 2012 Regierungspräsidium Stuttgart, Schule und Bildung

Prüfungsaufgaben

Entwicklung im wiedervereinigten Deutschland

1. 20 Jahre nach der Wiedervereinigung haben sich in vielen Regionen Ostdeutschlands die Erwartungen an die wirtschaftliche und gesellschaftliche Entwicklung nicht erfüllt.

1.1 Welche Entwicklung ist auf dem Schaubild (**M1**) zu erkennen? Nennen Sie vier Folgen, die diese Entwicklung für die Regionen nach sich zieht.

1.2 Unter den mehr als 1,5 Mio. Menschen, die die neuen Bundesländer verlassen haben, sind besonders viele Frauen. Welche Probleme entstehen dadurch zusätzlich?

1.3 Beschreiben Sie zwei Maßnahmen, die diesen Trend in den östlichen Bundesländern stoppen könnten.

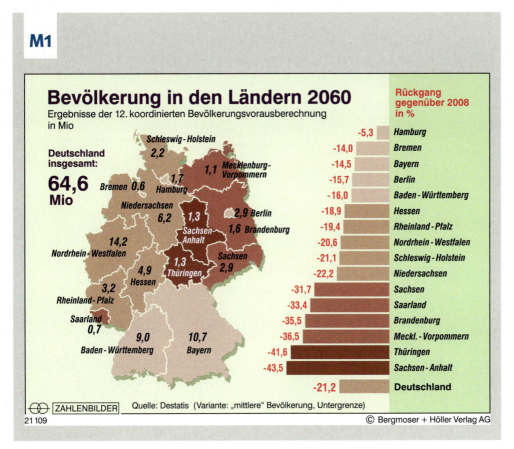

Prüfungsaufgabe Winter 2010/11, gewerbliche Berufsschule (gekürzt und verändert)
© 2012 Regierungspräsidium Stuttgart, Schule und Bildung

Leben und arbeiten in Europa 6

Wozu ein vereintes Europa?

Wie funktioniert Europa?

Die Europäische Union gestalten – aber wie?

6.1 Wozu ein vereintes Europa?
Was bringt mir Europa?
Eine Internet-Recherche

HOT

Europa kommt zu uns
Pizza essen beim Italiener, Gyros beim Griechen, Paella beim Spanier, Döner beim türkischen Imbiss können wir heute überall. Nach französischer Küche, skandinavischem Büfett, ungarischen oder tschechischen Spezialitäten muss man ein wenig suchen, aber es gibt sie.
Wir sind unterwegs in Europa: Viele EU-Staaten kennen wir als Urlaubsländer. Als Reiseziele sind sie für uns alle leicht erreichbar geworden. Aber es gibt noch mehr Möglichkeiten: Jugendaustausch, Arbeit im Ausland, Praktika, Au-pair ... Wir bessern unsere Sprachkenntnisse auf; wir lernen die Lebensart und Denkweise von Menschen anderer Länder kennen; wir schließen Freundschaften ...

🌐 99bc4y
- Jugendaustausch in Europa

Big Ben in London

Altstadt von Riga

Dorf in Schweden

202 6. Leben und arbeiten in Europa

Jugendaustausch in Europa

Sich treffen und kennenlernen		
Jugend für Europa: **Europäischer Freiwilligendienst**	**Leonardo da Vinci**	**Angebote anderer Träger**
Zielgruppe: Junge Arbeitnehmer zwischen 18 und 25 Jahren. **Dauer:** 6–12 Monate. Am Anfang steht ein Sprachkurs. **Zweck:** Arbeit an gemeinsamen Projekten in Europa in einer gemeinnützigen Organisation. Träger übernimmt Kosten und zahlt Taschengeld.	**Zielgruppe:** junge Arbeitnehmer, Auszubildende oder Studenten; grenzüberschreitende Partnerschaften. **Dauer:** 2–12 Monate (für Azubis kürzer) **Zweck:** Auslandspraktika bei Unternehmen in anderen Mitgliedstaaten der EU. EU zahlt Stipendium. Anträge können z. B. von Betrieben gestellt werden.	Überblick, Informationen und Datenbank der „Fachstelle für internationale Jugendarbeit der Bundesrepublik Deutschland".

Recherchieren Sie arbeitsteilig im Internet zu den verschiedenen Programmen.
Internet-Adressen finden Sie z. B. unter dem Online-Code dieser Doppelseite.

- Was bieten die Programme?
- Mit welchen Kosten sind sie verbunden?
- Welche Bedingungen gelten (z. B. Sprachkenntnisse, Ausbildung, Anmeldefristen)?
- Welche kommen für Ihre Klasse oder Sie persönlich in Frage?

Grachten in Amsterdam

Moldau in Prag

Eiffelturm in Paris

6.1 Wozu ein vereintes Europa?

Was wäre Deutschland ohne die EU?

536vj7
- Umfragen zur EU
- Außenhandel Deutschlands

M1 Was bringt Deutschland die Mitgliedschaft in der EU?
Zustimmung zu den Statements in Prozent der Befragten (Mehrfachnennungen möglich)

%	Statement
47	erleichtert die Zusammenarbeit unter den Staaten
44	sichert den Frieden
30	stärkt Europas Rolle in der Welt
32	fördert Wirtschaftswachstum
29	sichert Einfluss der Bürger bei europäischen Fragen
21	hilft bei den Herausforderungen der Globalisierung
15	schafft neue Arbeitsplätze
36	gefährdet Arbeitsplätze
12	trägt zu besserem Lebensstandard bei
41	senkt unseren Lebensstandard

Eurobarometer 73, Dezember 2010

Zustimmung zur EU – ausgewählte Staaten (2010)
Hat Ihr Land insgesamt gesehen von der Mitgliedschaft in der EU Vorteile?

Land	Vorteile
Polen	77%
Dänemark	76%
Niederlande	68%
Finnland	54%
Deutschland	48%
Österreich	41%
EU 27	53%

Eurobarometer 73, Dezember 2010

1. Erstellen Sie mit diesen Daten des Eurobarometers ein Meinungsbild der Deutschen zur EU im Jahr 2010:

   Für welche Politikbereiche wird die EU-Mitgliedschaft eher vorteilhaft eingeschätzt, für welche eher kritisch? Versuchen Sie eine Erklärung der unterschiedlichen Bewertungen.

2. In welchen Bewertungen kommen Ihrer Meinung nach die Probleme der wirtschaftlichen Krise seit 2008 besonders zum Ausdruck?

→ Euro-Krise
S. 222–223

Zwischen Zustimmung und Skepsis

Wie die Bevölkerung der Mitgliedsländer über die Europäische Union und ihre Politik denkt, wird regelmäßig in amtlichen Meinungsumfragen erhoben und im sogenannten Eurobarometer veröffentlicht (**M1**). Die Ergebnisse nutzt auch die Europäische Kommission für ihre politische Arbeit.

Anfang 2009 schrieb der SPIEGEL, es herrsche eine „positive EU-Stimmung" bei den Deutschen. Etwas mehr als 60 Prozent der Befragten sahen damals in der EU „eine gute Sache". Allerdings zeigten sich später, in der zweiten Jahreshälfte 2010, nicht mehr ganz 50 Prozent von den Vorteilen der EU überzeugt (Eurobarometer 73). Die Zahlen des Eurobarometer zeigen zweierlei: Zum einen spiegeln sich darin zeitbedingte Probleme aus der Finanz- und Wirtschaftskrise seit 2008 und der Schuldenkrise in Euro-Ländern wie Griechenland und Irland. Zum anderen erleben die Mitgliedsländer die EU aus ganz unterschiedlichen Gründen verschieden. So kann ein „junges" Mitgliedsland wie Polen die Veränderungen in den ersten Jahren seiner Mitgliedschaft ebenso positiv bewerten wie erfahrene Mitgliedstaaten, z. B. Dänemark oder die Niederlande, die schon traditionell wirtschaftlich eng verflochten sind mit anderen Ländern.

Was für ein Europa wollen wir?

Jugendliche nennen unterschiedliche Gründe, aus denen die EU für sie interessant oder sogar wichtig ist: Positiv werden an erster Stelle die Reise-, Arbeits- und Studienmöglichkeiten genannt, auch kulturelle Vielfalt und Abwechslung. Als besonderen Erfolg der europäischen Einigung sehen viele auch die Tatsache, dass seit dem Fall der Berliner Mauer und dem Ende des Kalten Kriegs 1989/90 (→ S. 186) die Demokratie in den neuen Mitgliedsländern gefestigt und alte Konflikte abgebaut werden konnten.
Die EU ist aber nicht für alle Zukunft „fertig"; was uns noch nicht gefällt, kann politisch gestaltet werden. Dann lauten die entscheidenden Fragen für jeden Einzelnen:

M2 Die wirtschaftliche Verflechtung Deutschlands in der EU

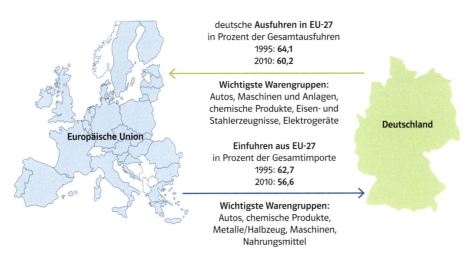

Deutsche Exporte 2010 insgesamt: **959 Mrd. Euro**
Importe insgesamt: **806 Mrd. Euro**

Statistisches Jahrbuch 2011, S. 473 ff.

3. Deutschland importiert etwa dieselben Warengruppen aus der EU, die es auch exportiert. Deuten Sie diesen Sachverhalt.

4. Der Anteil der Einfuhren aus der EU an den Gesamtimporten hat zwischen 1995 und 2010 abgenommen. Diese Entwicklung können Sie nach zwei Seiten hin diskutieren: aus deutscher und aus der Sicht der übrigen EU-Staaten.

- Was bringt uns persönlich der erweiterte „Raum der Freiheit und Demokratie" in Europa?
- Welchen Einfluss können wir als Bürger, Verbraucher, Auszubildender, Arbeitnehmer usw. auf die weitere politische Entwicklung in Europa nehmen?

Die Fakten
Deutschland ist nach der Einwohnerzahl größtes Mitgliedsland der EU. Fast zwei Drittel der deutschen Exporte gehen in andere EU-Staaten (**M 2**).
Andererseits: In den gemeinsamen EU-Haushalt zahlt Deutschland mehr Geld ein, als es ausgezahlt bekommt (→ S. 219). Manche kritisieren zudem, Deutschland sei – angesichts seiner Größe und seines wirtschaftlichen Gewichts – in den EU-Institutionen wie der Europäischen Kommission (→ S. 210 – 211) zu schwach vertreten.

Deutschland ohne EU?
Wie würde Deutschland eigentlich aussehen, wenn es die EU nicht gäbe? Schwer vorstellbar – denn die deutsche Wirtschaft funktioniert seit Jahrzehnten im europäischen Binnenmarkt. Nimmt man z. B. den Maschinenbau, das Rückgrat der deutschen Wirtschaft: Rund eine Million Menschen sind hier beschäftigt, knapp 150 Milliarden Euro setzt die Branche jährlich um. Einen Großteil ihrer Maschinen verkaufen die Firmen in andere EU-Länder. In der Elektrotechnik, der Autoindustrie und der Chemiebranche sieht es ähnlich aus. Ob das so bleiben würde? Und welche Folgen hätte es für die EU, wenn Deutschland als Handelspartner ausfiele? Mit Bestimmtheit kann das niemand sagen. Aber andere Beispiele zeigen, dass eine Freihandelszone wie die EU für alle Beteiligten wirtschaftliche Vorteile bringt.

6.1 Wozu ein vereintes Europa?

Ein Europa der Bürger – was gehört dazu?

M1 „Im Sommer will ich wieder hin" – Friseur-Lehrlinge berichten von ihren Erfahrungen

In Italien wird viel Wert aufs Styling gelegt, dafür nimmt man's mit dem Schneiden nicht so genau. Deutsche Lehrlinge gelten als technisch gut ausgebildet, aber nicht besonders kreativ – sagen Münchner Azubis. Sie waren vor Ort, in Rom, drei Wochen lang. Gelernt haben sie dort mehr als andere in Jahren. Die Gastfreundschaft sei es gewesen, das spontane Aufeinanderzugehen, was sie am meisten beeindruckt habe, da sind sich Eva Kirchmayr (19), Lotta Hahner (19) und Stephanie Obermeier (18) einig. Die drei jungen Frauen sind Azubis in Münchner Friseursalons, alle drei im dritten Lehrjahr. Die Eindrücke, die sie von ihrem dreiwöchigen Praktikum in Rom mitgebracht haben, sind noch frisch. Und alle drei sind begeistert. „Der Chef hat für uns sogar eine Abschiedsparty organisiert und mit uns und seinem Team bis in den Morgen gefeiert", erzählt Lotta Hahner. Es war das erste Mal, dass sie überhaupt allein im Ausland war. Das sei schon eine wichtige Erfahrung gewesen. Selbstständiger wird man dabei, offener und toleranter. Auch was das Fachliche angeht. …

Top Hair 1/2002

1. Welchen Nutzen haben Auszubildende von einer Arbeit im Ausland? Lassen sich diese Erfahrungen im Blick auf Ihren Arbeitsbereich verallgemeinern?

22aw8b
- Unionsbürgerschaft
- Soziale Rechte

Europäischer Alltag
Die europäische Politik prägt unseren Alltag in den einzelnen Lebensbereichen, auch wenn das nicht immer so offensichtlich ist. Nahezu selbstverständlich ist, dass wir von einem Land ins andere reisen, ohne etwas von einer Grenze zu merken. Die EU macht's möglich. Wohnort und Arbeitsplatz können frei gewählt werden. Manchmal sind es private Gründe, manchmal die besseren Berufsaussichten. Die einen gehen auf Dauer, die anderen auf Zeit. Bei Jugendlichen sind Praktika beliebt (**M1**). Und nicht wenige Arbeitnehmer sind in Unternehmen beschäftigt, die in mehreren EU-Ländern tätig sind. Ein Blick auf die Märkte zeigt, dass wir mehr und mehr europäische Verbraucher geworden sind.

Europäische Bürgerrechte
Mit dem Vertrag von Maastricht trat 1993 die EU-Bürgerschaft in Kraft. Alle Staatsangehörigen der Mitgliedsländer haben damit zu ihren nationalen Bürgerrechten besondere Rechte als EU-Bürger (**M2**).

EU als Rechtsunion
Die EU ist seit ihren Anfängen in den 1950er-Jahren mehr und mehr zu einer *Rechtsunion* geworden, weil immer weitere Bereiche unseres Lebens auf EU-Ebene geregelt wurden. Je nach Politikbereich bindet das EU-Recht die Mitgliedstaaten unterschiedlich stark. So wird die Kontrolle der Außengrenzen der EU ausschließlich gemeinsam geregelt. Ebenso werden die Bestimmungen für den Außenhandel, d. h. den Handel mit Nichtmitgliedern, gemeinsam auf EU-Ebene festgelegt. In anderen Bereichen, wie bei der Regelung der Rechte von Arbeitnehmern, legt die EU Grundsätze und Mindeststandards fest, die von den Mitgliedstaaten weiter ausgestaltet werden können.

Schutz der Grundrechte
Mit dem Lissaboner Vertrag von 2009 wurden in der *Charta der Grundrechte* elementare bürgerliche und soziale Rechte verankert, die über das Herkunftsland hinaus auf der Ebene der EU gelten sollen. Auf dieser Grundlage soll z. B. durch besondere Richtlinien verboten werden, dass Unternehmen ausländische Arbeitskräfte anwerben, die bereit sind, zu niedrigeren Löhnen oder schlechteren Arbeitsbedingungen als tarifvertraglich geregelt zu arbeiten (Sozialdumping). Um die sozialen Rechte der Beschäftigten in Unternehmen, die in EU-Ländern tätig sind, zu stärken, wurde ein *Europäischer Betriebsrat* geschaffen (**M3**).

M2 Europäische Bürgerrechte

politische Mitwirkung
- aktives und passives Wahlrecht bei EU- und Gemeindewahlen auch außerhalb des Herkunftslandes
- Recht, eine „Bürgerinitiative" als Bürgerbegehren zu organisieren, um die Europäische Kommission zu einer Initiative zu zwingen.

Unionsbürgerschaft
- Petitionsrecht beim EU-Parlament
- Beschwerden über Tätigkeit der EU-Organe beim Bürgerbeauftragten
- Zugang zu amtlichen Dokumenten
- diplomatischer Schutz in Drittländern durch EU-Staaten

Europäische Bürgerrechte

Schutz der Grundrechte
- Charta der Grundrechte im Lissaboner Vertrag
- persönliche, bürgerliche, politische, soziale und wirtschaftliche Grundrechte
- individuelles Klagerecht beim Europäischen Gerichtshof

Freizügigkeit
- Unionsbürger haben das Recht, in allen Mitgliedstaaten der EU zu reisen, sich aufzuhalten, zu lernen, zu arbeiten und wirtschaftlich tätig zu sein.

Frankreich bricht EU-Recht
Anfang 2010 fliegt Frankreich tausende Roma gegen deren Willen in ihre Heimatländer Rumänien und Bulgarien aus. Es ist das erste Mal in der Geschichte der EU, dass ein Mitgliedsland Bürger eines anderen Mitgliedslandes in großem Stil hinauswirft.

2. Welche der in M2 aufgeführten Rechte spielen auch auf der Ebene der Bundesrepublik eine Rolle? Welche sind ausschließlich für die EU-Ebene relevant? Nennen Sie Beispiele, wann diese EU-Rechte für Sie persönlich wichtig werden können.

3. Bürger anderer EU-Staaten dürfen bei uns nicht an Wahlen zu den Landesparlamenten und zum Bundestag teilnehmen. Wie beurteilen Sie diese Praxis?

M3 Der Europäische Betriebsrat (EBR)

In EU-weit tätigen Betrieben gibt es europäische Betriebsräte.
Sie haben nicht so weitgehende Rechte wie ein Betriebsrat in Deutschland.

1. Voraussetzungen für einen EBR
Er muss in einem Unternehmen gebildet werden, das „gemeinschaftsweit", d.h. in mehreren EU-Ländern tätig ist. Dazu zählen Unternehmen, die mindestens 1000 Arbeitnehmer beschäftigen, von denen mindestens 150 in zwei Mitgliedstaaten beschäftigt sind.

2. Pflichten des Unternehmens
Nach den Mindestregelungen ist die zentrale Unternehmensleitung verpflichtet, den EBR einmal jährlich über die Geschäftslage, die Entwicklung des Unternehmens und grundlegende Planungen im wirtschaftlichen und personellen Bereich zu unterrichten und anzuhören.

3. Was darf der EBR nicht?
Er ist – anders als nach den Regelungen des deutschen Betriebsverfassungsrechts – kein Gremium, das in sozialen und wirtschaftlichen Fragen ein echtes Mitwirkungs- und Mitbestimmungsrecht hat.
(→156–157)

4. Der europäische Betriebsrat ist ein Beispiel dafür, dass die EU nicht alle Länder „über einen Kamm schert". Das kann man positiv sehen oder kritisch beurteilen. Wie sehen Sie das? Nützt den Arbeitnehmern das Unterrichtungs- und Anhörungsrecht in EU-weit tätigen Betrieben?

6.2 Wie Europa zusammenwächst
Ein Blick zurück: Wie kam es zur Europäischen Union?

j32xh8
• Stationen der Einigung

M1 Die Wachstumsphasen der Union
Stand 2010

Mitgliedstaaten der EG bzw. der EU seit:
- 1957
- 1973
- 1981
- 1986
- 1995
- 2004
- 2007
- Beitrittsverhandlungen

EGKS
Europäische Gemeinschaft für Kohle und Stahl (Montanunion)

EURATOM
Europäische Atomgemeinschaft

EWG
Europäische Wirtschaftsgemeinschaft

EG
Europäische Gemeinschaft

EU
Europäische Union

1. Die Europäische Union ist schrittweise zu dem geworden, was sie heute ist. Beschreiben Sie die einzelnen Erweiterungsrunden, in denen sich seit der Gründung neue Mitglieder angeschlossen haben.

Motive und Absichten
Nach dem Zweiten Weltkrieg (1939–1945) lagen große Teile Europas in Trümmern. Die politische Ordnung und das Verhältnis der Staaten untereinander mussten neu gestaltet werden. Wie konnte in dieser Lage die Idee eines gemeinsamen Europa entstehen?

Vor allem zwei Gründe waren dafür wichtig:
• **Hoffnung auf Frieden**: Der Wunsch, endlich ohne Krieg zu leben in Europa, war zwar nicht neu, doch bislang ein Traum geblieben. Der Nationalismus der Einzelstaaten müsste dafür überwunden werden. Immer wieder hatte er in der Vergangenheit zu Krieg geführt. Ein erster Schritt dahin war die Aussöhnung zwischen Deutschland und Frankreich. Seit 1870 hatten

1951	1957	1967	1968	1979	1983
Montanunion: Europäische Gemeinschaft für Kohle und Stahl (EGKS)	„Römische Verträge" über die EWG und EURATOM	Zusammenschluss von EGKS, EWG und EURATOM zur EG	Zollunion verwirklicht	Erstmals direkte Wahlen zum Europäischen Parlament	Die Staats- und Regierungschefs formulieren das Ziel: Die EG soll eine politische Union werden (→ 1993).

208 6. Leben und arbeiten in Europa

beide Länder drei Kriege gegeneinander geführt – mit Millionen von Toten und Verwundeten. Frankreich wollte deshalb eine europäische Ordnung, die dem Land Sicherheit an seiner Ostgrenze geben würde. Beschleunigt wurde der Prozess der europäischen Einigung durch den Ost-West-Konflikt, der sich nach 1945 zunehmend verschärfte. Die politische und wirtschaftliche Zusammenarbeit sollte das westliche Lager stärken.

- *Wirtschaftliche Interessen*: Am leichtesten war es, die Regierungen Europas von einer Zusammenarbeit auf wirtschaftlichem Gebiet zu überzeugen. Das gemeinsame Europa sollte Schritt für Schritt über wirtschaftliche Kooperation aufgebaut werden. Ein Anfang wurde am 18. April 1951 mit der Gründung einer Europäischen Gemeinschaft für Kohle und Stahl (EGKS) gemacht: Belgien, Frankreich, Italien, Luxemburg, die Niederlande und die Bundesrepublik Deutschland sicherten sich untereinander freien Handel mit Kohle und Stahl, der Montanindustrie, zu. Zugleich wurde damit die deutsche Schwerindustrie unter europäische Kontrolle gestellt. Am 25. März 1957 unterzeichneten die Regierungen dieser sechs Länder die „Römischen Verträge". Sie schufen damit zwei weitere europäische Organisationen und dehnten die Zusammenarbeit auf weitere Bereiche aus: die Europäische Wirtschaftsgemeinschaft (EWG) und die Europäische Atomgemeinschaft (EURATOM).

Ziele der europäischen Einigung

Mit den Römischen Verträgen wurde die Europäische Wirtschaftsgemeinschaft zum Kern der europäischen Einigung. Ihre wichtigsten Ziele – die *„vier Freiheiten"* der wirtschaftlichen Zusammenarbeit – sind heute weitgehend verwirklicht:

- *Freier Warenverkehr*: Waren und Dienstleistungen werden in der Gemeinschaft frei gehandelt. Diese Handelsfreiheit wurde über eine Zollunion 1968 (1. Schritt) und den gemeinsamen Binnenmarkt (2. Schritt) zum 1. Januar 1993 verwirklicht.
- *Freie Wahl des Arbeitsplatzes*: Arbeitnehmer können in allen Mitgliedsländern arbeiten. Die „Freizügigkeit der Arbeitnehmer" ist heute für die meisten Berufe verwirklicht.
- *Freie Unternehmensgründungen*: Unternehmen dürfen sich auch in den anderen EU-Ländern niederlassen oder dort Geschäfte machen.
- *Freier Kapitalverkehr*: Der Handel unter den Mitgliedern mit ihren nationalen Währungen wurde schrittweise liberalisiert. Das heißt: Kapital konnte so ohne Einschränkungen von einem Mitgliedsland in andere Länder gebracht werden. Mit der Einführung des Euro als gemeinsamem Zahlungsmittel wurde die Währungsunion endgültig realisiert. Inzwischen gehören dem Euro-Raum 17 EU-Staaten an. Sechs kleinere Staaten, die nicht EU-Mitglied sind, wie Montenegro und Andorra, nutzen ebenfalls den Euro.

2. Welche Erfahrungen aus der Zeit vor 1945 waren für die europäische Einigung seit den 1950er-Jahren wichtig? Welche Rolle spielten in dieser Zeit die Beziehungen zwischen Frankreich und Deutschland?

3. Die unten abgebildeten Stationen werden auch als „Vertiefung" der europäischen Einigung bezeichnet. Gliedern Sie die Zeitleiste in Etappen und geben Sie jeder Etappe einen Namen.

4. Die „vier Freiheiten" der europäischen Einigung von 1957 sind heute nahezu selbstverständlich, waren es damals aber nicht. Stellen Sie sich folgende Situation vor: Wir sind im Jahr 1955. Ein Schreinereibetrieb in Lahr bekommt den Auftrag, für einen Kunden in Straßburg eine Küche zu liefern.
   - Vor welchen Problemen steht der Betrieb?
   - Wie könnte ein solcher Auftrag wohl heute ablaufen?

Zollunion
Zusammenschluss mehrerer Staaten zur Errichtung eines gemeinsamen Marktes mit einheitlichem Außenzoll; Abbau von Handelshindernissen zwischen den Mitgliedstaaten.

Binnenmarkt
Ein gemeinsames Wirtschaftsgebiet von mehreren Staaten, in dem freier Verkehr von Waren, Dienstleistungen und Kapital stattfindet und die Rechtsordnung angeglichen ist.

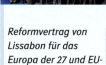

Vertrag von Maastricht: Die Wirtschaftsgemeinschaft EG wird vertieft zur politischen Union, der EU.	*Vertrag von Amsterdam*: Ausbau der gemeinsamen Außen- und Sicherheitspolitik; Beschluss: Ost-Erweiterung der EU	*Wirtschafts- und Währungsunion*; Euro wird amtliches Zahlungsmittel in 12 EU-Ländern	*Reformvertrag von Lissabon* für das Europa der 27 und EU-Grundrechte-Charta	*Einrichtung eines gemeinsamen Fonds („Rettungsschirm") für zahlungsunfähige Euro-Staaten*
1993	1999	1999/2002	2009	2011

6. Leben und arbeiten in Europa **209**

6.2 Wie Europa zusammenwächst

Wer hat das Sagen in der Europäischen Union?

M1 Die politischen Organe – planen, beraten und entscheiden auf europäischer Ebene

- EU allgemein
- Institutionen der EU

[Schaubild:]

Präsident
Europäischer Rat
28 Staats- und Regierungschefs
GRUNDFRAGEN
ZIELPLANUNG
Besetzung von Ämtern

Präsident und Vizepräsidenten
Hoher Vertreter für die Außen- und Sicherheitspolitik

Europäische Kommission
je EU-Staat 1 Kommissar*)
GESETZESVORSCHLÄGE
KONTROLLE DES EU-RECHTS
BEI MITGLIEDERN

Europäischer Gerichtshof
RECHTSPRECHUNG

Europäischer Rechnungshof
AUSGABENKONTROLLE

Gesetzesvorschläge – Gesetzesvorschläge – Kontrolle; wählt Präsident – Gesetzesvorschläge anregen

Rat der EU (Ministerrat)
GESETZGEBUNG

beschließen Gesetze

Europäisches Parlament
Abgeordnete aus EU-Ländern
GESETZGEBUNG
BESTÄTIGUNG DER KOMMISSION
ZUSTIMMUNG HAUSHALT

Europäische Zentralbank
GELD- UND WÄHRUNGSPOLITIK

wählen — politische Initiativen: EU-Bürgerbegehren

Bürgerinnen und Bürger der EU

Wirtschafts- und Sozialausschuss
Ausschuss der Regionen
BERATUNG

*) einschließlich Präsident der Kommission und Hoher Vertreter (einer der 5 Vizepräsidenten); für die Zeit nach 2014 soll die Zahl der Kommissionsmitglieder nur noch zwei Drittel der Zahl der Mitgliedstaaten entsprechen.

Nach: Lissaboner Vertrag, Fassung vom 30.04.2008

Gesetzgebung der EU:

Verordnungen gelten unmittelbar in der ganzen EU. Sie stehen über dem nationalen Recht der einzelnen Staaten.

Richtlinien müssen von den Mitgliedstaaten erst in ihr nationales Recht umgesetzt werden. Die Ziele der Richtlinien sind verbindlich; bei der Umsetzung haben die Staaten Spielräume.

Entscheidungen richten sich an besondere Empfänger, zum Beispiel an einzelne Staaten oder Unternehmen. Sie sind in allen Teilen verbindlich.

Empfehlungen und **Stellungnahmen** (zu besonderen Themen) sind unverbindliche Vorschläge.

1. Wer ist in der EU für neue Regelungen und Entscheidungen zuständig? Wer kontrolliert die Durchführung der EU-Politik in den Mitgliedsländern?

Brüssel – keine europäische Regierung
Die EU ist kein Staat, sondern ein Zusammenschluss von – heute – 28 Staaten. Bei ihren Entscheidungen müssen die Mitglieder immer zwei Seiten zusammenbringen: die Interessen der einzelnen Mitgliedstaaten und die europäische Sache. Es kommt darauf an, dass sich das Europäische Parlament, der Ministerrat und die Europäische Kommission einig werden. Neben den Institutionen, die sich um die gemeinsamen Interessen der EU kümmern sollen, gibt es auch Einrichtungen, in denen die Mitgliedstaaten vor allem ihre eigenen Interessen vertreten.

Der Europäische Rat – die europäischen Gipfeltreffen
Die Staats- und Regierungschefs treffen sich zusammen mit dem Präsidenten der Kommission in der Regel viermal im Jahr im Europäischen Rat. Auf diesen Gipfeltreffen werden *Grundsatzfragen* geklärt und die Weichen für die weitere Entwicklung gestellt – etwa über
- die Besetzung der wichtigen europäischen Ämter,
- die Bewältigung der Euro-Krise,
- die Haltung der EU in internationalen Konflikten.

210 6. Leben und arbeiten in Europa

Der Ministerrat – der Rat der Europäischen Union

Er ist das *beschließende Organ* der 28 nationalen Regierungen. Dort treffen die Minister die Entscheidungen. Je nach Thema, das verhandelt wird, versammeln sich in diesem Gremium die zuständigen Fachminister (z. B. die Landwirtschaftsminister). Jeder Minister vertritt sein Herkunftsland (M2).

Die Europäische Kommission – 28 für Europa

Die 28 Kommissare werden zwar von den Regierungen der Mitgliedstaaten vorgeschlagen. Sie sollen jedoch nicht für ihr eigenes Land sprechen – das tun die Minister im Rat. In erster Linie sollen sie die *europäische Seite* vertreten. Jedes Mitglied der Kommission ist für ein bestimmtes Sachgebiet verantwortlich (z. B. für Handel oder Umweltschutz). Die Kommission hat vor allem drei Aufgaben:

- *Kontrolle der laufenden Arbeit*: Sie überwacht die Durchführung der „europäischen Gesetze", also der EU-Verordnungen und EU-Richtlinien durch die Mitgliedstaaten.
- *Initiativen ausarbeiten*: Sie schlägt neue Maßnahmen vor und legt ihre Ausarbeitung dem Ministerrat und dem Europäischen Parlament zur Entscheidung vor.
- *Hüterin der Verfassung*: Sie überwacht die Anwendung der europäischen Verträge durch die Mitgliedsländer. Wenn sie feststellt, dass ein Land gegen EU-Recht verstoßen hat, kann sie Strafmaßnahmen (Sanktionen) festsetzen.

Der Europäische Gerichtshof in Luxemburg

Er setzt sich aus 28 Richtern und 8 Generalanwälten zusammen. Diese werden von den Regierungen der Mitgliedstaaten auf sechs Jahre ernannt. Der Gerichtshof entscheidet nach europäischem Recht. Er kann direkt von den Bürgerinnen und Bürgern angerufen werden. Auch ein nationales Gericht kann dort einen Streitfall, in dem es um EU-Recht geht, zur Prüfung vorlegen.

Das Europäische Parlament – Europas Abgeordnete

Seit 1979 werden die Mitglieder des Europäischen Parlaments alle fünf Jahre direkt von den Bürgern in den EU-Ländern gewählt. Mehr dazu im nächsten Abschnitt.

Konsens
Einigkeit, Übereinstimmung

2. In welchen Institutionen kommen vor allem die gemeinsamen Interessen der EU zur Sprache? Wo melden sich besonders die einzelnen Staaten zu Wort?

M2 Entscheidungen im Ministerrat – mit unterschiedlichen Mehrheiten

Im Ministerrat gilt nicht: Ein Land – eine Stimme. Vielmehr sind die Stimmen der 28 Länder gewichtet. Der Bevölkerungszahl nach große Länder wie Deutschland und Großbritannien haben 28, das kleinste Land Malta hat 3 Stimmen.

- In den meisten Fällen beschließen die Minister eine Vorlage mit einer sogenannten qualifizierten Mehrheit. Dazu muss eine Mehrheit von 55 Prozent der Mitgliedstaaten erreicht werden. Die Mehrheit muss mindestens 65 Prozent der EU-Bevölkerung repräsentieren.
- Entscheidungen, die von grundsätzlicher Bedeutung sind, etwa in der Außenpolitik, Sicherheitspolitik und Steuerpolitik, werden weiterhin einstimmig getroffen.
- Schließlich gibt es auch Entscheidungen, bei denen eine einfache Mehrheit genügt.
- Diese Regelung soll bis 2017 voll eingeführt sein; bis dahin liegt die Hürde für eine qualifizierte Mehrheit höher.

3. Beschreiben Sie: Wie sieht die Karikatur den Weg von den Forderungen der Mitglieder zu einem Konsens, d. h. zu einem Kompromiss, den alle mittragen? Welche Kritik wird damit ausgesprochen?

4. Könnte nicht im Ministerrat auf einfachere Weise abgestimmt werden – etwa nach dem Grundsatz „1 Land = 1 Stimme"? Begründen Sie Ihre Antwort.

6.2 Wie Europa zusammenwächst

Welche Rechte hat das Europäische Parlament?

fi556h
- Institutionen der EU
- EU-Parlament

M1 Zusammensetzung des EU-Parlaments nach Mitgliedstaaten
Stand 2010

WAHL auf 5 Jahre durch die Bürger der EU

PLENUM (Straßburg, Brüssel)

751*) Abgeordnete

Belgien 22, Bulgarien 18, Dänemark 13, Deutschland 96, Estland 6, Finnland 13, Frankreich 74, Griechenland 22, Großbritannien 73, Irland 12, Italien 73, Lettland 9, Litauen 12, Luxemburg 6, Malta 6, Niederlande 26, Österreich 19, Polen 51, Portugal 22, Rumänien 33, Schweden 20, Slowakei 13, Slowenien 9, Spanien 54, Tschechien 22, Ungarn 22, Zypern 9

*) Obergrenze nach dem Vertrag von Lissabon, realisiert 2014

Stimmen und ihr Gewicht (seit 2009)

	Einwohner	Abgeordnete
D	81 Mio.	96
NL	16 Mio.	26
LUX	0,5 Mio.	6

1. Welche Staaten haben besonders viel Gewicht im EU-Parlament?

Das Parlament und seine Rechte

Es gibt – anders als in der Bundesrepublik – keine zentrale „Regierung der EU", die auf die Zustimmung des Parlaments angewiesen ist. Vielmehr vertreten 28 Regierungen im Ministerrat ihre Länder und stellen die entscheidenden Weichen für die EU-Politik. Doch diese haben nicht in allen Fragen allein das letzte Wort, das Parlament redet mit.

Mit der Reform der EU nach dem Vertrag von Lissabon 2009 erhielt das Parlament in der Mehrzahl der Politikbereiche weitere Kompetenzen:

- Bei rund drei Viertel der Gesetzentwürfe hat das Parlament ein echtes *Mitentscheidungsrecht*. Gibt es bei diesem, auch ordentliche Gesetzgebung genannten Verfahren, nach der zweiten Lesung zwischen Parlament und Ministerrat keine Einigung, gelangt der Entwurf in den *Vermittlungsausschuss*, der aus einer gleich großen Zahl von Vertretern des Parlaments und des Ministerrats besteht. Falls auch hier kein gemeinsamer Beschluss zustande kommt, ist die Gesetzesvorlage gescheitert.
- Im Rahmen der *Zustimmungsrechte* übt das Parlament die Kontrolle über die Kommission aus: Der Präsident der Kommission benötigt die Stimmen der Mehrheit der Parlamentsmitglieder; im Zuge eines Misstrauensverfahrens können diese die gesamte Kommission einschließlich des Hohen Vertreters der Union für Außen- und Sicherheitspolitik mit Zwei-Drittel der Abgeordneten abwählen.
- Zwar liegt die Gesetzesinitiative nach wie vor bei der Kommission, doch seit Ende 2009 kann das Parlament solche Initiativen anregen.
- In anderen Fragen, etwa der Gemeinsamen Außen- und Sicherheitspolitik (→ S. 224–225), besitzt das Parlament *Informations- und Anhörungsrechte*. So ist der Ministerrat verpflichtet, die Abgeordneten regelmäßig über wichtige Entwicklungen zu informieren und in Beratungen anzuhören. Sie haben jedoch keine echte Mitentscheidung in diesem Politikbereich.

Mit dem Lissaboner Vertrag (2009) wurde die *Rolle der nationalen Parlamente* bei der Gestaltung der EU-Politik gestärkt, indem sie seither mehr Möglichkeiten haben, sich im Vorfeld wichtiger EU-Entscheidungen durch Beratung und durch Kritik zu Wort zu melden. Die nationalen Parlamente sind es auch, die zunehmend darauf achten, dass der Grundsatz der *Subsidiarität* durch die EU beachtet wird (→ S. 217).

212 6. Leben und arbeiten in Europa

Das EU-Parlament – näher betrachtet

Die Abgeordneten des Europäischen Parlaments gehören wie die Abgeordneten des Bundestags verschiedenen Parteien an. Abgeordnete der gleichen politischen Richtungen haben sich im EU-Parlament zu Fraktionen zusammengeschlossen – ähnlich wie die Parteien im Bundestag.

Die Abgeordneten lassen sich außerdem nach den Staaten unterscheiden, in denen sie gewählt wurden. Jedem Mitgliedstaat der EU steht eine bestimmte Anzahl von Sitzen zu (**M1**). Die Verteilung richtet sich nach der Größe der Bevölkerung. Dabei haben kleine EU-Staaten mehr Abgeordnete, als ihnen nach der Bevölkerungszahl zustehen würden. Gewählt wird das EU-Parlament jeweils für fünf Jahre. Ein einheitliches Wahlrecht gibt es noch nicht.

Abstimmung nach politischen Richtungen oder im nationalen Interesse?

Wie Abgeordnete abstimmen, hängt ganz vom Thema ab. Vor allem wenn eine Entscheidung Vor- oder Nachteile für einzelne Länder mit sich bringt, bilden sich „nationale Koalitionen". Die Abgeordneten aus den südlichen Ländern haben z. B. in der Agrarpolitik oft andere Interessen als die im Norden; etwa wenn es um typische Produkte aus der eigenen Region geht (im Süden: Obst, Südfrüchte, Gemüse; im Norden: Fleisch- und Milchprodukte). Dann kann es dazu kommen, dass einigen Abgeordneten das nationale Hemd näher ist als die europäische Jacke.

2. Stellen Sie Gemeinsamkeiten und Unterschiede zwischen Abgeordneten des EU-Parlaments und des Bundestags als Tabelle zusammen.

3. Vergleichen Sie den Weg eines Gesetzes in Deutschland (→ S. 108–109) mit dem Weg eines Gesetzes in der EU. Welche Organe sind jeweils daran beteiligt?

4. Diskutieren Sie: Sollen sich die EU-Abgeordneten eher dem Herkunftsland oder eher der Fraktion verpflichtet fühlen? Was sind jeweils die Vor- und Nachteile?

M2 Welche Rolle spielt das Europäische Parlament (EP) bei politischen Entscheidungen im Gesetzgebungsverfahren?
Beispiele

Mitentscheidung
Gesetzesvorschläge der Kommission können nur vom Ministerrat und dem EP gemeinsam entschieden werden. Gilt für rund drei Viertel aller Entscheidungen.

- Entscheidungen über die „vier Freiheiten" (→ S. 209)
- Handelspolitik, Binnenmarkt
- Energie und Umwelt
- Justiz, Polizei, Rechtsprechung

Zustimmung
Entscheidungen kommen zustande, wenn das EP einer Vorlage der Kommission oder des Ministerrats zustimmt. Es kann eine Vorlage jedoch nicht abändern, sondern nur als Ganzes annehmen oder ablehnen.

- Aufnahme neuer EU-Mitglieder
- Abschluss internationaler Abkommen
- Ernennung der Kommissionsmitglieder und des Präsidenten
- Haushalt

Anhörung
Das EP wird bei diesen Entscheidungen nur angehört und kann Vorschläge einbringen. Sie müssen jedoch nicht vom Ministerrat oder der Kommission übernommen werden.

- Regelung der gemeinsamen Landwirtschaftspolitik
- Festlegung von Steuern der EU
- Entscheidungen zur Wirtschafts- und Währungsunion
- Wettbewerbspolitik

---

5. Klären Sie, worin die Unterschiede zwischen den drei Verfahren der Mitwirkung bestehen.

6. Warum hat das EU-Parlament wohl nicht bei allen Entscheidungen die gleichen Mitwirkungsrechte?

6.2 Wie Europa zusammenwächst

Die EU – mehr als ein wirtschaftliches Zweckbündnis?

x3y74u
- Politikbereiche der EU

M1 Kennzeichnungspflicht bei Gentechnik-Produkten

Gentechnisch veränderte Lebensmittel müssen seit 2004 in der gesamten EU gekennzeichnet werden.

1. Erläutern Sie den Inhalt der EU-Verordnung.
2. Welche Ziele verfolgt die EU mit der einheitlichen Kennzeichnung von gentechnisch veränderten Produkten?
3. Halten Sie die getroffene Regelung für ausreichend?

EU – wirtschaftliche Zusammenarbeit überwiegt
Die EU war am Anfang ein Zweckbündnis von sechs Staaten, das überwiegend wirtschaftliche Ziele hatte. Wirtschaftliche Ziele, besonders der gemeinsame Binnenmarkt, stehen auch in der heutigen EU-28 im Vordergrund. Sie sind aber ergänzt worden durch eine ganze Reihe von weiteren Politikbereichen. Es geht auch um eine Angleichung der Arbeits- und Lebensverhältnisse der Bevölkerung in ganz Europa. Ein Beispiel dafür ist das Allgemeine Gleichbehandlungsgesetz (→ S. 217, **M 3**).

Mehr Aufgaben – mehr Kompromisse
In der Europäischen Union regeln 28 Staaten bestimmte Bereiche der Politik nur noch gemeinsam, indem die EU-Organe für alle Länder gültige Beschlüsse fassen.
In anderen Bereichen arbeiten die nationalen Regierungen zusammen und stimmen sich gegenseitig ab. Insgesamt gesehen hat sich die Zahl der Aufgaben, die auf der europäischen Ebene gemeinsam bearbeitet werden, seit Beginn der europäischen Integration ständig erweitert.

214 6. Leben und arbeiten in Europa

M2 Die Praxis der EU-Politik – wer macht was?
Arbeitsteilung zwischen Brüssel und den Mitgliedstaaten

a)

Microsoft und EU vor Einigung
Microsoft muss andere Browser im Auswahlfenster von Windows 7 zeigen

Aktionsplan der EU für mehr Energieeffizienz vorgestellt

EU erlässt Richtlinie zum Einsatz von Düngemitteln in der Landwirtschaft

Defizit-Strafverfahren gegen neun EU-Staaten
Besonders Griechenland wegen fortgesetztem Staatsdefizit in der Kritik

Weiter Streit in der EU um die Europäische Krankenversicherungskarte

b)

Ausschließliche Zuständigkeit der EU	Geteilte Zuständigkeit zwischen EU und Mitgliedern	Unterstützende Zuständigkeit der EU
Diese Politikfelder regeln nur die Institutionen der EU in eigener Zuständigkeit	Diese Bereiche können von den Staaten geregelt werden, solange die EU nicht aktiv ist:	Hier darf die EU keine eigenen Gesetze erlassen, sondern nur Maßnahmen der Mitgliedstaaten unterstützen oder ergänzen:
• Zollunion gegenüber Drittländern • gemeinsame Außenhandelspolitik • grundsätzliche Regelungen des Wettbewerbs im Binnenmarkt • gemeinsame Währungspolitik für die Euro-Zone • Erhaltung der biologischen Meeresschätze	• gemeinsamer Binnenmarkt • Sozialpolitik • Zusammenarbeit von Justiz und Polizei • Einwanderungs- und Asylpolitik • regionale Förderung • Landwirtschaftspolitik • Umwelt- und Energiepolitik • Verbraucherschutz • Verkehrspolitik: EU-weiter Ausbau von Verkehrswegen	• Gesundheitspolitik • Industriepolitik • Förderung des Tourismus • kulturpolitische Maßnahmen und Programme • Jugendaustausch, Förderung der allgemeinen und beruflichen Bildung • Katastrophenschutz • Zusammenarbeit in grenzüberschreitenden Regionen

4. Um welche Aufgaben geht es in den Schlagzeilen? Ordnen Sie diese den Zuständigkeiten in der Übersicht M 2b zu.
5. Vergleichen Sie die Spalten der Übersicht: Welche Gründe vermuten Sie für die abgestuften Zuständigkeiten?
6. Ein wichtiger Politikbereich – die Außen- und Sicherheitspolitik – ist in der Übersicht nicht aufgeführt. Informieren Sie sich auf S. 224–225, warum das so ist.

Abgestufte Zuständigkeiten

Die Entscheidung, die Gemeinschaft über den wirtschaftlichen Binnenmarkt hinaus zu einer sozialen und politischen Union auszubauen, hat der EU, vor allem der Kommission und dem Parlament, seit den 1990er-Jahren weitere Aufgaben gebracht. Dabei können die politischen Organe der EU nicht in allen Politikbereichen von sich aus tätig werden. Vielmehr müssen die Zuständigkeiten der EU zwischen den Mitgliedern ausgehandelt und vertraglich vereinbart werden. Wie sich Brüssel und die Hauptstädte der Mitgliedstaaten ihre europäischen Aufgaben teilen, das haben sie nach einem abgestuften Verfahren für jeden Politikbereich festgelegt. Die Mitgliedstaaten, sowohl die Regierungen und Parlamente als auch deren oberste Gerichte, achten darauf, dass diese Zuständigkeiten eingehalten werden.

Zukunftsplanung

Die Außen- und Sicherheitspolitik soll schrittweise zu einer echten „Gemeinsamen Außen- und Sicherheitspolitik" nach den Regeln der Gemeinschaftspolitik ausgebaut werden.

6.2 Wie Europa zusammenwächst

Wie viel Europa darf es sein?

z5w4ie
- Politikbereiche der EU
- Subsidiarität

M1 Einheitliche Steckdosen für ganz Europa?

1991 erteilte die EU-Kommission den Auftrag, die elektrischen Steckdosen und Stecker in der EU zu vereinheitlichen. Eine Einigung ist nie zustandegekommen. Das Problem: Auf Wunsch von Großbritannien wurde die Bedingung aufgenommen, dass kein Land aus der Vereinheitlichung einen wirtschaftlichen Nutzen ziehen dürfe. Damit waren alle bereits eingeführten Stecker aus dem Rennen, denn sonst müssten einige Länder ihre Steckdosen auswechseln und andere nicht.
„Wir mussten also ein Stecksystem erfinden", erinnert sich Direktor Mertens, „das nirgends passt." 150 Millionen Euro hätte die Umstellung gekostet und 30 Jahre Übergangszeit. Die Industrie hat längst Stecker entwickelt, die in 90 % aller Steckdosen passen, nur in die britischen und dänischen Steckdosen nicht.

Autorentext nach Süddeutsche Zeitung Magazin vom 29.07.2005

1. Erklären Sie, warum die Industrie für dieses Problem eine Lösung gefunden hat und die Politik auf EU-Ebene nicht.
2. Wäre es Ihrer Meinung nach nicht besser gewesen, wenn die EU eine Lösung gefunden hätte?

Harmonisierung ist schwierig
In einer Gemeinschaft von 28 europäischen Staaten müssen zahlreiche und oft ganz unterschiedliche Interessen unter einen Hut gebracht werden. Wenn etwas einheitlich geregelt, also harmonisiert werden soll, melden sich viele zu Wort: allen voran die nationalen Regierungen im Ministerrat, dann einflussreiche Interessengruppen aus der Wirtschaft, Experten und Beamte der Europäischen Kommission, die unterschiedlichen europäischen Parteien und schließlich auch das Europäische Parlament. In den Bereichen der Gemeinschaftspolitik und der Regierungszusammenarbeit muss immer wieder ein Ausgleich zwischen unterschiedlichen Interessen gefunden werden.

M2 Demokratie auf mehreren Ebenen

3. Welche Entscheidungen fallen auf welcher Ebene? Nennen Sie für jede Ebene ein Beispiel.

Vereinfacht heißt dies: In Brüssel geht es um Kompromisse zwischen den nationalen Interessen der einzelnen Staaten und den gemeinsamen Interessen der Europäischen Union. Im Idealfall sind beide Seiten ausgewogen. In der Praxis wird jedoch lange verhandelt, oft auch gestritten, bis ein gemeinsamer Weg gefunden ist. Manchmal gelingt es auch nicht, sich auf eine gemeinsame Lösung zu einigen (**M1**).

Die Umsetzung der Beschlüsse

Es ist nicht damit getan, dass sich die EU auf eine Verordnung oder Richtlinie geeinigt hat. Die Anwendung und Umsetzung liegt weitgehend in den Händen der Einzelstaaten. Sie haben einen Spielraum, wie eine Richtlinie umgesetzt wird. Ein Beispiel für eine Umsetzung finden Sie in (**M3**). Die EU-Kommission wird nur dann tätig, wenn ein Staat die Umsetzung verzögert oder eine Verordnung oder Richtlinie nur teilweise umsetzt. Dann können vom Europäischen Gerichtshof im Extremfall sogar Geldstrafen gegen Mitgliedstaaten verhängt werden.

Subsidiarität – Aufgaben bürgernah lösen

Harmonisierung, d. h. eine einheitliche Regelung für die ganze EU, ist nicht in allen Bereichen sinnvoll. Der Grundsatz der *Subsidiarität* bedeutet, dass die EU nur solche Aufgaben anpacken soll, die die einzelnen Staaten, ihre Länder oder Regionen nicht selbst bewältigen können. Erst wenn Regelungen vor Ort zu Nachteilen führen, soll die EU tätig werden. Im EU-Vertrag von Lissabon ist darum festgelegt, dass die Gemeinschaft erst dann tätig werden darf, wenn sie ausdrücklich die Erlaubnis dazu hat.

In Brüssel gibt es außerdem einen *Ausschuss der Regionen* mit Vertretern aus Ländern, Regionen und Gemeinden. Er berät die EU, z. B. in Fragen der Bildungs-, Verkehrs-, Struktur- und Regionalpolitik.

4. In welchen Lebensbereichen und Politikfeldern halten Sie Harmonisierung für wichtig, in welchen Subsidiarität?

M3 Das Verbot der Diskriminierung im Arbeitsleben

a) Was die EU geregelt hat …
Mit der Richtlinie 2000/43/EG zur Anwendung des Gleichbehandlungsgrundsatzes – kurz Antirassismusrichtlinie genannt – werden die Mitgliedsstaaten aufgefordert, dafür zu sorgen, dass „sämtliche Rechts- und Verwaltungsvorschriften, die dem Gleichbehandlungsgrundsatz zuwiderlaufen, aufgehoben werden".

Richtlinie 2000/43/EG des Rates vom 29. Juni 2000

b) … und wie es in Deutschland umgesetzt wurde
Das Allgemeine Gleichbehandlungsgesetz (AGG) aus dem Jahr 2006 verbietet Benachteiligung am Arbeitsplatz, bei der Bildung, im Sozial- und Gesundheitsrecht, bei öffentlich angebotenen Gütern und Dienstleistungen (besonders beim Mieten von Wohnungen). Es gilt für Arbeitgeber, gewerbliche Vermieter und für staatliche Stellen. Es gilt für die Benachteiligung durch Rasse, Herkunft, Geschlecht, Religion, Behinderung, Alter und sexuelle Identität (z. B. Homosexualität). Benachteiligte haben Anspruch auf Schadenersatz.

Pablo Pineda, geboren mit dem Down-Syndrom, möchte der erste Lehrer mit dieser Behinderung in Spanien werden.

„Wäre doch der Hammer für die Gesellschaft, wenn ich Lehrer würde!"
Frankfurter Allgemeine Zeitung (FAZ) vom 11.03.2009, S. 9

5. Die Politik der Harmonisierung kann auch Auswirkungen im Arbeitsleben haben.
Erklären Sie das an der EU-Antirassismus-Richtlinie.

6.2 Wie Europa zusammenwächst

Wie werden die schwächeren Regionen in der EU gefördert?

jd2b6a
- Regionalpolitik
- Finanzierung der EU

Unterschiedliche Lebensbedingungen
Große Unterschiede innerhalb der EU gibt es bei der wirtschaftlichen Leistungsfähigkeit und den Lebensbedingungen der Bürger. Diese Unterschiede sind durch die EU-Erweiterungen der Jahre 2004 und 2007 noch größer geworden. Wenn die EU als einheitlicher Wirtschaftsraum bestehen soll, dann muss sie alles dafür tun, diese Unterschiede zu verringern. Allerdings: Starke und schwache, arme und reiche Regionen gibt es nicht nur im Vergleich der Staaten, sondern auch innerhalb eines Landes.

Instrumente der EU: die Strukturfonds
Um große soziale und wirtschaftliche Unterschiede zwischen den Regionen in Europa auszugleichen, unterstützt die EU Projekte in einzelnen Mitgliedstaaten. Dazu wurden vier Strukturfonds eingerichtet. Die Hilfsgelder jedes Fonds sind jeweils für einen speziellen Bereich der Entwicklung benachteiligter Regionen in der EU bestimmt:

- Der *Regionalfonds* stellt Geld für Projekte zur Verfügung, mit denen die Wirtschaftskraft einzelner Gebiete, Städte und Gemeinden sowie von Wirtschaftsbranchen und -unternehmen gestärkt wird (Karte **M 2**).
- Der *Europäische Sozialfonds* soll insbesondere Arbeitnehmern helfen, sich (angesichts der wirtschaftlichen Veränderungen und neuer Arbeitstechniken) in ihrem Beruf weiterzuqualifizieren, um ihre Beschäftigungschancen zu verbessern und sich so besser gegen Arbeitslosigkeit abzusichern. Dadurch soll auch die Berufsausbildung in den EU-Ländern ausgebaut und modernisiert werden.
- Der *Landwirtschaftsfonds* unterstützt z. B. Landwirte in Bergregionen, damit sie trotz der erschwerten natürlichen Bedingungen ihren Betrieb weiter führen und zugleich eine wichtige Arbeit für den Umweltschutz leisten können.
- Mit dem vierten Fonds, dem *Fischereifonds*, soll die Fischwirtschaft an die gesunkenen Fischbestände angepasst werden, um einzelne Meeresgebiete vor Überfischung zu schützen.

Mehr als ein Drittel des EU-Haushalts fließt in die Finanzierung dieser Projekte. Dadurch haben sich in den letzten Jahren einst wirtschaftlich schwache Staaten – wie Spanien, Portugal und Polen – positiv entwickelt. In den nächsten Jahren werden vor allem die neuen Mitgliedsländer in Ost- und Südosteuropa aus den Strukturfonds weitere Hilfen bekommen.

Woher kommt das Geld?
Die finanziellen Mittel, die jährlich von der EU verteilt werden, kommen aus drei Töpfen:

- Der kleinste Topf sind die *Eigeneinnahmen* der EU, wenn sie z. B. an ihren Außengrenzen Zölle erhebt für Einfuhren aus Nicht-EU-Staaten.
- Der zweite Topf enthält die Gelder, die jedes Land von seinen *Einnahmen aus der Mehrwertsteuer* an die EU abgeben muss.
- Der dritte Topf sind die *Beiträge* der Mitgliedsländer an die EU. Ihre Höhe richtet sich nach der Wirtschaftskraft eines Landes, nach seinem Bruttoinlandsprodukt. Diese Beiträge machen rund zwei Drittel der Einnahmen der EU aus.

Haushaltszahlen zum Vergleich: Haushalt …
- der EU insgesamt: 127 Mrd. EUR (2010)
- der Bundesrepublik Deutschland: 307 Mrd. Euro (2010)
- Staatshaushalt Baden-Württemberg: 35 Mrd. Euro (2011)

M1 Regionale Unterschiede

1. Welche Unterschiede innerhalb der EU zeigen diese Fotos?
2. Stellen Sie dar, wie sich diese Unterschiede auf die Lebensbedingungen der Menschen auswirken.

Landwirtschaft in Bulgarien

Industrielle Landwirtschaft auf Rügen

218 6. Leben und arbeiten in Europa

Europäischer Finanzausgleich

Der Grundgedanke: In Europa dürfen die wirtschaftlichen Unterschiede nicht zu groß sein, weil damit immer auch Konflikte zwischen den Mitgliedern verbunden sind, die die EU als Ganzes schwächen. Zudem gefährden wirtschaftliche Krisen einzelner EU-Länder die Entwicklung in der EU insgesamt.

Der Grundsatz „Die Starken helfen den Schwachen" ist in den EU-Verträgen festgelegt. In der Praxis kommt es aber immer wieder zu Streit. Da gibt es die *Nettozahler*, nämlich Länder wie Deutschland, die mehr einbezahlen, als sie über EU-Hilfsgelder wieder zurückbekommen. Ihnen stehen die *Nettoempfänger* gegenüber.

3. Welche Aufgaben haben die vier Strukturfonds? Welchen Bevölkerungsgruppen kommen sie jeweils zugute?

4. Sind die hohen Zahlungen Deutschlands für die EU ein gutes oder ein schlechtes Zeichen? Begründen Sie.

Nettozahler und Nettoempfänger in der EU
(jeweils die ersten vier Ränge)

Nettozahler
1. Deutschland
2. Frankreich
3. Italien
4. Niederlande

Nettoempfänger
1. Polen
2. Ungarn
3. Griechenland
4. Portugal

Stand 2009 – Eurostat

M2 Die Strukturpolitik der EU

5. Untersuchen Sie die Karte: Welche Staaten erhielten regelmäßig Fördermittel aus dem Regionalfonds, welche übergangsweise?

6. Was vermuten Sie: Welche Art der Unterstützung wird dort jeweils benötigt?

Industrieanlage in Osteuropa

Logistikzentrum in Sachsen-Anhalt

6. Leben und arbeiten in Europa

6.2 Wie Europa zusammenwächst

Was unternimmt die EU in der Umweltpolitik?

wh86g8
• Umweltpolitik der EU

M1 Klimafreundliche Autos?
Ein Beispiel der EU-Umweltpolitik

a) Deutschlands wichtigste Autobosse laufen Sturm gegen neue EU-Abgasnorm

… In einem Brief an die EU-Kommission warnen die Chefs der fünf großen deutschen Automobilhersteller vor dem Verlust von Arbeitsplätzen, sollte Brüssel einen scharfen Grenzwert für den klimaschädlichen CO_2-Ausstoß gesetzlich vorschreiben.

Bild am Sonntag vom 28.01.2007

b) EU droht der Autoindustrie mit Klima-Strafen

Die EU will die Autoindustrie notfalls mit Sanktionen zur Einhaltung der neuen europäischen Kohlendioxid-Grenzwerte zwingen. „Für den Fall, dass ein Unternehmen sich nicht an seine Verpflichtungen hält, muss es entsprechende Sanktionen geben", sagte EU-Umweltkommissar Stavros Dimas.

Die Welt vom 10.09.2007

c) Autoindustrie denkt um

„Kurzfristig gibt es CO_2-neutrale Technologien zwar nicht zum Nulltarif. Auf lange Sicht aber gilt: Wer das Klima schützt, schützt auch seine Wettbewerbsfähigkeit. Langfristig werden wir nur mit ‚grünen' Produkten und Dienstleistungen schwarze Zahlen schreiben."

Dieter Zetsche, Vorstandsvorsitzender der Daimler AG, Verband der Automobilindustrie, Pressemitteilung vom 21.09.2009: www.vda.de

d) Fahrplan für ein CO_2-armes Europa bis 2050

Die EU-Länder sollen bis 2020 25 Prozent weniger des klimaschädlichen Gases CO_2 ausstoßen als 1990. Dazu legte die EU-Kommission im Frühjahr 2011 ihren „Klimaschutz-Fahrplan" vor. Weitere Schritte sind: Verringerung um 40 Prozent bis 2030 und 60 Prozent bis 2040. Ziel für 2050 ist eine Emissionsminderung von mindestens 80 Prozent gegenüber 1990. Die für Klimapolitik zuständige EU-Kommissarin Connie Hedegaard begründete den Plan: „Wir müssen jetzt den Übergang zu einer wettbewerbsfähigen CO_2-armen Wirtschaft einleiten. Je länger wir damit warten, desto höher werden die Kosten sein."

EU-Kommission, Pressemitteilung vom 12.03.2011: http://www.european-climate-forum.net

Sanktion
Strafmaßnahme

1. Stellen Sie die Positionen der EU und der deutschen Automobilhersteller einander gegenüber. Wie verändert sich die Haltung der Automobilindustrie?
2. Verändert sich auch die Haltung der Autokäufer (→ S. 78)?

→ Treibhauseffekt
S. 74–75

→ Globale Klimapolitik
S. 250–251

Umweltpolitik EU-weit

Die Umweltpolitik gehört heute in der EU zu den wichtigsten gemeinsamen Aufgaben. Der Grund: Umweltpolitik ist immer mit anderen Bereichen der Politik verschränkt. So haben Vorschriften für den Umweltschutz meistens wirtschaftliche Auswirkungen. Sie wirken sich auf den Wettbewerb in der EU aus. Umweltpolitische Beschlüsse müssen jedoch immer auch die besonderen natürlichen und wirtschaftlichen

Gegebenheiten in den Ländern und Regionen berücksichtigen. Deshalb können auch die Mitgliedstaaten hier ein gewichtiges Wort mitreden. So ist es konsequent, wenn für diesen Politikbereich beide Ebenen der EU zuständig sind (geteilte Zuständigkeit, → S. 215).
Zur Umweltpolitik der EU gehören z. B. die Reinhaltung der Luft, die grundsätzliche Regelung der Abfallwirtschaft, der Gewässerschutz, der Klimaschutz und insbesondere die Bekämpfung des Klimawandels. In der Regel legt die EU Mindestvorgaben (Standards) und Grenzwerte fest. Die EU-Kommission hat auch hier das Initiativrecht. Sie entwirft Strategien und Programme für die weiteren Beratungen im Ministerrat, im EU-Parlament und im Rat der Staats- und Regierungschefs.
Die Mitgliedstaaten müssen die gemeinsam getroffenen Vereinbarungen in ihren Ländern umsetzen. Sie können darüber hinaus weitere Maßnahmen treffen. Diese dürfen jedoch nicht gegen EU-Recht verstoßen.

Globale Konflikte
Die Einbindung in internationale und globale Politik bringt es mit sich, dass umweltpolitische Maßnahmen lange brauchen, bis sie in den einzelnen Ländern praktisch durchgesetzt werden können. Darin liegt eine Gefahr: Bei der Vielzahl unterschiedlicher oder auch gegensätzlicher Interessen kommt es nicht selten zu gegenseitigen Blockaden. So setzen Entwicklungs- oder gar Schwellenländer vor allem auf wirtschaftliches Wachstum und zunehmenden Konsum. Umweltauflagen können dabei hinderlich sein. Kleine Inselstaaten oder Küstenländer, die durch eine Erderwärmung steigenden Meeresspiegel und zunehmende Naturkatastrophen fürchten, setzen andere Prioritäten. Und reiche Länder stehen im Verdacht, globale Umweltpolitik zu nutzen, um ihr gegenwärtiges Übergewicht im Welthandel aufrecht zu erhalten.

3. Warum benötigt der Umweltschutz wie kaum ein anderes Feld der Politik die Zusammenarbeit der Staaten und internationalen Organisationen?

4. Stellen Sie in eigenen Worten dar, welche Rolle EU-Kommission, Ministerrat, EU-Parlament und die Mitgliedstaaten in der Umweltpolitik spielen.

M2 Das Auto – Massenproduktion und technischer Fortschritt

Triumph der Technik

1975	2011
BMW 320, 109 PS keine Abgasreinigung, Leergewicht: 1060 kg, Verbrauch/100 km: **12,5 Liter**	**BMW 320i, 170 PS** Abgasreinigung, Leergewicht: 1360 kg, CO_2-Emission auf 100 km: 148–159 g, Verbrauch/100 km: **8 Liter**
VW Golf S, 70 PS keine Abgasreinigung, Leergewicht: 850 kg, Verbrauch/100 km: **10,0 Liter**	**VW Golf TSI 1.2, 105 PS** Abgasreinigung mit Katalysator Leergewicht: 1233 kg, CO_2-Emission auf 100 km: 134 g, Verbrauch/100 km: **5,7 Liter**

Automobilbestand weltweit 1960 bis 2030 (Prognose)

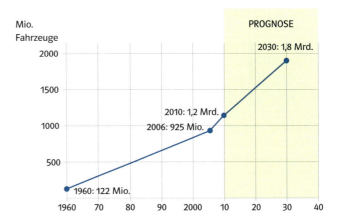

Alle Daten sind Werksangaben. Zusammengestellt nach: DER SPIEGEL 10.09.2007, Mercedes-Benz AG 2011

Die andere Entwicklung

- Der weltweite Verkehr (auf der Basis fossiler Energie) erzeugt derzeit rund ein Drittel des globalen CO_2-Ausstoßes,
- seit 1990 sind die verkehrsbedingten CO_2-Emissionen in der EU um knapp 30 % gestiegen,
- weltweit ist der Verkehr für rund 23 % aller CO_2-Emissionen verantwortlich,
- die globalen verkehrsbedingten CO_2-Emissionen werden bis 2030 um 40 % wachsen,
- bis 2020 wird sich der Automobilabsatz in Schwellenländern mehr als versechsfachen,
- der Automobilbestand in Deutschland wird sich bis 2030 auf 630 Pkw pro 1000 Einwohner erhöhen.

Zusammengestellt nach: Klaus Burmeister, Mobitopia 2030. Die Mobilität der Zukunft (15.03.2011): http://www.z_punkt.de und Eurostat

5. Technischer Fortschritt einerseits – steigende CO_2-Belastung andererseits: Wie kommt es dazu?
Welche Folgerungen sollten Ihrer Meinung nach daraus von uns und von der Politik gezogen werden?

6. Leben und arbeiten in Europa   **221**

6.3 Europa gestalten – aber wie?
Nach der Schuldenkrise – ein stabiler Euro?

M1 Was ist mit dem Euro los?

Europas Steuerzahler müssen Milliarden für die Krise zahlen

Europa gerät in den Sog der Finanzkrise: Mit Milliardenpaketen verhindern Deutschland, Großbritannien und die Benelux-Staaten den Kollaps weiterer Banken.

SPIEGEL online, 29.09.2008

Kredite über eine Billion Euro müssen refinanziert werden

Der Münchener Finanzkonzern Hypo Real Estate hat knapp eine Billion Euro verliehen. Die hat er sich selbst auf dem Kapitalmarkt geborgt und muss sie laufend mit neuen Krediten refinanzieren.

Hannoversche Allgemeine, 19.02.2009

Weitere Länder, in denen rund 175 Millionen Menschen leben, haben ihre Währungen an den Euro gekoppelt.

Lage in Italien alarmiert die Politik

Nun erreicht die Schuldenkrise auch Italien. Der Euro verliert gegenüber dem US-Dollar und dem Schweizer Franken an Wert.

focus.de, 11.07.2011

1. Die Schlagzeilen sind „Momentaufnahmen". Formulieren Sie für die Entwicklung seit 2011 entsprechende Schlagzeilen.

- Eurokrise

8wh3vm

Eine gemeinsame Währung – der Euro

Die EU bildet seit 1999 eine *Wirtschafts- und Währungsunion*. Das heißt: Wichtige Bereiche der Wirtschaft müssen nun auf EU-Ebene abgestimmt oder sogar gemeinsam geregelt werden (→ S. 215 f.). Dies gilt besonders für die Geld- und Währungspolitik seit Einführung des *Euro* als gemeinsamer Währung. Ziel dieses Schrittes war es, noch bestehende Hindernisse eines freien Handels innerhalb des europäischen Binnenmarkts weiter abzubauen. Eine gemeinsame Währung bietet dabei eine Reihe von Vorteilen, etwa:
- Zwischen den Euroländern gibt es keine schwankenden Wechselkurse, die sich im Export negativ auf die Güterpreise auswirken.
- Wechselgebühren und damit Kosten für den Handel wie auch für Reisende – etwa im Urlaub – entfallen.
- Ein großer gemeinsamer Währungsraum spielt im Welthandel eine bedeutendere Rolle als viele kleine nationale Währungen. So ist der Euro inzwischen nach dem US-Dollar auf internationaler Ebene die zweitwichtigste Währung.

Allerdings: Nicht alle EU-Staaten haben diesen Schritt zu einer weiteren Integration mitgemacht: Von 28 Mitgliedsländern gehören bislang 17 zur *Eurozone* (Sommer 2012). Einige weitere Länder, wie Polen, Litauen und Lettland, wollen später beitreten, andere – wie Großbritannien und Dänemark – werden weiterhin ihre eigene Währung beibehalten. Sie wollen auch in Zukunft ihre Währungspolitik eigenständig gestalten, um etwa in Wirtschaftskrisen über die

222 6. Leben und arbeiten in Europa

Wechselkurse ihrer Währung selber entscheiden zu können.

Regeln für die gemeinsame Währung: der Euro-Stabilitätspakt

Die Länder der Eurozone haben sich beim Beitritt verpflichtet, gemeinsame Regelungen bei der Gestaltung ihrer Haushaltspolitik einzuhalten. Diese vertraglich festgelegten Bestimmungen werden auch als *Euro-Stabilitätspakt* (ESP) bezeichnet. Dessen Ziel war und ist es, eine weitere öffentliche Verschuldung, wie sie in den letzten Jahren in fast allen Eurostaaten zu beobachten war, zu verhindern.

Zum Euro-Stabilitätspakt zählen deshalb vor allem zwei Bestimmungen:
1. Die gesamte *Verschuldung der öffentlichen Haushalte* – bei uns des Bundes, der Länder und Gemeinden zusammen – darf höchstens 60 Prozent des Bruttoinlandsprodukts (BIP →S. 242) ausmachen.
2. Die jährliche *Neuverschuldung* in den öffentlichen Haushalten durch Kreditaufnahmen darf nicht mehr als 3 Prozent des BIP betragen.

Die Euro-Krise

Nicht wenige Staaten haben in den letzten Jahren ihre Politik zunehmend durch Kredite finanziert und damit gegen die erste Bestimmung des ESP verstoßen (→Randspalte). Steigende Zinsen, die Auswirkungen der Immobilien- und Bankenkrise aus den USA (→ S. 242f.) und eine stagnierende Wirtschaft brachten einige – wie Griechenland, Irland und Portugal – an den Rand der Zahlungsunfähigkeit. In solchen Situationen können Kettenreaktionen eintreten: Je größer die Finanzprobleme eines Landes sind, umso schneller steigen die Schuldzinsen, weil die Banken bei neuen Krediten besondere Risikoaufschläge verlangen. Hier sollen die Maßnahmen der EU- und der Eurostaaten auf zweierlei Weise ansetzen:
- Gemeinsame *Kreditbürgschaften* der Euroländer und des Internationalen Währungsfonds (→ S. 252f.) vermindern das Ausfallrisiko; damit können Krisenländer auf den Finanzmärkten günstigere Kredite bekommen;
- direkte *Kredite* der Euroländer sollen die Zahlungsfähigkeit der Krisenländer absichern.

„Rettungsschirme" – die Starken stützen die Schwachen?

Bislang galt in der EU der Grundsatz: Jedes Land muss für seine finanzielle Stabilität selbst aufkommen.

Abgesehen von Fördermitteln, die Brüssel aus den Strukturfonds bezahlt (→S.219), sollte es keine weiteren Ausgleichszahlungen zwischen den Ländern geben.

Um die Krise in den Griff zu bekommen, wurde dieser Grundsatz durch mehrere Beschlüsse seit März 2011 aufgegeben:
1. Mit einem gemeinsamen „Europäischen Stabilitätsmechanismus" (ESM) in Höhe von 700 Mrd. Euro sollen gefährdete Länder durch Kreditbürgschaften und Kredite unabhängiger von den Finanzmärkten werden (gilt ab 2012).
2. Länder, die die gemeinsamen Bestimmungen des Euro-Stabilitätspaktes nicht einhalten, werden unter eine stärkere *Kontrolle durch die EU-Kommission* gestellt. Bei anhaltendem Verstoß sind wirtschaftliche Sanktionen möglich. Vorrang hat der schrittweise Abbau der Schulden der Länder.
3. Alle EU-Länder erklären ihre Absicht, künftig ihre *Wirtschaftspolitik* enger als bislang abzustimmen – etwa durch eine Angleichung der Mehrwertsteuersätze und der Mindeststandards in der sozialen Sicherung.

Kritik

Die Wirkung solcher „Rettungsschirme" wird kontrovers diskutiert: Finanzmanager argumentieren: „Es hat sich über die Jahre hinweg eine ökonomische Divergenz zwischen den Mitgliedstaaten entwickelt." Gelänge es nicht, diese Ursachen neben der Staatsverschuldung zu beseitigen, würden große Finanzgesellschaften (Banken, Versicherungen, Spekulationsfonds) weiterhin überschuldete EU-Länder unter Druck setzen.

Doch „Sparmaßnahmen" zur Verringerung der Staatsschulden bedeuten auch immer, finanzielle Leistungen für die Bevölkerung abzubauen – etwa durch Kürzung von Renten und Gehältern, Streichung von Arbeitsplätzen im öffentlichen Dienst ... Eine mögliche Folge: Das Vertrauen der Bevölkerung in die EU und den eigenen Staat schwindet, Proteste und soziale Unruhen können zunehmen (→ S. 243, **M 2**).

2. Welche Aufgaben folgen Ihrer Meinung nach aus diesem kritischen Argument des Finanzmanagers für die weitere Ausgestaltung der EU?

3. Erstellen Sie ein aktuelles Meinungsbild zur EU heute: Zustimmung, Kritik, Ablehnung – was überwiegt Ihrer Meinung nach?
Sie können dazu auch Informationen von S. 204 f. heranziehen.

Staatsverschuldung in Prozent des BIP (bis 2010)

Griechenland:	143
Italien:	119
Deutschland:	83
Spanien:	60
Finnland:	48
Slowenien:	38

Haushaltsdefizit in Prozent des BIP (2010)

Griechenland:	10,5
Italien:	4,6
Deutschland:	3,3
Spanien:	9,2
Finnland:	2,5
Slowenien:	5,6

Wirtschaftswachstum – Anstieg BIP in Prozent (2010)

Griechenland:	– 4,2
Italien:	1,1
Deutschland:	3,6
Spanien:	– 0,2
Finnland:	2,9
Slowenien:	1,1

Quellen: Stat. Bundesamt/ destatis – Pressekonferenz 12.01.2011

Divergenz
Auseinanderstreben, sich auseinander entwickeln

6.3 Europa gestalten – aber wie?

Ist eine gemeinsame Außen- und Sicherheitspolitik möglich?

5k94dy
• GASP

M1 *„Im Gleichschritt, marsch!"*

1. Worin besteht der Karikatur zufolge das Problem der EU-Außenpolitik?

GASP
Gemeinsame Außen- und Sicherheitspolitik

GSVP
Gemeinsame Sicherheits- und Verteidigungspolitik

→ **Arbeitsteilung in der EU**
S. 215

Die militärischen Einrichtungen der EU
Schnelle Eingreiftruppen
Eurokorps (u. a. für Wiederaufbau zerstörter Regionen)
Europäisches Lufttransport-Kommando

Außenpolitik – mit einer Stimme sprechen?

In der Außenpolitik geben Staaten nur ungern Rechte an andere Gremien und Institutionen ab, in denen sie nicht mehr allein entscheiden können. Nicht selten gibt es alte Gegensätze zwischen Ländern, oft auch massive Vorurteile in der Bevölkerung. Wie können dann die EU-Staaten trotzdem in diesem wichtigen Bereich der Politik gemeinsam handeln?

Sie beraten sich vor allem in zwei Gremien: im Ministerrat, also dem Rat der 28 Außenminister, sowie im Europäischen Rat der Staats- und Regierungschefs.

- **Rat der Außenminister**: Die Außenminister der EU-Staaten treffen sich regelmäßig, um internationale Entwicklungen und Aufgaben zu besprechen. Zu aktuellen Fragen oder Konflikten können sie *Gemeinsame Standpunkte* oder *Gemeinsame Aktionen* beschließen. Sie entscheiden üblicherweise einstimmig, das heißt, jedes Land besitzt praktisch ein Vetorecht. Kann oder will ein Land eine beschlossene Aktion nicht mitmachen, so kann es sich bei den Abstimmungen enthalten.
- **Der Europäische Rat der Staats- und Regierungschefs** ist das höchste Entscheidungsorgan der EU und legt die politischen Leitlinien fest. Das gilt auch für die Außenpolitik. Dazu können die Staats- und Regierungschefs in aktuellen Fällen ein gemeinsames Vorgehen, sogenannte *Gemeinsame Strategien* beschließen. Seit 1999 hat die EU auch eine Art Außenminister, den „Hohen Vertreter der Gemeinsamen Außen- und Sicherheitspolitik". Er ist zugleich Vizepräsident der EU-Kommission, Vorsitzender im Rat der Außenminister, führt Verhandlungen mit anderen Staaten und Organisationen und bereitet den Abschluss von Verträgen vor.

Partner in der Welt

Die EU hat eine Reihe von Verträgen und Abkommen mit anderen Staaten geschlossen. Mit den sogenannten *AKP-Ländern*, das sind Entwicklungsländer in Afrika, der Karibik und im Pazifik, wurden besondere Regelungen für den Handel getroffen. Mit Ländern wie Russland und China hat die EU im Rahmen der *Strategischen Partnerschaften* Vereinbarungen getroffen, die für den wirtschaftlichen Austausch wie auch die Sicherheitspolitik von Bedeutung sind. Und durch die *Europäische Nachbarschaftspolitik* sollen mit Ländern Ost- und Südosteuropas der Handel, die Freizügigkeit von Arbeitnehmern und kulturelle Kontakte geregelt werden. Ein besonderes Feld stellt die *transatlantische Partnerschaft* mit den USA dar. Wichtige Fragen dieser Politik berühren die NATO und damit deren Führungsmacht USA.

Zur Durchführung der Gemeinsamen Außenpolitik steht der Union ein eigener diplomatischer Dienst mit EU-Botschaften in vielen Ländern zur Verfügung. Die Diplomaten unterstehen direkt dem „Hohen Vertreter".

Eine europäische Armee?
Die EU ist kein Staat, sie hat auch keine eigene Armee, mit der sie in militärische Konflikte eingreifen könnte. Viele, aber nicht alle Staaten, sind zugleich Mitglied der NATO (→ S. 272). Seit 2009 ist die EU auch ein militärischer *Beistandspakt*: Bei einem Angriff auf einen Mitgliedstaat müssen die anderen militärische und politische Unterstützung leisten. Die *Europäische Verteidigungsagentur* koordiniert die Rüstungspolitik der Mitglieder. Gemeinsame, multinationale Truppenverbände sind im Rahmen von EUFOR-Aktionen tätig. Das sind Verbände, in denen Soldaten aus EU-Staaten gemeinsam ausgebildet und auf gemeinsame Einsätze vorbereitet werden.

EUFOR (engl. European Union Force) Zeitlich befristete multinationale Militärverbände werden im Rahmen der GSVP auf der Grundlage der Beschlüsse des Ministerrats der EU in Krisenregionen tätig.

2. Auf welche Hindernisse stößt eine gemeinsame Außenpolitik der EU? Warum könnte sie dennoch wichtig sein?

M2 Gemeinsame Aktionen – Beispiele
EUFOR – auf dem Balkan und am Horn von Afrika

Mission „Althea"
Am 2. Dezember 2004 übernahm die EU von der NATO die Verantwortung für die bewaffnete Friedensmission in Bosnien und Herzegowina durch multinationale EUFOR-Truppen.
Althea hieß in der Göttergeschichte des antiken Griechenlands eine Königstochter. Der Name bedeutet übersetzt so viel wie „die, die heil wird".
Ziel: Hilfe beim Aufbau eines demokratischen Rechtsstaats
Deutsche Truppenstärke: maximal 900 Soldaten
Rechtliche Grundlage: Resolution Nr. 1575 des Sicherheitsrates der UNO vom 22. November 2004
Mandat (Auftrag): vom Deutschen Bundestag im Dezember 2010 verlängert

Mission „Atalanta"
Im Dezember 2008 startete die Mission Atalanta am Horn von Afrika als Gemeinsame Aktion auf Beschluss des Ministerrats der EU unter der Bezeichnung EUNAVFOR (EU Navel Force) im Kommando von EUFOR. Atalanta hieß in der Göttergeschichte des antiken Griechenlands eine junge Jägerin, die im Wettkampf besiegt wurde.
Ziel: Bekämpfung von See-Piraterie vor der Küste Somalias
Deutsche Truppenstärke: maximal 1400 Soldaten
Rechtliche Grundlage: Resolution 1816 des UN-Sicherheitsrates vom 2. Juni 2008 – Kriegsschiffe aller Staaten sind berechtigt, ein Piratenschiff oder ein Schiff, das sich in der Gewalt von Piraten befindet, aufzubringen, Piraten an Bord des Schiffes festzunehmen und sie vor ein Gericht zu stellen.
Mandat: vom Deutschen Bundestag im Dezember 2010 verlängert

3. Die beiden Beispiele stehen für zwei unterschiedliche Ziele der europäischen Sicherheitspolitik. Wie lassen sie sich beschreiben? Leiten Sie auch aus den Namen der beiden Missionen das Ziel der Einsätze ab.

4. Ermitteln Sie mit Hilfe des Internets den aktuellen Stand dieser beiden Einsätze. Gibt es neue Gemeinsame Aktionen?

6.3 Europa gestalten – aber wie?
Die EU der Zukunft – bürgernah und transparent?

M1 Zu viel Bürokratie?

VERORDNUNG Nr. 991/2009 DER KOMMISSION vom 22. Oktober 2009

zur Eintragung einer Bezeichnung in das Verzeichnis der geschützten Ursprungsbezeichnungen und der geschützten geografischen Angaben …

(1) Gemäß …der Verordnung Nr. 510/2006 wurde der Antrag Deutschlands auf Eintragung der Bezeichnung „Schwäbische Maultaschen" oder „Schwäbische Suppenmaultaschen" im *Amtsblatt der Europäischen Union* veröffentlicht.
(2) Da bei der Kommission kein Einspruch … eingegangen ist, ist diese Bezeichnung einzutragen …
Diese Verordnung … gilt unmittelbar in jedem Mitgliedstaat.

1. Welche Gründe können die deutsche Regierung bewogen haben, die Bezeichnungen für Maultaschen durch EU-Recht regeln zu lassen?
2. Welche weiteren regionalen Produkte kennen Sie, deren Ursprungsbezeichnung durch EU-Recht geschützt ist?
3. Ist das Regulierungswut, Bevormundung der Verbraucher oder notwendiger Schutz traditioneller Wirtschaftsbereiche und Verbraucherinteressen in einem offenen europäischen Binnenmarkt? Wie schätzen Sie das ein?

 vp6e93
- Bürgerbeauftragter EU
- Transparenzregister

Bürokratie, die entmündigt?
Jeder Fünfte verbindet mit Europa unsinnige Regelungen und Einmischungen, im Grunde ein bürokratisches Monster – zeigen verschiedene Umfragen in Deutschland. In diese Klage stimmt auch der Schriftsteller Hans Magnus Enzensberger ein: Die EU-Bürokratie sei ein „sanftes Monster", das zwar „nur unser Bestes" wolle, dabei uns aber „erbarmungslos menschenfreundlich" gängele. Sie spiele sich dabei als unser „Vormund" auf und übersehe, „dass wir selber wissen, was gut für uns ist" (DER SPIEGEL, Nr. 9/2011, S. 110 f.). In Brüssel sei inzwischen ein riesiger Verwaltungsapparat entstanden, der immer weitere Vorschriften erlasse, die von immer weniger Menschen verstanden würden.
Trifft diese Kritik tatsächlich „ins Schwarze"? Bei genauerem Hinsehen nicht unbedingt.
- In der größten EU-Behörde, der Kommission, sind rund 25 000 Mitarbeiter tätig (März 2011). Allein die Finanzverwaltungen deutscher Bundesländer beschäftigen rund 120 000 Mitarbeiter.
- Nicht wenige der EU-Gesetze gehen nicht von Brüssel, sondern von Mitgliedstaaten der EU aus. Das Maultaschen-Beispiel (**M1**) ließe sich durch Hunderte anderer Produkte EU-weit ergänzen.

Ein langer Weg: Bürokratieabbau und Rechtsklarheit
Die Kritik an dem „sanften Monster Brüssel" hat in nicht wenigen Fällen ihre Berechtigung. So klagen etwa Handwerksbetriebe und mittelständische Unternehmen über komplizierte Vorschriften zur Arbeitsplatzsicherheit oder über den „Formularkrieg", wenn es um Arbeitsaufträge über die Landesgrenzen hinaus geht. Dabei verlieren die Bürger nicht nur Durchblick und Übersicht. Der Wirtschaft entstehen zunehmend Kosten, die ihre Bilanzen belasten. Das Problem soll auf mehreren Ebenen angegangen werden:
- *Mehr Subsidiarität und weniger Brüssel*: Die Kosten, die durch zu viele Verwaltungsvorschriften in EU-Ländern entstehen, sollen verringert werden. Eine unabhängige Arbeitsgruppe hat Vorschläge zusammengestellt, um bestehende EU-Regelungen zu vereinfachen oder sie – nach dem Grundsatz der Subsidiarität (→ S. 217) – wieder den einzelnen

226 6. Leben und arbeiten in Europa

M2 Verbraucherschutz – Erzeugerschutz?

Um den Schutz geographischer Angaben und von Ursprungsbezeichnungen in allen Mitgliedstaaten zu gewährleisten, müssen diese auf Gemeinschaftsebene eingetragen sein. Diese Eintragung in ein Verzeichnis dient auch der Unterrichtung der Fachkreise und der Verbraucher.

EWG-Verordnung Nr. 2081/92, 14. Juli 1992

4. Die EU ist „erbarmungslos menschenfreundlich"! Setzen Sie sich mit dieser These auseinander: Was könnte der Autor damit meinen? Wie könnte dieser „Widerspruch in sich selbst" Ihrer Meinung nach aufgelöst werden?

M3 Deutsche EU-Bürger – über ihre Rechte informiert?
Ergebnisse einer Umfrage

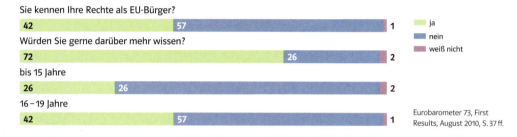

Sie kennen Ihre Rechte als EU-Bürger? 42 / 57 / 1
Würden Sie gerne darüber mehr wissen? 72 / 26 / 2
bis 15 Jahre: 26 / 26 / 2
16–19 Jahre: 42 / 57 / 1

ja / nein / weiß nicht

Eurobarometer 73, First Results, August 2010, S. 37 ff.

5. Die Angaben für Deutschland weichen kaum von den Durchschnittszahlen für die EU insgesamt ab. Anders die zwischen Jugendlichen und dem Durchschnitt der Gesamtbefragten. Wie können diese Abweichungen erklärt werden?

Ländern zu überlassen (befristet bis Ende 2012). Dadurch sollen rund 40 Mrd. Euro eingespart werden.

- **Bürgerrechte stärken**: Der Ruf nach Vereinfachung und besserer Verständlichkeit des EU-Rechts beschäftigt auch den Bürgerbeauftragten der EU. Ihn kann jeder EU-Bürger anrufen, der sich in seinem Informationsrecht oder durch Verwaltungsentscheidungen einer EU-Behörde behindert oder verletzt fühlt. Darüber hinaus kann er bei konkreten Anlässen die EU-Kommission auffordern, bestehende bürokratische Hindernisse abzubauen und EU-Regelungen zu vereinfachen.

Interessenpolitik ohne Kontrolle?

Bei den EU-Behörden sind mehr als 4 000 Interessenorganisationen gemeldet. Ihr Ziel: An vorderster Stelle dabei sein, wo EU-Entscheidungen fallen. In offenen Gesellschaften ist solche Lobbyarbeit normal. Problematisch wird sie, wenn sie nicht transparent gemacht und öffentlich kontrolliert wird. In der Praxis ist es jedoch schwierig, hinter die Aktivitäten der Lobbyisten zu blicken.

Dies liegt auch daran, dass die tatsächlichen Entscheidungsprozesse, die in der EU meist kompliziert ablaufen, in den Medien nur einen geringeren Stellenwert haben. Umso wichtiger sind unabhängige Nichtregierungsorganisationen (NGOs → S. 271), die offen legen, welche Interessenorganisationen legalen und welche illegalen Einfluss haben. So klärt die gemeinnützige Organisation „LobbyControl" über Machtstrukturen und politische Lobbyarbeit nicht nur in Deutschland, sondern auch in der EU auf und stellt damit Transparenz und demokratische Kontrolle her.

→ Lobbyismus
S. 144–145

6. Die EU „zukunftsfähig" machen – was ist dazu Ihrer Meinung nach besonders notwendig?
Sie können diese Frage nach der Zukunft der EU auch mit der Methode Zukunftswerkstatt (→ S. 228–229) bearbeiten.

6.3 Europa gestalten – aber wie?

Europa im 21. Jahrhundert
Eine Zukunftswerkstatt

HOT

Im Jahr 2020 …

Wie stellen wir uns die Zukunft in Europa vor? Wohin soll die europäische Einigung führen?
Mit der „Methode Zukunftswerkstatt" können Sie Zukunftsforscher spielen. Sie gibt viel Raum für selbstständiges Planen, Entscheiden und Arbeiten. Entwickelt hat die Methode der Zukunftsforscher Robert Jungk mit Gruppen aus der Ökologie- und der Friedensbewegung. Seine Werkstätten dauerten meistens mehrere Tage. Wir können aber auch mit weniger Zeit auskommen, wenn wir ein paar Dinge beachten:

- Einiges kann man längerfristig vorbereiten: Informationen im Internet beschaffen, Material besorgen …
- Der Ablauf muss in Stationen eingeteilt werden. Vor jeder Pause müssen die Ergebnisse festgehalten werden, damit sie dann beim nächsten Start zur Hand sind.
- Wir sollten uns auf das konzentrieren, was wir schaffen können; „Vollständigkeit" ist hier kein Lernziel.

Arbeitsschritte in der Zukunftswerkstatt

1. Vorbereitung
- **Fragestellung festlegen:** Wie soll unser Thema genau heißen?
- **Arbeitsformen auswählen:** Einzelarbeit, Gruppenarbeit, ganze Klasse?
- **Informationen zusammentragen:** Vor allem unsere eigenen Vorstellungen, aber auch Materialien, z. B. aus diesem Buch.
- **Handwerkszeug vorbereiten:** Was brauchen wir während der Arbeit, bei der Dokumentation und der Präsentation der Ergebnisse?
- **Zeitplanung bedenken:** Haben wir Blockunterricht oder Tagesunterricht? Zahl der „Etappen", die uns zur Verfügung stehen?

2. Bestandsaufnahme und Kritik
- Hier soll die Kritik zu ihrem Recht kommen – aber auch kritische Argumente brauchen eine Begründung. Nehmen wir das Beispiel Europa und fragen: Wie sah die bisherige Politik der EU aus? Welche Ergebnisse, Erfolge, Leistungen gab es? Wo liegen die Probleme?

3. Blick nach vorne – Zukunftsbilder
- Jetzt ist unser „Wunsch-Europa" gefragt.
- **Wichtig:** Ideen sammeln, erklären, begründen, auf unterschiedliche Weise darstellen und mit anderen austauschen.
- **Kritikpunkte** aus Punkt 2 in positive Folgerungen umformulieren.
- **Entscheiden,** worauf es uns ankommt, abwägen, was uns wichtig ist …

4. Realisierung – über Wege nachdenken und sprechen
Wir zeichnen nun das Bild: „Europa, wie wir es wollen".
- Einzelne Bilder/Vorstellungen zusammentragen zu unserem Europa.
- Ergebnisse vor-/ausstellen
- Mit anderen darüber sprechen, nachdenken, auch Kritik sammeln, Konsequenzen überlegen, Alternativen finden …

Europas Ziele

Nehmen Sie Umfrage und Bilder als Anregung und entwickeln Sie in einer Zukunftswerkstatt eigene Ideen für das gemeinsame Leben und Arbeiten im Europa des 21. Jahrhunderts.

Was kann die EU bis 2020 erreichen?
Befragte in Prozent, die die folgenden Ziele für erreichbar halten

Deutschland	EU insgesamt	Ziel
44 %	48 %	Die Zahl der Europäer, die unterhalb der Armutgrenze leben, sollte bis 2020 um ein Viertel gesenkt werden.
30 %	48 %	Mindestens 40 % der jüngeren Generation sollten ein Diplom oder einen Hochschulabschluss haben.
49 %	51 %	Der Anteil junger Leute, die die Schule ohne Abschluss verlassen, sollte auf 10 % zurückgehen.
55 %	59 %	Die Erhöhung der Energieeffizienz in der EU um 20 % bis 2020
53 %	57 %	Die Erhöhung des Anteils erneuerbarer Energien in der EU um 20 % bis 2020
50 %	53 %	Die Verringerung des Ausstoßes von Treibhausgasen in der EU um mindestens 20 % bis 2020 gegenüber dem Stand von 1990.
56 %	54 %	Die Ausgaben für Forschung und Entwicklung sollten jährlich 3 % des in der EU erwirtschafteten Vermögens betragen.
56 %	59 %	Drei Viertel aller Männer und Frauen zwischen 20 und 64 Jahren sollten einen Job haben

Umfrage Herbst 2010; Eurobarometer 74, Februar 2011, S. 11 f.

In der deutsch-polnischen Jugendfabrik in Frankfurt/Oder unterrichtet der Ausbilder Mechatroniker-Lehrlinge aus Polen und Deutschland.

Auf einen Blick

6.1 Wozu ein vereintes Europa?

Europa im Alltag – Beispiele
- Tourismus
- Jugendaustausch: Arbeit und Ausbildung in anderen EU-Staaten (Förderprogramme)
- Politische und wirtschaftliche Verflechtungen:
  – demokratische Grundsätze
  – EU als Handelspartner
  – Akzeptanz der EU.

Europa der Bürger – Möglichkeiten politischer Einflussnahme
- Europäische Bürgerrechte als Ergänzung nationaler Rechte:
  – Unionsbürgerschaft
  – Freizügigkeit
  – Wahlrecht bei Europawahlen und auf Gemeindeebene
- EU-Grundrechtecharta; soziale Grundrechte für Arbeitnehmer
- Europäische Betriebsräte.

Zuständigkeiten der EU
- Ausschließliche Zuständigkeit (Gemeinschaftspolitik), z. B. Wirtschafts- und Währungspolitik
- Konkurrierende Zuständigkeit zwischen EU und Mitgliedern, z. B. Sozialpolitik, Agrarpolitik, Umwelt- und Energiepolitik
- Unterstützende Zuständigkeit der EU, z. B. Gesundheitspolitik, Industriepolitik, Jugend- und Kulturpolitik.

Europa und die Einzelstaaten
- Spannungsverhältnis zwischen nationalen und europäischen Interessen
- In Grundsatzfragen Einstimmigkeit der Mitgliedstaaten nötig; sonst abgestufte Mehrheiten je nach Tragweite der Entscheidung
- Grundsatz der Subsidiarität: Raum für nationale und regionale Regelungen
- Unterschiedliche wirtschaftliche Stärke:
  – Förderung schwacher Regionen
  – Finanzierung: Nettozahler/Nettoempfänger
- Umweltpolitik – Beispiel: Einheitliche Vorgaben in der Klimapolitik; gemeinsames Auftreten nach außen.

6.2 Wie Europa zusammenwächst

Ziele und Schritte der europäischen Einigung
- Politisch: Sicherung des Friedens durch Aussöhnung
- Wirtschaftlich: Stärke durch gemeinsamen Wirtschaftsraum
- Stationen: Montanunion, EURATOM, EWG → EG → EU
- Erweiterung von 6 auf derzeit 27 Mitglieder.

Grundsätze: Vier Freiheiten
- Freier Handel (gemeinsamer Binnenmarkt)
- Freie Wahl des Arbeitsplatzes
- Freie Gründung von Unternehmen
- Freier Kapitalverkehr.

Institutionen der EU und ihre Rechte
- Europäischer Gerichtshof
- Europäischer Rat: Besetzung von Ämtern
- Ministerrat: Beschlussfassung im Auftrag der nationalen Regierungen der Mitglieder; Beteiligung an Gesetzgebung
- Kommission: Ausführendes Organ; Machtzentrum (Initiativen, Kontrolle, Hüterin der Verfassung)
- Parlament (direkt gewählt; europäische Parteienbündnisse): Beteiligung an Gesetzgebung; abgestufte Mitwirkungs- und Kontrollrechte).

6.3 Europa gestalten – aber wie?

Sorgenkind Euro
- Der Euro – gemeinsame Währung von 17 EU-Staaten
- Stabilitätspakt der Euro-Staaten soll Staatsverschuldung begrenzen:
  – Gesamtverschuldung max. 60 Prozent des BIP
  – Neuverschuldung max. 3 Prozent des BIP
- Euro-Krise: Gefährdung durch Verstöße gegen den Stabilitätspakt als Folge der Bankenkrise
- Stützungs- und Rettungsmaßnahmen für den Euro.

Gemeinsame Außen- und Sicherheitspolitik
- Regeln gemeinsamer Außenpolitik; Hoher Vertreter der Gemeinsamen Außen- und Sicherheitspolitik
- Gemeinsame Aktionen: humanitäre und militärische Einsätze
- Pläne für eine europäische Armee: EUFOR-Truppen.

Bürgernahe EU
- Abbau von Bürokratie
- Stärkung der Rechte der Bürger.

Prüfungsaufgaben

Europa wächst zusammen
Die Staaten Europas wachsen seit 1951 mit der Gründung der Montanunion (EGKS) kontinuierlich zusammen – wirtschaftlich und politisch.

1. Geben Sie drei Gründe an, warum in der Folge des Zweiten Weltkrieges ein vereintes Europa entstand.

2. Benennen Sie drei Staaten mit ihren Hauptstädten, die 1967 die Europäische Gemeinschaft (EG) gründeten. Kennzeichnen Sie diese Staaten auf der Landkarte (**M1**).

3. Welche Staaten traten in der Folgezeit der EG bei? Geben Sie drei Staaten und deren Hauptstädte an. Kennzeichnen Sie auch diese Staaten auf der Landkarte.

4. Die EU wurde im Jahr 2004 um zehn Staaten und 2007 um zwei Staaten erweitert. Nennen Sie fünf dieser Staaten.

5. Geben Sie drei im Text (**M2**) genannte Vorteile eines größeren Europas wieder.

6. Viele Europäer aus den alten Mitgliedstaaten stehen den EU-Neulingen kritisch gegenüber. Erläutern Sie zwei Befürchtungen, die mit einer Erweiterung der EU verbunden waren oder noch sind.

M1 Die EU der 28 Staaten

M2 Vorteile eines größeren Europas

Politische Vorteile:
Die Europäische Union hat sich seit ihrer Gründung als Hort der Demokratie, der politischen Stabilität und Sicherheit erwiesen. Es liegt im Interesse der EU, diese Vorteile auf weitere Teile Europas auszudehnen. Für die Beitrittsländer bedeutet dies Unterstützung bei der Sicherung der noch jungen Demokratien und der Sicherheit der Länder. Die historisch und kulturell bereits seit Jahrhunderten bestehende Einheit Europas, die durch den Kalten Krieg und den Eisernen Vorhang unterbrochen war, ist wiederhergestellt. Die EU stellt [...] als globaler Akteur [...] eine starke Macht dar, die weltweit Einfluss nimmt.

Wirtschaftliche Vorteile:
Mit der Aufnahme von zehn neuen Staaten [...] ist der größte einheitliche Markt der Welt entstanden, in dem über 500 Millionen Menschen leben. Dafür hat die Gemeinschaft sehr viel investiert. Die wirtschaftlichen Erfolge dieser Politik sind spürbar: Die Beitrittsländer entwickeln sich zu wichtigen Wirtschaftspartnern. Insgesamt hat sich der EU-Handel mit den Mittel- und Osteuropäischen Staaten (MOE) seit 1989 vervielfacht. Davon profitiert insbesondere Deutschland. In den Beitrittsländern setzen deutsche Firmen inzwischen mehr Waren um als in den USA und Kanada zusammen. Je weiter die wirtschaftliche und strukturelle Anpassung der MOE an die Europäische Union fortschreitet, desto größere Chancen ergeben sich für den gemeinsamen Binnenmarkt. [...]

Vorteile für den Umweltschutz:
Umweltverschmutzung kennt keine Grenzen. Umweltschutz kann daher erfolgreich nur in der Zusammenarbeit aller Staaten betrieben werden. Für einen nachhaltigen Umweltschutz in Europa müssen die hohen ökologischen Standards der Gemeinschaft in allen Staaten greifen. Angesichts der vorhandenen Umweltprobleme bietet der Erweiterungsprozess die Chance, diese zu lösen. [...]

Presse- und Informationsamt der Bundesregierung, Vorteile eines größeren Europas (Zugriff am 4.11.2011): www.bundesregierung.de

Neu zusammengestellt unter Verwendung der Prüfungsaufgaben Winter 2003/2004 und Winter 2009/2010, gewerbliche Berufsschule
© 2012 Regierungspräsidium Stuttgart, Schule und Bildung

Prüfungsaufgaben

Europäische Zusammenarbeit

1. Nennen Sie vier Organe der Europäischen Union (EU) und beschreiben Sie jeweils deren Kompetenzen.

2. Der Einfluss der EU auf die einzelnen Mitgliedstaaten nimmt zu.
2.1 Nennen Sie den Fachbegriff für die Tatsache, dass die EU nicht alle Details in den Mitgliedsstaaten regeln darf.
2.2 Erläutern Sie zwei Konflikte, die durch die zunehmende Regulierungsdichte der EU für die Arbeit der nationalen Parlamente in den Mitgliedsstaaten entstehen.

3. M1 stellt Zahler und Empfänger der EU gegenüber.
3.1 Die Grafik weist Deutschland als „Zahlmeister" der EU aus. Begründen Sie, warum dieser Vorwurf nicht berechtigt ist.
3.2 In Europa dürfen die wirtschaftlichen Unterschiede nicht zu groß werden. Erläutern Sie diesen Grundgedanken der EU.
3.3 „Trotz dieser Zahlungen gehört Deutschland zu den größten Gewinnern der EU-Erweiterung."
Begründen Sie diese These mit drei Argumenten.

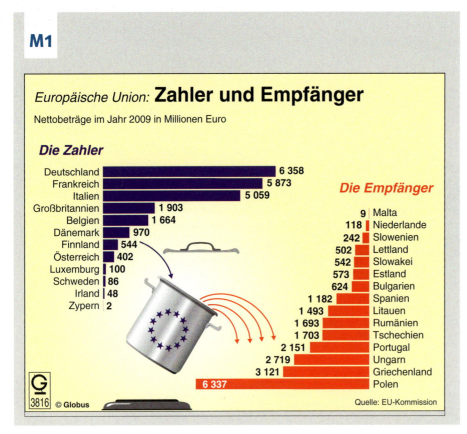

M1

Prüfungsaufgabe Winter 2010/11, kaufmännische Berufsschule (aktualisiert)
© 2012 Regierungspräsidium Stuttgart, Schule und Bildung

232 6. Leben und arbeiten in Europa

Globalisierung und Friedenssicherung 7

Globalisierung – weltweit wirtschaften

Globale Ungleichheit – Entwicklung gestalten

Sicherheit und Frieden – Aufgaben der internationalen Politik

7.1 Die globalisierte Welt
Welche Lebensbereiche erfasst die Globalisierung?

M1 Globaler Handel mit gefährlichem Spielzeug

Ein großer Spielzeugtest der Stiftung Warentest ergab 2010, dass von 50 Spielwaren für Kinder unter drei Jahren 42 giftige Stoffe enthielten, die gesundheitsschädlich sein können. Fast alle großen deutschen Markenspielzeughersteller lassen in China produzieren. Achtzig Prozent aller Spielzeuge, die in Deutschland verkauft werden, kommen aus der chinesischen Provinz Guangdong. Auch wenn die chinesischen Behörden die Produktionsstätten in den letzten Jahren verstärkt kontrollieren, muss in Verbraucherländern immer wieder vor gefährlichen Produkten gewarnt werden.

1. Zeigen Sie an diesem Beispiel Auswirkungen der Globalisierung.
2. Überlegen Sie, wie hier die Europäische Union politisch reagieren könnte.

p4b8wi
- Globalisierung allgemein

Die globalisierte Warenwelt
Wie weit die Globalisierung im Alltag schon gediehen ist, fällt spätestens auf, wenn etwas schief geht, wenn etwa gesundheitsschädliche Produkte auf den Markt kommen. Wir sehen den Waren, die wir kaufen, heute oft nicht an, woher sie kommen – und woher ihre Einzelteile stammen, schon gar nicht. Aber sollen wir deshalb ausschließlich auf Produkte zurückgreifen, die aus dem eigenen Land stammen?
Einen solchen Versuch hat die amerikanische Journalistin Sara Bongiorni in ihrem Buch „Ein Jahr ohne ‚Made in China'" (2008) beschrieben. Ihre Familie versuchte, ein Jahr lang ohne Produkte aus China auszukommen. Das Ergebnis fiel unterschiedlich aus: Bei Bekleidung etwa musste die Familie mehr Geld ausgeben. Manches konnte gar nicht mehr angeschafft werden. Und manchmal war einfach nicht festzustellen, woher die gewünschten Waren stammen. Würden wir einen solchen Versuch ausdehnen, kämen ganze Wirtschaftszweige zum Erliegen, weil Produktion, Handel, Konsum und Kommunikation heute weitgehend international vernetzt sind.

Globalisierung – auch in der Politik
Wie im internationalen Handel so hat auch in der Politik die internationale und regionale Zusammenarbeit der Staaten zugenommen. Die EU beispielsweise reagierte auf die Nachricht vom gefährlichen Spielzeug aus China, indem sie eine verschärfte Richtlinie in Kraft setzte: Spielzeug, das in der EU verkauft wird, muss hohen Sicherheitsanforderungen entsprechen. Importeure können haftbar gemacht werden, wenn ihre Produkte gegen diese Richtlinie verstoßen. Die Mitgliedstaaten müssen Einfuhren überwachen; sie können bei Verstößen entsprechende Strafen verhängen.
Inzwischen gibt es immer mehr *internationale Vereinbarungen, Zusammenschlüsse und internationale Organisationen* – aus verschiedenen Gründen:
- Durch die internationale Verflechtung von Wirtschaft, Handel und Verkehr (→ S. 54) hat der Austausch zwischen Staaten und Regionen, zugleich auch die gegenseitige Abhängigkeit zugenommen. Zahlreiche Fragen müssen international oder gar weltweit geregelt werden. Das ist z. B. Aufgabe der Welthandelsorganisation (WTO → S. 252).
- Konflikte und gewaltsame Auseinandersetzungen zwischen Staaten können schnell auf andere Regionen übergreifen. Eine friedliche Regelung oder gar eine vorausschauende Politik, die dies im Vorfeld vermeiden will, ist auf Zusammenarbeit mit anderen Staaten und Organisationen angewiesen.
- Regionen und Kontinente sind durch moderne Kommunikations- und Verkehrsmittel trotz politischer Grenzen weitgehend offen. Das Gefälle zwischen armen und reichen Regionen, Auswirkungen gewaltsamer Konflikte und Umweltkatastrophen haben weiträumige Wanderungs- und Fluchtbewegungen zur Folge.

Migration erfordert umfassende internationale Zusammenarbeit (→ S. 262–263).
- Viele Umweltprobleme können heute politisch nur noch grenzübergreifend oder gar global bearbeitet werden. Deshalb sind Staaten in internationalen Organisationen aktiv (→ S. 246–249). Aber auch gesellschaftliche Gruppen arbeiten in Nichtregierungsorganisationen (NGO) international zusammen (→ S. 267).

Globalisierung lernen
Durch die Globalisierung kommen unterschiedliche Kulturen in Kontakt miteinander. Und während die einen im Austausch miteinander eine Bereicherung erleben, sehen die anderen darin eine Gefährdung ihrer Lebensweise, sogar ihrer Identität. Besonders deutlich wird dies an Fragen der Religion. Eine der Ursachen des islamischen Terrorismus ist die Befürchtung, dass die Gültigkeit und Verbindlichkeit der eigenen Religion durch westliche Einflüsse untergraben wird.

3. Stellen Sie fest, wie weit Ihr eigener Alltag durch die Globalisierung beeinflusst ist.
4. Berichten Sie: Welche Produkte aus Deutschland sind Ihnen schon im Ausland begegnet, bei welchen Gelegenheiten?

M2 Bereiche und Beispiele der Globalisierung

Politische Globalisierung	• Gründung internationaler Organisationen wie der Vereinten Nationen (UNO), um die Achtung der Menschenrechte, die Bekämpfung von Armut und die friedliche Beilegung von Konflikten zu weltweit anerkannten Zielen der Politik zu machen • Organisation internationaler Konferenzen wie „Gipfeltreffen" z. B. der G 8 und G 20 zur Bearbeitung globaler politischer Aufgaben • Stärkung von international handelnden sozialen Bewegungen und sogenannten Nichtregierungsorganisationen (NGO) wie Attac oder Greenpeace
Wirtschaftliche Globalisierung	• Ausweitung des Welthandels, der internationalen Finanzströme und der Investitionen im Ausland • internationale Arbeitsteilung innerhalb von Unternehmen bei Forschung und Entwicklung, Produktion, Werbung und Vertrieb • zunehmende gegenseitige Abhängigkeit der Volkswirtschaften hinsichtlich des Wirtschaftswachstums (Konjunktur) und der Bewältigung von Finanzkrisen.
Ökologische Globalisierung	• Zunahme von Luftverschmutzung, Strahlenbelastung, Gewässerverunreinigung und Treibhausgasen • weltweite Ausbreitung von Krankheitserregern (Grippeviren, HIV) • internationale Aktionen gegen Krankheiten – wie AIDS und Tuberkulose
Kulturelle Globalisierung	• weltweite Kommunikation und Information für jedermann über das Internet • Verbreitung von Wissen, Kunst, Musik, Filmen • Verbreitung und Angleichung von Konsumgewohnheiten, Moden, Lebensstilen

5. Ordnen Sie die beiden Fotos je einem oder mehreren Bereichen der Globalisierung zu. Suchen Sie weitere Bilder – möglichst zu allen genannten Bereichen.
6. Wo geht es in Ihren Bildbeispielen um bewusste Einflussnahme, wo eher um nicht geplante Auswirkungen der Globalisierung?

7.1 Die globalisierte Welt

Konsum und Kommunikation – nach globalen Mustern?

8f83y9
• Kulturelle Globalisierung

M1 Wer wird Millionär?
Ein einheitliches Sendeformat – viele Unterschiede

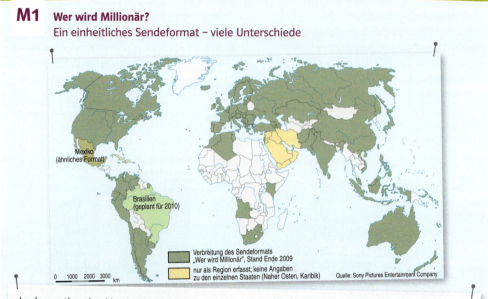

In den nationalen Versionen der Sendung lassen sich regionale Unterschiede und kulturelle Einfärbungen erkennen. Sie beziehen sich nicht nur auf die Inhalte der gestellten Fragen. Während in einigen Ländern viel gelacht wird, geht es in anderen ernst und gewinnorientiert zu. Auch bei den Moderatoren handelt es sich um vollkommen unterschiedliche Charaktere. In Georgien und Island ist die Anzahl der Kandidaten geringer, da sich nicht genügend Interessenten finden. Auffallend ist auch, dass sich in der Türkei fast nur Männer bewerben. In Russland hat das Publikum Spaß daran, mit absichtlich falschen Antworten aktiv ins Geschehen einzugreifen.

Nach: Bundeszentrale für politische Bildung (www.bpb.de/files/HC8AOX.pdf)

Sendeformat
Feststehendes Sendekonzept mit einheitlich geregelter Präsentationsform

1. Ein einheitliches Format, aber viele Unterschiede. Warum lassen sich Sendeformate nicht 1:1 übertragen? Wie kommt es Ihrer Meinung nach zu solchen Unterschieden?

2. Wenn Sie ausländische Sender im Fernsehen empfangen können: Schauen Sie „Wer wird Millionär?" in einer ausländischen Version an und notieren Sie Ihre Beobachtungen. (Es ist dabei nicht nötig, dass Sie die Sprache verstehen.)

Globalisierung im Alltag
Die Globalisierung beeinflusst unseren Alltag, verändert die Art und Weise, wie wir uns informieren und wie wir lernen, und schafft neue Unterhaltungsmöglichkeiten in der Freizeit. Dieselben *Fernsehformate* laufen in der ganzen Welt (**M1**); wichtige Sportereignisse werden live übertragen; Bilder von Katastrophen werden fast zeitgleich überall ausgestrahlt.
Während sich das klassische Fernsehen und Radio zunehmend als Medium für die Älteren entwickelt, tritt an deren Stelle das Internet für die Jüngeren. Im Netz verbreiten tausende von Fernseh- und Radiosendern ihre Programme weltweit. Mit den dort ausgestrahlten Videos, Songs, Filmen und Sitcoms, der dazu gehörenden Mode und den auftretenden Typen schaffen sie Modelle für den Alltag und produzieren Trends und Hypes.

Die Rolle des Internets
Das Internet gibt uns neben seinen alltäglichen Funktionen die Möglichkeit, mit der ganzen Welt in Kontakt zu treten und Informationen einzuholen. Die Grenzen sind keine technischen Grenzen, sondern Grenzen der Sprache und unseres Geschicks im Umgang mit dem Netz.

Einige Beispiele:
- Zeitungsseiten, Bücher, geschäftliche Informationen, Portale aus der ganzen Welt stehen uns offen.
- Suchmaschinen führen nicht nur zu Texten, sondern auch zu Fotos, Landkarten oder Satellitenbildern (Google Earth).
- Soziale Netzwerke eröffnen uns Kontakte und Informationsaustausch mit Menschen in der ganzen Welt.
- Wir können an weltweiten Online-Spielen und virtuellen Welten teilnehmen.

Kommunikation für alle?

In der Schweiz, Deutschland und den Vereinigten Arabischen Emiraten können heute rund drei von vier Erwachsenen als regelmäßige Internetnutzer bezeichnet werden; in Italien, Kroatien und Kolumbien ungefähr die Hälfte der Bevölkerung, in China und Marokko immerhin fast jeder Dritte, in Pakistan, im Sudan und in Bolivien jeder Zehnte, in Bangladesch, Kambodscha, Niger und Äthiopien hingegen weniger als ein Prozent.

Eine neue Art globaler Ungleichheit hat sich herausgebildet. Die Menschen rücken enger zusammen, aber wer nicht über einen Internetzugang und die entsprechenden Kompetenzen verfügt, ist nicht mit dabei. Das muss nicht so bleiben. Aber solange es so ist, bedeutet es für die Betroffenen noch mehr als zuvor: Sie sind ausgeschlossen. Doch macht die Globalisierung vor dem neuen digitalen Graben, den sie selbst erzeugt hat, nicht halt. Die neuen Kommunikationsmedien werden auch in den Entwicklungsländern das Leben der Menschen verändern. So können allein Mobiltelefone in einem entlegenen Dorf, in einer schwer erreichbaren Gebirgsgegend in wenigen Jahrzehnten für Millionen von Menschen große Veränderungen bringen und die Wirtschaft anstoßen.

→ Internetnutzung in Europa
S. 55, 112

M2 Bürgerjournalismus

Bürgerjournalismus ist eine besondere Form des Journalismus. Dabei übernehmen die Leser die Recherche, das Berichten und Verbreiten von Artikeln. Wenn Sie Interesse an dieser Berichterstattung haben, dann werden Sie Leser-Reporter bei dieser Onlinezeitung und bestimmen Sie die Inhalte dieser Internetzeitung, in dem Sie einen Artikel schreiben, der hier veröffentlicht wird.

aus der Eigenwerbung einer Online-Zeitung: www.onlinezeitung24.de (03.04.2011)

3. Stellen Sie Vor- und Nachteile von Plattformen wie OnlineZeitung24.de einander gegenüber.
4. Welche Motive können Bürger haben, für journalistische Plattformen zu arbeiten?
5. Die praktische Arbeit von Leser-Reportern wird kontrovers diskutiert. Wie können Leser sich kritisch mit solchen Veröffentlichungen auseinandersetzen?

Glokalisierung

Aus „global" und „lokal" ist dieses Kunstwort entstanden. Es bedeutet: Die Globalisierung spielt einerseits in Wirtschaft und Politik, andererseits aber auch in unserem Alltag eine große Rolle. Sie führt in vielen Fällen dazu,
- dass sich die Großen weltweit durchsetzen – die Industriekonzerne und Banken wie auch die großen Musikproduzenten und Medienkonzerne;

auch dass sich vieles angleicht und wir z. B. in unseren Innenstädten fast überall die gleichen Läden der weltweiten Handelsketten finden.

Zugleich zeigen aber viele Menschen großes Interesse an ihrer eigenen Umgebung, an ihrer Gemeinde, ihrem lokalen und regionalen Umfeld. Sie mögen ihre eigene Musik und vieles andere, das anzeigt: Hier bin ich zu Hause.

6. Stellen Sie fest, welche Bedeutung das Internet in Ihrem Ausbildungsbetrieb hat.
7. Beschreiben Sie mögliche Folgen, die sich im geschäftlichen und im privaten Bereich ergeben, wenn eine Region kaum durch das Internet erschlossen ist.

7.1 Die globalisierte Welt

Wirtschaft im Wettbewerb – weltweit?

M1 Herkunft der Teile eines in Deutschland montierten Fahrrads

Der Spiegel vom 15.11.2004

1. Ordnen Sie die Bauelemente des Fahrrads verschiedenen Weltregionen zu. Schätzen Sie die Entfernung in km, die die Bauteile bis zu ihrer Montage zurückgelegt haben.

M2 Wachstum der Weltwirtschaft
Die Entwicklung der Weltwirtschaft, des Welthandels und der Investitionen im Ausland

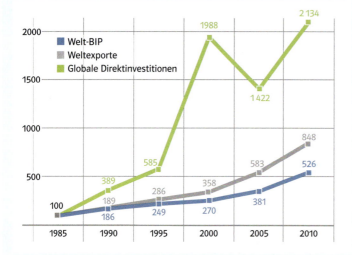

Welt-BIP = Welt-Wirtschaftsleistung
Institut der deutschen Wirtschaft Köln; Ursprungsdaten: IWF, UNCTAD

2. Vergleichen Sie das Wachstum der Welt-Wirtschaftsleistung, des Welthandels und der Investitionen im Ausland.

Wirtschaftliche Globalisierung
Unter wirtschaftlicher Globalisierung verstehen wir die zunehmende Verflechtung nationaler Volkswirtschaften zu immer größeren Wirtschaftsräumen – bis hin zu einer Weltwirtschaft. Wie sehr der weltweite wirtschaftliche Wohlstand vom internationalen Warenaustausch abhängt, lässt sich an den Kurven in M2 ablesen: Durch einen besonders hohen Anstieg der Investitionen in ausländische Volkswirtschaften und einen starken Ausstieg des Welthandels war der abgebildete Anstieg zu erreichen.
Internationalen Handel und internationale Verflechtungen gibt es nicht erst seit heute. Neu an der heutigen Globalisierung ist jedoch das Ausmaß, in dem unser Leben von den wirtschaftlichen Entwicklungen erfasst wird – und das hohe Tempo.

Standorte im Wettbewerb
Wenn der Weltmarkt für Kapital, Güter und auch Menschen geöffnet wird, dann entsteht internationaler Wettbewerb – nicht nur um Kunden für den Kauf von Gütern, sondern auch um Investitionen und, in manchen Wirtschaftsbereichen, auch um die besten Arbeitskräfte. Von ausländischen Unternehmen und Investoren erhofft man sich, dass sie Handelsniederlassungen eröffnen und Fabriken bauen oder auch Forschungs- und Entwicklungszentren betreiben. Das schafft Arbeitsplätze, führt zu Arbeitseinkommen und Unternehmensgewinnen, die wiederum den wirtschaftlichen Wohlstand insgesamt mehren. Auch die Steuereinnahmen der Staaten nehmen dann zu. Deshalb konkurrieren Städte, Regionen und ganze Staaten als Wirtschaftsstandorte weltweit um Investoren und Investitionen.

Global players
Es sind nicht nur große Konzerne, die sich weltweit auf den Märkten tummeln. Viele kleinere und mittelgroße Unternehmen gehören mit ihren Produkten zu den Weltmarktführern. Sie exportieren in viele Länder und unterhalten im Ausland Handels- und Kundendienstniederlassungen. Aber es sind die großen internationalen Konzerne, die „global players", die als Inbegriff der Globalisierung gelten und die große Teile ihres Firmenkapitals im Ausland investiert haben, einen Großteil ihrer Produkte nicht im Land ihres Hauptsitzes verkaufen, weltweit Entwicklung und Produktion arbeitsteilig organisieren und viele ihrer Arbeitskräfte im Ausland beschäftigen.

Warum Unternehmen wo investieren

Unternehmen investieren im Ausland (Direktinvestitionen), weil die Gewinne gesteigert und für die Zukunft gesichert werden sollen. Unternehmer und Manager suchen nach besonders günstigen Produktionsstandorten und vielversprechenden Absatzmärkten. Viele Faktoren spielen eine Rolle, wenn ein Unternehmen über einen neuen Standort nachdenkt.
In **M3** ist zusammengestellt, was Manager international tätiger deutscher Unternehmen für wichtig halten.

Neben den einzelnen Aspekten, die gut gegeneinander abgewogen sein wollen, ist auch die generelle Offenheit einer Gesellschaft für Innovationen sowie für ausländische Unternehmen und Beschäftigte wichtig.

3. Überlegen Sie, warum die Investitionen in ausländische Volkswirtschaften (**M3**) besonders stark auf Weltwirtschaftskrisen reagieren – z. B. die von 2001.

83ur9d
- Globalisierung allgemein
- Global Players
- Standortfaktoren

M3 Welche Standortfaktoren sind wichtig?

	Sehr wichtig	Eher wichtig
Transport und Logistik	54 %	35 %
Arbeitskosten	52 %	39 %
Infrastruktur/Telekommunikation	48 %	40 %
Erwarteter Produktivitätszuwachs	48 %	38 %
Politische Stabilität/Rechtssicherheit	47 %	39 %
Steuerlast	46 %	40 %
Qualifikation der Arbeitnehmer	45 %	42 %
Binnenmarkt	44 %	39 %
Flexibles Arbeitsrecht	41 %	42 %
Soziales Klima	40 %	48 %
Verfügbarkeit und Kosten von Grundstücken	31 %	42 %
Sprache, Kultur	29 %	42 %
Forschung und Entwicklung	29 %	36 %
Lebensqualität	27 %	42 %
Behandlung von Beschäftigten aus der Unternehmenszentrale	24 %	41 %
Verfügbarkeit von Fördermitteln	23 %	39 %

Mehrfachnennungen möglich.
Telefonische Befragung von Vorständen bzw. Geschäftsführern international tätiger Unternehmen in Deutschland (gekürzt)
Nach: Ernst & Young: Kennzeichen D – Standortanalyse 2006

4. Fassen Sie die Nennungen „sehr wichtig" und „eher wichtig" zusammen; welche Reihenfolge ergibt sich dann?

5. Teilen Sie die Standortfaktoren in Gruppen ein:
   - Bei welchen handelt es sich um eindeutig berechenbare Nutzen und Kosten?
   - Bei welchen geht es eher um „weiche" Faktoren, die sich nicht so einfach in Geldwert umrechnen lassen?

6. Drücken Sie mit eigenen Worten aus, wann und warum Unternehmen an eine Standortverlagerung oder an den Aufbau zusätzlicher Standorte im Ausland denken könnten.

7.1 Die globalisierte Welt

Wie wirkt die Globalisierung auf die Arbeitswelt?

mm466t
- Arbeitslosigkeit
- Telearbeit
- Minijobs

M1

1. Unter welchen Umständen können Unternehmer so reden, unter welchen Umständen Arbeitnehmer? Wie realistisch sind die beiden Situationen jeweils?

Immer mehr Arbeitsteilung

Selbst kleinere und mittlere Unternehmen sind in die internationale Arbeitsteilung eingebunden und nutzen diese. Am Beispiel der Fahrradproduktion sieht man das deutlich (→ S. 238). Die Globalisierung verschafft jedoch besonders den großen Firmen und multinationalen Unternehmen Chancen, ihre Geschäftstätigkeiten über den Globus zu verteilen:

- Anspruchsvolle Tätigkeiten wie Forschung und Entwicklung, aber auch komplizierte Produktionsverfahren bleiben eher in Ländern, in denen es viele hoch qualifizierte Arbeitnehmer und eine gute wissenschaftliche und technische Infrastruktur gibt (Universitäten, Forschungszentren).
- Einfache Tätigkeiten und Routinearbeiten werden eher in die sogenannten Niedriglohnländer verlagert; ein Beispiel ist die Textilindustrie.

Allerdings entwickeln sich auch diese Länder. In den sogenannten Schwellenländern gibt es immer mehr Facharbeiter und Hochqualifizierte, die den Beschäftigten in den Industriestaaten Konkurrenz machen. So lassen Autohersteller auch in Osteuropa, Südamerika und Asien entwickeln und produzieren; Softwarehäuser lassen in Indien ihre Software entwickeln oder verlagern ihr Rechnungswesen und ihre Kundenberatung in indische Call-Center (→ S. 54, **M1**).

Geschützte und ungeschützte Arbeitsmärkte

Das Angebot an Arbeitskräften hat sich in den vergangenen Jahrzehnten weltweit schätzungsweise verdoppelt. Aufstrebende Volkswirtschaften – sogenannte Schwellenländer wie z. B. Brasilien, Russland, Indien, China und Südafrika (die BRICS-Staaten), aber auch andere dynamische Volkswirtschaften wie Indonesien, Mexiko und die Türkei – sind in die weltweite Arbeitsteilung einbezogen. Hier ist das Angebot an wesentlich niedriger entlohnten Arbeitnehmern groß. Interessant ist dabei nicht einfach die Entlohnung je Arbeitsstunde. Es sind die *Lohnstückkosten*, die Investoren interessieren. Sie fragen sich, wie viel ein Arbeitnehmer in einer Stunde produzieren kann. Je höher die Produktivität der Arbeit, desto höher kann auch die Entlohnung im Vergleich zu einem Land mit niedrigerer Arbeitsproduktivität sein.

→ Schwellenländer
S. 256

240 7. Globalisierung und Friedenssicherung

Allerdings lassen sich nicht alle Arbeitsprozesse einfach über den Globus verteilen. Manche Tätigkeiten bleiben ortsgebunden wie die Arbeit
- auf Baustellen, im Bergbau und in der Landwirtschaft;
- in vielen Dienstleistungsbereichen, z. B. im Kfz- oder Friseurhandwerk, im Krankenhaus, in Kindergärten und Schulen, in der Pflege, aber auch in der öffentlichen Verwaltung.

Hier spricht man von geschützten Arbeitsmärkten – im Gegensatz zu den gefährdeten, auf denen leichter eine Verlagerung von Arbeit ins Ausland möglich ist (wie in der Automobil-, Textil-, Chemie- oder Computerindustrie).

Neue Arbeitsformen – neue Anforderungen
Die neuen Arbeitsbedingungen durch international vernetzte Produktionsprozesse führen auch zu neuen Arbeitsformen:
- In vernetzten Arbeitsprozessen kann Telearbeit eine große Rolle spielen – z. B. Arbeiten am vernetzten Computer zu Hause, unterwegs oder in einer Außenstelle des Betriebs.
- Unternehmen bevorzugen für die eigene Planung besonders flexibel einsetzbare Arbeitskräfte. Die Bereitschaft zu einem Umzug wird erwartet, befristete Arbeitsverträge nehmen zu, ebenso die Leiharbeit und andere unsichere Arbeitsverhältnisse.

Rasch wechselnde Arbeitsbedingungen setzen viele Arbeitnehmer einem immer stärkeren Anpassungsdruck aus. Das betrifft konkrete Arbeitsinhalte, Arbeitszeiten, die Organisation der Arbeit und auch die Verantwortung für den Erfolg. Je besser man qualifiziert ist, desto besser kommt man zurecht und kann auch Forderungen stellen.

3. Stellen Sie in einer Übersicht zusammen, wie sich die Globalisierung auf die Arbeitswelt auswirkt. Was bewirkt sie für hoch entwickelte Industriestaaten?

4. Untersuchen Sie, welche Auswirkungen die Globalisierung in Ihrem Ausbildungsbetrieb und in Ihrem Beruf hat.

5. Informieren Sie sich über die Rechtslage bei Telearbeit, befristeten Arbeitsverhältnissen, Leiharbeit und geringfügiger Beschäftigung (Stichpunkte: Urlaubsanspruch, Entlohnung bei Krankheit, Kündigung) und vergleichen Sie die Ergebnisse mit einem Normalarbeitsverhältnis.

Strukturelle Arbeitslosigkeit
Angebot und Nachfrage auf dem Arbeitsmarkt passen nicht zueinander. Es gibt freie Stellen, aber die Arbeitslosen verfügen nicht über die dafür nötige Qualifikation.

Lesebeispiel zu M2
Von allen Erwerbspersonen in Deutschland sind 8,4 % arbeitslos.

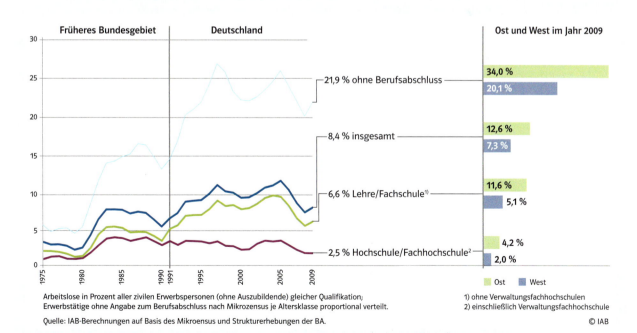

M2 Der Zusammenhang zwischen Qualifikationsniveau und Arbeitlosigkeit

Arbeitslose in Prozent aller zivilen Erwerbspersonen (ohne Auszubildende) gleicher Qualifikation; Erwerbstätige ohne Angabe zum Berufsabschluss nach Mikrozensus je Altersklasse proportional verteilt.
Quelle: IAB-Berechnungen auf Basis des Mikroensus und Strukturerhebungen der BA.

1) ohne Verwaltungsfachhochschulen
2) einschließlich Verwaltungsfachhochschule

© IAB

2. Beschreiben Sie, wie sich das Risiko von Arbeitslosigkeit je nach Qualifikation ändert.

7.1 Die globalisierte Welt

Warum sind internationale Finanzkrisen so gefährlich?

35v9y7
- Finanzkrise 2008
- Wirtschaftsentwicklung
- Staatsverschuldung

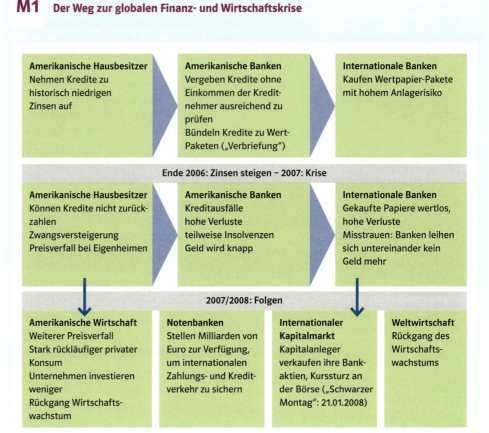

M1 Der Weg zur globalen Finanz- und Wirtschaftskrise

Amerikanische Hausbesitzer	Amerikanische Banken	Internationale Banken
Nehmen Kredite zu historisch niedrigen Zinsen auf	Vergeben Kredite ohne Einkommen der Kreditnehmer ausreichend zu prüfen. Bündeln Kredite zu Wert-Paketen („Verbriefung")	Kaufen Wertpapier-Pakete mit hohem Anlagerisiko

Ende 2006: Zinsen steigen – 2007: Krise

Amerikanische Hausbesitzer	Amerikanische Banken	Internationale Banken
Können Kredite nicht zurückzahlen. Zwangsversteigerung. Preisverfall bei Eigenheimen	Kreditausfälle, hohe Verluste, teilweise Insolvenzen, Geld wird knapp	Gekaufte Papiere wertlos, hohe Verluste. Misstrauen: Banken leihen sich untereinander kein Geld mehr

2007/2008: Folgen

Amerikanische Wirtschaft	Notenbanken	Internationaler Kapitalmarkt	Weltwirtschaft
Weiterer Preisverfall. Stark rückläufiger privater Konsum. Unternehmen investieren weniger. Rückgang Wirtschaftswachstum	Stellen Milliarden von Euro zur Verfügung, um internationalen Zahlungs- und Kreditverkehr zu sichern	Kapitalanleger verkaufen ihre Bankaktien, Kurssturz an der Börse („Schwarzer Montag": 21.01.2008)	Rückgang des Wirtschaftswachstums

Nach: Arbeitsgemeinschaft Jugend und Bildung e.V., März 2008

Bruttoinlandsprodukt (BIP)
Gesamte Wertschöpfung in Form von Waren und Dienstleistungen in einer Volkswirtschaft innerhalb eines Jahres

1. Beschreiben Sie, auch mit Hilfe des Infotextes, wie sich die Krise entwickelt hat und warum sie sich weltweit ausbreiten konnte.

Das Krisen-Szenario
Begonnen hatte alles mit einer Krise am amerikanischen Immobilienmarkt, die sich zu einer amerikanischen Bankenkrise auswuchs, welche schließlich auch ausländische Geldhäuser mit sich riss und zu einer zeitweisen Lähmung des internationalen Finanzsystems führte. Wenn das ‚Schmiermittel der Wirtschaft' – das Kapital, das Geld – nicht mehr fließt, dann behindert das schließlich Investitionen, Produktion und Konsum und damit das Wirtschaftswachstum. Innerhalb von gut einem Jahr wurde so aus einer nationalen Immobilienmarkt- und Bankenkrise eine internationale Wirtschaftskrise – Ergebnis einer international verflochtenen, globalisierten Wirtschaft (**M1**).

Die internationale Finanzkrise
Weltweit gerieten Banken, Investmentgesellschaften und Versicherungen wegen sogenannter „toxischer" (giftiger) Wertpapiere in eine Schieflage. Manche gingen Konkurs, andere wurden durch staatliche Eingriffe (Kapitalhilfen, Kreditgarantien, Verstaatlichungen) mit vielen Billionen US-Dollar bzw. Euro vor der Pleite gerettet. Ein kompletter Kollaps des Finanzsystems sollte unbedingt verhindert werden.

Mißtrauen stoppt Geldfluss und Wirtschaftsentwicklung
Trotz relativ schneller staatlicher Stützungsmaßnahmen war das Vertrauen im Finanzsystem dahin. Banken verweigerten sich untereinander

Kredite und gaben solche auch immer widerwilliger an andere Unternehmen oder Privatleute. Der für die Wirtschaft lebensnotwendige *Geldfluss* stockte. Das bremste die Wirtschaftsentwicklung und veranlasste viele Regierungen, ab 2008 *Konjunkturprogramme* zu starten, um Konsum und Investitionen anzukurbeln.

Von der Finanzmarktkrise zu staatlichen Schuldenkrisen

So mussten weltweit Staaten – letztlich die Steuerzahler – das ausbaden, was Banken, Investmenthäuser und investierende Versicherungen an Problemen (Verlusten) aufgehäuft hatten. Der Staat betätigte sich als ‚Reparaturbetrieb'. Schließlich kam es in vielen Ländern auch noch zu einer *staatlichen Schuldenkrise*. Die Rettung von Banken hatte viel Geld verschlungen, die nachlassende Wirtschaftskonjunktur minderte die Steuereinnahmen, und nicht wenige Staaten hatten jahrelang so sehr über ihre Verhältnisse gelebt, dass sie nun in eine Schuldenfalle tappten. Zu den besonders betroffenen Ländern gehörten in Europa die sogenannten PIIGS-Staaten – Portugal, Irland, Italien, Griechenland und Spanien. Diese Länder sind so stark überschuldet, dass sie am Kapitalmarkt kaum noch neue Kredite bekommen – und wenn, dann nur zu sehr hohen Zinsen. Da die genannten Länder alle zur Eurozone gehören, gefährden ihre Schuldenkrisen auch Banken in anderen europäischen Ländern.

Rettungsversuche

Das rief die *EU*, vor allem die *Eurozonenländer* und die *Europäische Zentralbank* (EZB), aber auch den *Internationalen Währungsfonds* (IWF) auf den Plan. Mit finanziellen Stützungsprogrammen, staatlichen Garantien und sogenannten *Rettungsschirmen* wird versucht, die überschuldeten Euroländer zahlungsfähig zu halten, um einen erneuten Flächenbrand im europäischen Finanzsystem zu verhindern (→ S. 222 – 223).

Gleichzeitig sollen diese Länder zu einem konsequenten *Schuldenabbau* (Sparprogramme, Steuerprogramme) und zu Reformen in der Wirtschaft und im Sozialstaatssystem verpflichtet werden – und das alles, ohne die wirtschaftliche Entwicklung abzuwürgen. Das führt zu *Demonstrationen* wie in den USA (**M2**), die gegen die Macht der Finanzwirtschaft gerichtet sind, aber auch zu *sozialen Unruhen*, die in Staatskrisen münden können – wie in Griechenland.

2. Warum sehen sich die nationalen Regierungen gezwungen, ihren Banken zu helfen? Skizzieren Sie den Teufelskreis der Banken-, Finanzsystem- und nationalen Schuldenkrisen.

3. Warum helfen IWF, EU, Euroländer und EZB überschuldeten Euroländern mit Krediten?

Staatsverschuldung
in % des BIP

	2007	2010
Belgien	84	97
Deutschland	65	83
Frankreich	64	82
Griechenland	105	143
Großbritannien	45	80
Irland	25	96
Italien	104	119
Lettland	9	45
Portugal	68	93
Spanien	36	60

Nach Maastricht-Kriterien; gerundet.
EU-Kommission, Eurostat.

Zinssatz für öffentliche Anleihen (%)
ausgewählte Euro-Länder

	2007	2011*
Belgien	4,06	3,88
Deutschland	4,02	2,21
Frankreich	4,07	2,98
Griechenland	4,29	15,90
Großbritannien	4,94	2,41
Irland	4,04	9,57
Italien	4,26	5,27
Lettland	5,63	5,60
Portugal	4,18	10,93
Spanien	4,07	5,25

* August; jeweils Durchschnittszinssatz, den Staaten für Kredite am Markt bezahlen mussten.
EU-Kommission, Eurostat.

M2 Protest

„Occupy Wallstreet!"

„Griechenland wird kaputt gespart!"

4. Überlegen Sie, welche Menschen unter der Krisenentwicklung besonders leiden.

7.1 Die globalisierte Welt

Welchen Einfluss hat die Politik auf die Globalisierung?

M1 Gewinner der Globalisierung?

Apple Store in Deutschland

Chinesische Arbeiterinnen produzieren für Apple

Gewinner und Verlierer
Wirtschaftliche Globalisierung öffnet Grenzen und erleichtert den internationalen wirtschaftlichen Austausch. Es sind die politisch und wirtschaftlich starken Länder, die kapitalkräftigen Konzerne, die den Ton angeben. Die Schwächeren geraten in Gefahr, auf der Strecke zu bleiben. Das sind vor allem die Länder der Dritten Welt (→ S. 254–255). Aber auch innerhalb hoch entwickelter Volkswirtschaften sind es die Gruppen der Schwächeren, die ins Hintertreffen geraten: weniger Qualifizierte, weniger Flexible, weniger Belastbare. Beunruhigend ist dabei die offensichtliche Ohnmacht der meisten Staaten, die Globalisierungsprozesse politisch zu gestalten.

Motive und Interessen
Produzenten und Verbraucher, Arbeitgeber und Arbeitnehmer haben unterschiedliche wirtschaftliche Motive und Interessen, wenn es um den wirtschaftlichen Austausch geht.
- *Konsumenten* suchen nach preiswerten Gütern, egal wo sie produziert wurden, denn sie möchten mit ihrem Geld möglichst viele eigene Bedürfnisse befriedigen.
- *Unternehmer und Manager* suchen nach den bestmöglichen Produktions- und Verkaufs-

1. Was erfahren wir aus den Fotos über Gewinner der Globalisierung? Wer sind mögliche Verlierer?

2. Konsumenten, Unternehmer, Investoren, Arbeitnehmer: Inwiefern treiben sie aktiv die Globalisierung voran? Ziehen Sie alle an einem Strang – oder gibt es auch Interessenkonflikte?

M2 Furcht vor Globalisierung

„Denken Sie, dass die Globalisierung in Ihrem Land positive oder negative Effekte hat?"

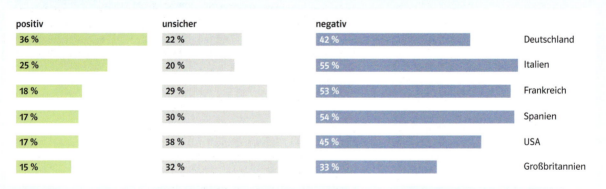

	positiv	unsicher	negativ	
Deutschland	36 %	22 %	42 %	
Italien	25 %	20 %	55 %	
Frankreich	18 %	29 %	53 %	
Spanien	17 %	30 %	54 %	
USA	17 %	38 %	45 %	
Großbritannien	15 %	32 %	33 %	

Umfrage der Financial Times im Juli 2007, in: Financial Times Deutschland vom 24.07.2007

3. Führen Sie eine entsprechende Umfrage in Ihrer Klasse durch und vergleichen Sie die Ergebnisse.

4. Begründen Sie Ihre eigene Einschätzung der Globalisierungseffekte im Blick auf das Wirtschaftswachstum in Deutschland, den Arbeitsmarkt, den wissenschaftlich-technischen Fortschritt und die Umwelt.

M3 Global – sozial?

5. Auf welche Entwicklung verweist der Zeichner der Karikatur?
6. Warum erscheint der Nationalstaat gegenüber der wirtschaftlichen Globalisierung weitgehend machtlos? Beziehen Sie in Ihre Antwort den Text dieser Seite mit ein.

x8h2fd
• Globalisierung und Politik

bedingungen – sie wollen konkurrenzfähige Güter produzieren und sie dort anbieten, wo sie mit größtmöglichem Gewinn verkauft werden können.
- *Investoren* (Kapitalanleger) legen ihr Geld dort an, wo sie sich die höchste Verzinsung des eingesetzten Kapitals, die höchste Rendite versprechen.
- *Arbeitnehmer* sind an sicheren Arbeitsplätzen interessiert und daran, dass sie für ihre Arbeit möglichst gut bezahlt werden.

Kann der Staat diese unterschiedlichen Motive und Interessen zum Vorteil für alle politisch ausbalancieren?

Ohnmächtiger Nationalstaat?

Die Staaten, die ihre Volkswirtschaften öffnen, setzen diese dem Vergleich durch Investoren und damit einem *Standortwettbewerb* aus:
- *Sozialstaatliche Hilfen* für die Schwächeren erscheinen als Belastung für den Wirtschaftsstandort – in Konkurrenz zu anderen Standorten.
- *Steuern auf Unternehmensgewinne* können Investoren abschrecken – oder verleiten zu internationalen Finanztricks, die Gewinne dort anfallen lassen, wo am wenigsten Steuern fällig werden.
- Vergleichsweise strenge *Umweltschutzregeln* für Industrieansiedlungen und Produktion sind für Unternehmen Gewinn schmälernde Kostenfaktoren.
- Ein arbeitnehmerfreundlicher *Kündigungsschutz*, *Mitbestimmung* und *starke Gewerkschaften* sind für viele ausländische Investoren ungewohnt und werden als Einschränkung ihrer Entscheidungsmacht empfunden.
- *Mindestlohnregelungen* erhöhen die Arbeitskosten ebenso wie *Lohnnebenkosten* (z. B. Sozialabgaben).

Doch: Sichere Arbeits- und Sozialbeziehungen wie auch qualifizierte Arbeitskräfte sind wichtige Faktoren, die die Produktivität erhöhen. Sie können zugleich Standortvorteile im globalen Wettbewerb sein. Regierungen sind darum heute gezwungen zu überlegen, wie bestehende und geplante Gesetze auf Investoren und Unternehmen wirken. Fast jede Entscheidung hat folglich auch eine standortpolitische Komponente.

Internationale Zusammenarbeit

Der Nationalstaat kann auf seinem Territorium Gesetze erlassen, aber diese gelten eben national, während Kapital keine Grenzen kennt. Wenn ein Staat heute striktere Regeln durchsetzen will, dann kann er das kaum im Alleingang tun. Nur wenn solche Regeln – wie z. B. Mindeststandards im Umwelt- oder Arbeitsschutz – international durchgesetzt werden, können Investoren sie nicht mehr so leicht umgehen. Aber das ist selten der Fall. Und selbst da, wo solche Versuche am weitesten gediehen sind – wie in der Europäischen Union oder im Rahmen der Welthandelsorganisation – überwiegen Kompromisse auf dem kleinsten gemeinsamen Nenner.

Damit es vorangeht, ist deshalb auch Druck „von unten" nötig. Auf internationaler politischer Ebene ist ein Netzwerk von Nicht-Regierungsorganisationen (NGOs) entstanden, die weltweit Missstände an das Licht der Öffentlichkeit bringen. So versuchen sie, Regierungen und Unternehmen unter Druck zu setzen.

7. Entwerfen Sie ein Plakat, auf dem Sie die verschiedenen Voraussetzungen und Triebkräfte der wirtschaftlichen Globalisierung schriftlich und bildlich darstellen. Rufen Sie sich dazu auch noch einmal die Inhalte der Seiten 234–241 in Erinnerung.

8. Was müsste geschehen, damit der Prozess der Globalisierung politisch zu beherrschen und fairer zu gestalten wäre? Welche Hindernisse stehen dem im Weg?

→ EU
S. 214–215, 217

→ WTO
S. 252

Soziale Mindeststandards
Mindestbedingungen, die für Arbeitnehmer gelten, z. B. bei Bezahlung, sozialer Sicherheit, Gleichstellung von Mann und Frau. Die EU hat solche Mindeststandards für ihre Mitgliedstaaten festgelegt (Grundrechte-Charta der EU → S. 206, 207, **M 2**).

7. Globalisierung und Friedenssicherung **245**

7.2 Globalisierung – Herausforderung für die internationale Politik
Welche Ziele und Aufgaben hat die UNO?

M1 Weltkarte der Krisen und Kriege – online

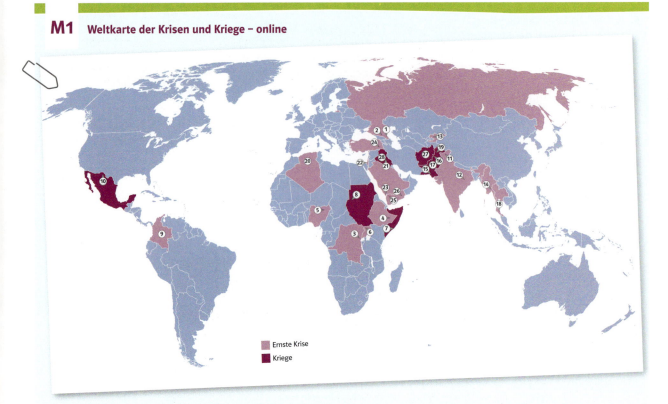

Ernste Krise
Kriege

Konfliktbarometer des Heidelberger Instituts für Internationale Konfliktforschung, Stand 2010

1. Auf der Seite www.hiik.de/konfliktbarometer erfahren Sie mehr über die aktuellen Krisen und Kriege. Laden Sie die Datei herunter, teilen Sie die Arbeit in der Klasse auf und präsentieren Sie die Ergebnisse zu folgender Arbeitsfrage: Welche Weltregionen sind von Krisen und Kriegen besonders betroffen?

 8rp53i
- Weltpolitische Konflikte
- UNO
- Weltpolitik

Eine Welt voller Konflikte
Eine Welt ohne Konflikte – das ist ein alter Wunsch, der wohl nie in Erfüllung gehen wird (**M1**). Näher liegt die Frage: Was ist notwendig, damit solche Konflikte nicht gewaltsam ausgetragen werden? Welche Einrichtungen und welche politischen Maßnahmen sind notwendig, damit Konflikte innerhalb von Staaten und zwischen Staaten ohne Gewalt gelöst werden können?

Ziele der Vereinten Nationen (UNO)
Vor dem Hintergrund der Erfahrungen des Zweiten Weltkriegs unterzeichneten 51 Staaten am 26. Juni 1945 die „Charta der Vereinten Nationen" (**M2**). In dieser Erklärung verpflichteten sie sich, die Grundsätze für ein friedliches Zusammenleben der Staaten zu beachten und für die Einhaltung in ihren Ländern zu sorgen. Heute gehören der UNO 193 Staaten an.

Grundsätze für eine friedliche Weltordnung
Die Arbeit der UNO folgt dabei folgenden vier Grundsätzen:
- Alle Staaten sind souverän und haben gleiche Rechte. Kein Staat darf einem anderen seine Politik aufzwingen; alle Staaten sprechen in der internationalen Politik für sich selbst.
- Konflikte werden durch Verhandlungen und Zusammenarbeit gelöst. Die Regierungen treffen sich regelmäßig, um über die wichtigsten Aufgaben zu beraten und gemeinsame Maßnahmen zu beschließen. Konflikte sollen schon im Vorfeld vermieden werden.
- Staaten verzichten auf Gewalt gegenüber anderen Staaten. Kommt es trotzdem zu Konflikten, so sollen diese auf friedlichem Wege gelöst werden – z. B. durch einen neutralen Schlichter, den die Streitenden freiwillig anrufen, oder durch den Urteilsspruch eines Gerichts.

M2 Aus der Charta der Vereinten Nationen, Artikel 1

Die Vereinten Nationen setzen sich folgende Ziele:
1. den Weltfrieden und die internationale Sicherheit zu wahren und zu diesem Zweck wirksame Kollektivmaßnahmen zu treffen, um Bedrohungen des Friedens zu verhüten und zu beseitigen, Angriffshandlungen und andere Friedensbrüche zu unterdrücken und internationale Streitigkeiten ... durch friedliche Mittel ... zu bereinigen oder beizulegen ...;
2. freundschaftliche, auf der Achtung vor dem Grundsatz der Gleichberechtigung und Selbstbestimmung der Völker beruhende Beziehungen zwischen den Nationen zu entwickeln ...;
3. eine internationale Zusammenarbeit herbeizuführen, um internationale Probleme wirtschaftlicher, sozialer, kultureller und humanitärer Art zu lösen und die Achtung vor den Menschenrechten und Grundfreiheiten für alle ohne Unterschied der Rasse, des Geschlechts, der Sprache oder der Religion zu fördern und zu festigen; ...

UN-Verbände im Einsatz 2011
- 15 Einsätze zur Friedenssicherung
- Uniformiertes Personal: Truppen: 82 144, Polizei: 1451. Militärbeobachter: 2 198, gesamt: 98 863; ziviles Personal: 21 596
- Länder, die militärisches und ziviles Personal bereitstellen: 114
- Gesamtzahl des Personals: 122 537
- Anzahl der Todesopfer bei Friedenssicherungseinsätzen seit 1948: 2 865

Friedenssicherungseinsätze der UN, Stand 2/2011: www.unric.org

Afghanische Mädchen erhalten Schulunterricht, der von der UNESCO organisiert wurde.

Straßenkinder bekommen eine warme Mahlzeit in einem Kinderhaus der UNICEF in Kairo.

UNO-Blauhelme in Liberia sichern demokratische Wahlen ab.

2. Ordnen Sie die Fotos den Zielen zu, die in der Charta der Vereinten Nationen genannt werden.

3. Wo finden Sie die vier Grundsätze einer friedlichen Weltordnung in der Charta der UNO wieder (→ Infotext)?

- Sicherheit ist nur gemeinsam möglich. Wenn alle friedlichen Mittel versagen, kann die internationale Staatengemeinschaft die Streitenden unter Androhung oder gar Anwendung von Gewalt zum Frieden zwingen. Gewalt gegenüber einem anderen Staat darf nicht von einem Staat allein, sondern nur auf Beschluss der UNO gemeinschaftlich ausgeübt werden (→ nächster Abschnitt).

4. Können die vier Grundsätze in der politischen Praxis überhaupt durchgesetzt werden? Begründen Sie Ihre Ansicht.

7. Globalisierung und Friedenssicherung **247**

7.2 Globalisierung – Herausforderung für die internationale Politik

e2a2hw
- UNO
- UNO-Friedenstruppen

→ Internationaler Währungsfonds
S. 252

Wie fallen Entscheidungen in der UNO?

M1 Die Vereinten Nationen – wichtige Organe

Internationaler Währungsfonds
Griechenland muss seinen Staatshaushalt in Ordnung bringen

UNO-Sicherheitsrat
Zivilisten in Libyen sollen geschützt werden.

1. Welche Aufgaben der UNO-Institutionen werden in den Schlagzeilen genannt? Ordnen Sie diese Institutionen dem Schema zu.

Die Vollversammlung
Im Herbst jeden Jahres tagt in New York, am Hauptsitz der UNO, die Vollversammlung (auch Generalversammlung genannt). Sie wählt den Generalsekretär, 10 von 15 Mitgliedern des Sicherheitsrats und bestimmt über die anderen Unterorganisationen. Jedes Mitgliedsland hat eine Stimme, unabhängig von Größe, Einwohnerzahl oder politischer und wirtschaftlicher Macht.

Der Sicherheitsrat
Das eigentliche Machtzentrum der UNO ist jedoch der Sicherheitsrat. Ihm gehören 15 Staaten an. Allerdings gibt es dort Mitglieder mit unterschiedlichen Rechten:
- *Mitglieder auf Zeit*: Zehn Mitglieder werden von der Vollversammlung für jeweils zwei Jahre gewählt.

Ständige Mitglieder: Das sind China, Frankreich, Großbritannien, Russland und die USA. Diese fünf Staaten waren zur Zeit der Gründung der UNO die führenden Großmächte der Welt (statt Russland damals: die Sowjetunion). Sie besitzen mit dem *Veto-Recht* einen besonderen Einfluss: Wenn ein ständiges Mitglied Einspruch einlegt, kommt kein Beschluss zustande, auch dann nicht, wenn alle anderen Mitglieder zustimmen. Zu den vorrangigen Aufgaben des Sicherheitsrates gehören die *Friedensmissionen*, d.h. er soll drohende Konflikte zwischen Staaten durch politische Verhandlungen verhindern oder – falls dies nicht erfolgreich ist – mit Einsatz von Zwangsmitteln beenden. Zwangsmittel können etwa sein: die Androhung oder Durchführung von wirtschaftlichen Blockaden, aber auch der Einsatz militärischer Gewalt (**M2**).

Der Wirtschafts- und Sozialrat und die Unterorganisationen

Daneben befasst sich die UNO mit zahlreichen sozialen und wirtschaftlichen Projekten. Der Wirtschafts- und Sozialrat hat die Aufgabe, diese Projekte politisch vorzubereiten und über ihre Durchführung zu wachen.

Die praktische Umsetzung der Projekte ist Aufgabe der verschiedenen *Unterorganisationen*. Zu ihnen zählen vor allem die wirtschaftlichen, sozialen und humanitären Vorhaben in den Ländern der Dritten Welt. In den letzten Jahren sind neue Aufgaben dazugekommen, vor allem in der globalen Umweltpolitik.

Einige Organisationen, wie die UNCTAD, die UNICEF oder der Weltklimarat, sind direkte Unterorganisationen der UNO und werden aus Mitteln der UNO finanziert. Andere *Sonderorganisationen*, wie der IWF oder die WHO, sind von der UNO und damit auch von der Kontrolle durch die Vollversammlung unabhängig. Sie finanzieren sich selbst, zählen aber trotzdem zum UNO-System. Nicht alle Staaten der UNO sind in ihnen Mitglied.

Der Generalsekretär

Mit allen ihren Unterorganisationen beschäftigt die UNO weltweit etwa 50 000 Menschen. An der Spitze der Verwaltung steht das Sekretariat mit dem Generalsekretär. Er wird vom Sicherheitsrat vorgeschlagen und von der Vollversammlung für fünf Jahre gewählt. Auch hier gibt es ein Vetorecht der ständigen Mitglieder.

Internationaler Gerichtshof

Er kann von Staaten angerufen werden, um eine Streitfrage mit anderen Staaten zu klären. Die beklagten Staaten sind aber nicht automatisch verpflichtet, die Urteile des Gerichts zu akzeptieren. Deshalb ist seine praktische Bedeutung nicht groß.

2. In welchen Institutionen werden die wichtigsten Entscheidungen der UNO getroffen? Welche Rolle spielen die ständigen Mitglieder des Sicherheitsrats?

3. Die UNO wird auch mit einer Weltregierung, einem Weltparlament und einer Weltpolizei verglichen. Auf welche Institutionen der UNO bezieht sich dieser Vergleich? Wie zutreffend sind diese Bezeichnungen jeweils?

M2 UNO-Friedensmissionen

Die Vereinten Nationen haben keine eigenen Truppen. Für die UNO-Friedensmissionen bekommen einzelne Mitgliedstaaten oder Militärbündnisse (z. B. die NATO) vom Sicherheitsrat den Auftrag, Truppen, Waffen, Militärbeobachter, Polizeikräfte und ziviles Personal für den Einsatz in einer Region zur Verfügung zu stellen. Dabei gibt es drei Arten von Einsätzen:

- *Blauhelm-Einsätze*: Truppen aus Mitgliedstaaten – erkennbar an ihren blauen UNO-Helmen – sorgen in Krisenregionen und mit Zustimmung der Konfliktparteien dafür, dass keine neue Gewalt ausbricht oder dass ein Waffenstillstand eingehalten wird. Sie sind nur zu ihrem eigenen Schutz leicht bewaffnet.

- *Konfliktverhütung*: Durch politische Verhandlungen, humanitäre Hilfsaktionen oder durch die Stationierung von Truppen soll vorbeugend der gewaltsame Ausbruch eines Konfliktes verhindert werden.

- *Friedenserzwingung*: Mit dem Einsatz von bewaffneten Truppen soll ein Konflikt – etwa ein Krieg zwischen zwei Staaten oder ein Bürgerkrieg – beendet und die politische Lage stabilisiert werden. Diese UNO-Truppen haben einen militärischen Auftrag, d. h. sie kämpfen mit der Waffe.

4. Grenzen Sie die drei Formen von Friedensmissionen gegeneinander ab.

7.2 Globalisierung – Herausforderung für die internationale Politik

Umweltprobleme – eine globale Aufgabe?

if3p2n
- Klimawandel
- Klimapolitik
- Klimagipfel

M1

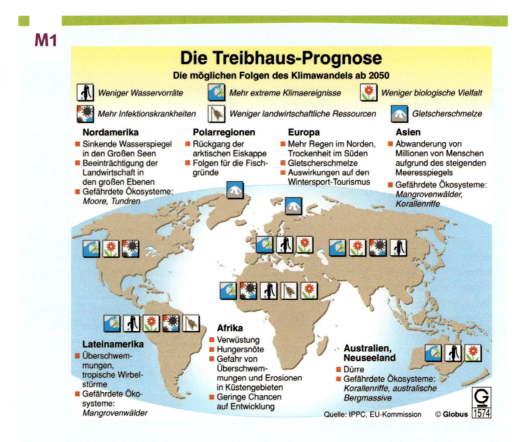

1. Stellen Sie fest, wie sich die Folgen des Klimawandels auf die verschiedenen Weltregionen verteilen. Welche der dargestellten Folgen halten Sie für besonders schwerwiegend?

Weltklimarat der UNO (IPCC)
Seine Aufgabe ist es, die Risiken der globalen Erwärmung und mögliche Gegenmaßnahmen wissenschaftlich zu beurteilen. Gegründet 1988. Friedensnobelpreis 2007.

→ Mehr zu Ursachen und Folgen des Klimawandels
S. 74–75

Die Rolle des Weltklimarats
Im Jahr 2007 konnte erstmals weltweit Einigkeit über einen Bericht des Weltklimarats der UNO erzielt werden. Die Staaten der Welt haben anerkannt, dass die Erderwärmung in ihrem jetzigen Ausmaß von Menschen gemacht oder verstärkt wird. Dies bedeutet auch, dass die Regierungen ihre Verantwortung für Gegenmaßnahmen anerkannt haben, die diese Entwicklung bremsen sollen.
Der Weltklimarat hat *Szenarios* über die Wirkung des Klimawandels in verschiedenen Weltregionen erstellt (**M1**) – abhängig davon, in welchem Maße es gelingt, den Ausstoß an Treibhausgasen zu reduzieren.
Bis zum Ende des Jahrhunderts wird demnach – je nach Modell und je nach Gegenmaßnahmen – mit einem Anstieg des Meeresspiegels um 18–59 cm gerechnet. Dies ist ein großes Problem in Staaten wie Bangladesch oder in der Südsee, in denen womöglich große Teile des Staatsgebiets nicht mehr bewohnbar wären. In Europa begünstigt die Erwärmung z. B. die skandinavische Landwirtschaft und schädigt die in Südeuropa. Der Wintertourismus in den Alpen wird zurückgehen. Extreme Wetterlagen wie plötzliche Unwetter werden zunehmen.

Schritte zu einer globalen Klimapolitik
Die wirtschaftlichen Folgen dieser Klimaveränderungen sind kaum absehbar; über die weltweiten Folgekosten (z. B. Deichbau, Bewässerung) gibt es die unterschiedlichsten Schätzungen. So gesehen kann es auch wirtschaftlich Sinn machen, heute Geld in die Bekämpfung des Treibhauseffekts zu investieren, statt später Schäden beseitigen zu müssen.

Den Klimawandel gestalten – ein langwieriger Prozess

Globale Umweltprobleme werden nicht in allen Ländern der Welt gleichermaßen als bedrohlich wahrgenommen. Die Folgen des Klimawandels z. B. sind nicht sofort erkennbar; zudem sind die Länder der Welt unterschiedlich stark von ihnen betroffen. Industrieländer wie die USA, Schwellenländer wie China und Indien, aber auch viele Entwicklungsländer erwarten, dass ihre wirtschaftliche Entwicklung nicht durch Auflagen der Klimapolitiker gebremst wird. So stellen sich Erfolge in der Klimapolitik erst langsam ein, und ihre Wirkung ist nicht kurzfristig messbar.

Das internationale Forum der Klimapolitik sind die inzwischen jährlich stattfindenden **Weltklimakonferenzen** unter Führung der UNO. Sie haben zum Ziel, verbindliche Maßnahmen zu vereinbaren, mit denen die weitere Erwärmung der Erdatmosphäre verlangsamt und begrenzt werden kann. Ein wichtiger Schritt wurde 1997 in Kyoto mit dem dort vereinbarten **Kyoto-Protokoll** getan. Darin verpflichteten sich die Industriestaaten, den Ausstoß von Treibhausgasen bis 2012 um 5,2 Prozent gegenüber 1990 zu senken.

Weltklimagipfel in Cancun, 2010

Je dringlicher der globale Klimaschutz heute erscheint, desto lauter werden die Forderungen nach höher gesteckten Zielen und wirkungsvollen Maßnahmen. In Cancun einigten sich die Länder auf die folgenden Punkte:
- Der Ausstoß an Treibhausgasen soll bis 2020 um mindestens 25 bis 40 Prozent im Vergleich zu 1990 reduziert werden.
- Unter Führung der UNO wird ein Programm gegen die weitere Zerstörung der Wälder und der Böden aufgebaut.
- Aus einem gemeinsamen Finanztopf, einem Klimafonds, sollen Entwicklungsländer Soforthilfen erhalten.
- Ein Klimatechnologiezentrum der UNO soll neue Technologien und Verfahren für den Klimaschutz in Entwicklungsländern entwickeln.

Auch die EU ist auf den Klimagipfeln durch ihre Mitglieder und durch die EU-Kommission vertreten (→ S. 220 – 221).

2. Nennen Sie wirtschaftliche und politische Hindernisse, die einer schnellen Einigung in Sachen Klimaschutz im Wege stehen.

3. Welche unterschiedlichen Gruppierungen treten bei den Klimagipfeln auf? Skizzieren Sie verschiedene Positionen.

M2 Die Natur wartet nicht
Die Wüste dringt vor in Räume, die bisher noch von Menschen genutzt werden.

4. Einerseits ist Klimaschutzpolitik auf lange Sicht angelegt. Andererseits: „Die Natur wartet nicht", wie UN-Generalsekretär Ban Ki Moon zu den Politikern in Cancún sagte. Eine ausweglose Situation?

M3 Aus dem Koma erwacht?

Jetzt geht der „zweite Gipfel" los – der permanente Gipfel der Bürger, Firmen, Stadträte und Regierungen. Sie müssen dafür sorgen, dass die Beschlüsse nicht nur umgesetzt, sondern am besten übertroffen werden. Von Cancún führt eine Spur in den Alltag jedes Einzelnen. Die Menschen – vor allem in den westlichen Ländern – haben die Macht, weniger Auto und mehr mit öffentlichen Verkehrsmitteln zu fahren, ihren Fleischkonsum zugunsten hochwertiger pflanzlicher Lebensmittel einzuschränken, in erneuerbare Energien zu investieren, statt ihre Wohnungen mit fossilen Brennstoffen auf T-Shirt-Temperatur zu heizen. Zudem können sie Politiker dabei unterstützen, Steuergelder in Energieforschung, statt in kurzfristigen Konsum zu investieren, in grüne Infrastruktur statt in weiteren Raubbau. So ließe sich demonstrieren, dass westlicher Wohlstand nicht heißen muss, den Planeten zugrunde zu richten. Neue, smartere Formen von Wohlstand sind möglich.

Christian Schwägerl, Aus dem Koma erwacht (11.12.2010): www.spiegel.de (gekürzt)

5. Wo und wie könnten Sie im täglichen Alltagsleben das Klima schonen? Einigen Sie sich in einer Gruppe auf eine gemeinsame Liste.

7.2 Globalisierung – Herausforderung für die internationale Politik

Welche Rolle spielen globale Wirtschaftsorganisationen?

2tm92m
- WTO
- Weltbank
- IWF

Produkt- oder Markenpiraterie
Das Geschäft mit Nachahmer-Produkten; es verstößt gegen Markenrechte und Vorschriften des Wettbewerbsrechts und verletzt das Recht des geistigen Eigentums. Die WTO kann bei Verstößen gegen ein Land in einem Streitschlichtungsverfahren **Handelssanktionen** verhängen.

M1 Stationen eines Wirtschaftskonflikts

2007: USA zerren China wegen Produktpiraterie vor die WTO
Im Kampf gegen die Produktpiraterie haben die USA China vor der Welthandelsorganisation verklagt. Dabei geht es Washington vor allem darum, die Herstellung und Verbreitung chinesischer Raubkopien von Filmen, Büchern oder Software-Produkten aus den USA zu stoppen. Die amerikanische Handelsbeauftragte Susan Schwab erklärte, bilaterale Gespräche mit der chinesischen Führung hätten bislang keine Fortschritte gebracht … In einer Stellungnahme äußerte Peking „großes Bedauern und starke Unzufriedenheit" über die Initiative der US-Regierung.

USA zerren China wegen Produktpiraterie vor die WTO. Online-article, dated on 10/04/07: http://de.euronews.net/2007/04/10/usa-zerren-china-wegen-produktpiraterie-vor-die-wto/ Copyright © 2011 euronews.

2010: Unzureichender Schutz
Die Regierung in Peking hat ein verstärktes Vorgehen gegen die weit verbreitete Produktpiraterie angekündigt Bei der auf sechs Monate angelegten Kampagne wolle die Regierung gegen gefälschte Produkte wie Software, Musik, Medikamente und fälschlich als ökologisch ausgewiesene Landwirtschaftsprodukte vorgehen. Peking erhöhte in der Vergangenheit Strafen für Produktpiraterie und ging bei Razzien gegen Fälscher vor, dennoch beklagen andere Regierungen und Handelsorganisationen, die Maßnahmen seien bisher wirkungslos geblieben.

gxs/dapd: www.focus.de (30.11.2010)

1. Welche Aufgabe hat die WTO in diesem Konfliktfall? Überlegen Sie, ob im Falle einer Entscheidung zugunsten der USA auch andere Staaten profitieren.

WTO
World Trade Organization, 153 Mitgliedstaaten (Stand 2011)

Subventionen
Staatliche Unterstützungszahlungen oder Steuererleichterungen für einzelne Wirtschaftsunternehmen oder Branchen

Regeln für den Welthandel – die WTO
Die Welthandelsorganisation WTO (1994 aus dem Allgemeinen Zoll- und Handelsabkommen GATT entstanden) entscheidet über Regeln des Welthandels und verhandelt dabei insbesondere über
- Zollsenkungen und Handelsrichtlinien;
- regelt dabei den Handel mit Waren und Dienstleistungen einschließlich geistiger und kultureller Produkte (etwa Filme);
- überwacht die Einhaltung der getroffenen Vereinbarungen durch die einzelnen Staaten;
- vermittelt bei Konflikten zwischen Mitgliedstaaten und kann Handelssanktionen (etwa Einfuhrzölle) verhängen, wenn die Ergebnisse nicht befolgt werden (**M1**).

Unabhängig vom wirtschaftlichen und politischen Gewicht hat jedes Land die Möglichkeit, gegen ein anderes Land wegen mutmaßlicher Handelsverstöße zu klagen.
Etwa zwei Drittel der Mitglieder sind Entwicklungsländer. Es wird kritisiert, die WTO benachteilige Staaten der Dritten Welt. So werden z. B. die Überschüsse der Landwirtschaft der Industriestaaten ungebremst in den Süden verkauft. Die Kleinproduzenten im Süden sind nicht konkurrenzfähig gegenüber der meist subventionierten Landwirtschaft des Nordens (**M2**). Die sozialen Kosten des freien Handels in Form von Arbeitslosigkeit, gesundheitlichen Schäden, Verelendung, Kriminalität und Umweltschäden werden, so ein weiterer Einwand, in der Politik der WTO aber nicht berücksichtigt.

Weltbank und Internationaler Währungsfonds (IWF)
Diese beiden Institutionen sind Sonderorganisationen der UNO. Die Weltbank fördert heute vor allem direkte Projekte in der Dritten Welt. Der IWF tritt als „Feuerwehr" in Aktion, wenn ein Land in eine Finanzkrise geraten ist. Dabei geht es nicht nur um Länder der Dritten Welt. Im Zuge der Weltwirtschaftskrise seit 2008 stellte der IWF auch EU-Staaten Bürgschaften und Kredite mit längeren Laufzeiten zur Verfügung. Bei Entscheidungen – etwa über die Vergabe von Krediten – gilt nicht der Grundsatz: „Ein Land, eine Stimme". Die Stimmen sind vielmehr

M2 Milchwerbung in Burkina Faso

Liberalisierung der Weltwirtschaft
Die Beseitigung von nationalen Schranken des grenzüberschreitenden Handels mit Waren, Dienstleistung und Kapital, also der Abbau von Regeln, die Staaten oder Staatengruppen festgesetzt haben, um ihre Wirtschaft vor der Konkurrenz anderer Länder zu schützen. Es handelt sich um eine lange Entwicklung, die sich seit der Mitte des 20. Jahrhunderts beschleunigt hat.

2. Wie kann der liberalisierte Welthandel zu einer Benachteiligung der Landwirtschaft in Entwicklungsländern führen?

nach der Höhe des einbezahlten Kapitals gewichtet, das die Mitglieder jeweils bei Weltbank und IWF hinterlegt haben.
Seit 2010 erhalten wirtschaftlich starke Schwellenländer wie China, Indien und Brasilien größeres Gewicht. Für wichtige Entscheidungen sind allerdings beim IWF weiterhin 85 Prozent der Stimmen notwendig (**M3**).

Kritik an politischen Auflagen
Kredite werden vom IWF wie von der Weltbank an bestimmte Bedingungen gebunden. So müssen die betroffenen Länder ihre Schulden schrittweise abbauen. Radikale Einschnitte in die Staatshaushalte und die Privatisierung staatlicher Leistungen können jedoch soziale Konflikte und Unruhen zur Folge haben.
IWF und Weltbank haben inzwischen Konkurrenz bekommen. Staaten wie China und Indien und regionale Entwicklungsbanken – wie die Asiatische Entwicklungsbank – vergeben Kredite oft schneller und ohne strenge Auflagen.

3. Wie könnten Ihrer Meinung nach „die sozialen Kosten des freien Handels" im Rahmen der WTO-Politik berücksichtigt werden? Nennen Sie ein Beispiel solcher Kosten und überlegen Sie sich einen Ausgleichsvorschlag.

M3 Stimmenanteile der Industrie- und der Entwicklungsländer in der Weltbank vor und nach der Reform

■ Industieländer
■ Entwicklungsländer und Schwellenländer
Stand 2011

4. Die reichen Länder sichern sich auch nach der Reform die Vorherrschaft in der Weltwirtschaft.
Ist das eine notwendige Regelung oder ein nicht gerechtfertigtes Privileg?

7. Globalisierung und Friedenssicherung **253**

7.3 Globale Ungleichheit
Welthandel mit ungleichen Chancen?

9uc69j
- Welthandel
- Auslandsinvestitionen

M1 Ein Huhn geht um die Welt

Brust oder Keule? Die Menschen in Europa und anderen Industrienationen haben sich entschieden. Sie lieben Hähnchenbrust. Seit dem Trend zur fettarmen Ernährung stehen die Filets überall ganz oben auf den Speiseplänen. Die weltweit agierenden Geflügelkonzerne in den USA, Asien, Südamerika und Europa bedienen diesen Trend allzu gerne, denn das Filet wirft gute Gewinne ab.

Doch wohin mit den übrigen Hühnerteilen? Tiefgekühlt werden sie weltweit verschoben. Die Länder Osteuropas sind beispielsweise ein großer Absatzmarkt, der aber längst nicht alles schluckt. Viele Überschüsse und Reste landen in afrikanischen Ländern und werden dort zu Billigpreisen verkauft. Die Folgen dort sind fatal. Lokale Märkte werden zerstört, Arbeitsplätze gehen verloren und Menschen erkranken an dem minderwertigen Fleisch, weil die Kühlketten dort nicht eingehalten werden können […].

In den 90er-Jahren kamen erstmals Containerschiffe mit tiefgefrorenen Hühnerresten an die Küsten Afrikas.

Heute landen in Ghana pro Jahr schätzungsweise 40 000 Tonnen allein aus Europa. Doch die Schwemme der Hühnerteile aus den Industrienationen hat die Märkte dort zusammenbrechen lassen. […] Auch Zulieferbetriebe wie Futtermühlen sind betroffen. Ebenso sind viele Wanderarbeiter arbeitslos geworden. Sie zogen beispielsweise nach der Gemüseernte im Norden des Landes auf die großen Märkte in der Hauptstadt Accra, um als Hähnchenschlachter, Rupfer oder Verkäufer dort zu arbeiten. Viele von ihnen finden dort jetzt keine Jobs mehr. […] Doch der Verkauf geht weiter. Ghana kann und will offenbar nicht gegen die Regeln des freien Welthandels verstoßen […].

Joachim Vollenschier (WDR), Ein Huhn geht um die Welt (24.10.2010): http://www.daserste.de

Multinationale Unternehmen weltweit
Ende 1960er-Jahre: etwa 10 000
1990: rund 35 000
2008: 82 000
davon kommen rund 72 Prozent aus Industrie- und Schwellenländer
UNCTAD

1. Skizzieren Sie auf einer Weltkarte die Handelslinien des „globalen Huhns". Unterscheiden Sie dabei nach den jeweils konsumierten Hähnchenteilen und deren Qualität.

2. Beschreiben Sie an diesem Beispiel die Auswirkungen solcher Handelsströme für die Zielländer.

3. Recherchieren Sie im Netz zu den folgenden beiden Organisationen: FIAN Deutschland e.V. und Transfair e.V. Für welche Ziele engagieren sie sich? Wie beurteilen Sie diese Ideen?

Globalisierung der Waren- und Dienstleistungsmärkte
Immer mehr Güter werden nicht dort verbraucht, wo sie hergestellt werden, sondern in andere Länder und Regionen exportiert. Rechnen wir alle Exporte eines Jahres zusammen und verfolgen wir ihren Weg, erhalten wir ein Bild, wie es in M2 dargestellt ist.

Das Tempo der Globalisierung macht heute deutlich: Langfristig gesehen hat der Warenhandel schneller zugenommen als die Warenproduktion. Das seit den 1980er-Jahren erkennbare Wachstum des Welthandels hat mehrere Ursachen:
- die Liberalisierung durch den Abbau von Zöllen und anderer Einfuhrbeschränkungen,
- die Öffnung der Grenzen zwischen Ost- und Westeuropa nach dem Ende des Ost-West-Konflikts,
- die Internationalisierung von Unternehmen in grenzüberschreitenden, multinationalen Konzernen,

254 7. Globalisierung und Friedenssicherung

M2 Globale Handelsströme
Inter- und intraregionaler Warenhandel 2009 in Milliarden US-Dollar

WTO

Russland/GUS 87
Europa 3 620
Nordamerika 769
Nah-ost 107
Asien/Pazifik 1 846
Lateinamerika 120
Afrika 45

627, 324, 239, 147, 426, 63, 57, 366, 641, 292, 76, 60, 90, 154, 162, 149, 163, 128, 66, 49, 357, 115, 75, 85, 102, 96, 95

→ interregionale Handelsströme (ab 50 Mrd. US-Dollar)
⊙ Handel innerhalb der jeweiligen Region

Quelle: WTO © Globus 4086

Lesebeispiel
Im Nahen Osten wurden 2009 innerhalb der Staaten der Region Waren im Umfang von 107 Mrd. US-$ gehandelt. Am bedeutendsten waren die Exporte in die anderen asiatischen Staaten im Wert von 357 Mrd. US-$, Importe im Umfang von 163 Mrd. US-$.

4. Skizzieren Sie grob (ohne Blick auf die Zahlen im Einzelnen), in welchem Maße die verschiedenen Regionen in den Welthandel integriert sind. Welche Rolle spielen dabei Entwicklungsregionen?

5. Beschreiben Sie, zunächst für Europa, den Umfang des Handels innerhalb der Region und den mit anderen Regionen. Mit welchen Weltregionen werden im Handel Überschüsse erzielt (d. h. mehr exportiert als importiert), mit welchen Weltregionen Defizite? Stellen Sie eine solche Rechnung auch für die anderen Regionen an. Teilen Sie die Arbeit in Gruppen auf.

- die Beschleunigung und Verbilligung der Informations- und Datenübertragung durch Internet und Kommunikationssatelliten,
- die Nutzung neuer Transportmöglichkeiten wie Container.

Es ist jedoch kein Naturgesetz, dass der Welthandel mit Waren und Dienstleistungen ständig zunimmt. Seit 2001 steigt er langsamer an, und als Folge der Finanz- und Wirtschaftskrise seit 2008 (→ S. 242–243) ging er 2009 weltweit um rund 12 Prozent zurück.

Abhängig vom Weltmarkt
Zwei Drittel des Welthandels gehen von den Industrieländern in Nordamerika, Europa und Ostasien aus. Das restliche Drittel kommt aus Schwellen- und Entwicklungsländern. Anders als noch in den 1990er-Jahren weist diese Ländergruppe heute ein deutliches Wirtschaftswachstum auf. Industriestaaten und Schwellenländer sind auf dem Weltmarkt vor allem mit technischen Produkten und Dienstleistungen – etwa im Bereich der Informationstechnologie – präsent. Andere, besonders Länder der Dritten Welt, exportieren in erster Linie landwirtschaftliche Produkte, Rohstoffe und industrielle Vorprodukte. Einige Entwicklungsländer wie Nigeria oder Angola bestreiten den größten Teil ihres Exports mit wenigen Produkten. Dadurch sind sie in besonderem Maße von Nachfrage und Preisgestaltung auf dem Weltmarkt abhängig. Schon eine einzige Missernte kann zu einer wirtschaftlichen Katastrophe führen. Ihre Lage kann sich verschärfen, wenn – wie in den letzten Jahrzehnten – die Preise für Agrarprodukte und Rohstoffe stark schwanken.

6. Handel mit Industrieprodukten und Handel mit Rohstoffen – was unterscheidet diese beiden Märkte voneinander?

7.3 Globale Ungleichheit

Wie lässt sich Entwicklung messen?

M1 Länder im Blick: Indien, Nicaragua und Nigeria

	Indien	Nicaragua	Nigeria	zum Vergleich: Deutschland
Bevölkerung in Mio.	1148	5,5	155	82
Lebenserwartung in Jahren*	69/73	70/76	46/47	77/82
BIP**	2960	2620	1940	35940
Von 100 Erwerbstätigen arbeiten in				
• Landwirtschaft	5	17	70	2
• Industrie/produz. Gewerbe	33	27	10	26
• Dienstleistung	62	56	20	72
Export von Fertigerzeugnissen***	70	11	2	83

* erste Ziffer: Männer, zweite Ziffer: Frauen
** Pro-Kopf-Einkommen, umgerechnet nach Kaufkraft im Lande (KKP = Kaufkraftparität)
*** in Prozent aller Exportgüter

zusammengestellt nach: Weltentwicklungsberichte 2008 und 2010; destatis.de (Länderprofile)

1. Stellen Sie zwischen Indien, Nicaragua und Nigeria eine Rangfolge ihres Entwicklungsstandes her. Begründen Sie Ihre Entscheidung.
2. Welche weiteren Informationen halten Sie für nötig, um den tatsächlichen Entwicklungsstand eines Landes einschätzen zu können?
3. Recherchieren Sie arbeitsteilig im Internet über diese drei Staaten. Beziehen Sie, soweit möglich, auch Informationen zur sozialen Situation und zum politischen System ein. Gestalten Sie ein Plakat mit Ihren Ergebnissen.

2qn84a
- Dritte Welt allgemein
- Statistiken zu Staaten
- Einkommensverteilung

Norden und Süden – mehr als Himmelsrichtungen

Die wirtschaftlichen Unterschiede zwischen den reichen Staaten im Norden und den armen Staaten im Süden sind uns allen bewusst. Die Interessengegensätze, die damit verbunden sind, werden auch als Nord-Süd-Konflikt bezeichnet. Doch die Länder des Nordens und die Länder des Südens bilden keinesfalls eine einheitliche Gruppe.

Eine Reihe ehemals armer Staaten erlebt seit einigen Jahren eine Industrialisierungs- und Entwicklungswelle. In diesen *Schwellenländern* gibt es Branchen, die auf dem Weltmarkt wettbewerbsfähig sind. Das gilt etwa für die Elektronikindustrie in China, die Software-Branche in Indien, den Automobilbau in Brasilien und Südafrika. Gleichzeitig gibt es dort Regionen, in denen sich die Lebensverhältnisse kaum von denen der ärmsten Länder unterscheiden. Diese regionalen Gegensätze finden nicht selten ihren Ausdruck in politischen und sozialen Konflikten. Einige dieser Länder, wie Singapur und Südkorea, haben in den letzten Jahrzehnten ihre Entwicklung verstetigt. Mit ihren Produkten nehmen sie erfolgreich am globalen Wettbewerb teil.

Wirtschaftlich schwächer sind die Staaten der *Dritten Welt*, die als die eigentlichen Entwicklungsländer bezeichnet werden. Geringe industrielle Produktion existiert neben traditionellem Handwerk und einer Landwirtschaft, die vor allem der Eigenversorgung dient. Einige Staaten dieser Gruppe exportieren Rohstoffe und Vorprodukte, Erzeugnisse der Lebensmittelindustrie – wie Kaffee, Kakao oder Bananen.

Innerhalb der Gruppe der Entwicklungsländer finden wir Staaten, die von der UNO zu den am

M2 Wichtige Merkmale der Unterentwicklung

Wirtschaftliche Merkmale	Gesellschaftliche und kulturelle Merkmale	Politische Merkmale
• niedriges Pro-Kopf-Einkommen • geringe Produktivität • veraltete Produktionstechnik • viele Beschäftigte in der Landwirtschaft • großer Anteil der „Schattenwirtschaft" • Kapitalmangel • schlechte Infrastruktur (→ S. 65) • hohe Auslandsschulden • Arbeitslosigkeit und Unterbeschäftigung • Umweltzerstörung; hohe Umweltbelastungen	• hohes Bevölkerungswachstum • mangelhafte medizinische Versorgung: niedrige Lebenserwartung, hohe Kindersterblichkeit • Mangelernährung und Hunger • Schlechter Zugang zu Trinkwasser • niedriger Bildungsstand: viele Analphabeten, fehlende Ausbildungsplätze • schlechte Wohnsituation • unzureichende soziale Sicherung • soziale Gegensätze: kleine reiche Oberschicht, große Unterschicht	• einerseits: junge Staaten im Aufbau demokratischer Institutionen, Bürgerbeteiligung und Wahlen, Mehrparteiensysteme; oft politisch instabil und durch Korruption gefährdet • andererseits: autoritäre Regierungen mit Vorherrschaft des Militärs, der Staatspartei, traditioneller Gruppen und Clans; mangelnder Rechtsschutz, Verletzung der Menschenrechte

4. Überlegen Sie, welche Merkmale der Unterentwicklung für Schwellenländer, für Dritte Welt und für die Vierte Welt zutreffen.

---

wenigsten entwickelten Ländern gezählt werden. Sie werden auch als *Vierte Welt* bezeichnet. Dazu zählen etwa in Afrika der Sudan, Mali und Sierra Leone, in Lateinamerika Haiti, in Asien Afghanistan und Bangladesch. Ohne fremde Hilfe sind sie nicht überlebensfähig; und nicht selten handelt es sich um Regionen, die von gewaltsamen inneren Konflikten, von Naturkatastrophen und Hungersnöten bedroht werden.

Können wir Entwicklung messen?
Gewöhnlich wird das *Bruttoinlandsprodukt* (*BIP*, → S. 242) als Messzahl für die Wirtschaftskraft eines Staats und für seine Entwicklung genommen. Berücksichtigt werden muss aber auch:
- Reichtum und Armut sind innerhalb des Landes unterschiedlich verteilt. Soziale Gegensätze zwischen Arm und Reich können enorm sein. Das BIP zeigt nur den Durchschnittswert.
- Ein Durchschnittswert allein sagt noch nichts über reale Lebensbedingungen aus: über medizinische Versorgung, soziale Sicherheit bei Krankheit und im Alter, Bildungschancen für alle Kinder.
- Ein hohes BIP kann zustande kommen durch die Industrie, aber auch – wie in Ölstaaten – durch den Export von Rohstoffen und Bodenschätzen, die zur Neige gehen werden.

Die UNO legt deshalb ihrem Entwicklungsprogramm, dem UNDP, neben dem Pro-Kopf-Einkommen noch andere Messgrößen für den Entwicklungsstand eines Landes zugrunde, vor allem die Lebenserwartung, den Zugang zu Bildungseinrichtungen und die medizinische Versorgung.

5. Grenzen Sie Schwellenländer, Dritte Welt und Vierte Welt gegeneinander ab. Ordnen Sie die in M1 genannten Staaten diesen Gruppen zu.

6. Die Ölstaaten am Persischen Golf haben ein hohes BIP, werden aber zur Dritten Welt gezählt. Welche Argumente sprechen für diese Einordnung, welche dagegen?

Schattenwirtschaft
Arbeit im sogenannten „informellen Sektor" der Wirtschaft, also ohne feste gesetzliche Regelung, z. B. als Schneiderin, Hausdiener, Gelegenheitsgärtner, Sammler auf Müllhalden.

(Die Angaben in **M1** beziehen sich nur auf den organisierten Sektor der Volkswirtschaften.)

UNDP
United Nations Development Programme = Entwicklungsprogramm der Vereinigten Nationen

7.3 Globale Ungleichheit

Schwellenländer – neue Märkte, neue Mächte?

u5643j
- Länderinformationen zu China

M1 China: Land mit vielen Gesichtern

1. Welchen Eindruck von China vermitteln die beiden Bilder?

Aufstrebende Staaten

Die Globalisierung hat seit den 1990er-Jahren vor allem die Länder nachhaltig verändert, die als aufstrebende Volkswirtschaften zur Gruppe der Schwellenländer gehören. Dazu zählen in Lateinamerika Brasilien und Mexiko, auf dem afrikanischen Kontinent Südafrika, in Asien Indien und Malaysia. Ihr Anteil am Welthandel nahm in den letzten Jahren erkennbar zu; Grundlage dafür bildet ein relativ hohes Wachstum ihrer Wirtschaft. Sie sind darüber hinaus zunehmend in der Lage, einen Teil des erwirtschafteten Kapitals in Industrie- und Entwicklungsländern zu investieren und sich an Unternehmen zu beteiligen. Immer wichtiger wird die Zusammenarbeit der Schwellenländer untereinander.

Das Beispiel China zeigt die Dynamik, mit der sich aus einem Schwellenland in den letzten Jahren eine Wirtschaftsmacht entwickelt hat, die heute selber eine bedeutende Rolle in der Weltwirtschaft spielt.

Chinas Exporte
- 29 % Elektronik
- 14 % Textilien, Bekleidung
- 8 % Elektrotechnik
- 8 % Maschinen
- 5 % chem. Erzeugnisse

Chinas Importe
- 21 % Elektronik
- 11 % chem. Erzeugnisse
- 10 % Erdöl
- 9 % Maschinen
- 6 % Elektrotechnik
- 6 % Mess- und Regeltechnik

Daten für 2009; jeweils in Prozent der gesamten Güteraus- und Gütereinfuhren, ohne Hongkong
Zusammengestellt nach: Fischer Weltalmanach 2011, S. 102

M2 Wirtschaftsdaten zu China

	2000	2011
Anteil der Beschäftigten (in % der Erwerbstätigen)		
• in der Landwirtschaft	50	11
• in der Industrie	24	49
• im Dienstleistungsbereich	26	40
BIP pro Kopf nach Kaufkraft	3 100 US-$	6 020 US-$
Export	184 Mrd. US-$	1578 Mrd. US-$
Import	140 Mrd. US-$	1395 Mrd. US-$

Zusammengestellt nach: Fischer Weltalmanach 2000 und 2011; Weltentwicklungsbericht 2010

2. Die chinesische Wirtschaft hat sich grundlegend verändert. Welche Daten in M2 weisen auf diesen Wandel hin?

3. Vergleichen Sie Importe und Exporte Chinas nach Umfang und Warengruppe (→ Randspalte). Ergänzend können Sie die Importe und Exporte Deutschlands in die EU heranziehen (S. 205, M2)

Beispiel China: Land mit (mindestens) zwei Gesichtern

China bietet das typische Gesicht eines Landes im Aufbruch (**M 1**): rasch wachsende Industrieproduktion, neue Millionäre, steigende Aktienkurse, Bauboom, eine Infrastruktur, die in manchen Regionen mit der rasch wachsenden Wirtschaft nicht mitkommt. Zugleich: schlecht bezahlte, meistens rechtlose Arbeiter, Korruption, gravierende Umweltzerstörungen, Smog in den Metropolen. In den letzten Jahren hat sich die Schere zwischen der besitzlosen Masse der Landbevölkerung und den „neuen Reichen" weiter geöffnet.

China ist keine Demokratie. Die politische Macht liegt in den Händen der Kommunistischen Partei. Menschenrechte nach europäischem Verständnis finden bei der Staatsmacht wenig Beachtung. Es gibt eine strenge Nachrichtenzensur. Private chinesische Unternehmen werden seit einigen Jahren genehmigt, viele Betriebe stehen jedoch unter **staatlicher Kontrolle**. Ausländische Investitionen sind möglich, werden jedoch oft an die Auflage gebunden, chinesische Unternehmen daran zu beteiligen. Solche Investitionen sind vor allem in sogenannten Sonderzonen mit steuerlichen Vergünstigungen und weniger staatlichen Kontrollen attraktiv. Die ausländischen Investoren wollen auf diese Weise vom Aufschwung Chinas profitieren und auf dem großen Markt des Landes dabei sein. Umgekehrt ist China heute einer der wichtigsten Kapitalgeber auf dem internationalen Finanzmarkt (**M 3**).

M 3 China ist …

… das bevölkerungsreichste Land der Erde
China zählt rund 1,3 Mrd. Einwohner, und viele seiner Regionen gehören zu den am dichtesten besiedelten der Welt. In der Geschichte des Landes waren die Probleme der Überbevölkerung immer wieder Anlass für tiefe politische und wirtschaftliche Krisen (wie Hungersnöte).

… ein wichtiger Exporteur
Etwa 80 Prozent aller Spielwaren werden in China hergestellt. Nike, Adidas, Puma und viele kleinere Hersteller lassen Trikots, Hosen und Schuhe vor allem in China (und teilweise auch in anderen asiatischen Ländern) fertigen.

… ein mächtiger Banker
Im Unterschied zu den USA und Europa verfügt China über große Devisenreserven – 2010 waren es gut 2,6 Billionen US-$. Es vergab an andere Staaten – auch die USA – Kredite in Höhe von 110 Mrd. US-$.

Ai Weiwei
Der international anerkannte Künstler und prominente Kritiker der chinesischen Regierung wurde im April 2011 festgenommen und an einem unbekannten Ort mehrere Monate gefangen gehalten.

… ein Großinvestor
2010 kauften chinesische Finanzgruppen den schwedischen Autobauer Volvo, erwarben Anteile am Touristik-Konzern Club Med. China beteiligte sich an Ölgeschäften in Südamerika u.v.m.

… ein wachsender Markt
20 Prozent aller weltweit produzierten PKWs gehen nach China. Volkswagen allein verkauft 35 Prozent seiner PKWs dort.

… ein Entwicklungsland
Mehr als 100 Millionen Menschen leben unter der Armutsgrenze. Vor allem in ländlichen Regionen herrscht oft bittere Armut. Wanderarbeiter suchen ihr Glück in den Städten. Das starke Wirtschaftswachstum von 10 Prozent jährlich wurde zu großen Teilen in den Küstenprovinzen im Osten erarbeitet.

… ein Überwachungsstaat
Große Entwicklungs- und Einkommensunterschiede, steigende Wohnungspreise und Mieten können der Boden für soziale und politische Unruhen sein. Daher fürchtet die Regierung Protest und Widerstand. Ihr besonderes Augenmerk gilt dem Internet. Meinungs- und Informationsfreiheit wurden eingeschränkt. Politische Oppositionelle werden massiv unterdrückt.

---

4. China beansprucht als „aufstrebende Volkswirtschaft" in der internationalen Politik wie auch in der Wirtschaft eine führende Rolle. Fassen Sie zusammen: Welche Faktoren stützen diesen Anspruch? Wo sehen Sie Grenzen im Entwicklungsprozess des Landes?

7.3 Globale Ungleichheit

Hat die Erde genug Platz für alle?

c7n2tq
- Weltbevölkerung
- Demografische Entwicklung
- Welternährung

M1 So wächst die Weltbevölkerung

(Angaben in Millionen)
UNO-Projektion für 2050 – mittlere Annahme; Aktualisierung von 2007

Kann es gleichzeitig zu wenig und zu viele Menschen auf der Welt geben?

Region	1950	2006	2050
Europa	547	732	665
Nordamerika	172	332	462
Süd- und Mittelamerika	166	566	997
China	555	1311	1437
Indien	358	1121	1628
übriges Asien + Ozeanien	502	1570	2260
Afrika	224	924	1803

1. Beschreiben Sie für die verschiedenen Regionen die Entwicklung der Bevölkerung von 1950 bis 2050. Welche Trends sind erkennbar? Welche dieser Trends sehen Sie positiv, welche negativ?
2. Welche Regionen sind, gemessen an der Bevölkerungszahl, überdurchschnittlich am Welthandel beteiligt, welche unterdurchschnittlich? Nutzen Sie **M2** auf S. 255 zum Vergleich.

FAO
Welternährungsorganisation (Unterorganisation der UNO). Ziele: Kampf gegen Hunger, Verbesserung des Ernährungs- und Lebensstandards.

Die Bevölkerungsentwicklung und ihre Folgen

Im Jahr 2010 lebten fast 6,9 Mrd. Menschen auf der Welt. 1950 waren es 2,5 Mrd. Für das Jahr 2050 wird mit 9,2 Mrd. Menschen gerechnet. Der Zuwachs verteilt sich aber nicht gleichmäßig auf alle Erdteile (**M2**); in manchen Regionen wird es sogar zu einem Rückgang kommen.
Die Bevölkerungsentwicklung stellt die einzelnen Staaten vor völlig unterschiedliche Probleme. In Deutschland führt die wachsende Zahl von Älteren und die sinkende Zahl von Jüngeren schon heute zu Problemen der Sozialversicherung und auf dem Arbeitsmarkt. Anders in vielen Staaten Afrikas: Die Ernährung der wachsenden Bevölkerung ist nicht sichergestellt.

Hunger – ein Verteilungsproblem

Wenn wir die weltweite Produktion von Nahrungsmitteln betrachten, stellen wir fest: Pro Kopf ist sie in den letzten 50 Jahren um fast 40 Prozent gestiegen. Die Produktion von Nahrungsmitteln ist noch stärker gewachsen als die Weltbevölkerung, nämlich um mehr als 250 Prozent – eine Folge von verbesserten Anbaumethoden, Zuchterfolgen und Bewässerung. Gleichzeitig sind die Preise für Nahrungsmittel auf die Hälfte gefallen (Daten der FAO). Erst in den letzten Jahre steigen sie wieder.
Das Hungerproblem bleibt dennoch: 10 Prozent der Weltbevölkerung sind unterernährt. Verbessert hat sich die Ernährungssituation in Asien

und Lateinamerika, schlechter geworden ist sie in Afrika – als Folge von Dürrekatastrophen, weil die Überschüsse der Agrarproduktion im Norden nicht den Menschen zugute kommen, die hungern, aber auch, weil die arme Unterschicht in diesen Staaten nicht das Geld hat, um ausreichend Lebensmittel zu kaufen. In vielen Staaten der Dritten Welt wurde zudem die Förderung der Landwirtschaft vernachlässigt.

Zum Hunger kommt der *Mangel an Trinkwasser*, besonders in Asien und Afrika. Über 1 Mrd. Menschen hat keinen Zugang zu sauberem Wasser. Die Wasserknappheit wird dadurch verschärft, dass hier das Abwasser von Industrie und Städten oft ungeklärt in die Flüsse geleitet wird.

Immer mehr Stadtbewohner

Vor hundert Jahren gab es auf der ganzen Welt gerade mal 10 Städte mit mehr als 1 Mio. Einwohner. Heute lebt mehr als die Hälfte der Weltbevölkerung in Städten, und es gibt über 400 Millionenstädte – eine Folge des Bevölkerungswachstums. Die Verstädterung erfasst zunehmend auch die Dritte Welt. Treibend ist für die Menschen die Hoffnung auf ein besseres Leben und Erwerbsarbeit in der Stadt.

3. Nennen Sie Bedingungen, die erfüllt sein müssen, damit die Erde tatsächlich Platz für alle hat.

→ Zur Bevölkerungsentwicklung Deutschlands
S. 88, **M1**

M2 Manila - die Hauptstadt der Philippinen

1876 lebten in Manila knapp 100 000 Menschen, bis 1903 verdoppelte sich diese Zahl auf etwa 220 000.
Im Jahre 1939, kurz vor Beginn des Zweiten Weltkriegs, hatte die Stadt 623 000 Einwohner, 1948 waren es rund eine Million. Bis 2007 stieg die Einwohnerzahl der Stadt auf ihren historischen Höchststand von 1,7 Millionen.

Insgesamt lebt etwa die Hälfte der Einwohner von Manila in Slums und Camps.

Die 10 größten Städte der Welt 2015 (Schätzung)

Tokio (Japan)	35 Mio.
Mexico City (Mexiko)	22 Mio.
Mumbai [Bombay] (Indien)	22 Mio.
Sao Paulo (Brasilien)	21 Mio.
New York (USA)	19 Mio.
Neu Delhi (Indien)	19 Mio.
Shanghai (China)	17 Mio.
Kalkutta (Indien)	17 Mio.
Jakarta (Indonesien)	17 Mio.

Anteil der Stadtbevölkerung an der Gesamtbevölkerung 2030 (Schätzung)

Afrika	50,7 %
Asien	54,1 %
Ozeanien	73,8 %
Europa	78,3 %
Lateinamerika	84,3 %
Nordamerika	86,7 %
Welt	**59,9 %**

http://www.bpb.de/files/4L2FOJ.pdf

4. Welche Vorteile, vermuten Sie, hat das Leben in der Stadt für die Menschen? Welche Probleme sind damit verbunden?

7.3 Globale Ungleichheit

Migration – eine Folge der Globalisierung?

5qv4ss
- Migration
- Flüchtlinge

M1 Migration

Italienische Gastarbeiter 1973

1. Vergleichen Sie die beiden Fotos dieser Doppelseite.

Erwünschte und unerwünschte Migration

Immer dann, wenn Menschen sich auf den Weg machen, um anderswo zu leben, spricht man von *Migration*. Auch die Mobilität im Beruf gehört zur Migration – nämlich dann, wenn ein Arbeitnehmer seinen Wohnsitz an einen neuen Einsatzort verlegt. Mobilität wird in der Regel positiv gesehen, als nützliche Eigenschaft eines Beschäftigten, der sich nach den Erfordernissen des Arbeitsmarktes richtet. Wer Arbeit sucht, muss mobil sein. So wandern Deutsche ins Ausland aus, weil sie dort auf bessere Arbeitsbedingungen hoffen. Ausländer kommen nach Deutschland, weil es in ihrem Heimatland keine oder nur schlechter bezahlte Arbeit gibt. Der Begriff Migration hingegen hat eher einen negativen oder besorgten Unterton. Das liegt vor allem daran, dass Migration oft eine Massenbewegung ist (M1), die sich nicht einfach steuern lässt und die betroffenen Staaten vor Probleme stellt.

Menschen, die vor einem Bürgerkrieg fliehen oder vor einer Hungersnot; Menschen, die vom Land in die Städte ziehen oder von den armen Staaten des Südens in die reichen Industriestaaten des Nordens, weil sie dort eher eine Berufs- und Überlebenschance sehen – sie alle sind Migranten. Sie suchen eine neue Bleibe aus Not und nicht als Baustein für ihre Karriere. Ihre

Migration schlägt sich nicht positiv in der Bilanz eines Unternehmens oder im BIP eines Staates nieder. Im Gegenteil: Dort, wohin sie gehen wollen, sind sie oft nicht willkommen.

Etwa 150 Millionen Menschen weltweit gelten als Migranten. Die Staaten versuchen, die Migration zu steuern und unterscheiden dabei zwischen erwünschter und unerwünschter Migration. Erwünscht ist der Zuzug von Spezialisten, die die Lücken im heimischen Arbeitsmarkt füllen sollen, und von ausländischen Investoren, die Kapital ins Land bringen. Unerwünscht ist der Zuzug von Menschen, die einheimische Arbeitskräfte aus ihrer Arbeit verdrängen oder als Flüchtlinge aufgenommen werden müssen. Auch fürchten viele Staaten um ihre innere Sicherheit, wenn Flüchtlinge in großer Zahl über die Grenzen strömen.

Nicht alle Migranten können zurückgewiesen werden. *Flüchtlinge* dürfen nicht in ihr Herkunftsland abgeschoben werden. Die meisten Staaten, auch Deutschland, haben die Genfer Flüchtlingskonvention der UNO von 1951 unterzeichnet. Dort gilt als Flüchtling, wer „aus der begründeten Furcht vor Verfolgung aus Gründen der Rasse, Religion, Nationalität, Zugehörigkeit zu einer bestimmten sozialen Gruppe oder wegen seiner politischen Überzeugung sich außerhalb des Landes befindet, dessen Staatsangehörigkeit er besitzt, und den Schutz dieses Landes nicht in Anspruch nehmen kann". Flüchtlinge dürfen so lange bleiben, bis der Grund für die Flucht weggefallen ist.

Zu den Flüchtlingen zählen nach deutschem Recht auch *politisch Verfolgte*. Nach Art. 16a GG bekommen sie bei uns Asyl, d.h. sie dürfen – sofern ihr Asylgrund anerkannt wurde – auf Dauer in Deutschland bleiben. Allgemeine Notsituationen wie Armut, Naturkatastrophen oder schlechte wirtschaftliche Zukunftsaussichten werden allerdings als Asylgründe nicht anerkannt.

Eine Erklärung: Push- und Pull-Faktoren

Als Push-Faktoren (von: push = schieben) werden alle äußeren Umstände bezeichnet, die einen Menschen aus seiner Heimat vertreiben: Krieg, Verfolgung, Hunger, Umweltprobleme, Enteignung usw. (M2). Vielen Menschen fällt es schwer, ihre Heimat zu verlassen, besonders dann, wenn die Chancen für eine Rückkehr gering sind. Pull-Faktoren (von: pull = ziehen) sind die Umstände, die das Ziel der Flucht attraktiv machen: Wirtschaftsflüchtlinge etwa

---

Flüchtlinge und Asylanträge: Deutschland 2010
- 41 332 Asylerstanträge, 13 683 mehr als 2009
- Hauptherkunftsländer: Afghanistan, Serbien, Iran, Mazedonien, Somalia

Entscheidungen:
- 7 704 Personen (16 %) erhielten die Rechtsstellung als Flüchtling nach der Genfer Konvention, davon 643 Personen (1,3 % aller Anträge) asylberechtigt nach Art. 16 a GG anerkannt
- 2 691 Personen erhielten sogenannten „subsidiären Schutz" (Abschiebungsverbote z. B. wegen drohender Todesstrafe)

Bundesministerium des Innern, 2011

262 7. Globalisierung und Friedenssicherung

M2 Flucht und Vertreibung – warum?

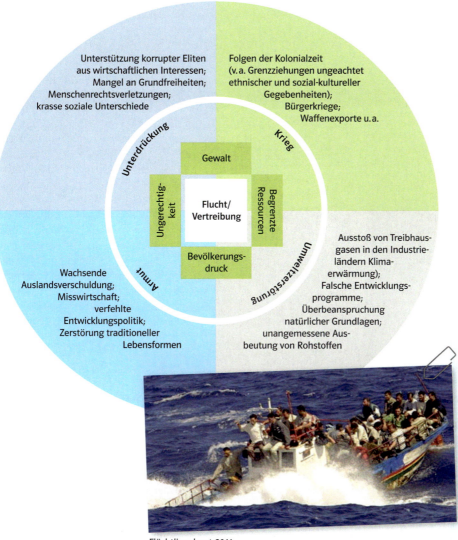

Flüchtlingsboot 2011

2. Stellen Sie Wirkungszusammenhänge zwischen den dargestellten Bereichen her.

3. Welche Situationen beschreiben eher die Flucht von Menschen, welche eher die Vertreibung?

vergleichen ihre derzeitigen Lebensumstände mit denen in anderen Staaten oder anderen Städten und hoffen auf eine Verbesserung ihrer Lage. Die Zuwanderung in die Städte der Dritten Welt ist im Wesentlichen durch Pull-Faktoren erklärbar. Die Pull-Faktoren entscheiden auch darüber, wohin jemand flieht. Die Zahl der Flüchtlinge, die in andere Staaten geflohen sind, wird derzeit auf 15 Mio. geschätzt.

4. Inwiefern ist Migration heute eine Folge der Globalisierung? Inwiefern gibt es sie unabhängig davon? Beziehen Sie die Push- und Pull-Faktoren als Hilfe in Ihre Antwort ein.

5. Migration lässt sich nicht völlig durch staatliche Maßnahmen steuern. Überlegen Sie, warum das so ist.

Der deutsche Migrationssaldo 2009
Zuwanderung: 721 000
Abwanderung: 734 000

Bundesamt für Migration und Flüchtlinge, 2011

7. Globalisierung und Friedenssicherung **263**

7.3 Globale Ungleichheit

Was bedeutet Armut in der Dritten Welt?

M1 Wann gilt man als arm? – Armutsregionen
Menschen, die weniger als 1,25 US-$ täglich zur Verfügung haben (Angabe in Mio.)

Absolute Armut
Die Weltbank bezeichnet Menschen mit einem Einkommen von weniger als 1,25 US-$ am Tag als absolut arm.

Relative Armut
In Statistiken der EU-Länder werden Personen als relativ arm bezeichnet, deren Einkommen geringer ist als das durchschnittliche Einkommen der Gesamtbevölkerung. Diese Armutsgrenze wird bei 60 Prozent, vereinzelt auch bei 50 Prozent des Durchschnittseinkommens angesetzt.

Statistisches Jahrbuch 2010, S. 558

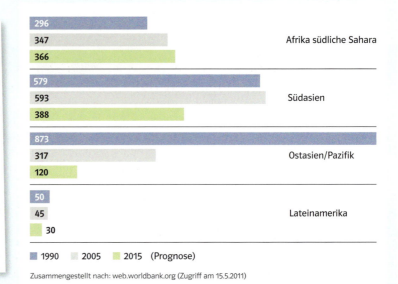

Afrika südliche Sahara: 296 (1990), 347 (2005), 366 (2015)
Südasien: 579 (1990), 593 (2005), 388 (2015)
Ostasien/Pazifik: 873 (1990), 317 (2005), 120 (2015)
Lateinamerika: 50 (1990), 45 (2005), 30 (2015)

■ 1990 ■ 2005 ■ 2015 (Prognose)

Zusammengestellt nach: web.worldbank.org (Zugriff am 15.5.2011)

1. Wie hat sich die Armut in den aufgeführten Weltgegenden seit 1990 entwickelt? Stellen Sie die Veränderungen in den Regionen zusammen und bewerten Sie die Entwicklung.

d5gz83
- Einkommensverteilung
- UNDP
- Milleniumsziele

Milleniumsziele der UNO
Ein Entwicklungsprogramm, um den Teufelskreis der Armut zu durchbrechen, z. B. mit
- Grundschulbildung für alle Kinder,
- mehr Gesundheitsvorsorge,
- ökologischer Nachhaltigkeit.

Wer ist arm?
Armut in Deutschland bedeutet etwas anderes als Armut in der Dritten Welt. Hierzulande gibt es eine soziale Grundsicherung, auf die jeder Anspruch hat (→ S. 88 f.). Wer arm ist in Deutschland, dem geht es aus der Perspektive eines Armen in Afrika betrachtet noch gut. Um Armut bei uns, die sogenannte *relative Armut*, geht es in diesem Abschnitt aber nicht.

Absolute Armut
Armut in der Dritten Welt kann so extrem sein, dass es wenig Sinn macht, sie relativ, also im Verhältnis zum durchschnittlichen Lebensstandard eines Landes zu messen. Zahlreiche Menschen leben am äußersten Rand der Existenz, d. h. in **absoluter Armut**. Nach einer neuen Festlegung der Weltbank gilt als absolut arm, wer pro Tag nicht mehr als 1,25 US-Dollar zur Verfügung hat. Mit der weltweiten Finanz- und Wirtschaftskrise seit 2008 ist die Zahl der Menschen, die in absoluter Armut leben, gestiegen – im Jahr 2010 bis auf etwa 1,2 Milliarden.

Unterschiedliche Folgen
Die Folgen von Armut können von Land zu Land verschieden sein. Ein Kleinbauer auf Haiti kann auch ohne eigenes Geldeinkommen von dem leben, was er selbst auf einem kleinen Feld anbaut. Ein Armer in den Slums von Rio de Janeiro, den Favelas, hat diese Möglichkeit nicht. Die Vereinten Nationen beschreiben Armut in ihrem Entwicklungsprogramm (UNDP) deshalb genauer: In absoluter Armut lebt, wer
- kein dauerhaftes und ausreichendes Einkommen zur Verfügung hat, das er durch eigene Arbeit verdient,
- die eigenen Grundbedürfnisse (Arbeit, Bildung, Wohnen, medizinische Versorgung) nicht befriedigen kann,
- seine eigenen Lebens- und Entwicklungschancen nicht wahrnehmen kann (**M 2**).

Wenn Armut so gesehen wird, kommt die Politik der betroffenen Staaten ins Spiel. Von ihr hängt z. B. ab, welche Menschen eine allgemeine Schulbildung bekommen können und welche davon ausgeschlossen bleiben. Darüber hinaus ist dieses Verständnis von Armut auch wichtig für die Entwicklungsarbeit der UNO und ihrer zahlreichen Organisationen (→ S. 248).

M2 UNDP: Drei Sichtweisen von Armut

Armut heißt, dass das Einkommen des Einzelnen oder des Haushalts nicht ausreicht.

Armut heißt, dass die Grundbedürfnisse (einschließlich Ernährung) nicht mehr befriedigt werden können.

Armut heißt, dass Menschen ihre Fähigkeiten nicht entwickeln und ihre Zukunft nicht gestalten können.

Bearbeitet nach UNDP (Hrsg.): Bericht über die menschliche Entwicklung, Bonn 1997, S. 18

2. Vergleichen Sie diese Sichtweisen der Armut: Welche Rolle spielen jeweils Arbeit, Bildung und sichere Ernährung?
3. Welche Ansprüche werden hier jeweils an den betreffenden Staat gestellt?

Gesellschaftliche Rahmenbedingungen

Viele Arme leben in Staaten, die aus eigener Kraft nicht in der Lage sind, Armut nachhaltig abzubauen, weil ihnen die finanziellen Mittel dazu fehlen. Doch es gibt auch Staaten, die eigentlich genug haben, um Armut zu beseitigen, vor allem um Massenarmut zu überwinden. Armut ist dort in erster Linie ein *Verteilungsproblem*. Einkommen und Besitz sind extrem ungleich verteilt, die herrschende Oberschicht wirtschaftet in die eigene Tasche, etwa indem sie allein vom Abbau und Handel der Rohstoffe des Landes profitiert und Regierungen sind vielfach korrupt. In Ländern mit traditionellen oder religiös ausgerichteten Gesellschaften können wir beobachten, dass Teile der Bevölkerung aus politischen oder religiösen Gründen von Bildung und Arbeit ausgeschlossen werden – so etwa Mädchen und Frauen in einigen Regionen Indiens oder in arabischen Staaten.

4. „Relative Armut gibt es in allen Staaten, absolute Armut in der Dritten Welt." Überprüfen Sie diese Aussage.
5. Inwiefern können gesellschaftliche Rahmenbedingungen Ursache von Armut sein?

Wo Bildung Luxus ist
Von den 12–14-Jährigen besuchen eine Schule

	♂	♀
Afghanistan	54%	19%
Guinea	44%	25%
Pakistan	63%	43%
Angola	56%	53%
Bolivien	54%	55%

Weltbank 2007 – Globus 1624 (Auszug)

M3 Teufelskreise der Armut: Folgen und Auswirkungen hängen zusammen

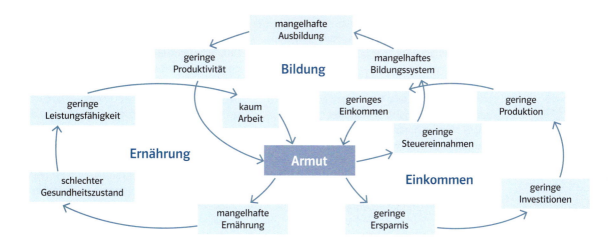

6. Wie könnten die wichtigsten Stationen eines Weges aus der Armut aussehen? Überlegen Sie, an welchen Stellen in die „Teufelskreise der Armut" eingegriffen werden sollte. Orientieren Sie sich dabei an den Milleniumszielen der UNO.

7.3 Globale Ungleichheit

Entwicklung – auf welchen Wegen?

M1 Der Computer kommt aufs Land – eine Geschichte aus Indien

Dann war er da, der Computer. Ein High-Tech-Gebilde, gespeist aus Solarzellen, mit der Welt verbunden über eine Satellitenschüssel, die neben der nassen Wäsche auf dem Dach stand. Die Mutter Kasturi Devi hatte damit kein Problem, solange kein Dreck an die Wäsche kam. Es gab also keinen Grund zur Aufregung. Das Dorf war weniger gelassen. Shivram Singh, Kasturis Sohn, sei verrückt geworden, sagten die Nachbarn. Was soll man auch denken von einem Mann, der erzählt, dass eine Maschine Kühe zu einem besseren Preis verkaufen könne als sie selbst […]

Mehr als ein Jahr ist das her. Jetzt sitzt Bhim Singh aus dem Nachbardorf neben Kasturi Devi und redet über den Computer wie über eine Geliebte. Jeden Tag, bevor er aufs Feld geht, kommt er vorbei, schaut sich mit Shivram Singh den Marktwert von Reis an oder Senfkörnern oder Ochsen, je nachdem. Alles hat sich in Nagla Shera verändert, seitdem der Computer da ist. Die Bauern wissen jetzt, was sie schon immer vermuteten: Dass sie betrogen wurden von den Händlern in der Stadt … „Agri-Information" heißt die Sektion, in der sie die Fragen der Bauern nun bearbeiten und per E-Mail beantworten. Jetzt wissen sie in Nagla Shera, dass weniger Samen auf den Feldern oft mehr Ertrag bringt und es viel mehr Düngerfirmen gibt, als sie zu träumen wagten […]

So sehen sie das auch in Delhi und Bangalore, […] in den Zentren der Computertechnologie, den IT-Metropolen des Landes […] Aber es ist nicht immer so einfach wie im Dorf Nagla Shera.

Zusammengefasst nach Karin Steinberger: Die Kiste der Offenbarung; in Süddeutsche Zeitung vom 21.01.2006

1. Hier geht es um den Versuch, die Landbevölkerung in Indien mit der Computertechnik vertraut zu machen und das Leben auf dem Land zu modernisieren. Das Programm wurde von einem indischen Konzern finanziert. Wie verändert sich der Alltag der Landbevölkerung dadurch?

qc57mu
- Entwicklungshilfe
- Fairer Handel

Grameen Bank (bengalisch, übers. etwa: dörfliche Bank), 1983 von dem Ökonomen Mohammad Yunus gegründet. Er war bis 2011 Geschäftsführer der Bank und wurde 2006 mit dem Friedensnobelpreis ausgezeichnet.

Das Recht auf Entwicklung
Entwicklung bedeutet in Afrika etwas anderes als in Lateinamerika oder in Südasien. Trotz aller Unterschiede und der Vielzahl der Aufgaben muss Entwicklungspolitik zwei Voraussetzungen erfüllen, ohne die eine Veränderung in der Dritten Welt nicht möglich sein dürfte:
- dass Menschen ein Recht haben, ihr Leben selber zu gestalten – das Recht auf Entwicklung –, und
- dass es den Ländern möglich wird, in der internationalen Politik und in der Wirtschaft mitzureden – das Recht auf politische und wirtschaftliche Selbst- und Mitbestimmung.

Von Anfang an sollen die betroffenen Menschen selbst in ihre Entwicklungsarbeit einbezogen werden. Dadurch machen sie eigene Erfahrungen und lernen, ihre Lage zusammen mit anderen zu verbessern.

Wirtschaftliche Entwicklung: Selbst- und Mitbestimmung
Um mehr erwirtschaften zu können, als für den unmittelbaren Bedarf nötig ist, brauchen die Staaten der Dritten Welt Unternehmen und Arbeitsplätze, und das heißt: Kapital. Dazu müssen sie sich Kredite von anderen Staaten und auf den internationalen Kapitalmärkten beschaffen. Industrialisierung soll die eigene Wirtschaft voranbringen. Diesem Ziel stehen jedoch in der Dritten Welt zahlreiche Hindernisse im Wege. Nur einigen Schwellenländern ist es bisher gelungen, international wettbewerbsfähig zu werden.

Schulden – eine Sackgasse
Der Schuldendienst der Dritten Welt (Zinsen und Tilgung) übersteigt inzwischen die öffentliche Entwicklungshilfe aller Länder um das Doppelte.

2010 waren 36 Entwicklungs- und Schwellenländer so stark überschuldet, dass sie Gefahr liefen, zahlungsunfähig zu werden und wichtige Aufgaben im Innern nicht mehr erfüllen zu können. Wie in zurückliegenden Jahren wird es immer wieder notwendig, diesen Ländern durch einen Schuldenerlass zu helfen.

Neue Wege der Kapitalbeschaffung in ganz geringer Höhe gehen Hilfsorganisationen wie die Grameen Bank in Bangladesch. Sie vergibt *Kleinstkredite* an einzelne Personen, die so arm sind, dass keine Bank ihnen Geld leihen würde. Mehr als 90 Prozent dieser Kredite gingen bislang an Frauen. Dieses Konzept der Entwicklungshilfe mit Kleinkrediten wird heute in über 60 Ländern angewandt. Auch die deutsche Regierung unterstützt es (**M2**).

Entwicklungspolitk – auf unterschiedlichen Ebenen

Zu den staatlichen Trägern der Entwicklungspolitik gehören nicht nur die Bundesregierung und das *Bundesministerium für wirtschaftliche Zusammenarbeit und Entwicklung (BMZ)*. Auch die Bundesländer und einzelne Gemeinden sind entwicklungspolitisch aktiv. Einzelne Städte haben z. B. Partnerschaften im Gesundheitswesen übernommen, indem sie für Kliniken Ärzte zur Verfügung stellen oder medizinische Apparate spenden.

Die Bundesrepublik beteiligt sich darüber hinaus an Entwicklungsprojekten *internationaler Organisationen*. So unterstützt sie personell und finanziell die Entwicklungszusammenarbeit der UNO.

Es sind nicht nur staatliche Träger, die etwas für die Dritte Welt tun. Eine große Rolle spielen gerade in diesem Bereich *Nicht-Regierungsorganisationen (NGOs)*. Neben den Kirchen gibt es hier viele gemeinnützige Hilfsorganisationen, die sich aus Mitgliedsbeiträgen, Spenden und Steuermitteln finanzieren. Ihr Vorteil: Sie sind in der Zusammenarbeit mit Institutionen der Dritten Welt erfahren und verfügen über eigene Verbindungen zu Organisationen und Gruppen vor Ort.

2. Moderne Entwicklungshilfe versteht sich heute als entwicklungspolitische Zusammenarbeit. Beschreiben Sie die neue Entwicklungsstrategie.

3. Stellen Sie in einer Übersicht zusammen: Auf welchen politischen Ebenen wird Entwicklungspolitik betrieben? Welche Institutionen und Organisationen sind daran beteiligt?

M2 Durch Kredite zum Familieneinkommen

Eine kleine Erfolgsgeschichte

Ohne geliehenes Geld als Startkapital kann kaum jemand eine Firma gründen. In Namibia reichten einer Frau umgerechnet 30 Euro, um sich eine berufliche Existenz aufzubauen. Heute versorgt sie mit den Gewinnen ihre Großfamilie. Ihre Schulden hat sie längst abbezahlt. […]

Fast jeden Tag verstaut sie Shampoo, Seife und Cremes in einer großen Tasche, läuft von Hütte zu Hütte durch den Busch und verkauft die Sachen. Außerdem besorgt sie sich Stoffe und schneidert dann Kleider daraus. Vom Gewinn bezahlt sie das Schulgeld für ihre Kinder, kauft der Familie Essen und zahlt einen Kredit zurück. 500 namibische Dollar (umgerechnet 43 Euro) bekam sie vor vier Jahren als Startkapital von einer Art Bank, die ihr und […] gut 3 000 anderen Menschen in Nordnamibia eine Lebensperspektive gegeben hat. […].

Hinter der Bank steckt die deutsche Regierung, in Form der staatlichen Förderbank KfW und der Gesellschaft für Technische Zusammenarbeit (GTZ). Sie betreibt auf diese Weise Entwicklungshilfe. […] Die Kredite sollen den Menschen helfen, selbst besser für sich sorgen zu können, damit sie irgendwann unabhängig von fremder Hilfe sind.

Flora Wisdorff, Durch Kredite zum großen Familieneinkommen (24.04.2009): www.welt-online.de (gekürzt)

4. Zeigen Sie am Beispiel der Mikrokreditvergabe, wie Hilfe zur Selbsthilfe funktionieren kann.

5. Vergleichen Sie das Projekt mit dem in Indien (**M1**). Wo liegen jeweils die Chancen, mit welchen Schwierigkeiten ist zu rechnen?

7.3 Globale Ungleichheit

Entwicklungpolitik – mehr oder weniger?
Eine Steitlinie

HOT

Pro und Contra

Eine Streitlinie ist eine besondere Form eines Streitgesprächs – ein Gegenüber von Argument und Gegenargument, mit genauen Regeln und verteilten Rollen. Viele politische Themen eigenen sich für diese Art des Gespächs, denn politische Themen sind in der Regel umstritten. Nehmen wir das Beispiel Entwicklungshilfe.

Durchführung einer Streitlinie

1. Vorbereitung

Wir brauchen ein genau formuliertes Streitthema – am besten als These/Behauptung und als Gegenthese.

2. Durchführung

Die Klasse teilt sich in Dreier-Gruppen ein:
- Ein Mitglied übernimmt die Linie A und ein anderes die Linie B.
- Das dritte Mitglied ist Spielleiter mit der Aufgabe, die Argumente für und wider stichwortartig auf Karten festzuhalten.

Spieldauer: etwa 10 Minuten.

3. Auswertung in der Klasse

- Die Spielleiter tragen die Argumente der Linie A und der **Linie B** vor und ordnen die Karten an der Tafel/Pinnwand.
- Die ganze Klasse prüft, welche Argumente mehrfach vorkommen, welche nur einmal genannt wurden – und denkt gemeinsam darüber nach, ob wichtige Argumente gar nicht genannt wurden.
- Die Klasse versucht, zu einer gemeinsamen Aussage zu kommen: Wie könnte unsere Antwort auf die Entscheidungsfrage lauten?

Die einen sagen:

Linie A: These/Behauptung:

„Wir brauchen weniger Entwicklungshilfe durch Industrieländer; sie entmündigt die Entwicklungsländer weiter. Stattdessen benötigen wir eine Politik, die faire Bedingungen im Welthandel schafft. Die reichen Länder übervorteilen die armen Länder in der globalen Weltwirtschaft. Es wäre ehrlicher und wirkungsvoller, daran etwas zu ändern."

Die anderen sagen:

Linie B: Gegenthese:

„Die Globalisierung fair zu gestalten – das wird nicht so schnell gelingen. Deshalb brauchen die Länder der Dritten Welt umso mehr Entwicklungshilfe durch die reichen Länder und einen Schuldenerlass für die ärmsten Staaten. Nur so können sie aus der Armut heraus kommen und ihr Recht auf Entwicklung wahrnehmen."

Linie A oder Linie B?

Nehmen Sie Foto und Statistik als Anregung und führen Sie eine Streitlinie in der beschriebenen Weise durch.

Ananasplantage in Nicaragua

Staatliche Entwicklungshilfe: Zahlungen von Industriestaaten an Entwicklungsländer
in Mio. US-Dollar 2009/2010

Land	% des Bruttoinlandsprodukts (BIP)
USA: 26 842	0,19
Großbritannien: 11 500	0,43
Japan: 9 579	0,19
Frankreich: 10 908	0,39
Deutschland: 13 981	0,39
Niederlande: 6 993	0,80
Schweden: 4 732	0,98
Italien: 4 861	0,22
Norwegen: 3 963	0,88
Dänemark: 2 803	0,82
Schweiz: 2 038	0,42
Griechenland: 703	0,21
Australien: 2 954	0,32
EU insgesamt: 70 974	0,43

Ein altes Versprechen: 0,7 Prozent des BIP für Entwicklungshilfe

Die UNO fordert es seit Jahrzehnten, und immer wieder haben es die reichen Staaten zugesagt – so 2005 die EU:
- 0,7 Prozent des BIP sollen ab 2015 an die Dritte Welt fließen.
- Auch Deutschland und andere Staaten wollen ihren Beitrag bis 2015 schrittweise auf 0,7 Prozent erhöhen.
- Doch seit der Finanz- und Wirtschaftskrise setzen die meisten Regierungen andere Prioritäten.
- Derweil treffen die Folgen dieser Krise gerade die ärmsten Staaten hart; dort steigt die Zahl der Menschen wieder an, die in extremer Armut leben.

OECD: Entwicklungszusammenarbeit. Bericht 2010, S. 102

7. Globalisierung und Friedenssicherung **269**

7.4 Sicherheit und Frieden – Aufgaben der internationalen Politik
Menschenrechte – weltweit gültig?

bh95c2
- Menschenrechte
- NGOs

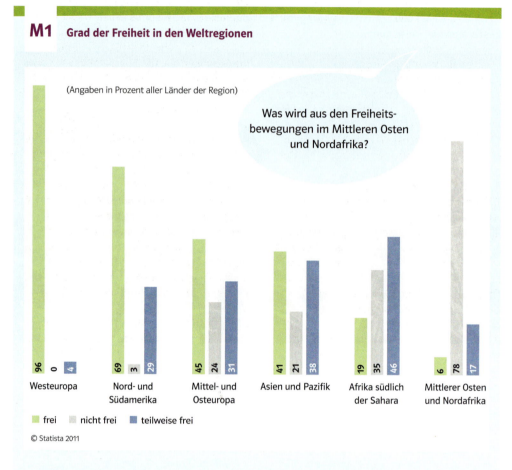

M1 Grad der Freiheit in den Weltregionen

(Angaben in Prozent aller Länder der Region)

Was wird aus den Freiheitsbewegungen im Mittleren Osten und Nordafrika?

Region	frei	nicht frei	teilweise frei
Westeuropa	96	0	4
Nord- und Südamerika	69	3	29
Mittel- und Osteuropa	45	24	31
Asien und Pazifik	41	21	38
Afrika südlich der Sahara	19	35	46
Mittlerer Osten und Nordafrika	6	78	17

© Statista 2011

1. In welchen Weltgegenden findet sich besonders viel Unfreiheit? Welche Weltgegenden sind überwiegend frei? Vergleichen Sie auch mit Karte **M1** auf S. 246.
2. Überlegen Sie, woran man erkennen kann, wie viel Freiheit es in einem Staat gibt.

→ Grundrechte
S. 136–137

→ UNO
S. 246–249

Schutz der Menschenrechte
Menschenrechte sind auf internationaler Ebene das, was die Grundrechte in unserer Verfassung sind: Rechte, die jeder Mensch in jedem Staat hat und die nicht durch ein Gericht aberkannt oder in Frage gestellt werden dürfen.
Die UNO-Vollversammlung hat 1948 unter dem Eindruck der Diktatur des Nationalsozialismus die *„Allgemeine Erklärung der Menschenrechte"* beschlossen. Damit gab es erstmals einen Schutz der Rechte jedes Menschen, der nicht an der Staatsgrenze haltmachte.
Die UNO ist bei den politischen Rechten nicht stehen geblieben. Zu dieser ersten Generation der Menschenrechte kamen 1976 als zweite Generation der *Zivilpakt* und der *Sozialpakt*, das heißt wirtschaftliche, soziale und kulturelle Rechte des Einzelnen.

1986 wurden als dritte Generation der Menschenrechte kollektive **Rechte der Völker** beschlossen: das Recht auf Frieden, auf Entwicklung und auf eine gesunde Umwelt.
Die Menschenrechte der zweiten und dritten Generation sind jedoch bisher nicht einklagbar, sondern dienen als Zielvorgaben der Staaten.

Verstöße gegen die Menschenrechte
In vielen Staaten der Welt ist es mit dem Schutz der Menschenrechte nicht weit her:
- Folter und politische Morde sind weit verbreitet. Regierungen und Geheimpolizei sorgen für ein Klima der Angst, das Opposition im Keim ersticken soll.
- Die Rechtsprechung gehorcht oft anderen Grundsätzen und Interessen und ist nach unseren Maßstäben oft grausam.

270   7. Globalisierung und Friedenssicherung

- Verfolgung politisch oder kulturell anders Denkender und von Minderheiten ist an der Tagesordnung – bis hin zu bürgerkriegsähnlichen Zuständen und der Vertreibung aus dem Land.
- Einzelne Bevölkerungsgruppen werden systematisch benachteiligt.

Wenn man zu den Menschenrechten das Recht auf ausreichende Ernährung, auf Bildung und ein menschenwürdiges Leben zählt, wird das Bild vollends düster.
Menschenrechtsverletzungen sind häufig ein Grund für Flucht und Auswanderung (→ S. 262f.).

Einmischung in innere Angelegenheiten?
Die Kritik an Menschenrechtsverletzungen wird von den betroffenen Staaten meist als Einmischung in ihre inneren Angelegenheiten zurückgewiesen. Sie verweisen darauf, dass es in ihrem Land eine eigene, andere Tradition an Rechten gebe, die für die Menschen gelte (M3). Ob die UNO in einem Land eingreifen darf, in dem Menschenrechte verletzt werden, war lange Zeit umstritten. In den letzten Jahren hat sich aber die Überzeugung durchgesetzt, dass die UNO einschreiten muss – vor allem dann, wenn daraus eine Gefahr für den Frieden in einer Region entstehen kann.

Besondere Bedeutung für den Schutz der Menschenrechte haben *Nicht-Regierungsorganisationen* wie Amnesty International oder Human Rights Watch. Durch ein eigenes Netz von Informanten können sie Menschenrechtsverletzungen an die Öffentlichkeit bringen. Sie nehmen keine falschen politischen Rücksichten und unterwerfen sich nicht den Regeln der Diplomatie. Dabei geraten ihre Mitarbeiter nicht selten selbst in Gefahr.

Der Internationale Strafgerichtshof
Menschenrechte sind besonders in gewaltsamen Konflikten und Kriegen gefährdet. Mit dem 1998 in Rom von Mitgliedstaaten der UNO gegründeten *Internationalen Strafgerichtshof (IStG)* wurde ein Gericht geschaffen, vor dem nicht Staaten, sondern einzelne Personen – etwa Militärs oder Politiker – angeklagt werden. Sie müssen sich dort verantworten, wenn sie z. B. im Verdacht stehen, Menschenrechts- und Kriegsverbrechen begangen zu haben.

3. Warum ist es schwierig, Staaten und Regierungen bei Verstößen gegen Menschenrechte zur Rechenschaft zu ziehen?

amnesty international
1961 gegründete internationale Organisation (NGO), die sich für die Freilassung von politischen Gefangenen einsetzt, die wegen ihrer Gesinnung, Volkszugehörigkeit oder Religion inhaftiert sind.
ai versucht in erster Linie über die Mobilisierung der öffentlichen Meinung Einfluss auf Regierungen zu nehmen.
Friedensnobelpreis 1977

Wussten Sie schon ...
... dass Ehebruch in manchen afrikanischen und asiatischen Staaten noch heute mit der Steinigung bestraft wird?
... dass die Todesstrafe nach wie vor in 58 Staaten der Welt (= 29 %) praktiziert wird?

M2 Aus der Kairoer Erklärung der Menschenrechte im Islam (1990)

Artikel 1:
a) Alle Menschen bilden eine Familie, deren Mitglieder durch die Unterwerfung unter Gott und die Abstammung von Adam verbunden sind. Alle Menschen sind gleich im Sinne der grundlegenden Menschenwürde sowie der Grundrechte und Grundpflichten, ohne jede Diskriminierung aufgrund von Rasse, Hautfarbe, Sprache, Geschlecht, Religion, Zugehörigkeit zu einer politischen Gruppe, sozialem Status oder anderen Gründen. Wahrer Glaube ist die Garantie für das Erlangen dieser Würde auf dem Pfad zur menschlichen Vollkommenheit.

b) Alle Menschen sind Untertanen Gottes, und er liebt die am meisten, die den übrigen Untertanen am meisten nützen; und niemand hat Vorrang vor anderen, es sei denn an Frömmigkeit oder guten Taten.

Artikel 24:
Alle Rechte und Freiheiten, die in dieser Erklärung genannt wurden, unterliegen der islamischen Scharia.

Unterzeichner sind die Staaten der Islamischen Konferenz, derzeit 57 Staaten.

Zit. nach: Ludwig Watzal, Menschenrechte. Dokumente und Deklarationen, Schriftenreihe Bd. 297, Bonn 3/1999, S. 639, 645 (Übersetzung korrigiert)

Scharia
Islamische Rechtsordnung, die in islamischen Staaten unterschiedlich praktiziert wird.

4. Nehmen Sie zu den hier genannten Rechten Stellung. Wo sehen Sie Probleme?

5. Überprüfen Sie, ob diese Erklärung vereinbar ist mit Artikel 1 der Charta der UNO (→ S. 247, M2)?

7.4 Sicherheit und Frieden – Aufgaben der internationalen Politik

• NATO

Sicherheit – welche Aufgaben hat die NATO?

M1 Die NATO-Staaten

1. Beschreiben Sie die NATO-Erweiterungen. Vergleichen Sie mit den EU-Erweiterungen (Karte **M1** auf S. 208). Was fällt auf?

NATO
North Atlantic Treaty Organization, auch Nordatlantikpakt genannt.

Warschauer Pakt
Militärbündnis der Sowjetunion mit den anderen Ostblock-Staaten: Bulgarien, DDR, Polen, Rumänien, Tschechoslowakei, Ungarn, bis 1968 Albanien. 1955 gegründet, 1991 aufgelöst.

→ **Kalter Krieg**
S. 172–175

Die ursprünglichen Aufgaben der NATO

Als 1949 die NATO gegründet wurde, war die Aufgabe klar: Sie sollte den Westen bei einem Angriff der Sowjetunion und der mit ihr verbündeten Ostblock-Staaten verteidigen. Diese schlossen sich 1955 im Warschauer Pakt zusammen. Es war die Zeit des Kalten Kriegs und die Gefahr eines Dritten Weltkriegs war groß. Die militärische Planung und die Bewaffnung waren auf diesen Konfliktfall zugeschnitten. Fast 3 Millionen NATO-Soldaten waren 1959 in Europa und der Türkei stationiert, denen etwa gleich viele Soldaten des Warschauer Pakts gegenüberstanden.

An dieser Situation änderte sich bis Ende der 1980er Jahre nichts. Dann ging der Ost-West-Konflikt ohne Krieg zu Ende. Die Sowjetunion gab den Wettlauf mit dem Westen um die Vorherrschaft in der Welt verloren (→S. 189). DDR und Bundesrepublik durften sich wiedervereinigen. Der Warschauer Pakt wurde aufgelöst. Die Sowjetunion zerfiel in einzelne Staaten, deren mächtigster heute Russland ist.

Die neue NATO

Die NATO löste sich nicht auf. Sie besteht als *Beistandspakt* über das Ende des ursprünglichen Gegners hinaus bis heute weiter. Sie wurde sogar erweitert: Einige der früheren Staaten des Warschauer Pakts wurden in der Zwischenzeit als Mitglieder aufgenommen (→**M1**). Es war aber auch klar, dass sich die politischen Ziele der NATO, ihre militärische Struktur und ihre Bewaffnung ändern mussten.

Die NATO setzt seitdem ihren Schwerpunkt auf das *Eingreifen in Spannungsgebieten und Krisenregionen*. Dabei sind *Einsätze* auch *außerhalb des Bündnisgebiets* möglich, wenn die NATO von der UNO oder der OSZE (→S. 276–277) den Auftrag erhält. Dafür muss, anders als dies Artikel 5 des NATO-Vertrags vorsieht (→**M2**), nicht vorher ein NATO-Staat angegriffen worden sein. Der NATO-Einsatz im Kosovo 1998/1999, auf dem Gebiet des früheren Jugoslawiens, war der erste solche Einsatz.

Nach den Terroranschlägen in den USA im September 2001 erklärte die NATO zum ersten

272 7. Globalisierung und Friedenssicherung

Mal seit ihrem Bestehen den Bündnisfall und beteiligt sich politisch und militärisch am Kampf gegen den internationalen Terrorismus. In Afghanistan stehen seit 2003 die dortigen UNO-Friedenstruppen ISAF unter NATO-Kommando (→ S. 274).

Für die neuen Aufgaben muss die NATO entsprechend gerüstet sein. Es geht nicht mehr in erster Linie darum, einen Gegner durch atomare Waffen vor einem großen Atomkrieg abzuschrecken und eine große Anzahl von Bodentruppen in Europa in Marsch setzen zu können. Vielmehr muss die NATO in begrenzten Konflikten rasch einsatzbereit sein und auf neue Bedrohungen wie den Terrorismus reagieren können. Zu diesem Zweck geht es um den Aufbau von militärischen Spezialkräften – z. B. den *Krisenreaktionskräften* der NATO und den *Schnellen Eingreiftruppen* der Europäischen Union.

Erweiterte Aufgaben

Sicherheit ist heute nicht allein durch Drohung mit Waffen gefährdet. Moderne Informations- und Kommunikationstechnik ist zur Grundlage der gesamten Wirtschaft geworden. Innere wie äußere Sicherheit hängen davon ab, dass diese Systeme funktionieren. Der Cyber-Krieg ist längst nicht nur ein Thema für Fantasy-Romane. Auf dem *NATO-Gipfel in Lissabon im November 2010* beschlossen die Staaten, einen umfassenden Schutz gegen *Cyber-Angriffe und -Kriminalität* aufzubauen. Darüber hinaus soll im engen Kontakt mit Russland eine Raketenabwehr in Europa aufgebaut werden, die vor allem gegen eine mögliche atomare Bedrohung z. B. durch den Iran gerichtet sein soll.

2. Stellen Sie die Aufgaben der NATO im Kalten Krieg und heute einander gegenüber.

3. Warum ist die NATO auch nach dem Ende des Kalten Kriegs nicht überflüssig geworden?

NATO-Einsätze (Auswahl)
- Active Endavour (Anti-Terror Einsatz im Mittelmeer)*
- KFOR (Kosovo)*
- ISAF (Afghanistan)*
- Libyen-Einsatz 2011 zum Schutz der Bevölkerung im Bürgerkrieg

*unter Beteiligung deutscher Soldaten

M2 Auszug aus dem NATO-Vertrag

Art. 5
Die Parteien [Mitgliedstaaten] vereinbaren, dass ein bewaffneter Angriff gegen eine oder mehrere von ihnen in Europa oder Nordamerika als ein Angriff gegen sie alle angesehen wird; sie vereinbaren daher, dass im Falle eines solchen Angriffs jede von ihnen […] Beistand leistet […] einschließlich der Anwendung von Waffengewalt […].
Die Maßnahmen sind einzustellen, sobald der Sicherheitsrat [der UNO] diejenigen Schritte unternommen hat, die notwendig sind, um den internationalen Frieden und die internationale Sicherheit wiederherzustellen und zu erhalten.

NATO-Vertrag von 1949

4. Zeigen Sie am Wortlaut des Vertrags, dass es sich um einen Beistandspakt handelt.

5. Begründen Sie, warum der Angriff von Terroristen auf das World Trade Center in New York im Jahr 2001 den Bündnisfall ausgelöst hat.

6. Am NATO-Einsatz gegen Diktator Gaddafi beteiligte sich die Bundeswehr nicht. Welche Gründe könnten dafür eine Rolle gespielt haben?

Angriff der NATO auf Libyen (2011)

7.4 Sicherheit und Frieden – Aufgaben der internationalen Politik

s5j4y5
- Bundeswehr
- Bundesfreiwilligendienst

Wie verändert sich die Rolle der Bundeswehr?

M1 Humanitärer und militärischer Einsatz

Humanitäre Hilfe in einem Flüchtlingslager im Kosovo

ISAF-Soldaten in Afghanistan

1. Beschreiben Sie die Aufgaben der Bundeswehr, die sich den Fotos entnehmen lassen.

Aktuelle Auslandseinsätze der Bundeswehr
ISAF (Afghanistan)
KFOR (Kosovo)
UNIFIL (Libanon)
Active Endeavour (Mittelmeer)
OEF (Küste vor Ostafrika)
EUFOR (Bosnien und Herzegowina)
2011 waren insgesamt rund 7000 deutsche Soldaten in Auslandseinsätzen.

Der Auftrag der Bundeswehr
Die Rolle der Bundeswehr und ihre aktuellen Aufgaben müssen den Bestimmungen, wie sie im Grundgesetz formuliert sind, entsprechen. Die Verfassung sieht fünf Formen des Einsatzes der Bundeswehr vor:
1. Im *Verteidigungsfall*: Wenn das deutsche Staatsgebiet angegriffen wird oder ein solcher Angriff droht.
2. Im *Bündnisfall* im Rahmen der NATO.
3. Im *Spannungsfall*: Wenn Deutschland aus internationalen Spannungen besondere Gefahren erwachsen.
4. Bei großen *Katastrophen und Unglücksfällen*: Zur Unterstützung ziviler Kräfte und Hilfsorganisationen.
5. Bei *innerem Notstand*: Wenn die demokratische Grundordnung in Deutschland und der Bestand des Bundesstaates nicht mehr durch zivile Kräfte (Polizei, Justiz) sichergestellt werden können.

Verteidigungsarmee im NATO-Bündnis
Die Bundeswehr ist aus den Erfahrungen der nationalsozialistischen Diktatur (1933–1945) heraus – die Reichswehr wurde als Instrument einer aggressiven Kriegspolitik benutzt – als Verteidigungsarmee organisiert worden.
Dies kommt in zwei Grundsätzen zum Ausdruck:
- Art. 26 GG verbietet einen Angriffskrieg.

Als Armee steht die Bundeswehr unter der Kontrolle des Bundestages. Wesentliche Entscheidungen, wie etwa der Einsatz in einem Krisengebiet, benötigen die Zustimmung des Parlaments.
- Die Bundeswehr ist Teil eines Verteidigungsbündnisses. Dazu sieht das Grundgesetz in Art. 23 die Möglichkeit vor, dass die Bundesrepublik überstaatlichen Einrichtungen beitritt – z. B. der NATO, der UNO oder der EU. Deutsche Truppen können an militärischen Einsätzen mitwirken, die diese Organisationen zur Sicherung des Friedens durchführen. So beteiligt sich die Bundeswehr seit 2008 mit Schiffen an der Anti-Piraten-Mission Atalanta vor der Küste Somalias. Diesem Einsatz liegt ein Beschluss des Sicherheitsrates der UNO zugrunde (→ S. 248).

Die Beistandspflicht im Rahmen des NATO-Bündnisses wird in Art. 5 des Vertrags geregelt. Danach sind die Bündnispartner verpflichtet, bei einem Angriff auf NATO-Staaten politischen und militärischen Beistand zu leisten. Dieser Bündnisfall ist in der Geschichte der NATO erst einmal eingetreten: Nach dem 11. September 2001: dem Tag des Terrorangriffs auf das World Trade Center in New York und das US-Verteidigungsministerium in Washington. In der Folge beteiligte sich die Bundeswehr mit Zustimmung des Deutschen Bundestages vom 22. Dezember 2001 an militärischen Einsätzen in Afghanistan.

Auslandseinsätze – neue Aufgaben

Seit den 1990er-Jahren ist die Bundeswehr an mehreren Einsätzen im Ausland beteiligt. Diese Einsätze sind auch eine Folge des größeren politischen Gewichts, das Deutschland seit der Wiedervereinigung in der Weltpolitik hat. Sie ist zum andern auch eine Folge der veränderten Aufgaben der NATO.

1991, im Jahr nach der Wiedervereinigung, standen insgesamt 670 000 Deutsche unter Waffen. Inzwischen hat die Bundeswehr noch 185 000 Soldaten.

Beim Personal wird unterschieden nach
- *Eingreifkräften*, einer Elitetruppe, die rasch auf der ganzen Welt in Krisengebieten eingesetzt werden kann;
- *Stabilisierungskräften*, die für längere Einsätze, z.B. im Rahmen von UNO-Friedensmissionen, eingesetzt werden;
- *Unterstützungskräften*, die den Einsatz der anderen Truppen möglich machen.

Reform: Bundeswehr ohne Wehrpflicht

Im Frühjahr 2011 beschlossen Bundestag und Bundesrat eine Reform der Bundeswehr. Schon bisher kam der kleinste Teil der Soldaten aus dem Kreis der Wehrpflichtigen; nur ein Teil eines Jahrganges wurde eingezogen. Heute sollen Soldaten zu Experten ausgebildet werden, eine Aufgabe, die nicht im Rahmen einer kurzen Wehrpflicht erfüllt werden kann. Die Wehrpflicht nach Art. 12a GG, wurde deshalb zwar nicht abgeschafft, aber rechtlich ausgesetzt.

Freiwillige soziale Dienste statt Zivildienst

Am 1. Juli 2011 begann der *Bundesfreiwilligendienst (BFD)*. Er ersetzt den Zivildienst, den bis dahin Männer, die den Wehrdienst verweigerten, ableisten mussten. Der Bundesfreiwilligendienst fand großen Anklang, so dass diese Stellen auch tatsächlich mit Freiwilligen besetzt werden konnten.

2. Fassen Sie die neuen Aufgaben der NATO und die damit zusammenhängenden Konsequenzen für die Bundeswehr in einer Übersicht zusammen.

M2 Der Bundesfreiwilligendienst

Für wen gibt es den BFD?
Für alle Bürgerinnen und Bürger, die sich außerhalb von Beruf und Schule in sozialen Bereichen engagieren wollen: Jugendliche nach der Schule oder Berufsausbildung, Menschen in mittleren Jahren, Seniorinnen und Senioren – durch soziale, kulturelle, pädagogische und ökologische Arbeiten.

Beispiele
Kinder- und Jugendbetreuung, Behindertenhilfe, Fahrdienst für Behinderte und Senioren.

Dauer des BFD
Zwischen 6 und 24 Monate – die Regeldauer sind 12 Monate. Wer älter als 27 Jahre ist, kann den BFD auch in Teilzeit mit mindestens 20 Stunden pro Woche leisten.

Leistungen
Neben Unterkunft, Dienstkleidung, Verpflegung und Schulung ein Taschengeld von monatlich maximal 330 Euro – zuzüglich Kindergeld (Stand: 2011).

Vom „Zivi" zum „Bufdi": Freiwillige sollen im BFD typische Zivi-Aufgaben übernehmen. Neu dabei sind auch Senioren-Helfer.

3. Was halten Sie von einem sozialen Jahr für alle Jugendlichen, unabhängig vom Geschlecht? Stellen Sie Vor- und Nachteile gegenüber und begründen Sie Ihre Entscheidung.

7.4 Sicherheit und Frieden – Aufgaben der internationalen Politik

Den Frieden dauerhaft machen – wie geht das?

M1 Die Organisation für Sicherheit und Zusammenarbeit in Europa

OSZE-Wahlbeobachter: Auszählung fehlerhaft

Bei der Wahl in Weißrussland gab es laut internationalen Wahlbeobachtern Unregelmäßigkeiten. Einem OSZE-Bericht zufolge ist die Einhaltung der Vorschriften im Laufe des Tages signifikant abgefallen. Russlands Präsident Medwedew sieht das Ergebnis aber als „innere Angelegenheit" des Nachbarlandes.
DER SPIEGEL, 20.10.2010

TIFLIS – Die OSZE hat einen Bericht über die staatliche Überwachung des Internets veröffentlicht, in dem Georgien zu den Ländern gezählt wird, in denen das Internet einer Zensur unterliegt … Russland steht nicht auf der Liste.
RIA Novosti, 30.07.2007

Moskau Eine Mission der Organisation für Sicherheit und Zusammenarbeit in Europa (OSZE) wird am Donnerstag den Waffenstillstand zwischen Armenien und Aserbaidschan kontrollieren.
RIA Novosti, 30.03.2007

Ein Pilot der deutschen Luftwaffe rüstet ein Aufklärungsflugzeug mit Kameras aus. Nach den OSZE-Vereinbarungen dürfen damit russische militärische Anlagen bis in eine Tiefe von 6 500 km über russischem Territorium beobachtet werden.

OSZE: Situation der Pressefreiheit in Deutschland nicht befriedigend

In einer von der OSZE jetzt vorgelegten Dokumentation über den Stand der Pressefreiheit in den Mitgliedstaaten liegt die Bundesrepublik nicht unter den ersten 20. Ausdrücklich gerügt wurden Hausdurchsuchungen in Redaktionen deutscher Zeitungen.
dip.bundestag.de/btp/16/16097.pdf

Berlin – Die internationale Antisemitismus-Konferenz der OSZE hat in Berlin Judenfeindlichkeit und Intoleranz als Bedrohung für die Demokratie und die weltweite Sicherheit verurteilt.
www.unser-parlament.de

1. Stellen Sie aus den Zeitungsmeldungen zusammen, welche Aufgaben die OSZE hat.

 9ch7kw
- OSZE
- Friedenspolitik

OSZE
Organisation für Sicherheit und Zusammenarbeit in Europa; engl.: Organization for Security and Co-operation (osce)

Regionale Zusammenarbeit – z. B. die OSZE

Sicherheit und Friede können heute nicht mehr durch einen Staat allein garantiert werden. Voraussetzung ist, dass Staaten bereit sind, Probleme gemeinsam zu lösen, wie es die UNO-Charta vorsieht (→ S. 247, M 2). Das ist das Ideal. In Wirklichkeit handeln alle Staaten zunächst nach ihren eigenen Interessen.
Damit die Vielzahl der politischen Interessen- und Machtkonflikte trotzdem nicht zu Chaos führt, sind internationale Organisationen notwendig. Neben der Weltorganisation UNO haben die Staaten regionale Organisationen geschaffen. Deren Arbeit – aber auch deren Grenzen – zeigen wir beispielhaft auf an der Organisation für Sicherheit und Zusammenarbeit in Europa (abgekürzt OSZE).

Leitlinien und Ziele

Heute sind 56 Staaten Mitglieder der OSZE (**M 3**). Die Grundgedanken der OSZE sind:
- *Kooperation*: Die Mitgliedstaaten arbeiten auf möglichst vielen Gebieten zusammen.
- *Konfliktprävention*: Offene Informationen tragen dazu bei, dass zwischen Staaten Vertrauen aufgebaut wird und Konflikte vermieden werden.
- *Diplomatie und Gewaltverzicht*: Verhandeln hat Vorrang vor der Anwendung militärischer Mittel.
- *Streitschlichtung*: Bestehende Konflikte werden durch eine Schlichtungsstelle entschieden.
- *Kollektive Sicherheit*: Wenn diese Mittel versagen, so ist der Einsatz militärischer Mittel nur auf der Grundlage gemeinsamer Beschlüsse erlaubt.

Von der KSZE zur OSZE

Die OSZE hat eine Vorgeschichte. 1975, noch mitten im Kalten Krieg, wurde nach langen Verhandlungen die *Konferenz für Sicherheit und Zusammenarbeit in Europa*, die KSZE, gegründet. 1995 wurde aus dieser Konferenz eine feste Organisation. Sie kann nicht nur bei einem Konflikt zwischen Staaten angerufen werden. Auch bei einem Konflikt im Innern eines Landes ist dies möglich – wenn etwa eine Minderheit der Bevölkerung in ihren Rechten benachteiligt wird. NATO-Truppen können auf Grundlage eines Beschlusses der OSZE eingesetzt werden. Über die Aktivitäten der OSZE hinaus leistet die Bundesrepublik weitere Beiträge zum internationalen Krisenmanagement.

M2 Arbeitsbereiche der OSZE

1. Demokratische Institutionen und Menschenrechte: Kommissar für nationale Minderheiten, Beauftragter für die Freiheit der Medien; Aufbau politischer Einrichtungen, Beobachter bei Wahlen
2. Sicherheitspolitik: Rüstungskontrolle und Abrüstung, Terrorbekämpfung, Konfliktbeobachtung, vertrauensbildende Maßnahmen
3. Vergleichs- und Schiedsgerichtshof

2. Ordnen Sie die Arbeitsbereiche der OSZE den Leitlinien der OSZE und den Zeitungsschlagzeilen (**M1**) zu. Welche Arbeitsbereiche gehen über die Grundgedanken hinaus?

M3 Organisationen in und für Europa

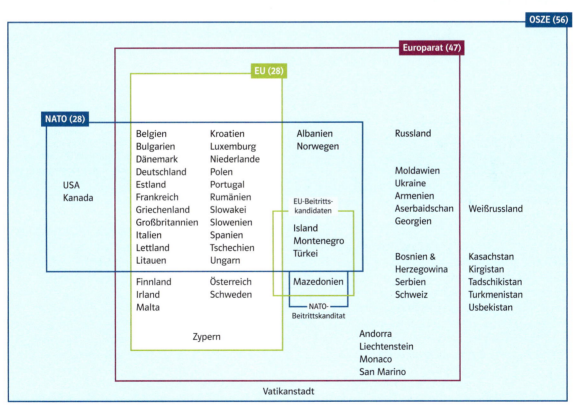

Alle Staaten außer der Vatikanstadt sind zugleich Mitglieder der UN (193)

3. Unter den Mitgliedern der OSZE sind auch Staaten, die nicht zu Europa gehören. Wodurch lässt sich dies begründen?

4. In welchen Organisationen zur Sicherheit ist Deutschland Mitglied?

5. Stellen Sie fest, welche Überschneidungen es zwischen NATO und EU gibt.

Auf einen Blick

7.1 Globalisierung im Alltag

Bereiche der Globalisierung
- Beispiele aus Politik, Wirtschaft, Ökologie, Kultur
- Zwei Seiten der Globalisierung:
  - Bewusste weltweite Einflussnahme
  - Gegenseitige Abhängigkeiten und Verflechtungen
- Gegengewicht: Glokalisierung.

Wirtschaftliche Globalisierung
- Weltweite wirtschaftliche Verflechtung (→ Welthandel: 7.3)
- Wettbewerb der Standorte:
  - Investierende Unternehmen: weltweiter Vergleich der Standortfaktoren für Waren und Dienstleistungen; Global Players
  - Staaten: Konkurrenz um Investoren, Anreize für Investoren; Gegenmaßnahme: internationale Zusammenarbeit der Staaten
  - Neue internationale Arbeitsteilung; neue Arbeitsformen: befristete Beschäftigung, Zeitarbeit, Telearbeit
- Globale Finanzmärkte als Gefährdung der Weltwirtschaft: internationale Finanzkrise 2007/08
- Furcht vor negativen Folgen der Globalisierung.

7.2 Internationale Zusammenschlüsse

UNO (Vereinte Nationen)
- Entstehung und heutige Bedeutung
- Aufgabenfelder (UNO-Charta).
  - Vollversammlung: Wahlfunktionen
  - Generalsekretär
  - Sicherheitsrat (ständige und nicht-ständige Mitglieder): Friedenssicherung, UNO-Truppen
  - Internationaler Gerichtshof
  - Unterorganisationen

Internationaler Umweltschutz
- Beispiel Weltklimarat
- Schritte zu einer globalen Klimapolitik; politische und wirtschaftliche Hindernisse, Weltklimagipfel.

Globale Wirtschaftsorganisationen
- WTO: Regelungen für den freien Welthandel
- Weltbank: Entwicklungsprojekte; Arbeitsbereiche
- IWF.

7.3 Globale Ungleichheit

Staatengruppen und Merkmale
- Industriestaaten; Schwellenländer, Dritte Welt, Vierte Welt
- Merkmale für die Zuordnung: wirtschaftlich, gesellschaftlich/kulturell, politisch
- China: Beispiel eines Schwellenlands?

Entwicklungen und Konflikte
- Unterschiedliche Beteiligung am Welthandel
- Teufelskreise der Armut
- Dimensionen von Armut: Einkommen, Grundbedürfnisse, Lebenschancen
- Entwicklung der Weltbevölkerung:
  - Bevölkerungswachstum nach Regionen
  - Ernährung, Zugang zu Trinkwasser
- Migration/Flüchtlingsproblematik.

Überwindung der Ungleichheit
- Absolute und relative Armut
- Recht auf Entwicklung
- Ziele der UNO für das Jahr 2015 (Milleniumsziele)
- Schuldenerlass
- Staatliche und private Hilfsorganisationen
- Bewertung der Erfolge.

7.4 Sicherheit und Frieden

Menschenrechte
- Weltweite Gültigkeit durch Charta der UNO
- Verstöße in vielen Staaten; Problem der Bestrafung von Verstößen; NGOs.

NATO
- 1949-1991: Beistandspakt des Westens im Kalten Krieg
- Erweiterung um neue Mitglieder seit 1990
- Neue Aufgaben seit den 1990er Jahren:
  - Einsatz in Spannungsgebieten und Krisenregionen
  - Krisenreaktionskräfte.

Bundeswehr und Sicherheitspolitik
- Auftrag: Einsatz im Verteidigungsfall, im Spannungsfall, bei innerem Notstand, im Rahmen eines Bündnisses → NATO
- Neue Struktur: Eingreiftruppen, Stabilisierungskräfte, Unterstützungskräfte
- Aussetzung der Wehrpflicht; Bundesfreiwilligendienst
- OSZE als regionales Bündnis
- OSZE, NATO, WEU und EU im Vergleich.

Prüfungsaufgaben

Die Globalisierung der Wirtschaft

1 Beschreiben Sie das Schaubild **M1** unter dem Gesichtspunkt der Globalisierung.
2 Aus welchen drei Ländern könnte ein deutsches Großhandelsunternehmen am preiswertesten Anzüge einkaufen?
3 Beschreiben Sie drei Ursachen, warum in diesen Ländern so billig produziert werden kann.
4 Stellen Sie zwei negative Auswirkungen für Deutschland dar, die sich durch den Import von billigen Textilwaren ergeben können.
5 Erläutern Sie, was unter dem Rugmark-Label zu verstehen ist (**M2**).

M1
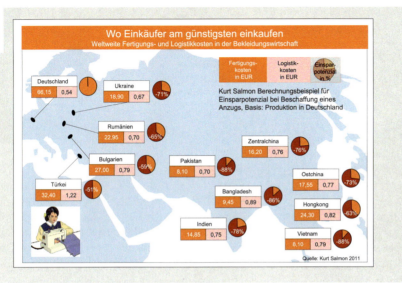

M2 Teppichkampagne: Kinder gehören in die Schule – nicht an den Webstuhl

Anfang der 1990er Jahre knüpften in Indien, Nepal und Pakistan rund eine Million Kinder Teppiche, oft zehn bis 14 Stunden am Tag. Für ihre Arbeit in schlecht beleuchteten und belüfteten Räumen bekamen sie – wenn überhaupt – nur Hungerlöhne, die weit unterhalb des gesetzlichen Mindestlohnes lagen; oftmals arbeiteten die Kinder auch nur die Schulden ihrer Eltern ab. Durch die lange Arbeit an den Webstühlen und die hohe Konzentration von Wollfasern in der Luft trugen viele Kinder dauerhafte körperliche Schäden davon.
Infolge einer von „Brot für die Welt", „Misereor" und „terre des hommes" ins Leben gerufenen Kampagne, die die Öffentlichkeit über die menschenunwürdigen Arbeitsbedingungen in der Teppichindustrie informierte, ging die Zahl der in Deutschland verkauften indischen Teppiche innerhalb kurzer Zeit drastisch zurück. Dies führte dazu, dass sich 1992 mehr als 30 indische Betriebe zur „Vereinigung der Teppichhersteller ohne Kinderarbeit" zusammenschlossen. Sie verpflichteten sich, nur noch von Erwachsenen geknüpfte Teppiche anzubieten. Ende 1994 wurde das Label Rugmark (= Teppichsiegel) eingeführt, das seitdem Teppiche kennzeichnet, die ohne Kinderarbeit hergestellt wurden. [...] In Indien und Nepal haben inzwischen mehrere Hundert Teppichhersteller und Exporteure eine RUGMARK-Lizenz. Die Hersteller verpflichten sich, keine Kinder unter 14 Jahren zu beschäftigen, gesetzliche Mindestlöhne zu zahlen und alle Aufträge offen zu legen. Zudem zahlen sie 0,25 Prozent des Exportwertes der Ware an RUGMARK. Aus den Erlösen finanziert RUGMARK die Überwachung aller angeschlossenen Knüpfstühle durch unabhängige Inspektoren sowie Rehabilitations- und Ausbildungsprogramme für ehemalige Kinderarbeiter.

www.brot-fuer-die-welt.de/weltweit-aktiv/index_2170_DEU_HTML.php

Prüfungsaufgabe Winter 2009/2010, gewerbliche Berufsschule (aktualisiert) © 2012 Regierungspräsidium Stuttgart, Schule und Bildung

Prüfungsaufgaben

Die Globalisierung der Wirtschaft

1. Die Wirtschaft in China boomt seit Jahren.

1.1 Erläutern Sie je eine Auswirkung der im Text (**M1**) geschilderten Situation in China auf
- die Arbeitnehmer in China
- die Arbeitnehmer in Europa
- die Konsumenten in Europa.

1.2 Beschreiben Sie zwei Gründe, warum vor einigen Jahren international operierende Firmen wie Honda und Foxconn ihre Produktion nach China verlagert haben.

2. Beschreiben Sie die Bedeutung des Internets für die fortschreitende Globalisierung unserer Welt. (3 Gesichtspunkte)

3. Arme Länder gelten als Verlierer der Globalisierung. Erläutern Sie zwei negative Folgen der Globalisierung für die Menschen dieser Länder.

M1 GLOBALISIERUNG: Chinas Arbeiter treiben die Preise

Die Beschäftigten in der Volksrepublik spielen ihre Macht aus – und setzen höhere Löhne durch. Das macht Produkte aus China wie Handys, Computer oder Kameras teurer. Sie haben sich erfolgreich gewehrt – und das dürften demnächst auch Verbraucher in Europa zu spüren bekommen: Die Proteste chinesischer Arbeiter für höhere Löhne dürfte auf die Preise für Ware aus China durchschlagen. Unternehmen, die in China produzieren, erwarten für die nächste Zeit Lohnsteigerungen auf breiter Front. Der Grund: Der Apple-Fertiger Foxconn und der Autohersteller Honda haben die Bezahlung ihrer Arbeiter bereits um bis zu bis zu 70 Prozent angehoben. Weitere Firmen dürften folgen. Diese Erfolge der chinesischen Arbeiter, die meist zu Billigstlöhnen für die westliche Konsumindustrie schuften, sorgen für Unruhe bei den Abnehmern. Foxconn ist einer der wichtigsten Lieferanten der Elektro-Industrie. Analysten sind überzeugt, dass die Taiwaner nun versuchen, die höheren Kosten teilweise den Abnehmern aufzubürden. Dadurch könnten die Preise für Handys, Computer und Kameras steigen.

Finn Mayer-Kuckuk/Joachim Hofer, Chinas Arbeiter treiben die Preise, in: Handelsblatt vom 15.06.2010

Prüfungsaufgabe Sommer 2011, kaufmännische Berufsschule
© 2012 Regierungspräsidium Stuttgart, Schule und Bildung

Sachwortverzeichnis

Abgeordnete 108ff., 138, 144, 175, 210ff.
Agrargesellschaft 57, 67
Alleinvertretungsanspruch 177, 182
Alliierte 168ff.
AKP-Staaten 224
Amnesty International 141, 271
Antidiskriminierungsgesetz 24, 217
Arbeiteraufstand (DDR) 179
Arbeitsformen 70f., 241
Arbeitgeber 59, 70f., 87ff., 156ff., 180, 244
Arbeitskosten 70f., 89ff., 245
Arbeitslosigkeit 69ff., 87, 90f., 153, 190, 195, 240f.
Arbeitsmarkt 70f., 81, 91f., 159, 240f., 262ff.
Arbeitnehmer 58, 70f., 86ff.,156ff., 207f., 240ff.
Armut 70f., 84ff., 92, 257, 262ff.
Atomausstieg 80f.
Aufbau Ost 188ff.
Ausbildung 10ff., 20ff., 31, 56f., 82ff., 180, 206, 218
Ausbildung, Pflichten 14f.
Ausbildungsordnung 12f.
Ausbildungsrahmenplan 12
Ausschuss der Regionen (EU) 210, 217
Außen- und Sicherheitspolitik (EU) 210ff., 224f.

Basisinnovationen 66
Berlin 175, 181ff., 193
Beruf 10ff., 30f., 42, 56ff.
Berufsausbildung → Ausbildung
Berufsberatung 14
Berufsschule 12ff.
Berufswahl 11, 22
Besatzungszonen 168ff.
Betriebsrat 14, 156f.
Betriebsrat, europäischer 206f.
Betriebsvereinbarung 156f.
Bevölkerungsentwicklung/demografische Entwicklung 24, 31, 88, 194, 260f.
Bizone 173
Bruttoinlandsprodukt (BIP) 87, 223, 242
Bundesfreiwilligendienst 275
Bundeskanzler 112ff., 186
Bundesländer 106f., 110f., 216
Bundespräsident 112ff.
Bundesrat 106ff.
Bundesregierung 108ff.
Bundestag 108ff., 120ff.
Bundesverfassungsgericht 112f., 116f.
Bundeswehr 225, 274f.
Bündnis 90/Die Grünen 124ff.
Bürgerinitiativen 140ff., 154
Bürgerrechte (EU) 206f., 227
Bürokratie (EU) 216f., 226f.

CDU/CSU 124ff., 176, 186
China 234f., 248ff., 258ff.
Communitys 61ff., 236f.

Datenschutz 60, 62f., 136
DDR 127, 174, 176ff.
Demilitarisierung 170
Demokratie 106ff., 118f., 136ff., 146, 154
Demokratie, innerparteiliche 128
Demokratie, parlamentarische 112f., 118f.
Demokratie, repräsentative 118f.
Demokratie, wehrhafte 150
Demokratisierung 170
Denazifizierung 170
Dienstleistungsgesellschaft 57, 67
Dritte Welt 227, 237, 251ff., 267
Drogen 46f.
Duale Ausbildung 12f.

Eherecht 36ff.
Ehrenamt 48f.
Einspruchsgesetz (Bund) 110f.
Einstiegsqualifizierung (EQ) 11, 91
Elterngeld 24f., 34
Elternzeit 24
Energie 72ff.
Energiepolitik 75ff., 80f.
Energiesparen 75, 78f.
Entscheidungsspiel 142f.
Entspannungspolitik 176ff.
Entwicklungshilfe 266ff.
Entwicklungsländer → Dritte Welt
Entwicklungspolitik 266ff.
Erststimme 120f.
Erziehung 28ff., 32
Erziehungsstile 28f.
EU-Binnenmarkt 205, 209, 214f.
EU-Erweiterung 208, 218
EU-Kommission 210f., 217, 220ff.
EURATOM 208f.
Europäische Gemeinschaft (EG) 208
Europäische Union (EU) 84, 204ff., 277
Europäische Wirtschaftsgemeinschaft (EWG) 176f., 208f.
Europäische Zentralbank (EZB) 210, 223, 243
Europäischer Gerichtshof 210f.
Europäischer Rat 210, 224
Europäischer Sozialfonds 218
Europäisches Parlament 210ff., 216
Europarat 277
Euro 209, 222f., 243
Euro-Stabilitätspakt 223
EU, Zuständigkeiten 209, 214f.
Exekutive 112f.
Extremismus 149ff.

Facharbeit 152f.
Familie 22ff., 28ff., 84ff.
Familienpolitik 25, 34f.
FDP 124ff.
Finanzausgleich, Länder 107, 111
Finanzausgleich, EU 219
Finanzkrise 223, 242f.
Flüchtlinge 31, 181, 189, 262f.
Föderalismus 106f.
Fraktion 108f., 113f., 119, 130f.
Frau im Beruf 22ff.
Frauenquote 24f.
Freiheitsrechte 137
Freizeit 40ff., 180f., 236
Friedenssicherung 225, 246ff., 272ff.
Funktionentrennung 112f.
Fürsorgeprinzip 85

Geburtenrate → Bevölkerungsentwicklung
Gemeinde 104ff., 140ff., 161, 218
Gemeinde, Wahlen 104f.
Gemeinlastprinzip 77
Gemeinsame Außen- und Sicherheitspolitik GASP (EU) 224f.
Generationenvertrag 88f.
Gentechnik 68f.
Gerechtigkeit, soziale 85, 92, 127
Gesetzesinitiative 108ff.,
Gesetzgebung, Bund 106ff.
Gesetzgebung, EU 210ff.
Gesundheitswesen 86ff., 94ff.
Gewalt 147ff.
Gewaltenteilung 112f.
Gewerkschaften 14, 92ff., 144f., 156ff., 170ff., 245
Gleichbehandlungsgesetz (EU) → Antidiskriminierungsgesetz
Gleichheitsrechte 137
Gleichstellung von Mann und Frau 24
Global Players 238f.
Globalisierung 54f., 234ff., 254f.

281

Glokalisierung 237
Grenzwert 76f., 220f.
Grundgesetz 34f., 106ff., 116ff., 128, 136ff., 150, 161
Grundlagenvertrag (BRD-DDR) 182ff.
Grundrechte 62, 116, 136ff., 206ff.
Güterrecht 36f.

Hallstein-Doktrin 177
Handlungskompetenz 18f., 58f.
Harmonisierung (EU) 216f.
Hartz IV 84, 92
Hearing 109, 142ff.

Ideal 44
Idol 44
Individualversicherungen 96
Industriegesellschaft 57, 67, 73
Industriestaaten 240, 250f., 255f., 262
Informationelle Selbstbestimmung 62
Informationsgesellschaft 54ff., 67
Infotainment 139
Infrastruktur 57, 65, 188f., 240, 259
Innovation → Technologien, neue
Interessenverbände → Verbände
Internationaler Währungsfonds (IWF) 243, 248f., 252f.
Internationaler Strafgerichtshof 271
Internet 54f., 60ff., 136, 236f.
Internet-Recherche 202f.
Investitionen 189, 238f., 254, 259

Judikative 112f.
Jugendaustausch (EU) 202f., 206
Jugend- und Auszubildenden-Vertretung 14, 156
Jugendgemeinderat 104

Kabinett → Bundesregierung
Kalter Krieg 172ff., 272
Karikaturen-Rallye 102f.
Kaufkraft 68
Kernenergie → Atomausstieg
Kinder → Familie
Klimapolitik 75ff., 220, 250f.
Klimaschutz 74f., 78, 82, 220, 251
Klimawandel 74f., 80ff., 99, 221, 250f.
Koalition 110ff.
Kommunikationstechniken 54ff., 60ff.
Konflikte, internationale 225, 246ff., 272ff.
Krankenversicherung → Gesundheitswesen
Kredite 223, 242f., 252f., 266f.
Kriminalität 46, 146ff.
Kyoto-Protokoll 251

Länderfinanzausgleich → Finanzausgleich, Länder
Lebenslanges Lernen 20, 59
Lebenspartnerschaft 32, 36f.
Legislative 112f.
Leiharbeit 70f., 159, 241
Linksextremismus 150
Linkspartei/Die Linke 124ff., 131
Lissaboner Vertrag (EU) 207, 212f.
Lobbyismus 144f., 227
Lohnnebenkosten 70f., 90f. 245

Mandat 119ff., 129ff.
Marktwirtschaft, soziale 90, 173, 176, 184f., 191
Marshall-Plan 172ff.
Massenmedien 113, 138f., 236f.
Massenorganisationen (DDR) 182
Mauerbau 181ff.
Mediation 161
Mehrheitswahlrecht 120
Meinungsfreiheit 139
Meister-BAföG 20f.
Menschenrechte 137, 270f.
Migration 235, 261ff.
Mikrokredite 267
Mikroelektronik 54
Mindestlohn 158f.
Mind-Mapping 94f.
Minijobs 70, 240f.
Ministerrat (EU) 210ff.
Misstrauensvotum, konstruktives 113
Mitbestimmung, betriebliche 156f.
Mitwirkung, politische 104ff., 118f., 134f., 156, 160f., 207
Mobilität 59, 78f., 262
Mobbing 61
Montanunion (EGKS) 176f., 208f.
Mutterschutz 23ff.

Nachhaltigkeit 264
Nanotechnik 67
Nationale Front (DDR) 179
Nationalsozialismus 150, 152f.
NATO 176, 184ff., 224f., 272ff.
Nettoempfänger (EU) 219
Nettozahler (EU) 219
Netzwerke, soziale → Communitys
Neue Bundesländer → Ostdeutschland
Nicht-Regierungs-Organisationen (NGOs) 141, 144, 235, 245, 267, 271
Nord-Süd-Konflikt 256
Normenkontrolle 116f.

Ökologie 72ff., 220f., 250f.
Ökosteuer 76f., 82

Opposition 110ff., 123, 126, 183ff.
Organisation für Sicherheit und Zusammenarbeit in Europa (OSZE) 272ff.
Organisierte Kriminalität 146f.
Ostblock 172ff., 182ff., 272
Ostdeutschland 186ff.
Ostverträge (BRD-DDR) 182ff.
Ost-West-Konflikt 172ff., 182f., 209, 272

Parlament → Bundestag; Europäisches Parlament
Parteien 118ff., 134f., 178ff.
Parteiendemokratie 118
Parteienverbot 116
Parteiprogramme 127f.
PDS 123ff., 186
Petitionsrecht 137
Pflichtversicherungen 87
Planwirtschaft 173, 180ff.
Pluralismus 154ff.
Politik, internationale 246ff.
Potsdamer Konferenz 170f.
Präsentation 166f.
Produktivität 58, 68f., 188, 240, 245

Qualifikation 19f., 97, 141, 191, 240f.

Rat der Außenminister (EU) 224
Rationalisierung 58, 68ff.
Ratsverfassung (Gemeinde) 105
Recherche 166f., 202f.
Rechtsextremismus 150, 153f.
Rechtsunion (EU) 206, 215
Referat 152f.
Regionalfonds (EU) 218f.
Rentenversicherung 86ff., 93
Reparationen 171, 173
Rettungsschirm (EU) 223
Richtlinienkompetenz 114
Riester-Rente 88, 97
Rollenspiel 16f.

Schadstoff 72ff., 82
Schattenwirtschaft 257
Scheidung 36ff.
Schlüsselqualifikationen 18f.
Schuldenkrise 222f., 243
Schwellenländer 221, 240, 250ff., 258f., 266
SED 127, 174, 178ff.
Sekten 44f.
Selbsthilfegruppen 97
Selbstverwaltung (Gemeinde) 104f.
Solidaritätsprinzip 87
Sorgerecht, elterliches 34, 38
Sowjetunion 170ff., 184ff., 272

Sozialgeld/Sozialhilfe 84f., 92f.
Sozialleistungen 84f., 87, 92f., 106f.
Sozialpolitik 84ff.
Sozialstaat 84ff., 90ff., 146, 245
Sozialversicherung 85ff., 96
SPD 124ff., 182
Staat 60
Staatssicherheitsdienst der DDR (Stasi) 178ff., 189, 191
Standortfaktoren 82, 238f.
Steuern 71, 77, 85, 93, 245
Streitlinie 268f.
Strukturpolitik (EU) 218f.
Subsidiarität (EU) 212, 217, 226f.
Sucht 46f., 60

Tarifautonomie 85f., 158f.
Tarifpartner 158ff.
Tarifverträge 71, 158f.
Technologien, neue 58f., 64ff., 75, 251
Teilung Deutschlands 166ff., 176ff.
Teilzeitarbeit 23f., 69,
Telearbeit 59, 241
Terrorismus 136, 150f., 235, 276
Transportsysteme 64
Treibhauseffekt 75ff., 250

Überhangmandat 120
Überwachungsstaat 60, 259
Umfrage 40f.
Umweltpolitik 72ff., 220ff., 250f.
Umweltschäden 72ff., 235, 250f.
Umweltschutz 78f., 82f., 140f., 220ff., 245, 250f.
UNO 246ff., 270ff.

UNO-Friedenstruppen 248f.
UNO-Generalsekretär 248ff.
UNO-Sicherheitsrat 225, 248f., 274
UNO-Vollversammlung 248, 270
Unterentwicklung 256f., 260f., 264ff.
Untersuchungsausschuss 113
Unverletzlichkeitsrechte 137

Verbände 49, 144f., 154f.
Verbraucherschutz 69
Verbraucherschutz, EU 215, 227
Verfassungsbeschwerde 116f.
Verhältniswahlrecht 120
Verkehrsnetze 65
Vermittlungsausschuss 110f.
Vermögensbildung 96f.
Verschuldung, private 84
Verschuldung, Staaten 223, 242f.
Versicherungsprinzip 85
Versorgungsprinzip 85
Verstädterung 261
Verteidigungsfall 274
Vertreibung 168ff., 263
Verursacherprinzip 77
Veto-Recht (UNO) 248
Vier-Ecken-Methode 39
Vier Freiheiten (EU) 209, 213
Vierte Welt 257
Volksbegehren 135, 160f.
Volksentscheid 160f.
Volkspartei 126f.
Volkssouveränität 118
Vorsorge, private 86, 88, 92ff., 96ff.

Wahlen 104ff., 118ff., 122ff., 134ff., 153, 156, 174, 176, 178f., 186f., 210
Wähler 104, 118, 122f., 126ff.
Wahlgrundsätze 120
Wahlrecht, Bundestag 120f.
Wahlverhalten 122ff., 192
Währungsreform 172f.
Währungsunion, Deutschland 186ff.
Währungsunion, EU 209, 213, 222
Warschauer Pakt 184f., 272
Wehrpflicht 275
Weiterbildung 20ff., 42f., 59
Weltbank 252f., 264
Welthandel 64ff., 221, 234f., 238f., 252ff.
Weltklimarat (UNO) 75f., 249f.
Weltklimakonferenz 251
Wiedervereinigung 183ff.
Wirtschafts- und Sozialunion (Deutschland) 186
Wirtschafts- und Währungsunion (EU) 209, 222f.
Wirtschaftspolitik 70f., 223
Wirtschaftssektoren 57, 67
Wirtschaftswunder 176f.
WTO 234, 252f.

Zeitarbeit → Leiharbeit
Ziele entwickeln 26f.
Zollunion (EU) 208f., 215
Zukunftswerkstatt 228f.
Zustimmungsgesetz (Bund) 110f.
Zweiter Bildungsweg 20
Zwei-Plus-Vier-Gespräche 186
Zweiter Weltkrieg 168
Zweitstimme 120f.

Deutschland: Politische Gliederung

284 Karten

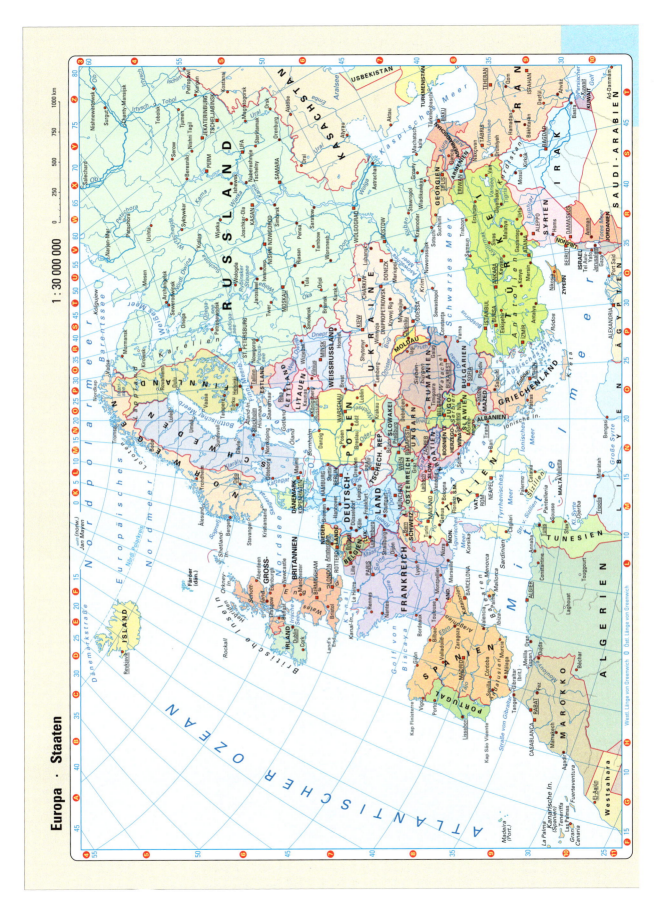

Erde · Staaten

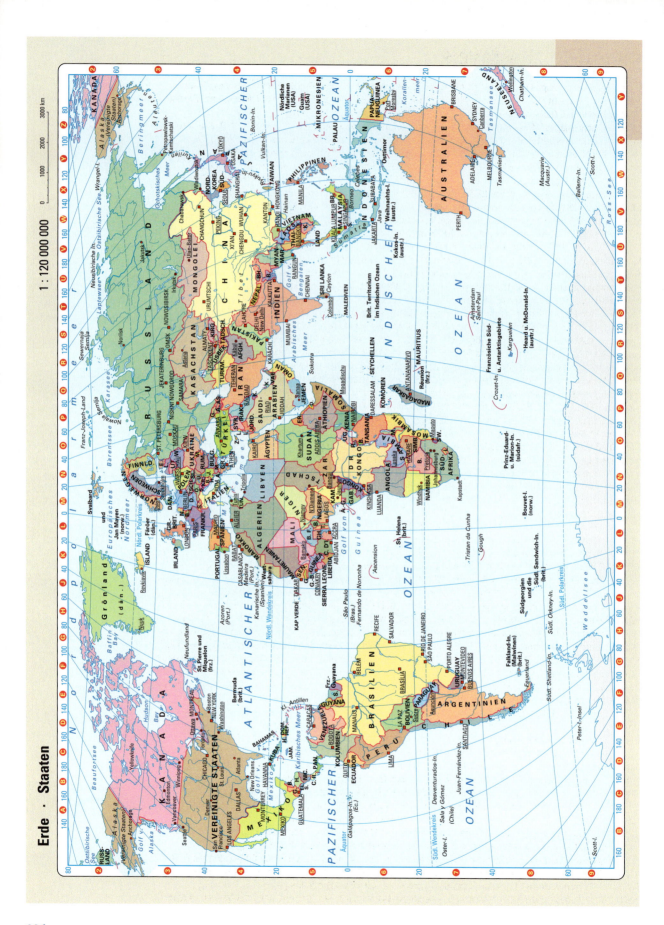

Bildquellennachweis

Cover.Mitte Getty Images (Lynn Koenig), München; **Cover.links** ddp images GmbH (Thomas Lohnes/dadp), Hamburg; **Cover.rechts** laif (Mark Wallhiser/The New York Times/Redux), Köln; **9** www.bilderbox.com, Thening; **10.M1 li** Fotolia LLC (Robert Kneschke), New York; **10.M1 mi** shutterstock (Benis Arapovic), New York, NY; **10.M1 re** Getty Images, München; **11.M2 li** ddp images GmbH (Mario Vedder/dapd), Hamburg; **11.M2 re** Corbis, Düsseldorf; **13** www.CartoonStock.com (Karsten Schley), Bath; **14.M1** Baaske Cartoons (Peter Kaczmarek), Müllheim; **17.li** Stockbyte; **17.re** Thinkstock (Jupiterimages), München; **19.M3** vario images GmbH & Co.KG (Ulrich Baumgarten), Bonn; **20** Fotolia LLC (fotodesign-jegg.de), New York; **21.M3** Picture-Alliance (dpa-infografik), Frankfurt; **22.M1** Alf, Renate (Renate Alf), Freiburg; **23.M3** Thinkstock (iStockphoto), München; **24.M1** Picture-Alliance (dpa-infografik), Frankfurt; **25** Klett-Archiv, Stuttgart; **27.li.** shutterstock (Auremar), New York, NY; **27.oli.; 27.ore.** Getty Images, München; **27.re.** shutterstock (Goodluz), New York, NY; **28.M1 li** plainpicture GmbH & Co. KG (Pernille Tofte/Folio Images), Hamburg; **28.M1 re** Caro Fotoagentur (Oberhaeuser), Berlin; **30.M3 li** Ullstein Bild GmbH, Berlin; **30.mi** PantherMedia GmbH (Harald Jeske), München; **30.re** Picture-Alliance (akg-images/Gardi), Frankfurt; **31.li** akg-images, Berlin; **31.mi; 31.re** Ullstein Bild GmbH, Berlin; **32.M1 li.** shutterstock (Mircea Bezergheanu), New York, NY; **32.M1 re.** iStockphoto (RF/Kevin Russ), Calgary, Alberta; **33.M3** Picture-Alliance, Frankfurt; **34.M1** Thinkstock (Jupiterimages), München; **35** Jung von Matt Aktiengesellschaft (Mehr Zeit für Kinder e.V., Frankfurt), Hamburg; **36.M1** Schwarwel, Leipzig; **39.M3** Keystone (Volkmar Schulz), Hamburg; **40** Picture-Alliance (dpa/Uwe Zucchi), Frankfurt; **40** MairDumont, Ostfildern-Kemnat; **41** Thinkstock (iStockphoto), München; **41** MEV Verlag GmbH, Augsburg; **41** Avenue Images GmbH (imageshop), Hamburg; **42.M1** Brand X Pictures; **43.M2** plainpicture GmbH & Co. KG (Barbara Koedel), Hamburg; **44.M1 li** f1 online digitale Bildagentur (Paul), Frankfurt; **44.M1 re** Picture-Alliance (Jörg Carstensen dpa/lbn), Frankfurt; **46** Ullstein Bild GmbH (Schwartz), Berlin; **46.M1** Picture-Alliance (Mascha Brichta), Frankfurt; **47.M2** Picture-Alliance (dpa-infografik), Frankfurt; **48** Cultura/vario images; **48** Mauritius Images (age fotostock), Mittenwald; **48.M1** shutterstock (JJ pixs), New York, NY; **48.M1** iStockphoto (YinYang), Calgary, Alberta; **49** Imago (Sabeth Stickforth), Berlin; **51.M1** Picture-Alliance (dpa-infografik), Frankfurt; **53** Bildagentur-online (Tetra), Burgkunstadt; **54.M1** Ullstein Bild GmbH (Reuters/Jagadeesh), Berlin; **54.u.** Ullstein Bild GmbH (Imagebroker.net), Berlin; **55.M2** Picture-Alliance (dpa-infografik), Frankfurt; **55.u.** Thinkstock (Hemera/Keith Bell), München; **56.1; 56.3** akg-images, Berlin; **56.2** Mauritius Images, Mittenwald; **57** laif (Ruetschi/Keystone Schweiz), Köln; **57** Ullstein Bild GmbH (CARO/Teschner), Berlin; **57.2** laif, Köln; **58.M1** Interfoto, München; **59.M2** iStockphoto (Chris Fertnig), Calgary, Alberta; **60.M1** ullstein bild - Bonn-Sequenz; **61.M2** Picture-Alliance (dpa-infografik), Frankfurt; **63.M2** Mauritius Images (Alamy), Mittenwald; **63.M3** S. Fischer Verlag GmbH, Frankfurt am Main; **64** akg-images (Lessing), Berlin; **64.M1 li** Bilderberg, Hamburg; **64.M1 re** NASA (PD), Washington, D.C.; **65** NASA Goddard Space Flight Center, Greenbelt, Maryland; **67.M2** laif (Fred Guerdin/Reporters), Köln; **68.M1** Murschetz/DIE ZEIT, München; **69.M2** Picture-Alliance (Patrick Pleul), Frankfurt; **71** KNA-Bild GmbH, Bonn; **72.M1** ddp images GmbH (AP), Hamburg; **72.u.** ddp images GmbH (Sebastian Willnow), Hamburg; **73** Ullstein Bild GmbH (Köhler), Berlin; **74.M1 li** Ullstein Bild GmbH (histopics), Berlin; **74.M1 re** f1 online digitale Bildagentur (Prisma), Frankfurt; **74.M2** Climate Change 2007: Synthesis Report. Contribution of Working Groups I, II and III to the Fourth Assessment Report of the Intergovernmental Panel on Climate Change, Figure SPM.4. IPCC, Geneva, Switzerland.; **76.M1** Rainer Weisflog Fotografie, Cottbus; **78.M1** culture-images (Hans Dieter Seufert), Köln; **79.M3** laif (Giribas Jose/SZ Photo), Köln; **81.M2** Tresckow, Peter von, Alaro- Mallorca; **82.M1** Felix Mussil, Frankfurt; **83.M3** Getty Images (Sean Gallup), München; **84.M1 li** altrofoto.de, Regensburg; **84.M1 re** VISUM Foto GmbH (Schläger), Hamburg; **86** BPK, Berlin; **86.M1 li** akg-images, Berlin; **86.M1 re** BPK (bpk), Berlin; **88.M1 li** Haitzinger, Horst, München; **88.M1 re** Picture-Alliance (Globus Infografik), Frankfurt; **89.M2** Plaßmann, Thomas, Essen; **90.M1** Schwalme,Reiner, Krausnick - Groß Wasserburg; **91** Picture-Alliance (ZB/Bernd Settinik), Frankfurt; **93** shutterstock (Jamie Wilson), New York, NY; **93** Mauritius Images (Alamy), Mittenwald; **97** Selbsthilfe bei Magersucht e.V., ..; **97** Körperbehinderten-Verein Stuttgart e.V., Stuttgart; **97.M3** Sozialdienst katholischer Frauen, Dortmund; **100.M1** Picture-Alliance (dpa-infografik), Frankfurt; **101** ddp images GmbH (dapd/Axel Schmidt), Hamburg; **103** Murschetz/DIE ZEIT, München; **103; 103.6** Mester, Gerhard, Wiesbaden; **103** Plaßmann, Thomas, Essen; **103.3** Dieter Hanitzsch, Süddeutsche Zeitung, München; **104.M1** Ullstein Bild GmbH (Hartmann), Berlin; **106.M1** Picture-Alliance (Maurizio Gambarini dpa/Ino), Frankfurt; **107** Brigitte Schneider, Gauting; **109.M2** Picture-Alliance (dpa/dpaweb/Michael Hanschke), Frankfurt; **111.M2** Mohr, Burkhard, Königswinter; **115** Ullstein Bild GmbH (dpa), Berlin; **118.M1** Steiger, Ivan, München; **119.M2 li.** Picture-Alliance (dpa/Keystone), Frankfurt; **119.M2 re.** Picture-Alliance (ZB), Frankfurt; **120.M1** Picture-Alliance (Bernd Settnik), Frankfurt; **121.M2** Statistisches Bundesamt - DESTATIS, Wiesbaden; **121.M3** Ullstein Bild GmbH, Berlin; **123.M2** Picture-Alliance (dpa-Infografik), Frankfurt; **126.M1a; 126.M1b** Konrad-Adenauer-Stiftung e.V., Archiv für Christlich-Demokratische Politik, Plakatsammlung; **126.M1c** Archiv Grünes Gedächtnis, Berlin. Grafik Werkstatt, Bielefeld, www.shop.gwbi.de; **126.M1d** liberalVerlag GmbH, Berlin; **126.M1e** Konrad-Adenauer-Stiftung e.V., Archiv für Christlich-Demokratische Politik Plakatsammlung; **127.M1f** Andreas Herzau by Katinka Krieger Rep, Hamburg; **127.M1g** Friedrich-Naumann-Stiftung für die Freiheit, Archiv des Liberalismus; **127.M1h** Archiv der sozialen Demokratie der Friedrich-Ebert-Stiftung, Bonn/ARE Kommunikation/Darchinger; **127.M1i** Konrad-Adenauer-Stiftung e.V., Archiv für Christlich-Demokratische Polit; **127.M1j** Die Linkspartei. PDS, Berlin; **128.M1** Picture-Alliance (dpa-infografik), Frankfurt; **130.M1** Picture-Alliance (Wolfgang Kumm dpa/lmv), Frankfurt; **131** Büro Anton Schaaf, Berlin; **133** ddp images GmbH, Hamburg; **135.M2** ddp images GmbH (Volker Hartmann), Hamburg; **136.M1** Meissner Cartoons, Köln; **138.M1** Picture-Alliance (dpa/dpaweb/Langenstrassen), Frankfurt; **139.M2** Baaske Cartoons (Butschkow), Müllheim; **140.M1** ddp images GmbH, Hamburg; **141.M2** Steiger, Ivan, München; **143** www.trimmpfadwald.de, Bürgerinitiative für den Erhalt der Lebensqualität in Wittislingen. Grafik Caroline Ehnle-Sharma; **144.M1** shutterstock (Dmitry Kalinovsky), New York, NY; **146.M1** Klett-Archiv (Peter Nabholz), Stuttgart; **147.M2** Mauritius Images, Mittenwald; **148.M1** Mester, Gerhard, Wiesbaden; **149.M3** Glücklicher Montag, Leipzig; **150.M1 li.** Picture-Alliance (dpa/Försterling), Frankfurt; **150.M1 re.** Picture-Alliance (dpa/dpaweb/Hanschke), Frankfurt; **151.M2** Ullstein Bild GmbH (AP), Berlin; **152** akg-images, Berlin; **153.o.** Ullstein Bild GmbH, Berlin; **153.u.** Ullstein Bild GmbH (Archiv Gerstenberg), Berlin; **155.M2** Picture-Alliance (Wolfgang Kumm dpa/lbn), Frankfurt; **157.M2** Picture-Alliance, Frankfurt; **158.M1** Peter Leger, Haus der Geschichte, Bonn; **160.M1** Picture-Alliance (Bernd Weißbrod/dpa), Frankfurt; **161.M3** Fnoxx, Arnulf Hettrich, Stuttgart; **163.M1** Nel, Erfurt; **165** Ullstein Bild GmbH (Gerhard), Berlin; **166.li.** BPK (Bayerische Staatsbibliothek/Archiv Heinrich Hoffmann), Berlin; **166.re.** Süddeutsche Zeitung Photo, München; **167.li.** Landesmedienzentrum Baden-Württemberg, Stuttgart; **167.o.** Ullstein Bild GmbH, Berlin; **167.re.** Imago, Berlin; **168.M1** Stadt Reutlingen (Hg.): Reutlingen 1930-1950. Ausstellungskatalog, S. 34; **169.M3** Stadtgeschicht-liches Museum, Leipzig; **170.M1** Deutsche Bundespost; **171.M2** akg-images, Berlin; **172.M1 li.; 172.M1 re.** akg-images, Berlin; **174.M1** Felix Mussil, Frankfurt; **175.M2** akg-images, Berlin; **176.M1; 176.Mi.; 176.u.** akg-images, Berlin; **178** Bergmoser + Höller Verlag, Aachen; **178.M1** Neues Deutschland Druckerei u. Verlag GmbH, Berlin; **178.M2** Action Press GmbH (Uwe Hiller), Hamburg; **179.M3** Ullstein Bild GmbH, Berlin; **180.M1** Harri Parschau; **181.M2** Picture-Alliance, Frankfurt; **182.M1** Ullstein Bild GmbH (V. Pawlowski), Berlin; **183.M3** Hanel, Walter, Bergisch Gladbach; **184.M1** Schoenfeld, Karl-Heinz, Potsdam; **185.M2 li.** Ullstein Bild GmbH (Röhrbein), Berlin; **185.M2 re.** Ullstein Bild GmbH (Hensel), Berlin; **186.M1 li.** Konrad-Adenauer-Stiftung e.V., Sankt Augustin; **186.M1 re.** Ullstein Bild GmbH (dpa), Berlin; **187.M2** Felix Mussil, Frankfurt; **188.M1** Karl Gerd Striepecke, Varenholz; **189.M2** Ullstein Bild GmbH (Bonn-Sequenz), Berlin; **190.M1** Hanel, Walter, Bergisch Gladbach; **192.o.** Ullstein Bild GmbH (Oed), Berlin; **192.u.** Ullstein Bild GmbH (Wodicka), Berlin; **193.M3** Ullstein Bild GmbH (Bladt), Berlin; **194.M1** VISUM Foto GmbH (Holde Schneider), Hamburg; **196.li.** Fotolia LLC (Patrick Poendl), New York; **196.re.** LOOK Gmbh (Jan Greune), München; **200.M1** Bergmoser + Höller Verlag, Aachen; **201** laif (Boening/Zenit), Köln; **202.o.** Flirt/mauritius images; **202.uli.** Imago, Berlin; **202.umi.** ullstein bild – Oberhäuser/CARO; **202.ure.** shutterstock (Andrea Seemann), New York, NY; **203.li.** shutterstock (Anyka), New York, NY; **203.Mi.** Ullstein Bild GmbH (Wodicka), Berlin; **203.re.** MEV Verlag GmbH, Augsburg; **206.M1** MEV Verlag GmbH, Augsburg; **208** Picture-Alliance (dpa - Fotoreport), Frankfurt; **209** Picture-Alliance (Miguel A. Lopes/Lusa), Frankfurt; **211.M2** Mester, Gerhard, Wiesbaden; **212.M1** Fotolia LLC (Sven Hoppe), New York; **214.M1** Der Spiegel, Hamburg; **216.M1** Ullstein Bild GmbH (CARO/Westermann), Berlin; **217.M3** Picture-Alliance (Olga Labrador/EFE), Frankfurt; **218.M1 li.** laif (Martin Roemers), Köln; **218.M1 re.** Imago (Jens Koehler), Berlin; **219.li.** Mauritius Images (imagebroker), Mittenwald; **219.re.** Picture-Alliance (ZB/euroluftbild/Maike Glöckner), Frankfurt; **224.M1** Gottscheber, Pepsch, München; **225.M2 li.** www.einsatz.bundeswehr.de (René Marco Frank), Schwielowsee; **225.M2 re.** Picture-Alliance (Bundeswehr/PIZ Djibouti), Frankfurt; **226.M1** Stuttmann, Klaus, Berlin; **227.li.; 227.re.** Europäische Kommission Generaldirektion Landwirtschaft und ländliche Entwicklung, Brüssel; **229.li.; 229.re.** Euroregion PRO EUROPA VIADRINA, Frankfurt (Oder); **232.M1** Picture-Alliance (dpa-infografik), Frankfurt; **233** laif (Wolf), Köln; **234.M1** laif (Martin Sasse), Köln; **235.M2 li.** Das Fotoarchiv (John Moss), Essen; **235.M2 re.** Corbis (Paul Souders), Düsseldorf; **236.M1** Sony Pictures Entertainment company; **237.M2** Logo, Stuttgart; **238.M1** Mitteldeutsche Fahrradwerke und SPIEGEL 47/2004, Seite 158.; **240.M1** Plaßmann, Thomas, Essen; **243.M2 li.** Getty Images (Mario Tama), München; **243.M2 re.** Reuters (Pascal Rossignol), Frankfurt; **244.M1 li.** laif (Tim Wegner), Köln; **244.M1 re.** Ullstein Bild GmbH (ecopix), Berlin; **245.M3** Murschetz/DIE ZEIT, München; **246.M1** HIIK e.V., Heidelberg; **247.M2 li.** Corbis (Reuters), Düsseldorf; **247.M2 re.** Picture-Alliance (Pascal Deloche/GODONG), Frankfurt; **247.M2 u.** Picture-Alliance (Taleb Ahmed Baah/Panapress), Frankfurt; **249.M2** Benedek, Gabor, München; **250.M1** Picture-Alliance (GLOBUS Infografik), Frankfurt; **251.M2** Imago (Imagebroker/Handl), Berlin; **253.M2** Grabka, Thomas, .; **254.M1** EPD-GEP (Francisco Mari), Frankfurt; **255.M2** Picture-Alliance (dpa-infografik), Frankfurt; **258.M1 li.** Keystone (Leo Franz Postl), Hamburg; **258.M1 re.** Thinkstock, München; **259.M3** Getty Images (Frederic J. BROWN), München; **261.M2 o.; 261.M2 u.** Lutz Knauth, Leipzig; **262.M1** Imago (Rust), Berlin; **263.M2** Picture-Alliance, Frankfurt; **266.M1** Getty Images (Pal Pillali/AFP), München; **267.M2** WELT ONLINE/Flora Wisdorff; **268.li.** TransFair e.V., Köln; **268.re.** ddp images GmbH (Susan Walsh/AP Photo), Hamburg; **269** Picture-Alliance, Frankfurt; **271** Amnesty International, Berlin; **272.M1** Picture-Alliance (Globus Infografik), Frankfurt; **273.M2** Getty Images (Mahmud Turkia/AFP), München; **274.M1 li.** vario images GmbH & Co.KG (Knut Mueller), Bonn; **274.M1 re.** Picture-Alliance (Wolfgang Kumm/dpa), Frankfurt; **275.M2** Picture-Alliance (Stephanie Pilick), Frankfurt; **276.M1** Picture-Alliance (ZB/Thomas Lehmann), Frankfurt; **279.M1** KurtSalmon,Düsseldorf

Sollte es in einem Einzelfall nicht gelungen sein, den korrekten Rechteinhaber ausfindig zu machen, so werden berechtigte Ansprüche selbstverständlich im Rahmen der üblichen Regelungen abgegolten.